法学名师讲堂

法律文书制作

(第二版)

马宏俊 /著

图书在版编目(CIP)数据

法律文书制作/马宏俊著. —2版. —北京:北京大学出版社,2014.1
（法学名师讲堂）
ISBN 978-7-301-23698-7

Ⅰ.①法… Ⅱ.①马… Ⅲ.①法律文书-写作-中国-高等学校-教材 Ⅳ.①D926.13

中国版本图书馆CIP数据核字(2014)第003473号

书　　　名：法律文书制作
著作责任者：马宏俊　著
责　任　编　辑：郭薇薇
标　准　书　号：ISBN 978-7-301-23698-7/D·3494
出　版　发　行：北京大学出版社
地　　　址：北京市海淀区成府路205号　100871
网　　　址：http://www.pup.cn
新　浪　微　博：@北京大学出版社　@北大出版社法律图书
电　子　信　箱：law@pup.pku.edu.cn
电　　　话：邮购部 62752015　发行部 62750672　编辑部 62752027
　　　　　　出版部 62754962
印　刷　者：北京鑫海金澳胶印有限公司
经　销　者：新华书店
　　　　　　730毫米×980毫米　16开本　21.25印张　253千字
　　　　　　2008年8月第1版
　　　　　　2014年1月第2版　2015年12月第2次印刷
定　　价：42.00元

未经许可,不得以任何方式复制或抄袭本书之部分或全部内容。
版权所有,侵权必究
举报电话：010-62752024　电子信箱：fd@pup.pku.edu.cn

前　言

　　法律文书是法律专业人员履行其职责的一个重要书面表达形式,是国家司法权的重要体现,也是法律专业人员的重要门面。它反映了司法的公平正义,表现了法律职业人员的基本素质,是衡量其专业水准的重要尺度,受到社会各界的广泛重视。然而,在法学教育中,法律文书这门课却没有达到其应有的地位,至今没有形成独立的学科,究其原因是其理论性和技巧性的统一尚未得到学界的公认。长期以来,相关的著作和教材比较集中在司法文书的制作方法层面,忽略了司法文书和相关实体法、程序法以及法学基础理论的联系,使司法文书和后者脱节,让人们感觉到法律文书制作就是一种写作手法的运用,属于写作学的范畴,甚至把它排除在法学学科之外;或者把它等同于部门法,忽略了其自身特点,将其吸收到部门法学之中。法律文书学是一门独立的、综合性、实用性很强的交叉学科,它肩负的使命是任何一个既有学科所无法完成的。法律文书的制作涉及很多的技巧性问题,是法律实践经验的总结;也涉及许多理论问题,包括宪法学、法理学、诉讼法学、民商法学和其他部门法学的一些基础理论,离开了这些理论,法律文书是无法制作出来的;同时,它也涉及写作学、逻辑学的基本理论。不仅在二级法学学科中存在此类问题,法律文书学也与其他一些一级学科有交叉,如哲学、文学、社会学、语言学。法律文书学的研究对象和教学内容是任何一个既有学科无法完全包容的,且在现实生活和司法实践中具有重要影响,其学科地位应当受到必要的尊重。

　　在英美法系国家,法律写作是法学院的重要课程,一般要用两年的时间来学习。在此期间,学生要在教师的指导下做大量的练习,从而提高学生制作法律文书的能力。而大陆法系国家的司法职业人员则是在司法研修阶段来弥补法律文书训练的不足。

　　目前我国法律文书写作教育和培训的推进是一个自下而上的过程,司法实务部门普遍重视司法文书的制作能力,很多问题也都是通过司法文书暴露出来的。法律职业教育非常重视这门课程,很多高职高专类的法律院校都把"司法文书"(法律文书)作为必修课,时间普遍都在 72 课时以上,甚至还有一百多课时的,在练习和指导上占用了大量的时间,对学生素质的提高有很大帮助。然而,在普通大学的本科法学教育中,这门课程却没有得到足够的重视,课时较少,几乎没有练习的空间,而且大都是选修课,还有一些学校根本就没有开设这门课程,研究生阶段更是远离这门实用性的课程,因此,人才培养和使用单位的需求出现了脱节。但这种现象并非法律专业所独有,而是带有一定普遍性的。近年来,学界逐步认识到这个问题的严重性,一些省部级的科研项目中也有了法律文书的研究课题,实务部门和法律院校在这个领域的合作也逐步增加,各个层次的教材编写也在增多,社会需求普遍加大。2006年,中国法学会成立了法律文书学研究会,研究会的对外交往日益繁荣;高等法律院校和综合大学也开始关注这个领域,相信其学术地位会随着人们的认识改变不断提高。

北京大学出版社热情地邀请我单独写作这本教材,本人诚惶诚恐不敢承接如此重任,无奈编辑老师的盛情,唯有从命。独著教材是出版社的要求,工作量很大,但也省去了争论问题的过程,形成了"一言堂",效率较高;为了避免重复,总论部分把所有文书的共性做了详细的论述,分论部分只强调具体文书的制作特点,格式吸收在文书的点评之中,论证中的举例说明也全部砍掉,以便为老师们上课留下发挥的空间。本书并非面面俱到地逐一讲解法律文书的写法,而是提纲挈领,择其要点,读者需要举一反三,才能掌握全部法律文书的制作要领。为了提高法律文书的制作水平和技巧,读者还必须进行大量的练习,不断地发现问题、认识问题,逐步改进,才能提高法律文书的制作技能,熟练地掌握和运用各种技巧,满足社会的需要。

本书自第一版出版发行以来,反馈的效果还不错,出版社多次要求我修改再版,因诸多琐事拖延至今。鉴于一些法律的修改,以及很多法律职业人员在司法实践中对法律文书制作的新感悟,确有修订之必要,修订版只是对总论中不合时宜之处做了调整,对分论中的案例进行了重新选择和评论,以求更加贴近时代的要求。

虽然教授此课程已有二十多年的时间,学问有限,肯定会有很多错误之处,还请读者在教学活动中能够批判地使用,并将意见反馈给我,以便在今后的工作中改进提高。在修订中,北京大学出版社责任编辑郭薇薇老师给了我很大的帮助和宽容,我的研究生马亚龙在资料的收集和整理以及审校上提供了很多帮助,在此一并致谢!

马宏俊

2013年5月于北京

目 录

上篇 法律文书总论

第一章 法律文书的概念和分类 (3)
第一节 法律文书的概念和范围 (3)
第二节 影响法律文书的制作因素 (5)
第三节 法律文书的制作主体 (7)
第四节 法律文书的作用 (8)
第五节 法律文书的分类 (9)

第二章 法律文书的起源及历史发展 (11)
第一节 中国古代的法律文书概况 (11)
第二节 中国近现代法律文书的发展 (14)
第三节 国外法律文书的教学状况 (16)

第三章 法律文书制作的价值 (19)
第一节 法律文书的价值探析 (19)
第二节 法律文书制作与公平正义 (20)
第三节 法律文书制作与司法效率 (21)

第四章 法律文书制作的基本要求和原则 (23)
第一节 法律文书制作的语言特点 (23)
第二节 法律文书制作的选材要求 (24)
第三节 法律文书制作的纪实要求 (26)
第四节 法律文书制作的合法性要求 (27)

第五章 法律文书的结构 (29)
第一节 法律文书结构概述 (29)
第二节 法律文书的首部 (30)
第三节 法律文书的正文 (31)

第四节　法律文书的尾部…………………………………………（32）

第六章　法律文书制作的基本思路…………………………（34）
　　第一节　法律文书的制作目的……………………………………（34）
　　第二节　法律文书制作中的法律适用……………………………（35）
　　第三节　法律文书制作的思维模式………………………………（38）
　　第四节　法律文书制作的职业道德要求…………………………（39）

第七章　法律文书的常用表达方式…………………………（42）
　　第一节　法律文书中的叙述………………………………………（42）
　　第二节　法律文书中的说理………………………………………（45）
　　第三节　法律文书中的说明………………………………………（48）

下篇　法律文书分论

第八章　人民法院主要法律文书的制作……………………（53）
　　第一节　人民法院刑事裁判文书的制作要求……………………（53）
　　第二节　人民法院民事、行政裁判文书的制作要求……………（79）
　　第三节　人民法院执行法律文书的制作要求……………………（104）

第九章　人民检察院主要法律文书的制作…………………（112）
　　第一节　起诉书的制作……………………………………………（112）
　　第二节　公诉意见书的制作………………………………………（118）
　　第三节　抗诉书的制作……………………………………………（125）

第十章　公安机关主要法律文书的制作……………………（135）
　　第一节　公安机关法律文书概述…………………………………（135）
　　第二节　侦查文书的制作…………………………………………（137）
　　第三节　公安行政文书的制作……………………………………（142）

第十一章　监狱机关主要法律文书的制作…………………（146）
　　第一节　提请减刑、假释建议书…………………………………（146）
　　第二节　对罪犯刑事判决提请处理意见书………………………（151）

第十二章　律师主要法律文书的制作………………………（154）
　　第一节　起诉状的制作……………………………………………（154）

第二节　上诉状的制作 …………………………………………（158）
　　第三节　答辩状的制作 …………………………………………（162）
　　第四节　辩护词的制作 …………………………………………（164）
　　第五节　代理词的制作 …………………………………………（171）
　　第六节　各类申请书的制作 ……………………………………（177）
　　第七节　法律意见书 ……………………………………………（186）
　　第八节　合同的制作 ……………………………………………（195）
第十三章　公证法律文书的制作 ……………………………………（204）
　　第一节　公证法律文书概述 ……………………………………（204）
　　第二节　要素式公证书 …………………………………………（210）
　　第三节　定式公证书 ……………………………………………（222）
第十四章　仲裁法律文书的制作 ……………………………………（234）
　　第一节　仲裁法律文书概述 ……………………………………（234）
　　第二节　仲裁协议书 ……………………………………………（235）
　　第三节　仲裁申请书 ……………………………………………（239）
　　第四节　仲裁答辩书 ……………………………………………（241）
　　第五节　仲裁裁决书 ……………………………………………（245）

附　　录

附录一　常用法律文书样式 …………………………………………（257）
附录二　各章习题参考答案 …………………………………………（312）

上 篇

法律文书总论

第一章　法律文书的概念和分类

掌握法律文书的概念，了解法律文书的分类和特点，对法律文书学的体系和相关理论有一个初步认识。

第一节　法律文书的概念和范围

法律文书是法律确定的主体机构或人员依法在办理相关法律事务时所发布或出具的具有法律效力或法律意义的各种文书的总称。借鉴英美法系的法学院教育，法律写作课程还包括了法律文件的起草以及法律评论的写作；考虑到中国的国情，行政执法文书、纪检监察文书和法律草案的制作，也是一个法律专业大学生应当具备的能力，同时法学论文的写作也是专业课和其他课程无法涉及的，但是本书的写作依然沿袭传统的范围界定来探讨法律文书的制作方法和写作特点，在条件成熟后再就新出现的问题进行研习。

法律文书这一概念，原先普遍认同为"司法文书"，到了 21 世纪，一些学者深感该课程涉及的内容已经突破了司法文书的范围，遂提出了法律文书的概念。

法律文书包括诉讼法律文书和非诉讼法律文书两种，诉讼法律文书的主要内容是司法文书，司法文书是指司法机关以及公安机关、国家安全机关依法履行法定职务时制作的文书，是国家司法权的体现，以国家的司法强制力保障其执行。诉讼法律文书还包括诉讼法律关系主体为了参加诉讼活动而制作的文书，如当事人制作的起诉状、律师制作的代理词、辩护词等。非诉讼法律文书是指诉讼法律文书以外的所有法律文书，包括当事人之间签订的合同、公司章程、提单、保险单、公证文书、仲裁文书等。行政执法文书是国家行政机关依法行政的一种形式，必须严格按照相关的行政法律规定来制作，对行政相对人的权利应当给予必要的尊重和保护，是审查行政执法行为是否合法的重要依据，也是提起行政复议或者行政诉讼的前置条件。纪检监察文书是党内纪律检查和监督的重要载体，其制作要遵守党章和相关的规则，重事实、重调查研究，充分体现出实事求是的基本原则，对党员的基本权利也要给予保护和尊重；行政监察也是依法行政的重要手段，不枉不纵，保障行政行为的合法性是其基本的方针，往往也是诉讼活动的前提和基础。纪检监察文书以往是法律文书忽略的领域,但对其制作方法的研究和规范也是非常必要的。监狱文书是刑罚执行过程中所涉及的法律文书,也包括一些特定案件的侦查文书,属于刑事诉讼活动的延伸,也是法律文书的一部分。立法草案的撰写是国家法律制定活动的重要组成部分,其制作的规范性直接影响到法律的贯彻执行,也应当属于法律文书的研究范围。

法律文书学是一门综合交叉学科,也是一个新型学科,它是一种"看得见的正义",在现代文明和法治社会具有重要意义。法律文书学是科学与技术的统一体,它既有自己独立的科学体系和理论基础,如法律文书的历史渊源、逻辑思维、语言表达、法理依据、社会价值等;也有制作的技术诀窍,如法律文书的格式和制作技巧等。在法学研究上,我们不能只重"学",而不重"术",应当是"学""术"并举,把科学和技术都作为推动社会发展的生产力来对待。

法律文书具有下列特征:

合法性 法律文书是具有法律效力或者法律意义的文书,必须依法制作,不能任由作者的意志自由发挥,它是国家司法权的体现形式,一定要受法律的约束。制作主体必须符合法律的规定,不是任何人都可以制作法律文书的,如法院裁判类文书,必须是国家法律明确规定的人或者机构才可以依其职权制作法律文书。法律文书的制作还必须于法有据,这是法律文书存在的前提和基础,符合相关的实体法和程序法,以及涉及的行政法律、法规、规章,包括一些商业习惯和国际惯例。这里的"法"是广义上的,包括一些职业行为规则。

程式性 法律文书的制作程序和格式必须符合特定的要求,法律文书因其自身特点决定了其制作语言和结构的固有模式,结构一般分为首部、正文和尾部,格式一般都由主管部门统一制定,语言大都较为固定,制作的程序法律和相关规定也有统一的要求。从而保障国家司法权的统一实施,维护司法的公平和正义。

时效性 诉讼的时效性决定了法律文书的时效性,迟来的正义对当事人来说没有实际意义,公正与效率必须并重,使合法权益切实得到法律的维护。法律文书的制作,一定要遵守时效的法律规定,不能拖延,否则会使当事人的合法权益受到损害。

约束性 法律文书是由司法机关或者是特定的机关、人员制作的,具有法律效力或者法律意义,对相关的人员具有约束性,国家以司法强制力保障其得到有效的执行,任何单位和个人都不得抗拒,否则就要承担相应的法律后果。对于已经作出的法律文书,非经法定程序不得任意更改,以维护法律文书的严肃性,体现出法律的至高无上,这是法治和文明社会的鲜明特点。

第二节 影响法律文书的制作因素

法律文书的制作是一项系统工程,涉及多学科的知识和综合应用能力,绝非单一的写作问题。影响法律文书制作的主要因素包括:语言知识、法律知识、心理学知识、社会学知识、写作能力、法律应用能力、逻辑思维能力、沟通交流能力等。

一、语言知识

法律文书的制作是对案件事实和法律适用的书面语言表达,要求制作者具有丰富的语言学知识,并且能够恰到好处地予以应用,采用标准、通用的语言文字,语言精练、言简意赅、准确表达是最基本的要求。考虑到法律文书的严肃性,不能采用地方的方言和污言秽语,对于案件资料中反映的相关信息,必须运用准确、严谨的语言进行妥善的处理。数量对法律后果可以产生很大的影响,在数量的语言表达上,要力求准确,除非必要,不能使用模糊概念,避免添枝加叶。

二、法律知识

法律文书涉及最多的就是法律知识了,法学是博大精深的学问,无论是实体法学还是程序法学、当代法学还是古代法学、中国法律还是外国法律,都有可能在法律文书的制作中出现。发生在现实生活中的个案,也是无奇不有,需要制作者全面系统地掌握法学知识,并且融会贯通地加以使用,任何法律知识的缺失都可能产生极其严重的后果,给国家和人民利益带来不利的影响。

三、心理学知识

法律文书是写给当事人、司法机关以及社会公众看的,一定要让读者看明白,正确地理解文书制作者的意图,特别是法庭演说词和裁判文书一类的法律文书,需要说服别人接受制作者的意见。考虑到被说服者的心理接受度,有时需要在准确把握其心理活动的基础上,晓之以理、动之以情。而没有足够的心理学知识就很难做到使法律文书具有必要的说服力,会影响法律文书的效果。

四、社会学知识

法学是以社会为研究对象的科学,法律文书的制作需要得到社会的认同,社会的热点、是非观念、社会组织以及社会学的一些学说对于法律文书认定行为的性质和解决问题的方法具有积极的意义。拥有社会学的知识,对于发挥法律文书的功能,无疑会产生强大的推动作用。

五、写作能力

法律文书的制作是通过制作者写作能力的发挥来完成的,高超的写作能力和写作技巧是法律文书得以顺利制作的基本前提,古时人称司法官员为"刀笔吏"不无道理,深刻地揭示了司法人员通过制作法律文书来履行司法职能的实质。但是,法律文书的写作和其他艺术作品的创作有很大的区别,很多能够吸引人们眼球的写作手法都不能在法律文书的写作中应用。法律文书的制作必须以确实充分的证据来认定案件事实,以现实生效的法律作为判断是非的标准,制作者的自由裁量是有限度的,而且还要受到相关法律和规则的制约。

六、法律应用能力

法律文书的制作需要制作者具有较强的法律应用能力,在制定法体制的国家,法律规定是以立法的形式把社会行为规范确定下来,让人们遵照执行,对违反者予以制裁,从而达到遵纪守法的目的。法律文书所指向的具体案件与法律规定的情形是否一致?这就成了法官审理案件的一个核心内容,法官要通过制作裁判文书让人们认同其判决的结论,这本身就是一个适用法律的过程。其他人员制作相关的法律文书也是要试图说服别人接受其主张,不理解法律和不善于应用法律都不可能制作出合格的法律文书。

七、逻辑思维能力

法律文书从某种意义上讲是制作者逻辑思维能力的展示,没有严谨的逻辑思维,法律文书写得啰里啰唆,不得要领,会使人一头雾水,不知所云。只有思路清晰,推理严谨,才能让人心悦诚服,自觉地接受法律文书,发挥法律文书的社会作用。制作者的逻辑学知识和正确的思维方式是非常重要的。

八、沟通交流能力

为了制作好法律文书,制作者还必须要有很强的沟通交流能力。对于律师来说,首先要善于和自己的委托人沟通交流,正确地接受和理解委托人的意图,是履行职责的基本前提,同时还要把相关的法律规定准确恰当地讲述给委托人,共同制订切实可行的方案,通过法律文书反映相关的机构,从而实现委托人的目标。对于检察官而言,和当事人、律师、法官、警务人员以及其他证人等的沟通交流,也是非常重要的,这些是检察官了解案情、审查起诉和实施法律监督所必不可少的,沟通了解的信息是检察法律文书制作要掌握的重要内容。法官的沟通和交流也是其正确判断案件事实和适用法律的重要渠道,一般来说,法官在诉讼活动中处于中立被动的法律地位,主要是听取诉讼参加人发表的意见和审阅相关的法律文书，但是对于一些没有涉及又是法官必须要知道的信息，也要通过询问来实现，必要时也会进行调查和收集证据的工作。倾听和询问是法官沟通交流的主要方式，被询问者往往对法官充满恐惧或者抵触，这就需要法官以平和的心态，启发、引导相关人等如实地讲出有关内容，为法官正确地作出判断奠定基础，从而制作出令人信服的裁判文书，维护国家法律的实施，维护社会的公平和正义。

第三节　法律文书的制作主体

　　法律文书的制作主体即指法律文书的制作者，包括当事人、律师、法官、检察官、侦查人员、公证员、仲裁员、行政执法人员和纪检监察人员等。

　　当事人　是与诉争标的有直接利害关系的人，包括自然人、法人和其他组织。在特定情况下，国家、检察院、行政机关、社会公益组织也会成为诉讼当事人。当事人制作的法律文书通常有起诉状、上诉状、答辩状和各类申请书等。

　　律师　往往是接受当事人的委托或者聘请担任诉讼代理人或者法律顾问，依照法律履行相应法定职责。律师制作的法律文书可以是代当事人制作各种诉讼文书、独立制作的辩护词、代理词、为当事人起草的法律意见书、公司的章程、合同等。

　　法官　主要是制作裁判文书以及与行使审判权有关的各种公务文书，包括判决书、裁定书、决定书、通知书、布告、公告等。

　　检察官　主要是制作起诉书、抗诉书、检察意见书、批准（不批准）逮捕决定书、纠正违法通知书、通知立案书等，也包括人民检察院办理自侦案件时依法制作的各类侦查法律文书。

　　侦查人员　指依法履行侦查职能的公安机关、国家安全机关、监狱机关、检察机关、军队保卫机关等的警官、检察官、军官，他们都属于依法行使侦查职能的人员，制作的侦查法律文书主要包括各种笔录、提请批准逮捕书、拘留证、逮捕证、搜查证、侦查终结报告书、起诉意见书等。

　　公证员　指符合《公证法》规定的条件，在公证机构从事公证业务的执业人员。公证员主要是制作公证文书。

　　仲裁员　指依照法律和仲裁规则聘为仲裁员，为履行其职责而制作法律文书，其制作的主要是裁决书和调解书。

　　行政执法人员　指各级人民政府行政执法机构的工作人员和依法承担行政复议职能的人员，制作的行政文书主要包括行政处罚决定书和行政复议决定书。

　　纪检监察人员　纪检监察人员制作的主要是纪检文书和监察文书：纪检文书主要是指中国共产党的各级纪律检查委员会对管辖的党员干部违反党纪规定

的行为,进行调查、处理的内部公文,属于党内文书;监察文书是指各级人民政府的监察机构对管辖范围内的公务人员,依照相关规定,履行监察职能时所制作的各种行政公文。纪检监察文书虽然不是严格意义上的法律文书,但是,由于中国共产党的执政党地位以及司法对行政行为的监督关系,纪律检查和行政监察往往会成为司法行为的前置阶段,从某种意义上也可以说纪检监察文书包含在广义的法律文书之中。

第四节 法律文书的作用

法律文书是国家司法机关行使司法权的一种法定形式,是对法律行为效力的一种确认,具有其他文书所不具有的特殊作用。对于维护社会秩序和市场经济秩序,维护国家法律的正确实施,保护公民、法人和其他组织的合法权益,构建和谐社会起着十分重要的作用。

一、法律文书是国家司法权的重要体现形式

法律文书是国家司法权实施的外在形式,对实体法律问题的处理以及处理实体问题的程序保障都必须要通过法律文书这种形式反映出来,从而使得法律文书成为国家实施法律的重要工具。比如人民法院的裁判文书、人民检察院的批准逮捕决定书、起诉书等,无不反映着司法权的行使。司法的公平、公正都要通过法律文书来体现,人们对司法的认知主要是通过法律文书来了解的,法官和其他司法人员的形象也是通过法律文书来体现的。

二、法律文书是规范职责和权利、义务的重要标准

立法对社会行为的规范,司法对各种行为的确认和干预,都是通过法律文书来表现的,法律文书因而成为规范社会行为的标准。法律的效力是至高无上的,司法的裁判是以国家的强制力来保障实施的,它是作为与否的标准,也是执行的标准。以事实为根据、以法律为准绳的原则,只有通过法律文书的展现,才能使人们感觉得到。

三、法律文书是法律活动的有效记录

常言说"空口无凭,立字为证",各种合同、笔录以及相关的法律文件,无不反映着法律行为的发生、发展过程,法律文书伴随着整个法律活动的进程,并把它用文字形式固定下来,成为实施司法行为的依据。法律文书的静态、固定等特点,对执法和司法活动的总结、纠偏以及树立公正合法的形象具有重要意义。

四、法律文书是检验制作者法律水平的重要尺度

法律文书是由具有特定资格的人来制作的，并非任何人都可以写作。法律文书的制作直接体现着制作者的法律水平和文字水平，很难想象一个法律水平低下、写作能力欠佳的人能够制作出高质量的法律文书来。优秀的法律文书是制作者法律知识、社会经验、工作能力等各种素质综合运用的结果。法律文书质量的高低，在一定程度上是司法人员政治业务能力、法律修养和文化水准的体现，所以说法律文书制作是衡量制作者法律素质的重要尺度。

第五节 法律文书的分类

法律文书数量繁多，功能各异，为了更好地学习掌握和应用它，有必要对其进行一定的分类。从不同的角度，沿用不同的标准，可以对法律文书进行多种分类。通常是按照制作主体、诉讼性质、用途和制作体式来进行分类，探索文书制作的规律性。

一、按照制作主体分类

法律文书按照制作主体可以分为：公安机关法律文书、检察机关法律文书、人民法院法律文书、监狱机关法律文书、律师实务法律文书、公证文书、仲裁文书等。如起诉意见书、起诉书、判决书、提请减刑建议书、辩护词、代理词、公证书、裁决书、调解书等。

二、按照法律文书的诉讼性质分类

法律文书中的很大部分是诉讼法律文书，根据我国诉讼法律制度的性质可以分为：刑事诉讼法律文书、民事诉讼法律文书和行政诉讼法律文书。如公诉意见书、刑事判决书、民事裁定书、行政判决书等。

三、按照法律文书的用途分类

法律文书的用途相当广泛，大体可以分为：申请类文书、处罚类文书、决断类文书、证据类文书、一般公文类文书等。还可以进一步细分，如证据类文书可以分为鉴定结论、勘验检查笔录、开庭笔录等。

四、按照法律文书的制作体式分类

基于法律文书的不同需要和共性，形成了法律文书不同的制作体式，为了便于掌握和节省时间，也有利于法律文书制作的统一，可以将法律文书的制式分

为:表格类文书、填充式文书、笔录类文书、报告类文书、制作类文书、演说类文书等。

分类的意义在于找出纷繁复杂的法律文书共性,便于掌握和理解其制作方法。

一、简答题
1. 什么是法律文书?
2. 法律文书的特点有哪些?
3. 法律文书的作用是什么?

二、论述题
试论法律文书的制作受哪些因素的影响和制约?

第二章 法律文书的起源及历史发展

> **教学目标**

了解法律文书的演变过程,从中认识法律文书的基本理论,形成文化积淀,为探索当代法律文书的改革奠定基础。

第一节 中国古代的法律文书概况

在中国古代,法律文书是官府的官吏处理讼案,适用法律的载体。它伴随着法律和文字的产生而产生。中国远在殷商的甲骨文和西周的金鼎文中就有一些记述对奴隶的惩罚和王室对贵族之间争讼的裁决。可以说,这些就是中国最早的法律文书。相传,西周中叶,诉讼程序及其司法文书已相当完备。重要案件须由原告呈"剂"(诉状);审讯要听"两辞"(双方供词),并记录在案,叫做"供"(法庭笔录);裁决要有"书"(裁判文书),并当庭宣布,叫做"读鞫"(宣判);执行叫做"用法"……整个诉讼过程均有相应的司法文书。

史称秦始皇嬴政"昼断狱,夜理书"。这里所谓"书",并非一般的书籍,而是公务文书,其中主要是司法文书。"文书"一词滥觞于《汉书·刑法志》:"文书盈于几阁,典者不能编(遍)睹。"其意思是文书充满了库房案头,管理者看都看不过来。这里所谓"文书"是指公文、案卷,主要也是司法文书。古代的官府和官吏的工作主要是两项:一是收税;二是办案。办案即处理告状,必须制作司法文书。

湖北省云梦县睡虎地的秦墓竹简和居延汉简有许多就属于司法文书。如秦简中的"爰书"就是广泛应用的一种文书,本意是口供笔录。《汉书·张汤传》注:"爰,换也,以文书代替其口辞也。"这就是指司法文书的口供笔录,但在秦简中凡供词、记录、报告等均称"爰书"。

法律文书的产生,一般要具备两个条件,即比较完整的文字体系和较为成型、完善的司法体系。这两个条件缺一不可,我国古代早已具备了这两个条件。法律文书在中国可以追溯到远古时期,它是和中国悠久的历史和灿烂的文化相互依存和发展的。

秦汉是我国古代法律文书的开创时期,秦始皇统一中国后,力行法治,强化中央集权,重用司法官吏,法律文书初具规模。受当时经济、政治、文化、科技条件的制约,既没有纸也没有笔,法律文书的特点是文字简单、字数较少、独立性差,很多法律文书都是夹杂在其他一些文书或文章中。汉朝的法律文书在此基础上有所发展,法律文书的制作侧重案例和文辞,以典型的案例作为判决的标准。判词以其功能分为实判和拟判,实判是指真实案例的判词;拟判是虚构的或模拟的判词,并无实际的法律效力,但它会对实判的写作产生影响或被实判所效仿。现存最早的拟判是董仲舒的《春秋决狱》一书所收到的判词。

魏晋南北朝时期,出现了科、比、格、式等法律形式,与秦汉时期相比,在审判原则和法律概念的解释方面有了新的认识,丰富了判词的内容。

作为我国封建社会鼎盛时期的唐朝,科举制度得到了完善的发展,判词的写作成为科举考试的重要内容,占有一半的比例。唐朝的文人若想进入仕途,必须把法律文书写好,因此形成了竞相练习、写作判词的风气,人们编造了大量的有出处或没有出处的案例,然后据此下判,从而达到练习写作判词的目的。由于不少判词的内容都是虚拟的,所以后人把这一时期的判词称作"拟判";因判词的主人公多是以"甲"或"乙"的身份出现,后人亦称之为"甲乙判";鉴于这些判词的主要目的是为了应付考试,大多是使用骈体文写成的,后人又称之为"骈判"。这一时期判词的特点是:文采华丽优美、用典较多、不切实用,但在客观上促进了法律文书的写作。

到了宋朝,经济的发展导致实际生活中大量案件发生,实判形成了宋代判词的鲜明特点。因为是实判,骈体文难以被接受,从而逐渐被散文体代替。判词趋向通俗,为以后散体判词的发展起到了开拓性的作用。由于宋代实际案例的大量增加,当事人向官府提出控告就需要有一种形式,形成了法律文书的一个重要类别——诉状。诉状的书面语一般叫"牒"、"讼牒"、"辞牒",口语中统称为"状子",沿用至今。宋代判词的主要特点是文字平实、说理充分、浅显易懂,以《明公书判清明集》为代表,为后人的研究提供了宝贵的资料。

明清两代是我国古代法律文书制作的鼎盛时期,判词具有兼蓄唐宋、文情并茂的特点。裁判文书的制作体现出了"简当为贵"的制判原则,"简"是指文理清楚、文字简约;"当"是指以律为据、判决公允。可以说明清判词体现了判词这一文体在制作形式上的特点,即不应以文学形象化的语言和手法来写作,而应运用符合这一文体的语言和手法来表现,为古代判词的制作走向成熟奠定了基础。

古代法律文书按照制作主体来分,主要有以下种类:

1. 上行的司法文书

上行的司法文书是下级官府呈报上级官府的司法公文,主要有:

(1) 详文。即案情报告。其内容详尽,包括发案、立案、审理、刑讯、口供、证言、勘验和判处意见等。呈报上级,请予批示。

（2）奏章。种类有奏折、奏钞、奏本、题本等。这里是指司法奏章,是臣僚向皇帝的案情报告。内容与详文类似,详尽细密,但行文规格更加工整讲究。

（3）禀文。类似详文,但简略得多。一般是在审理案件前或在审理进行中对程序问题或其他某一问题向上级的请示报告。

（4）看语、审语。这是详文、奏章中的判处意见部分,因开头都用"卑职看得"或"该臣审得"等词句,故称看语或审语。这是详文、奏章中的最重要部分,类似现代未生效的判决书内容。

2. 下行的司法文书

下行的司法文书是上级官府向下级官府送发的司法公文,主要有：

（1）批语。这是上级官府在下级官府呈报的详文、禀文、解票等司法公文上所作的批复、批示。

（2）谕旨。司法方面的谕旨是皇帝对案件的批示,也就是对重要刑事案件的终审判决。皇帝掌握最高司法权力,有权对任何案件作出最终裁决。对于死刑案件,在隋、唐以后法定须向皇帝呈报,并须"复奏",甚至"三复奏",待正式执行前还须报经皇帝"勾决"。因此,司法谕旨是死刑案件的真正"判决书"。

（3）牌文。又称宪牌,是上级官府下行的并加盖了公章的正式司法公文。

3. 平行的司法文书

平行的司法文书是同级官府间发送的司法公文,主要有：

（1）咨文。明、清时,中央刑部、都察院与地方省级品秩相等,下达省的司法公文用咨文。

（2）关文。是平行机关间使用的司法公文,如地方州县间为案件有关事宜的协商时用。

（3）移文。与关文相同,故合称关移文书。

4. 其他重要的司法文书

古代的司法文书,除上述外,主要的还有以下几种：

（1）解票、差票。即证票文书,是为押解犯人或执行其他勤务发给差役的凭证。

（2）露布。即布告,对重大的或有影响的案件在判处后一般予以张贴,以儆效尤。

（3）验单。又称为"爰"（勘察检验文书）。

（4）供词。即口供笔录,又称"爰书"、"供"等。古代司法,无供不判,为了取供,法定刑讯逼供,因此常常屈打成招,草菅人命。

（5）诉状。俗称状子、状纸。诉状的质量关系到诉讼胜负,故十分讲究。如果诉状不合要求,就会陷于被动,招致不利后果。因此,写状人（称"刀笔吏"）向来重视诉状的书写,字斟句酌,再三推敲。

我国古代司法文书的特点主要有:(1)请示报告文书多;(2)重视诉状和供词,罪从供定;(3)重视勘验文书;(4)判决依据法律和社会道德,法律与道德不分;(5)判决主要用批示。一般批在案件报告上或诉状上,很少专门制作判词。口头宣判,文书也不发给当事人。

第二节 中国近现代法律文书的发展

一、清末的司法文书

鸦片战争以后,中国逐步沦为半封建半殖民地社会,西方的法律思想和法律制度传入,中华法系解体,传统的司法文书被废弃。宣统年间由沈家本编纂的《考试法官必要》,借鉴日本、德国的司法文书制作经验,结合中国法律文化实际,对刑事、民事判决书的结构和内容作了统一的规定,形成了现代司法文书格式的雏形。要求刑事判决书必须写明:罪犯之姓名、籍贯、年龄、住所、职业;犯罪之事实;证明犯罪之理由;援引法律某条;援引法律之理由。民事判决书则要写明:诉讼人之姓名、籍贯、年龄、住所、职业;呈诉事项;证明理由之缘由;判决理由。此外,对诉状、笔录、送达文书等也作了相应的规定,与古代的司法文书迥异,具备了现代法律文书的雏形。

二、民国的司法文书

民国时期的司法文书称为司法机关公文,相当完备。分为五大类:一是行政公牍,即一般的行政性公文;二是诉讼文书,即各种诉状,包括检察官起诉书;三是侦查审理文书,包括侦查笔录、法院审理笔录等;四是裁判执行文书,包括判决书、裁定书、执行命令、执行书等;五是应用文件,包括提票、押票、法院和监狱的各种报表等表格式文书。

民国时期的司法文书是在承袭清末制定的司法文书的基础上发展起来的。现以判决书为例,对于清末制定的民事判决书和刑事判决书都有不少变化。

1. 刑事判决书须记载下列事项:
(1) 被告身份事项;
(2) 案由;
(3) 事实;
(4) 理由;
(5) 有关事项;
(6) 法院。

2. 民事判决书须记载下列事项：

（1）当事人姓名、住所或居所，当事人为法人或其他团体者，其名称及事务所或营业所；

（2）有法定代表人、诉讼代理人者，其姓名、住所或居所；

（3）主文；

（4）事实；

（5）理由；

（6）法院。

三、解放区的法律文书

在民国时期，革命根据地和解放区政权的司法文书基本上是采用当时的司法文书格式，但是其写作法律文书的目的和文书的性质则大不相同，并且采用了通俗易懂的接近口语的白话文，按照"主文——事实——理由"的三段论模式，简述案件事实，着重阐明理由，事实和理由泾渭分明，整个法律文书浑然一体，不乏经典之作，对新中国成立后的法律文书制作产生积极的影响。

四、当代中国法律文书

当代中国法律文书的最大特点是有四个法域的法律文书并存。祖国内地实行社会主义制度，属于接近大陆法系的社会主义法系；我国香港、澳门、台湾三个地区实行资本主义制度，其中澳门、台湾属于大陆法系，香港属于英美法系，从而存在着祖国内地、香港、澳门、台湾四个法域的法律文书。法律文书是法律文化的重要组成部分，是经过长期形成并因应司法实践的需要而演进的。根据《香港特别行政区基本法》的规定，香港依然保留普通法系的司法体制，实行独立审判、遵循先例、陪审团制、合法公平等司法原则，法院的裁判文书按照普通法系国家的模式，充分体现出法官的自由心证，比较灵活，没有程式化。澳门地区的司法体制属于大陆法系，法律文书的模式和内地比较接近。台湾地区沿袭了民国时期的司法体制，裁判文书的格式没有太大的变化，只是语言的表述上体现了现代口语的表述风格。

中华人民共和国成立之初，主要是沿用民国时期和解放区时期的裁判文书格式，后来又学习借鉴了苏联的法律文书模式，"司法文书"的概念就是这个时候从苏联引进来的。判决书的正文逐步演变为"事实——理由——主文"的新三段论式，内容趋向于简单化，说理也随之求简。司法文书原为直排，在20世纪50年代中期随着书报的版式改变而由直排改为横排。1959年司法部被撤销后，特别是在"文化大革命"的十年浩劫里，随着"砸烂公、检、法"的狂潮，司法文书质量日益下降。

中国共产党十一届三中全会以后,拨乱反正,加强法制建设,制定和颁布了《中华人民共和国刑法》《中华人民共和国刑事诉讼法》等重要法律,恢复了检察机关和司法行政机关,法律文书的制作再度受到重视并得到了发展。司法部恢复后,即由普通法院管理司负责制定并于1980年6月颁发了《诉讼文书样式》,共计8类64种;次年又由律师公证司负责制定和颁发了《公证文书样式》24种。重新统一了司法文书格式。

1982年国家机构改革,调整政府职能,司法部的普通法院管理司和专门法院管理司被撤销,法院系统的司法行政工作划给最高人民法院管理,从而形成了公安、检察院、法院、司法行政四系统分别各自制定和修订本系统的文书格式的局面。公安部在原颁发的25种文书格式的基础上于1989年重新制定了《预审文书格式》计48种。最高人民检察院在原有文书格式的基础上于1991年制定了《刑事检察文书格式(样式)》计46种。最高人民法院在原有文书格式的基础上于1992年6月制定了《法院诉讼文书样式(试行)》计14类314种。这样一来,司法文书格式日益完备。

1996年3月,全国人大对《中华人民共和国刑事诉讼法》作了重大修订,明确规定未经人民法院依法判决,对任何人都不得确定有罪,相应规定案犯在交付审判前,都称为"犯罪嫌疑人";取消了公安机关对犯罪嫌疑人的"收容审查";取消了人民检察院的"免予起诉决定权"等。司法文书格式须伴随《刑事诉讼法》的修订而修订。为此,公安部于1996年11月修订下发了《公安机关刑事法律文书格式(样本)》计93种。最高人民检察院于同年12月修订下发了《人民检察院刑事法律文书格式(样本)》计235种。司法部于同年12月20日制定下发了《刑事诉讼中律师使用文书样式(试行)》。最高人民法院于1999年4月修订下发了《法院刑事诉讼文书样式(样本)》,其中删除了不再使用的刑事诉讼文书样式8种,新增加了刑事诉讼文书样式53种。2003年和2008年司法部发出通知,推行三类要素式公证书格式;2011年又发布了《定式公证书格式》,对公证书的制作规范作出了统一的规定。

上述制定或修订司法文书格式是及时的、必要的。但是,由于法院、检察院、公安机关等各自制定或修订本系统的文书格式,带有分散性,有些文书格式还不够协调,有的文书名称和内容还有值得商榷之处,这些尚需进一步研究改进。

第三节 国外法律文书的教学状况

在普通法系国家的法学教育中,法律写作是法学院里一门非常重要的课程,分为法律文书的一般写作(writing)和文件的起草(drafting)两部分。① 法律文书的一般写作主要涵盖一些不是很正式、专业性不是太强的书面法律文件,包括:信函、备忘录、写给律师的案件说明、一般文章、时事周刊,甚至那些以法律为话题的讲演稿。文件的起草或者更确切地说是法律文书的起草分为两个部分,即法律文件起草和诉状起草,前者包括合同、遗嘱、信托和财产转让证书等;后者包括申诉说明或者诉状等,在因违约、过失或某些其他原因而起诉的案例中要用到。② 由于普通法系的司法制度特点,法学院教育的培养目标主要是律师,法律文书的制作训练当然也主要集中在律师文书的制作技能上。律师作为法律职业人员必须要维护委托人的合法权益,恪守职业道德,实现律师的使命,因此,在法律文书的制作标准上就必须要满足以下三个条件:(1)满足客户的要求,并准确实施客户的指示;(2)详尽地阐释所有相关的法律及事实问题;(3)明确相关的选择。③

在英美法系的法学院教育中,法律文书的教学非常注重法律思维的训练,在写作手法上更加强调了文章的结构问题,注意区别了法律文书与其他文章写作的差异,展示了法律文书制作的艺术和技巧,通过大量的练习和分析讨论以及对判例的研习,总结概括出法律文书制作的语言特点和章法结构,不断提高学生的实际应用能力。当学生从法学院毕业后,法律文书的制作能力已经有了很大的提高;通过律师资格考试和实习,又使得这种能力有了一个升华;正式成为一个律师的时候,其制作法律文书的能力已经达到了相当可观的程度,综合素质也有了相应的提高,基本能够满足社会的需求。而法官是在经历过多年历练的优秀律师中筛选出来的,其法律文书制作能力也就可想而知了。

在大陆法系国家的法学院教育中,学生毕业后会有两条渠道分流:一种是参加国家司法考试,从事律师、法官、检察官或者公证员等法律实务工作;另一种是继续深造,攻读博士学位,从事理论研究或教学工作,奋斗目标是大学教授。法律文书的教学在法学院里似乎没有普通法系法学院那样得到足够的重视,通常是在职前培训或在实践中进一步强化法律文书写作技能。以日本为例,学生在法学院毕业后,通过了司法考试,在正式成为"法曹"之前,还要有一个司法研修院的研习过程,这是一个强化实际工作技能的阶段,而且是一个必经阶段,任何准备从事法律实务工作的人都不能例外,以此来弥补法学院教育的不足。法律

---

① 〔英〕马戈特·科斯坦佐:《法律文书写作之道》,王明昕、刘波译,于丽英审校,法律出版社2006年版,第3页。

② 〔英〕埃尔默·都南、查尔斯·福斯特:《法律文书写作之道》,陈晓昀译,于丽英审校,法律出版社2006年版,第1页。

③ 〔英〕马戈特·科斯坦佐:《法律文书写作之道》,王明昕、刘波译,于丽英审校,法律出版社2006年版,第2页。

文书的制作技能训练是司法研习的主要内容,贯穿于这个研习的始终。由此可见,两大法系的法律文书教学和技能训练是殊途同归,均为法学教育的重要组成部分,是培养职业法律人的重要步骤,其方式方法也是异曲同工。需要注意的是大陆法系特征比较明显的韩国、日本,在近年来的法学教育改革中,很大程度上吸收了普通法系的法学院教育模式,法律文书的教育训练也是其中非常重要的内容。

一、填空题

1. 判词以其功能为依据,主要可以分为_____和_____。其中,前者是指真实案例的判词;后者是指虚构的或模拟的判词。

2. 由于宋代实际案例的大量增加,当事人向官府提出控告就需要有一种形式,形成了法律文书的一个重要类别:_____。其书面语一般叫"牒"、"讼牒"、"辞牒",口语中统称为"状子",沿用至今。

3. 明清两代是我国古代法律文书制作的鼎盛时期,判词具有兼蓄唐宋,文情并茂的特点。裁判文书的制作体现出了"_____"的制判原则。

二、简答题

1. 中国古代法律文书的特点及演变过程给我们带来哪些启示?
2. 试述法律文书教学在两大法系中的区别。

第三章 法律文书制作的价值

能够理解法律文书制作价值的概念、意义,并在实际制作时灵活地运用,正确地把握法律文书与司法制度的关系,有效地反映出司法的公正与效率,促进和谐社会的构建。

第一节 法律文书的价值探析

法律文书的价值是指人们关于法律文书的现实目标和理想追求。[①] 基本内容是指法律文书的制作者,通过制定法律文书,来实现人们的某种需要,也就是说,法律是通过人们对法律文书的感知来体现的,离开了法律文书,法律的公平正义和秩序效率也就无从谈起了。法律文书的价值体现在现实层面和理想层面价值的相互影响,即现实价值和理想价值的相互促进,从而推动法律制度的发展和人类社会的文明进步。法律文书的现实目标是为了实现法律文书就具体案件所要解决的具体问题,但是,法律文书的制作基于各种条件的限制,往往会偏离法律本身的轨道,必须通过法律制度的某些机制的调整使其在正确的轨道上来满足法律的需要;法律制度同时也通过相应的机制来调整人们对法律文书的需求,使其理想层面的价值得以实现。

法律文书学是一个交叉学科,是法学和写作学的统一,是法学和语言学以及文学、哲学、社会学诸多学科的交叉,并且向现有的学科体系划分提出了挑战,目前的学科概念已经无法包容法律文书制作的理论问题和应用价值。法律文书是人类文明发展到出现了语言文字和法律以后的产物,没有语言文字就没有法律文书;没有一定的写作基础,也不可能制作出符合要求的法律文书来;没有相应的法律基础,法律文书也就失去了其应有的价值。

法律文书价值的内容十分丰富,可以包括自由、秩序、人权、效益、正义等诸多方面,从不同的角度可以对法律文书价值进行不同的分类。例如,从法律文书属性的角度,可以将法律文书的价值分为法律价值与写作价值,其中法律价值是

---

① 杜福磊、赵朝琴主编:《法律文书写作教程》,高等教育出版社 2006 年版,第 25 页。

主要价值,写作价值是为体现法律价值服务的;从法律文书价值是否对社会和人类有益的角度,可以将法律文书的价值分为正价值、负价值;从法律文书价值的工具性特点角度,可以将法律文书分为内在价值与外在价值等。① 多角度的分类对于我们研究法律文书制作的规律性,理解法律文书制作的特点,认识其在法治社会中的重要作用具有十分重要的意义。

第二节 法律文书制作与公平正义

公正兼有公平、正义的含义,公平正义是法律文书追求的最高标准,包含了实体正义和程序正义。实体公正是指正确地认定事实,准确地适用法律,公平地解决纠纷,合理地分配当事人的权利与义务,即结果的公正。程序公正是指诉讼过程自身所体现的合理性、妥当性,它是实体正义的保障。法律文书作为法律公正的载体,不仅是法律实施过程的记载,也是对运用法律的正当性予以说明,因此,法律文书既要体现实体公正又要体现程序公正,其中诉讼类文书的实体、程序正义兼具的特点尤为突出。

一、实体公正在法律文书中的表现

实体公正的标准表现在法律文书能够准确地认定事实和正确地适用法律两个方面。事实是判断案件性质和论罪科刑的根据。法律文书按照案件的性质不同可分为刑事诉讼法律文书、民事诉讼法律文书和行政诉讼法律文书。刑事诉讼法律文书的事实包括犯罪行为发生的时间、地点、目的、动机、手段、实施行为的过程和危害结果等内容。如侦破报告、起诉书、判决书以及刑事布告,都程度不同地需要叙述事实。民事诉讼法律文书的事实也要写清纠纷的起因、经过和结果。通常,公安机关和人民检察院的文书中的事实只需写明公安人员或检察人员予以认定的事实,有学者称为单线形态的事实,而人民法院或仲裁机关文书中的事实还包括当事人诉辩的事实以及法官或仲裁员认定的事实,有学者称为复线形态的法律文书。② 法律文书中的案件事实是"法律真实",而非"客观真实"。司法工作人员运用证据认定的案件事实达到了法律所规定的视为真实的标准,即认定为法律真实,因此,证据的表述在法律文书中占有非常重要的地位。法律适用正确也是实体公正在法律文书中的一个重要体现,它要求将抽象、普遍的法律规范运用到具体、特殊的案件中,实现个别案件的公正处理,体现出法律文书的实体正义价值。

---

① 参见杜福磊、赵朝琴主编:《法律文书写作教程》,高等教育出版社2006年版,第27—28页。
② 同上书,第30页。

二、程序公正在法律文书中的体现

程序公正的标准体现在：法官中立原则、当事人平等原则、程序参与原则、程序公开的原则。程序要合法并在法律文书中交代清楚，有些裁判文书制作只注重结论的合法性，忽略了司法程序的说明，尽管程序合法，但人们无法感知，也影响了裁判文书公正性。说明法律文书结论所根据的理由是世界各国制作法律文书时较为普遍的做法。英美法系国家实行判例法，判决要详细地分析过去的先例、法律规则的含义以及对特定案件的适用性，而且还要从具体的案件出发，阐发或归纳出一项具有普遍指导意义的法律规则。所以从判决书可以看出法官裁断案件的过程和判决所依据的理由。在大陆法系国家，有很长一段时间大家一致认为判决是行使权力，无须说明理由。判决要说明理由的做法，在意大利从16世纪起，在德国于18世纪才逐步确立起来；在这点上，法国只是在1790年，德国只是在1879年才作为一项普遍义务使法官们接受。判决必须说明理由这一原则今天是极为牢固地树立了：在意大利，宪法本身就此作了规定[①]；法国几部现行法典都规定，对每一案件的判决所依据的理由，法官一定要以书面形式特别说明他的心证是如何形成的。判决书是司法公正的最终载体，而"陈述判决的理由是公平的精髓"，如果说判决书的样式是骨架、语言是血肉的话，理由就是它的灵魂了。缺乏理由的判决只是一具没有灵魂的躯壳。因为只有通过充分的说理，才能将"纸上的法律"转化为解决实际纠纷的"活的法律"。

程序正义价值是法律文书的内在价值，判断法律文书程序正义价值的标准独立于评价法律文书结论的价值标准。法律文书是否达到程序正义的要求，关键要看它是否使那些受到法律文书结论直接影响的人（包括当事人和诉讼参加人等）受到了应有的对待，所涉及的程序过程以及事项是否清楚、完整地达到了法律规定的要求。

第三节 法律文书制作与司法效率

法律文书的制作应当贯彻繁简分流的原则，也就是说要根据具体的案件和司法程序，制作不同的法律文书，不能僵化地不加区分地完全按照统一的模式制作法律文书，要通过个性化的法律文书提高司法效率，实现司法的公平和正义，体现出公正和效率的统一。在法律文书制作上，要注意防止两种倾向，有些人为了充分说明理由，使得法律文书的制作过于冗长，一份简易程序的判决书竟达到了数十万字；有些人考虑到简明，仅仅用一千多字就完成了一个第二审程序的刑

[①] 〔法〕勒内·达维德著：《当代主要法律体系》，漆竹生译，上海译文出版社1984年版，第132页。

事判决书,这样的篇幅恐怕连基本的案情都说不清楚,怎么能就一个人的行为是否构成犯罪作出结论呢?

目前我国相关的中央司法机关或行政机关都制定颁布了一些法律文书的格式样本,提高了法律文书的制作效率。但是在具体的案件中,还必须要发挥制作者的主观能动性,具体问题具体分析,实现程式化与合理性的统一。最高人民法院、最高人民检察院、公安部、司法部以及其他机构或组织通过规范性文件的形式发布了法律文书的相关格式样本,固化了法律文书的共性要求,为法律文书的制作提供了方便条件,降低了制作成本,节约了时间,提高了效率。

法律文书的制作在满足程式化要求的同时,还要注意个性化的特点,结合具体法律文书的用途和相关的法律规定,彰显制作者的法律文化和法律素质。首先要让读者看明白法律文书究竟要说什么,结论必须清楚明白;然后还要让读者明白为什么是这样的结论,晓之以理,言之有据;行文要流畅,无愧法律人的形象;语言要简练,不能啰里啰唆,如乱麻一团;制作要及时,对于当事人来说,时过境迁的法律文书没有任何实际意义。所以说,法律文书的制作必须要和司法效率结合起来,公正和效率并重,才是现代法治文明的体现。

此外,法律文书的制作就是要把事情的由来和过程说清楚,把各自的权利义务说清楚,要所有人都能够认识到整个案件的来龙去脉,无可辩驳地接受案件事实的认定,心悦诚服地接受司法的裁判。对法律的理解和对科学定理的接受一样,不是权势的作用,而是发自内心的信仰。这样有利于当事人接受判决结果,及时定纷止争,避免启动不必要的司法程序,浪费司法资源,从而会间接地提高司法效率。

习　题

一、填空题

1. 实体公正的标准在法律文书制作中主要表现在_____和_____两个方面。

2. 法律文书的制作应当贯彻_____的原则,也就是说要根据具体的案件和司法程序制作不同的法律文书,不能僵化地完全按照统一的模式制作法律文书,要体现出公正和效率的统一。

二、简答题

1. 法律文书的价值内容是什么?
2. 法律文书制作与司法效率有何关系?

三、论述题

试论法律文书的实体公正和程序公正的表现形式。

第四章 法律文书制作的基本要求和原则

教学目标

掌握法律文书制作的语言要求和基本的规则,学会法律文书制作的一般方法,对法律文书的制作有一个基本的认识。

第一节 法律文书制作的语言特点

法律文书就其语言构成来说,涉及书面语言表述和口头语言表述两种形式,不同于其他文书的写作要求,有其独到的特点。

一、准确

所谓语言准确是指在法律文书制作中,语言的选择必须明确清晰,准确明白,不能模棱两可,不能含混不清,而且在理解上只能是单一的,不能有多义。法律文书是实施法律的重要工具,如果不能做到理解的单一性就不能使其得到很好的贯彻执行,甚至可能会南辕北辙,有损法律的公正和权威。

二、庄重

所谓庄重是指法律文书的制作要体现出法律的威严和公正,语言的选择一般都是比较严肃的中性词。司法是被动、中立的,不能有任何偏向,语言的褒贬代表了作者的好恶,流露出主观倾向就有可能在司法过程中产生不公正,使司法的天平发生倾斜,从而动摇了国家法制的根基。法律文书的制作还要体现法律面前人人平等的基本原则,这里的"人人"是指不加任何定语修饰的人,反映了法律对人权的尊重和保护,哪怕是对于一个即将要处死的罪犯,在法律文书的制作上也要尊重和保护他的基本人权,不能因为其在诉讼活动中的地位而剥夺或侵犯其应当享有的基本人权。方言、土语、歇后语以及一些不够雅致的语言也不能在法律文书中使用,应当代之以恰当的词语表明其本来的意思,无法找到替代词时,可以通过概括的方式来表明原来的含义,从而保证法律文书的庄重。

三、简洁

所谓简洁是指法律文书使用的语言应当是言简意赅,不能累赘烦琐、不知所云。法律文书的语言要事实清楚,证据的使用要符合规则要求,法律适用正确,法律责任分明,说理充分,结论明白,能够执行。法律文书在转述当事人的意见时,要准确地表达其本来的意思,并进行适度的概括;对证据的评判选择适用,要讲清楚依据;对法律的适用,应当进行必要的分析,揭示出相关性特征;法律责任的判定要清晰、明确,具有可执行力或者法律意义。事实清楚、结论明确、说理充分,并非意味着就一定要长篇大论,冗长的文书也不一定就能把道理说得清楚。不重复、忌啰嗦是法律文书应当把握的要领。简洁要适度,以准确表达为必要限度,不能单纯地为了追求简洁而丧失了法律文书的正确表达。

四、严谨

所谓严谨是指法律文书制作的论证过程逻辑严密、无懈可击。法律文书的格式对法律文书的制作严谨起到了一定的帮助作用,但并非一劳永逸的良方。由于案件是千差万别的,其特性也就决定了法律文书的个性化特点,不应该是千篇一律、千案一面。严谨的思维有助于制作者对案件事实的认识、理解和分析说理,有助于让人们接受法律文书的主要观点,有助于法律文书作用的发挥。

五、有说服力

所谓说服力主要是指法律文书的理由充分,容易被读者接受,这取决于制作者高超的制作技巧和娴熟地适用法律的能力。具有较强说服力的法律文书至少要体现在以下三个方面:在陈述事实上,要能够很好地运用证据,把证据的真实性、合法性、关联性交代清楚,用证据来展示案情,把案件事实的各种要素有机地表达出来;在适用法律上,能够把法律的一般性规定和具体案件的诸多特征联系起来,让人们能够毫不怀疑地认为法律规定就是指的这种情况;在理由阐述上,善于把法理、情理和道德民俗结合起来,做到雅俗共赏。说理是法律文书的一个中心内容,法律文书的制作成功与否就取决于如何说理,只有说理透彻,才能够被人们所接受。

第二节 法律文书制作的选材要求

法律文书的选材是非常重要的一个步骤,直接影响到法律文书的制作质量,掌握选材的基本原则是制作法律文书的基本前提。

一、围绕主旨选材

所谓主旨是指法律文书的制作目的和中心思想。制作法律文书应当围绕主旨选材，也就是要紧紧地围绕着法律文书的制作目的和中心思想选择材料。任何法律文书都离不开案件事实和法律适用两个方面，案件事实是由诸多要素构成的，在法律文书制作过程中如何排列这些要素，或者说对这些要素的筛选要遵循一定的规则，是需要通过训练来掌握一定的技巧的，对于所涉及的材料选择就一定要围绕着法律文书的制作目的进行，材料服务于目的。在法律适用方面也是同样如此，确定案件的性质和法律责任，需要对所适用的法律进行选择，遵循的原则也是要围绕着法律文书的制作目的和中心思想进行，要充分考虑案件事实与法律规定之间的关联性，说明法律规定和案件情况本身具有同一性，适用这样的法律是能够实现法律文书的制作目的，完成其肩负的任务，不能出现适得其反的结果。

二、围绕证据选材

法律文书陈述的案件事实应当是有确实充分的证据支持的，没有证据支持的事实，不会得到法律的认可，不应当写进法律文书之中。在选择案件事实的材料时，一定要注重对证据资料的分析和叙述。首先，是要把证据的真实性讲清楚，证据必须是真实的，虚假的证据是不能用来作为认定案件事实的依据的，这种真实要把印证的过程展示出来；其次，证据还必须具备合法性，收集证据的程序要符合法律的规定，非法证据应当被排除，刑讯逼供取得的证据不能用来作为定案的依据，法律文书的制作必须合法，不能打任何折扣；最后，证据还必须具有关联性，法律文书的制作一定要充分说明证据和待证事实之间具有关联性，风马牛不相及的证据没有任何价值，关联性需要法律文书的制作者依据自身的经验进行必要的说明，取决于制作者的法律功底和实际应用水平。总之，法律文书的制作要围绕着证据进行选材。

三、选材的要素齐全规范

确立了法律文书制作的选材原则，就要对法律文书材料的具体运用进行必要的梳理，也就是说法律文书的选材使用应当是要素齐全规范。齐全是指法律文书的事实要素和法律要素必须完整、齐备，不能是支离破碎的，构成案件事实的时间、地点、人物、原因、结果、过程、因果联系等要素都要齐全；必要的选择性要素也要齐全，如情节、主观心理状态、意外事件的影响、行为实施的阶段等。对这些要素的陈述要符合相关的法律规定，通过对这些要素的陈述能够把法律责任弄清楚，比如年、月、日、时、分、秒都是时间的表述单位，究竟用什么单位来表述合适呢？这就要取决于案情的实际需要来进行选择，一切从实际出发，不能拘泥于某一种形式。如何选取要素既包括法律、法规、规章的明确规定，也包括长期司法实践和法律事务的经验积累和总结。

第三节 法律文书制作的纪实要求

法律文书的制作要求写实，不能夸张和渲染，一般不用比喻等修辞手法，无论在案件事实的陈述还是在具体法律的使用上，都要体现出写实的风格特点。在法学理论和司法实践中，"量变"是要引起"质变"的。以盗窃为例，数额较小、没有达到法定标准的小偷小摸行为是不作为犯罪行为来对待的，而对于数额较大的盗窃行为，《刑法》就将其规定为盗窃罪，依法要受到刑罚制裁，这时数额的大小就影响着行为的性质。所以，在法律文书制作的时候，就必须要反映出写实的特征，丁是丁、卯是卯，不能有任何偏差。

社会运动是最高级的运动形式，社会现象也是复杂多样的，追求精确恰当是法律文书制作者的目标，但是在纷繁复杂的社会现实中，用证据非常准确地证明到精确的程度，难度是可想而知的，有时甚至是根本不可能的，很多事情是无法再现的。在这种情况下，只能退而求其次，选择相对准确的模糊概念来表达法律文书需要反映的内容，从而来完成法律所赋予的使命。在公正与效率并重的理念下，选择模糊修辞来制作法律文书是必要的。

在确定法律文书的制作可以使用模糊修辞的同时，也要注意对模糊的限制和规范，一般来说，模糊修辞出现较为频繁的方面主要在于：(1)确定时空，如"凌晨三时许""大约一百米处""持续半年左右"等；(2)对数量的描述，如"经济损失一百多万元""贪污一千万元以上""十多年不主张权利，早已超过诉讼时效""挥舞木棒击打被害人头部数十下"等等；(3)表现程度和性状，如"导致被害人死亡""后果极其严重""主观上存在一定的过错""情节严重"等。总体来说，模糊修辞的使用要限制在一定的范围内，不能任意扩大使用范围；同时还要注意，模糊概念的使用不能影响最终的处理结果，即模糊的部分不影响定性和司法处理，属于可以忽略不计的。这种"量"的模糊，并不影响司法"质"的结果，依然符合法律文书制作的纪实要求，符合以事实为根据、以法律为准绳的司法原则。

法律文书不同于文艺作品，不属于文学艺术的范畴，不需要强调表情达意的生动，对于那些富于艺术感染力的比喻、借代、反语、拟人等含蓄委婉、曲折表意的修辞手法，是绝对排斥的。这些修辞格虽然能够增强力度，加大渲染，激发人们的情绪，但是可能会使得司法的天平发生倾斜，因文字而导致司法的不公，与民主和法治格格不入，背离了法律文书制作的基本要求。所以，法律文书的制作必须符合纪实的要求。

第四节　法律文书制作的合法性要求

　　法律文书的自身特点决定了它的制作必须要符合法律的规定。这里的法律是指的广义范畴,既包括全国人大及其常委会制定的法律,也包括最高人民法院、最高人民检察院制定的司法解释,还包括中央人民政府各部门制定的关于法律文书的制作规章和规则,有些行业团体如中华全国律师协会、中国公证协会等制定的相关规则也包含在其中。中国共产党的一些内部规定也是制作纪检文书必须遵守的规范,国际贸易惯例以及一些社会团体的规则都是制作相关文书需要遵守的。在这里,对合法性的要求是宽泛的,并非严格意义上的法律。对于相关法律文书的制作也就提出了更高的要求,需要制作者有更广的知识面和高超的制作技能。除此之外,在一些司法文书制作中,法律文书制作的合法性还应当包括遵守职业道德。法律职业人员的职业道德相对于其他行业的职业道德更加重要,直接影响着司法公正。法律职业人员手中的笔,代表着国家司法权的行使,是驾驭司法的重要工具,很多时候需要用高尚的职业道德来进行自我约束,再严密的监督制度也需要法律职业人员的职业道德规范来弥补不足。

　　法律文书制作中所涉及的法律概念、法律关系、法律责任等必须符合法律的规定,法律文书的制作者不得进行任意发挥。不仅要按照实体法的规定去做,而且也要按照程序法的要求写作,即在制作法律文书时,包括写作材料的选择、证据资料的分析评判、当事人的发言主张的摘要选取、证据的取舍、法律的适用、问题的说明等都要遵守法律的规定,不允许任意发挥,也不得按照个人的喜好和偏见随意添减。写进法律文书的证据应当是经过质证环节的,案件事实应当有相关的证据来支持,选择的法律应当是现实生效的,对数据的计算方法符合案件本身的需要,对当事人、证人、鉴定人的陈述意见在法律文书中进行概括必须忠实其原来的思想表述,不能私自改变其意思表示,而且还要注意对司法过程的程序展示,以体现出程序对司法公平的保障作用。

　　法律文书制作中的各种要素都必须要符合法律的规定。相关人员的姓名和出生年月日都是要用法定文件记载的,即依法颁发的身份证、户口簿、护照上的姓名,除非有证据证明法定身份证件上记载的资料是虚假的。时间的表述和期间的计算必须符合法律的规定,细微的差异都可能导致司法结论的失误。职业、职务、岗位的叙述也要符合法律的规定,特别是在社会主义计划经济向社会主义市场经济转型时期,恰当、准确地表述就显得尤为重要:一方面过去的一些职业、职务、岗位现在已经成为一种技能而不复存在,另一方面新兴的一些职业、职务、岗位又是过去所没有的。例如,司机和打字员现在很多单位都没有了,已经转化成为一种工作人员的基本技能,下岗再就业和务农、经商也已经不再是过去所说的无业人员,社会发展带来的一系列变化也应当在法律文书的制作中有所反映。对于一些法律没规定的盲区,现实生活中有的已经出现,需要通过司法对某一种行为或现象作出裁断,就需要法律文书的制作者把道理讲清。

　　法律文书的制作不是简单的适用法律,从某种意义上讲,也是对法律的一种创设。法官造法在英美法系是很普遍的,判例法的特点就是遵从先例,过去的生效司法裁判就是后来法官判案所要遵循的法律。其实,在大陆法系国家也存在着法官造法的现象,只不过在制定法的光辉下,法官造法和遵从先例显得有些黯淡罢了。两大法系的不断交融就是对这种观点的最好注脚。在当今中国的司法体制下,我们的司法解释就是一种法官造法的现象,当然这种造法要和国家的立法有所区别,司法解释仅仅是对法律的理解作出的一种具体化或者是更明确的说明,不能任意扩大。法律职业人在自身的职务活动中也不可避免地会涉及对法律的解释或者是创设法律的问题。法律制度是逐步建立和完善起来的,在改革开放的过程中,肯定会有很多没有来得及立法就已经遇到的问题,而且必须要解决它,比如包产到户的法律依据问题、中国足协对足球俱乐部的处罚是否可以提起行政诉讼的问题、侵犯公民的受教育权是否具有可诉性的问题等。很多都是法官在具体的案件中不能回避的,无论作出怎样的判决,都必须说出道理来,都需要法律职业人员能够制作出一篇令人信服甚至是拍案叫绝的法律文书。这种法律文书的合法性要求,不仅要遵守法律规定,而且还要遵守法的精神,需要用法学基本理论来解说,通过法律技能来完成。

一、填空题

1. 法律文书就其语言构成来说,涉及_____语言表述和_____语言表述两种形式,不同于其他文书的写作要求,有其独到的特点。
2. 任何法律文书写作都离不开_____和_____两个方面。

二、简答题

1. 法律文书制作对语言的要求有哪些?
2. 法律文书制作对选材有哪些要求?
3. 如何理解法律文书制作中的纪实要求?

第五章　法律文书的结构

了解法律文书结构的重要性,掌握法律文书的三部分结构特点,对法律文书制作的思维逻辑有一个清醒的认识。

第一节　法律文书结构概述

法律文书的格式多种多样,但是,法律文书的结构却是相对固定的,分为首部、正文和尾部。结构在文章中通常是指组织材料、编排内容的具体形式。结构属于文章的形式要素,是为表现文章内容服务的。法律文书结构,是指构成法律文书的基本框架。它的主要特点是结构相对固定,结构用语程式化,行文章法多样化。①

法律文书结构的形成是多种因素相互影响与制约的结果。在法国、德国等大陆法系国家,法官属于文官,一般不从律师中选任。就社会地位和威望而言,远远不及英美法系的法官。人们普遍认为,在适用法律的过程中,大陆法系法官的使命就是依据成文法对具体案件作出适当的判决。法院总是被看做一个整体。尽管受具体案件情况和文书制作者不同性格及素养的影响,大陆法系国家的法官们制作的判决书不可能完全相同,然而毫无疑问的是,通行的文书结构常常能够得到有效遵循。所以,相比起英美法系国家来说,结构更易趋于一致。

形成法律文书结构模式的现实性因素主要体现在:(1)现行立法及法制思想的规制。法律文书是法律实施的具体表现之一,法律规定是法律文书形式构成的核心要素。法律文书结构模式的创造和形成皆以法律的具体规定为基础。各种法律文书的组成部分,诸如事实、理由、结论或意见等均以法律的规定为前提。与此同时,社会政治制度、法律制度的变化和调整,法律思想的更新也会引发法律文书结构的变动。(2)各种法律文化之间的碰撞融合。法律文书的结构除了深受上述几个方面的影响之外,不同文化之间的交流和借鉴对法律文书结构的变化也有着巨大的作用。在我国历史上,自先秦时起一直到清末这一漫长

---

①　周道鸾主编:《法律文书教程》,法律出版社2007年版,第21页。

的历史进程中，法律文书的结构模式几乎没有发生较大的变化：在结构上借用一般的叙事议论文体，而且刑事法律文书、民事法律文书的体式缺乏根本的区别。新中国成立后，我国又学习借鉴了苏联、东欧各国法律文书的结构。进入新的历史时期以来，伴随着对两大法系了解的深入，对各国法律文书结构研讨的加深，促进了我国法律文书的结构在扬长避短之后更趋于合理，更切合于时代的需要。

第二节　法律文书的首部

　　法律文书的首部就像是一个建筑物的房顶，能够让人一目了然地看到建筑物的轮廓。首部是所有法律文书的开篇部分，一般包括：文书标题，文书编号，当事人或利害关系人的基本情况，案由或事由，案件来源和处理过程等内容。对于有些填充类、表格类的法律文书或者是法庭演说词，虽然格式各不相同，但是首部既要反映法律文书的基本轮廓，也要包含致送单位名称，案件的性质概况，制作文书的合法性说明，中心观点等。

　　首先，要在首部交代清楚法律文书的标题。标题不是任意撰写的，而是要根据相关的规定来确定的，例如，起诉书、判决书、辩护词、法律意见书、公证书等。法律文书的制作不同于学术文章的写作，一般在标题中不涉及当事人的姓名及案由等。很多法律文书的制作单位要在标题中反映出来，而且和标题的其他内容所用的字号也不相同，一般都要大两级，单位的名称也是要按照规定来写，不能用简称和俗称；对于涉外的案件，单位名称也有所差异。其次，就是文书的编号了，这部分一般有单位的代字、审级、案件性质、年度代码、案件序号等组成，不同的文书排列次序有所不同，这主要取决于主管机关的相关规定，没有统一的法律规定。从这里也看出对法律文书进行统一规范的必要性，各自为政的现象让人难以掌握，有损司法的严谨和形象。

　　对于有些法律文书，如辩护词、代理词、公诉意见书等法庭演说词，由于其随机性很强和在诉讼活动中的特殊作用，其首部则要交代清楚呼告语、开庭前准备工作、中心观点、法律依据等，为下边的意见阐述奠定基础，从而促使法官接受其意见，完成法律赋予的使命；标题中的制作单位和案件编号则不同于前述司法文书。法律意见书、公证书等非诉讼法律文书的标题又是各具春秋，概括中心观点和写作铺垫则是相同的。

　　万事开头难，法律文书的首部虽然表面上看起来很简单，但是它包含了丰富的内容和法律职能特点，是非常重要的部分，也影响着整篇法律文书的制作质量，应当引起重视。法律文书的首部，就其内容而言，主要包括文书名称、文书编号、法律关系主体及其基本情况、案由或者事由、案件来源和审理过程等；就其功能而言，起着提示下文和引领全文的作用。法律文书的首部篇幅不大，语言精练,反映出制作者的法律主张和立场,主旨鲜明,目的明确,是法律文书制作的基础。本书的分论部分会针对各种法律文书分别介绍首部的制作方法和技巧,这里只是全面概括,不再赘述。

第三节　法律文书的正文

　　法律文书的正文是其主体,也是制作者最下工夫的一部分,一般篇幅比较长,如同人体的躯干。不同的文书各具特色,归纳起来不外乎事实陈述和法律适用两部分内容。

　　事实的陈述要反映出所依赖的证据,案情的事实要素应当齐全规范,排列顺序和详略则反映出制作者的司法经验和制作技巧,对证据的分析说明更体现出制作者的法律应用能力和水平,对于这些事实要素的排列和说明则是我们法律文书学研究的一个重点内容。

　　对当事人及其委托的律师而言,起诉状、答辩状、上诉状、申请书、辩护词、代理词等诉讼法律文书,是为了向法官陈述意见和主张,最终得到有利于本方的司法裁判。事实要素的选择和排列,也是要有利于本方,在对证据资料的选择和分析上都要体现出有利于本方的原则立场,当然这种"有利于"不得杜撰说谎,应当依法对证据资料进行分析说明,顺其自然地得出结论。在很多时候,对证据的收集方法和程序是法律文书制作要特别关注的,因为这关系到证据是否会被依法排除,制作者追求的往往是排除对本方不利的证据,同时希望法官接受对本方有利的证据。例如,在刑事诉讼中,辩方制作法律文书,主要是针对控方指控依法辩解。无罪推定的原则强化了控方必须要有确实、充分的证据证明被告人有罪,否则法庭就要判决被告人无罪。辩方在法律文书中的重点就是要找出控方法律文书的漏洞,抓住一个环节,寻求突破的关键,只要攻克这样的难关就可以完成辩护职责,实现了法律文书的功能。

　　由于诉讼法中对举证责任的分配,控方必须对陈述的事实举出确实充分的证据来证明,否则就要承担败诉的法律后果。控方所制作的起诉书、公诉意见书、代理词、法庭辩论补充意见书等法律文书不仅要注意事实要素的排列,更要注意各要素之间以及证据材料之间的内在关系,要做到互相印证,环环相扣,无懈可击才行。法律对控方提出了更高的要求,上述法律文书事实要素的陈述不仅要得当,而且其内在法律关系和逻辑关系也必须要进行充分的论证,真实、合法、关联都要全面分析,构筑起疏而不漏的严密法网,才能实现其诉讼功能。全面、准确、严密是控方制作法律文书需要牢记的。

　　法院的裁判文书则一定要体现出被动、中立的特点,坚持始终维护司法的公平和正义,做到兼听则明,不偏不倚。要如实地概括双方当事人陈述的案件事实,并且依法对其陈述作出评价,采纳与否都要说明理由;法律适用和实施的认定往往是相互伴随,不可分割的,需要法官针对不同的案件,选择不同的方法来进行,提出的要求则更高。特别是针对案情复杂的案件,正文的制作难度更大。对于证据资料较多的案件,如何排列和说明是法官首先需要解决的一个难题,或逐一分析说明,或概括总体分析,需要结合具体的案件情况作出选择,裁判文书的制作优劣是对法官综合素质的检验。对于仲裁员制作的裁决书同样如此。

律师的法律意见书和公证员制作的要素式公证书,应当充分考虑当事人对法律文书的实际需要,其正文同样也涉及事实和法律两个方面,需要对所适用的证据资料进行必要的说明,有时还要对证据的收集的程序作必要的说明,在法律适用上更要讲清楚法律规定和案件本身的关联性,顺畅合理地得出结论,而非生搬硬套。

对于各种法律文书而言,正文都是其核心内容。正文的任务概括起来就是提出问题、分析问题和解决问题,具体说来包括事实、证据、理由、法律适用、处理结果(或结论),总的要求是事实清楚、证据充分、有说服力,处理结果或结论正确,体现出法律的公平正义。针对不同的法律文书,这些部分的写作技巧会存在差异,我们将在分论中结合具体的法律文书进行探讨。

第四节 法律文书的尾部

法律文书的尾部是全篇的结束部分,特点是结论明确、程式严格、用语固定、紧扣法律、一目了然。20世纪50年代,我们对裁判文书进行了改革,把过去的裁判主文从文书的前边移到了尾部,改变了人们的行文习惯。过去是先在法律文书的开头给出结论,然后再一一说明理由,思维是从结果往前推,说法论理逐步展开。现在的做法是先把审理程序的合法性在首部展示出来,然后叙述各方当事人的主张和各自的理由,在此基础上介绍法官的评判意见,最后得出结论。这样看起来比较顺畅,但基于关注结论的心理状态,当事人可能没有心思去了解整个过程和理由,他的全部注意力都集中在法官的结论上,急于想知道法律的最终结果。所以,现在的法律文书尾部往往是人们最关注的,形成结论的过程虽然非常重要,但是却容易被人们忽略。在其他非诉讼法律文书的制作上,同样也存在把结论放在文章的最后这个问题,我们在这里不去探究法律文书的结论究竟是放在首部还是尾部的科学性、合理性问题,只是需要在此明确尾部的重要性是不容忽视的。

此外,法律文书的尾部还包括了其他很重要的内容,如依法享有的相关法定权利以及实施这些权利的方法和时限、附录的重要信息、制作者的期待目标、必要的后语说明等。这些都是法律文书制作者或者是承受者非常关注的事项,也是相关当事人特别需要知晓的重要信息,对他们下一步的司法救济非常重要,同时也反映出司法的公平公正,是文明司法的重要体现。

具体说来,法律文书的尾部主要包括以下内容:(1)交代有关事项。这些事项会因文种不同而不同,具体的用词也各具春秋,有的需要写明上诉权利及行使的时间和方式,有的需要写明呈送的单位或者是希望作出的结果,有的则是一句必要的说明等。(2)法律文书的签署。即制作该法律文书的机关或者负责人、承办人员署名,以此来表明法律文书的合法性、公开性。(3)日期。一般要明确依次写明具体的年月日,对于有些文书,要区别其确定日期和签发日期,这是需要特别注意的。(4)用印。法律文书往往是由掌握特定权力的国家机关或特定部门及人员来行使,有时还要加盖机关负责人的印章,印章是权力的象征,用印必须规范。(5)附项。指需要随法律文书移送的有关卷宗、材料,或者需要注明的有关事项,这是绝大多数法律文书不可缺少的部分。

一、填空题

1. 法律文书的格式多种多样,但是,法律文书的结构却是相对固定的,分为_____、_____和_____三个部分。

2. 法律文书的正文是其主体,也是制作者最下工夫的一部分,一般篇幅比较长,归纳起来不外乎_____和_____两部分内容。

二、简答题

1. 形成法律文书结构模式的现实性因素主要有哪些?
2. 简述法律文书首部的写作对于整篇文书的意义及其主要内容。
3. 法律文书尾部主要包括哪些内容?

第六章 法律文书制作的基本思路

掌握法律文书制作的基本思路,培养法律文书制作的思维模式。

第一节 法律文书的制作目的

法律文书在制作之前需要制作者有一个冷静的思考过程,首先就是要考虑这篇法律文书的制作目的究竟是什么。这是不容回避的问题,而且还要通过思考,透过事物的表面现象,真正了解到文书的制作目的,有时还需要一个特定的过程。雾气蒙蒙和狂风大作导致的结果可能都是昏暗不清,但是雾气是可以被狂风吹散的,雾散风停是需要时间的。总之,法律文书的制作者是一定要知道该文书的制作目的,并且是真正的制作目的,不能是被表面现象掩盖的目的。因为在有些情况下,当事人向我们陈述的法律文书的制作目的和他实际上追求的目的是不同的,这主要是基于当事人的法律知识和表达能力的差异,制作者必须真正理解法律文书的制作目的,才能使法律文书发挥其应有的作用。

当法律文书的制作者知晓了法律文书的制作目的以后,就要对法律文书进行构思,按照法律文书的结构要求完成布局,按照选材的要求对相关资料进行筛选和加工,包括遣词造句都要围绕着法律文书的制作目的,一切服从目的的需要。它就像一条无形的主线,贯串整个法律文书之中,是文章的灵魂。

法律文书的制作目的具有以下特点:

(1)合法性。法律文书的制作目的必须符合法律的规定,不能任由当事人左右,超越法律的制作目的是不能允许的。对于法律文书的目的的任何表述都要符合法律的规定,包括诉讼请求、对被告人的求刑要求、法律意见等,都要做到合法、恰当,不得任意撰写。程序合法也是应当注意的一个重要问题,法律文书所涉及的司法程序必须符合法律的规定和精神,程序违法也会使制作目的偏离正确的轨道。

(2)实效性。法律文书不同于一般的文艺作品,具有实际的法律意义,是为了通过某一种法律行为或职务行为解决具体的法律问题,因此,法律文书在制作时就一定要考虑到它的实际效用,只有把法律文书的制作目的建立在解决具体案件的有效性上,才能充分发挥其作用。

(3)鲜明性。法律文书的制作必须明确地指出其制作目的,让承受法律文书的机构或者人员清楚其制作目的,观点必须旗帜鲜明,不能含糊。法律文书的中心思想也要突出地反映出来,支持什么,反对什么,请求什么,一定要态度明朗,不能给人造成任何错觉。制作者的立场也要十分鲜明,不能本末倒置,角色换位,职能错位,那就不是茶余饭后的笑谈,而成为法治的悲哀。

法律文书的制作目的是需要制作者在法律文书中表达出来的。有些文书可以通过标题就非常醒目地反映出来,有些文书则要在首部叙述中表达出来,也有的在法律文书的叙写过程中不断地层层剖析,逐步显现出来,还有的在文书的尾部才能最终明确地揭示出来。对于格式严谨分明的诉讼法律文书,可以在请求事项中表达,其表达方式是多样化的,需要制作者有一个清晰的思路,灵活的技巧,针对具体的文书,选择恰当的方式来反映法律文书的主旨,发挥其功能。

正确地认识法律文书制作目的和中心思想,可以抬升法律文书的制作水平,更好地发挥法律文书的作用。法律文书主旨的确立,有利于确定法律文书的重点,可以有机地安排材料,详略得当,层次突出,思路清晰,避免冗长拖沓,容易被读者接受;有利于确定选材的标准,做到去粗取精,精雕细琢,反复推敲,准确地表达,从而实现各项司法功能;有利于文章结构的有机组合,主旨的确立,可以促进文章材料的编排顺序更加合理、更加科学、更加顺畅;也有利于写作技巧的发挥,技巧只有服务于主旨,才能主次有序,有的放矢,恰到好处。

第二节 法律文书制作中的法律适用

一、法律适用的概念

法律适用,是指国家司法机关依据法定职权和法定程序,具体应用法律处理案件的专门活动。① 法律文书制作中的法律适用是指在制作法律文书时,就具体案件事实的认定或处理需要引用法律规范的方法,或者说是针对具体的案件,如何选择作为评判标准的法律规范的方法。

法律适用对于制作法律文书具有重要的意义。首先,法律适用涉及国家的主权问题,在涉外案件中,应该适用本国法而选择了外国法,则使本国的主权受到损害;如果应该适用外国法却选用了内国法,也会构成对别国主权的侵犯,严重的还有可能引起外交纠纷。其次,法律适用直接影响到对具体行为的评判,不

---

① 刘金国、舒国滢主编:《法理学教科书》,中国政法大学出版社2004年版,第172页。

同的法律规定可能对法律后果产生截然不同的结论,有罪的可能变为无罪,合法的可能变为违法,见义勇为或正当防卫者也可能被作为杀人凶手对待,助人为乐的行为也可能被判为侵权而受到法律的制裁和约束。法律适用还可能影响到国家法治的完善和社会秩序的稳定,不同的执法者基于对法律的理解和认识,可能会对同样的问题,依据同样的法律得出不同的结论,会使人们对法律的公平正义产生动摇。由此可见,正确的法律适用是非常重要的,在法律文书制作过程中,不仅要正确地引用法律规定的条款,而且还要把该条款的立法本意和与该案的关联性讲清楚,包括程序法的适用和自由心证的过程,有时可能还要把相关的社会后果联系起来,最终才能保障法律文书的公正和可信,才能促进社会的和谐与稳定。

二、所适用法律的概念和形式

法是反映统治阶级意志的,由国家制定或认可并以国家强制力保证实施的行为规范的总和。广义的"法律"与"法"同义,狭义的法律是专指拥有立法权的国家机关依照法定程序制定和颁布的规范性文件。[①]

从世界各国来看,法律的存在形式有:制定法、判例法、习惯法、教会法、学说和法理。[②] 我国的法律渊源有宪法、法律、行政法规和规章、自治条例和单行条例、司法解释。此外,我国签订和参加的国际公约、双边条约也是重要的法律渊源,也是要遵守的。在我国的审判和仲裁等法律实践中,当事人也可以依照法律或仲裁规则的规定选择其他国家或地区的法律作为准据法来适用。商业习惯、国际惯例、行业规则、技术规范和标准以及司法实践中所涉及的一些规范,在制作法律文书时也会成为制作者的依据,为法律文书的说理和自由心证奠定基础。

法律文书制作中的法律适用不单是指部门法,有时也包括宪法。我国虽然没有宪法法院,但是,在司法实践中已经出现了直接引用宪法的条款作出判决的案例。如山东省的齐玉苓受教育权被侵犯案就是一例,这是新中国成立以来直接适用宪法作出判决的第一例案件,开了我国制作法律文书使用宪法的先河。法律适用还涉及程序法律规定,程序性依据不仅存在于程序法的规定中,在其他部门法中也有一些程序性规定。[③] 程序是实体公正的保证,是看得见的公正,也是法律文书展示其公正的重要组成部分,在一些部门行政法和规章、规则中都有相关的规定。无论是对案件事实的认定,还是对行为性质的判定以及作出法律上的处理都需要通过程序法的适用来完成,是不容忽略的。

---

① 刘金国、舒国滢主编:《法理学教科书》,中国政法大学出版社2004年版,第1页。
② 参见卓朝君、邓晓静编著:《法律文书学》,北京大学出版社2004年版,第103—104页。
③ 同上书,第105页。

三、法律适用的基本原则

（一）平等原则

法律面前人人平等的原则已经被明确写进我国《宪法》，成为一项宪法原则，是至高无上的，任何单位和个人都不得超越它。坚持法律面前人人平等意味着：（1）任何公民都平等地享有宪法和法律规定的权利；（2）任何公民都必须平等地履行宪法和法律规定的义务；（3）任何公民都不允许有超越宪法和法律的特权；（4）任何公民的违法行为都必须平等地受到追究和制裁。[①]

（二）特别法优于普通法原则

特别法也称专门法，是指国家立法机关仅针对特定人、特定的事项、特定的区域或特定时间内有效的法律。普通法是指对全国有效或者对一般人、一般事项有效，或者在修改、废除以前的任何时间内均有效的法律。需要注意的是这里的"特别"与"普通"是一个相对的概念，如合同法相对于民法是特别法，而合同法相对于保险法就是普通法了。在同一个法律位阶中，特别法优于普通法适用。

（三）具体规定优于抽象规定原则

我们在制作法律文书的过程中，可能会遇到某一个法律关系涉及的法律规定有些比较具体，有些非常原则，在援引和适用时就要优先考虑具体的规定，在没有具体规定的情况下，才适用原则性条款。

（四）旧法与新法的适用原则

旧法与新法是相对于具体行为实施的时间而言的，旧法是指在某种行为实施以前颁布的法律；而新法则是指在某一行为实施以后颁布的法律。一般来说，法律在颁布的时候都对其效力作出明确的规定，采取的大都是从旧兼从轻原则，即新法规定的处罚比旧法轻时，适用新法，新法往往不具有溯及力。

（五）高位阶法律优于低位阶法律

法律都是有位阶的，这主要从法律的效力范围来设定的，位阶高的法律效力优于位阶低的法律。如宪法是国家的根本大法，效力优于其他的法律，任何法律不得与宪法抵触，违反宪法的法律是无效的；法律的效力优于行政法规的效力，行政法规不得与法律相抵触；行政法规的效力又高于规章，司法解释不得超越法律的规定。

（六）法律适用的书写顺序

在法律文书制作过程中，会涉及很多部法律以及多个条款的引用，按照什么规则来排列这些引用的法律规定呢？是按照法律的位阶，还是法律制定时间的先后？为了能够和法律文书的内容衔接，也为了能够让读者对法律的适用有一

[①] 刘桂宗主编：《法律基础教程》，法律出版社2003年版，第12页。

个正确而清晰的认识,一般都是按法律文书所叙述内容的顺序,而不是按照法律的位阶或制定时间,也不是按照法律的类别来选择。

第三节 法律文书制作的思维模式

法律文书制作的思维模式就是要解决以下六个问题,即在制作前,试着问自己这些问题——谁、什么、什么时候、什么地方、为什么和怎样做[①]。

谁(who) 是指法律文书中的人物。任何法律文书的制作都离不开对人物的叙述,也就是法律关系主体,可以分为自然人、法人和其他组织。对人的思考主要是根据相关的法律规定,该主体在法律上是否适格?如果不适格,责任在谁?对于自然人而言,可能会涉及其是否具有民事责任能力?是否有利害关系?是否具有相关的技能或者是资格?对于法人或者其他组织而言,可能涉及其是具有相关的经营资质?是否有合法的授权?这些都是法律制作者应当考虑并且在法律文书中准确地表达出来。

什么(what) 是指发生了什么事情,或者说是一种什么样的法律关系。法律关系的性质往往决定着诉讼案件的案由,直接影响着法律适用和责任的承担,是法律文书制作中非常重要的一个问题,这个问题经常被当事人或者是法律实务经验并不丰富的人所忽略。此外,它还意味着法律事实发生的过程,案情的陈述都要有依据,并且符合人们的思维习惯,能够被人们接受,叙述本身就是一个认定说理的过程,构成案件事实的各种要素应当齐全、规范、准确,而不能是凭借权势作出的生硬表达。

什么时候(when) 是指法律文书所涉及的法律事件发生的时间。这个时间包含两层意思:一层意思是指法律事件发生的具体时刻,它的表述单位根据案情的需要可以是年、月、日,也可能是时、分、秒;另一层意思是指法律规定的一段期间或时效,计算单位一般是年、月、日。时间在法律文书制作中非常重要,有时可以影响一个人的生与死,例如,我国《刑法》规定不满18周岁的人不适用死刑,就是说犯罪嫌疑人在实施犯罪行为的时候只要还没有达到他的18周岁生日,无论他犯的是什么罪,都不能判他死刑。还有超过诉讼时效起诉的,也会失去胜诉权;即使起诉了,经过法庭审查,确实超过诉讼时效,将被驳回起诉。

什么地方(where) 是指法律文书所涉及的地点。一般是指案发现场,在民商事诉讼中也包括法律行为实施的地方或是法律结果发生的地方、不动产所在地、运输工具注册地或最先到达地、自然人的出生地或法人登记地、合同的签

---

① 参见〔英〕马戈特·科斯坦佐:《法律文书写作之道》,王明昕、刘波译,于丽英审校,法律出版社2006年版,第45页。

订地或履行地、处理纠纷的机构所在地等。它可以是一个具体的地址,也可以是一个行政区域或者是司法管辖区域。城镇中的地址一般要写到街巷的门牌号码,农村一般要写到村、组;行政区域一般要写到区、县级,如北京市海淀区、河北省东光县等;司法管辖区域要写到一个独立的法域,如香港特别行政区、澳门特别行政区等。房地产纠纷和农村土地承包纠纷案件对地点的表述除写明地址外,有时还要写明四至,即该地点的四周临界也要表述清楚。案发现场有时还要写明参照物或者借助图表来说明,也可以借助照片、影视资料或者视频图像。

为什么(why) 是指因果关系。既有逻辑上的因果关系,也有法律上的因果关系。法律文书应当把事情的结果说清楚,也要把发生的原因找出来,特别是法律上的因果关系找出来,还要注意它与条件的区别,不能混为一谈。这是确定法律责任的重要前提,不把这个问题搞清楚,就会酿成大错,导致冤、假、错案的出现。还要防止主观上的推断,凭个人的想象大做文章,忽略司法程序和对证据的审查判断,仅从表面上的蛛丝马迹,盲目地扩大战果,先入为主地对现有材料进行取舍,让材料为自己的主观愿望服务,颠倒了原因和结果的关系,必然会走向歧途。原因是结果出现的前提,原因必然产生结果,原因和结果之间存在着直接的、内在的、必然的联系,是一种不以人的意志为转移的客观存在。

怎样做(how) 是指法律上的结论、处理结果或者是法律文书制作者提出的积极建议。就裁判文书而言,它是一种法律上的结论或处理结果;就律师的法律意见书而言,它是一种积极的建议或者是法律上的一个可行方案;就起诉状、上诉状、申诉状、答辩状、申请书而言,它是一种明确的请求;就公证书而言,它又是一种证明结果。从法律文书的形式结构上看,这部分内容是在法律文书的尾部或者是正文结论部分完成的,应该是明确具体、可操作、可执行、简明易懂、清楚明白。同时,还要兼顾经济和效率的原则,从而维护法律的正确实施,维护公民、法人和其他组织的合法权益,维护社会秩序的稳定。

第四节 法律文书制作的职业道德要求

法律文书的制作者,如前文所述一般都是法官、检察官、律师、公证员、行政执法人员、纪检监察人员等,他们是国家的司法人员或者是公务人员,执掌国家的司法大权或者是行政权力,或者是为了保障司法的公平正义和交易安全有法律明确规定专司特定职能的专业人员。不仅要遵守国家的法律、纪律和行业规则,还必须遵守其特定的职业道德。所以,在法律文书的制作中,制作主体必须要通过职业道德来调整自己的情绪和行为,用自己的良心自觉地约束自己,履行好自己的职务,写出符合事实和法律的法律文书来。在法律职业共同体和国家公务员以及纪检监察人员中,由于其职务的差异,既有共同的职业道德规范,也存在一些特殊性。这里，仅从其共性探讨一下制作法律文书时应当共同遵循的道德规范。

真实 法律文书追求的真实必须是有确实、充分的证据能够证明的。在法律文书制作中，要特别注重程序的真实，制作者应当在内心确信所记载或陈述的内容是真实的，是经得起时间和历史的考验。特别是针对相对复杂的案件，各方当事人都有一些相互对立的证据资料，且都有一定的理由支持，制作者的审查判断就非常关键。信什么；不信什么？信与不信是需要制作者通过职业素质、经验作出选择的，他必须确信自己的判断是正确的，并且还要把这个过程展示出来，说服他人，说服公众，这样法律的权威和形象才能树立起来。

合法 已经在前文说了很多，重复的就不赘述了，需要指出的是对于一些法律没有明确规定或者对法律的适用存在认识上的差异时，制作者的内心确信的标准就是法律人的职业道德规范。比如：正当防卫和故意杀人或者伤害的认定，从后果上看，都是出现了被害人的死亡或者是伤害的结果，行为的合法性就是定性的关键，法律文书的制作者需要对法律有一个正确的理解，结合具体案件就需要职业道德来调整其作出判断。在司法实践中，并非知晓法律的概念或原理就可以正确断案，良好的法律素养和职业道德是公正执法不可缺少的重要方面。

保密 在司法实践中，法律专业人员会涉及很多国家机密、商业秘密和个人隐私，不能随意泄露。在法律文书的制作中，特别是需要公开的法律文书，如何表述就是一个非常重要的问题。既要通过公开的方式反映司法的公平公正，也要注意保密，消除可能带来的不良影响。对于可能给国家利益或者社会公共利益造成严重危害的信息，则必须及时向有关部门反映，以此来维护国家和社会公共利益。

尽职 法律职业人员肩负着国家法律赋予的神圣使命，必须尽职尽责地完成任务。法官制作裁判文书必须保持公正的立场来叙事论理，认真而完整地倾听是其制作裁判文书的前提，不注意倾听就是严重的失职，偏听偏信必然导致司法不公；检察官在制作公诉文书时，既要写明对被告人不利的材料，也要把有利于被告人的内容写进去，使法官能够完整地了解案件真实情况。律师必须要急当事人所急，想当事人所想，不能一切向"钱"看，把握内容，准确表述，说服法官。公证员在制作公证书时，就要审慎地对待当事人提交的各种材料，严格按照程序规则来办理公证事务，所有的文书都要按照要求制作，不得有任何侥幸心理，更不能为了达到当事人的目的而放弃法律的要求，对于传来证据的审查更要加倍小心，在要素式公证书的制作中，分析说明就具有特别重要的意义，不得夸大事实，更不能作出虚假的陈述，也不能被别人利用而成为违法犯罪的帮凶。忠于事实、忠于法律是法律文书制作者时刻要牢记的职业道德规范，也是其尽职工作的重要表现。

严谨 对于一个法律职业人员来说,严谨的工作态度,不仅是其职业道德规范的内容,而且也是其基本素质的一个重要方面。在法律文书制作上,语言的选择要严谨准确,行文风格严谨求实,思维逻辑严谨缜密,案情表述规范严格,法律适用有据可查。法律文书的制作者要能够正确地理解法学的概念和原理,快速而准确地"翻译"给其他职业所涉及的相关人士,并能够让这些人明白这些概念和原理,如同"速成"的教师;同时还要能够准确恰当地理解当事人的真实意图,用符合法律的要求反映在法律文书上。法律文书制作者虽然可以通过自由心证来反映自己的内心意愿,但是往往要受到法律和当事人意志的制约,自由裁量是比较有限的。对自我的约束和对法律的忠诚构成了法律文书制作的严谨作风。

一、名词解释

1. 法律文书制作中的法律适用
2. 法律文书制作的思维模式

二、简答题

1. 法律文书制作目的具有哪些特点?
2. 法律文书制作中的法律适用有何意义?
3. 法律文书制作中适用法律的原则有哪些?

第七章　法律文书的常用表达方式

> **教学目标**

掌握法律文书的表达方式，并能够在制作法律文书时灵活运用，正确表达，实现法律文书的社会功能。

第一节　法律文书中的叙述

叙述是指反映事物产生、发展、变化的一种表达方式。[①] 法律文书的叙述包括对事的叙述、对人的叙述、对证据的叙述、对法律的叙述等。下面分别介绍其叙述的规则：

一、法律文书对事的叙述

法律文书对事的叙述可以分为顺叙、倒叙、插叙、分叙、补叙等。所谓顺叙指按照事情的发生、发展的顺序依次进行叙述的一种表达方式，是最常用的一种叙述，往往采用第三人称，特点是符合事情和时间的发展规律，清晰自然，完整顺畅，符合一般人的逻辑习惯。倒叙是指把结局或者实践中最突出的片段提到前边来叙述，然后再按照时间发展顺序进行叙述，这种情况在法律文书制作中适用比较少，主要是基于案件的特殊需要。插叙在叙述过程中暂时中断叙述，插进有关的另一件事，经常用于表达案件发展过程中必要的人物回忆或诉说。分叙是指按照不同的时间、地点、人物或者事件的不同方面进行叙述，对于一个案件中的多个行为、多个罪名、多个主体的情况，采用分叙比较合适。补叙时在叙述中对人、事所做的必要解释或注释，是对案件情况叙述所做的必要补充。

二、法律文书对人的叙述

法律文书中所提到的人一般有两种：一种是自然人，另一种是法律上拟制的人（法人和其他组织）。法律文书对人的叙述不同于文艺作品中对人的叙述，法律对人的关注点在于该人的特定行为在法律上应当承担或怎样承担法律责任。

[①] 周道鸾主编：《法律文书教程》，法律出版社2007年版，第26页。

所以，法律文书对人的叙述，无论是自然人，还是法人、其他组织，主要集中在他们的主体身份资格在法律上是否适格这一问题。叙述都要围绕这个核心内容展开。对于自然人而言，就是他的权利能力和行为能力，出生年月日、行为发生地、智力状态、精神疾病、行为时的职业或工作岗位、环境对正常人主观判断的影响等要素就成为叙述的重点；对于法人或者其他组织而言，营业执照、法人代码证书、批准设立（或撤销）文件、破产程序、税务登记情况、银行资信情况、董事会的构成及运行情况等都可能对法人或其他组织的法律责任或单位犯罪产生重大影响，是叙述法律关系主体时应当把握的重点要素。对人的叙述不能单纯引述其他人的口述，而要注意对证据资料的分析和判断，理性地得出结论，避免主观上的生搬硬套。

此外，对人的叙述还要注意对行为人主观心理状态的分析认定，也就是要把行为人的故意或过失说清楚，这不能仅看行为人自己怎样说，还要和其实际事实的行为情况结合起来分析，包括事后的行为和态度，还要联系以前的性格特点和行为习惯以及心理状态，叙述应当是科学、理性合乎事物发展规律的。

三、法律文书对证据的叙述

法律文书对证据的叙述首先要注意对证据的分类把握，重点在于叙述证据的来源和真实性、合法性的审查判断，注意分析证据与待证事实的关系。物证、书证等客观证据由于其可信度较强应当成为首选目标；鉴定结论和勘验、检查笔录要注意对主体资质的描述，以及产生结论的科学论证，重点叙述其可采性理由；对证人证言、被告人（犯罪嫌疑人）、当事人的陈述要注意对陈述时的环境叙述，排除刑讯逼供以及贿买、威吓等因素的影响，特别是注意和其他证据资料的印证，以此来完成对其真实性、合法性的叙述。侦查机关和检察机关在刑事诉讼活动中要承担指控被告人有罪的举证责任，在相关法律文书的制作中，对证据的叙述就要做到详细而完备，不仅要叙述清楚证据本身的内容，而且还要把证据的来源、收集的过程、现场的场景以及必要的证人和录音录像资料展示出来，并作出必要的说明。英美法系的直接、言辞原则对我们具有借鉴意义，可以在证据法律制度完善的同时，有改造地引入到法律文书的叙述中来。

四、法律文书对法律的叙述

对法律的叙述是法律文书的重要内容，但绝不是把法律条文直接抄到法律文书中就算完成任务了。对法律的叙述首先要反映出法律文书制作者对相关法律的正确理解和认识，其次是对法律条文和案件事实关联性的分析，按照形式逻辑三段论的要求，推导出结论。引用法典和法条的顺序和法律文书对案件事实的叙述顺序应当是一致的，不能按照先实体后程序和法条的实际编号顺序来写，法典和法条的叙述顺序要服务于案件的需要。

五、叙述的方法

根据司法实践中的总结归纳，对法律文书叙述方法常用的有：自然顺序法、主要事实法、主要当事人法、综合归纳法、纵横交错法。

所谓自然顺序法是指按时间顺序，将案件的发生、发展直至结局的情况依次进行的记叙。这是最基本的叙述方法，常用于一人一次一事的案件，与顺叙的不同在于，它是针对全案所做的叙述，而顺序则是针对案件某一事项所做的叙述。

突出主要事件法是指对于构成一个案件中的多个事件，按照主次顺序，先写并详写主要的事件，后写并略写次要事实。这样叙述有助于对比较复杂的案件事实，特别是针对一个案件中的多个行为理出头绪，能够清晰、完整地认清案情，是对多种叙述手法的综合运用，反映了制作者叙事技巧。

突出主要当事人法是指在有多个当事人的案件中，对于主要犯罪者或者是民事案件中的主要责任承担者的行为进行详述，然后再简单叙述其他人的情况。这种叙述方法适用于多人参与的案件，便于分清责任，认清事实。

综合归纳法是指对案件事实要素中的相同点、相似点进行总结概括，对多起事实或行为进行叙述。针对的是相对复杂的案件，涉及的是多个行为，为了避免不必要的重复和贫瘠乏味的流水账写法而作出的选择。

纵横交错法是指将案件发生、发展的纵向变化和法律关系中的各方主体的争执意见交错叙述，便于把复杂的案情条分缕析地陈述清楚，使人一目了然。这种叙述方法适用于时间跨度长、牵涉主体多、形成多个事实链条的复杂案件，并不仅限于民事、行政诉讼或仲裁，刑事诉讼中的诉辩主张和案件的时间演变同样也可以采取这种叙述方法。这种叙述方法的好处在于便于把复杂的案件说清楚，责任分明，脉络清晰，准确地反映出法律关系和案件的全貌。

六、叙述的要求

法律文书制作中的叙述要求，总起来说就是要素齐全、因果明确、真实可信、合理合法、讲究分寸。

所谓要素齐全是指法律文书的制作必须要按照相关法律的规定，完整准确地把案件事实的各种要素写清楚，案件事实是由各种要素构成的，法律文书不能讲故事，而要展示出其法律特征来。刑事案件包括时间、地点、动机、目的、手段、过程、结果、事后的态度、涉及的人和事；民事和行政案件则包括当事人之间的法律关系，事件发生的时间、地点和内容，纠纷的起因、过程、情节、后果等。对于这些要素的叙述，应当准确、清楚，概念的大小要服从案件本身的需要，如时间是写到年、月、日,还是时、分、秒;地点是写到国家、省(州),还是城市、区县、街道、自然村,都要根据案件的具体需要写清楚。

所谓因果明确是要求把案件的因果关系叙述清楚,即按照相关的法律规定,案件的结果是由被告人或法律责任承担者的行为直接造成的。需要特别指出的是区别法律上的因果关系和条件关系,不要错把条件当成因果关系。因果关系是现象之间的一种客观的、必然的联系,原因决定结果。在叙述时要注意找出法律关系要素中的联系,确定原因和结果,避免被表面现象所掩盖。

所谓真实可信是指叙述的案件事实符合法律规定和证据规则的要求,案情具体、明确,过程清楚明白。抽象的描述往往让人难以置信,没有证据支持的案情叙述也不会被人接受,排除证据效力的证据材料所支持的事实,一般也不会被司法机关或者仲裁员认定。

合理合法是指法律文书中的叙述一定要符合相关法律法规的规定,符合道德观念的要求,符合社会的公序良俗,适应当今社会的文化背景,还要注意这些规范的位阶差异,低位阶服从高位阶。法律文书的叙述规则就是将法理和情理融入案件的叙述过程之中,而不能出现不讲理的硬性叙述,法律文书不是凭借着权势来制作的,而是通过说理来完成其制作。

讲究分寸是指法律文书的叙述不能夸张,不能进行艺术修饰,不能进行人身攻击,不能侮辱他人,语言的使用力求中性,不能带有感情色彩,不能先入为主。即使某些法律文书具有鲜明的立场,如辩护词、代理词,也只能是在法律的框架内进行叙述和辩论,不得带有任何渲染和感情色彩,不得通过夸张的手法来影响法官和公众,不仅要受法律约束,也要受到职业道德的约束。这个分寸很难把握,需要通过长期的司法实践经验的积累。

第二节 法律文书中的说理

说理就是指法律文书的制作主体运用语言文字来依法表述具体的案件事实,并得出法律上结论的过程,包括理由论证和法律推理。法律文书的说理(一般称为理由)不完全同于论说文的议论,不上纲拔高,不具有鼓动性,不作长篇大论,力求客观、公正、平实。说理上承事实,下启结论,是法律文书之魂。[①]

一、说理不足的现象和成因

我国法律文书制作中的一个突出问题在于说理不充分,法律文书制作中的说理不足概括起来说大致有以下方面:

---

① 周道鸾主编:《法律文书教程》,法律出版社2007年版,第30页。

（一）认定事实的武断性

如裁判类文书在论证案件事实的时候，不对证据的来源和取得程序作出介绍和说明，使之充满了神秘色彩。在裁判文书中，认定事实不顾当事人的陈述和主张，无视诉讼法的规定，只讲结论，不谈过程，一味地偏听偏信，以权势认定判案，在形式上是把证据取舍神秘化，实质上就是不讲道理的一种表现。

（二）法律解释的贫乏性①

法律文书的说理，除体现在认定事实上以外，很重要的一个层面就是体现在法律适用上。很多法律文书只注重对法条的引用，不注重对法律条款的理解说明和与案件事实关联性的论证，有些甚至还出现了对法律条文的认识偏差，导致双方都在适用同一个法条，结论却是截然相反。而裁判文书对法律解释与说明的省略，恰恰为枉法裁判开了方便之门。

（三）逻辑推理的滥用

就法律文书的制作而言，法律规定是大前提，案件事实是小前提，这就需要保障案件事实与法律规定的事实是同一的。然而，很多案件忽略了对这种统一性的认定说明，也就是缺失关联性，从而导致了结论的错误。由此可见，关联性的论证是法律文书说理的一个非常重要的内容。

（四）前后论证的矛盾

我国的判决书曾经有过篇幅很短的一段历史，几乎没有说理的余地，只是凭空叙述制作者的主观意志，随着各个方面对法律文书的重视，特别是一些制作法律文书的规范性文件和法律文书的样式的出现，从形式上统一了法律文书的制作要求，但是法律文书的说理并没有一个明显的改善。前后论证的矛盾表现在人称的矛盾、事由的矛盾、因果关系的矛盾、对象的矛盾等，说理也就很难透彻到位，影响了法律文书功能的发挥。

说理不足在目前我国绝大多数的法律文书中已经是一个非常突出的问题了，究其原因有很多方面。概括说来首先是人们的观念影响，重实体、轻程序、更轻法律文书制作的思想意识长期以来存在于法律职业人员的头脑中，认为只要实体公正了，其他一切都是无所谓了；其次是诉讼模式的原因，职权主义的诉讼结构把法官推向了纠纷的中心，背离了中立、被动的地位，很难注意别人的意见，往往造成先入为主，忽略了说理在法律文书中的作用；再次，法学教育中法律文书技能训练和培养的缺位是法律文书制作说理不足的另一重要因素，我们的法学教育，特别是改革开放以来的法学教育，过度强化了法学理论的灌输，削弱了法律应用技能的训练，很多法学院没有开设法律文书课程，司

---

① 唐文著：《法官判案如何讲理——裁判文书说理研究与应用》，人民法院出版社2000年版，第140页。

法考试和以后的实习也没有在这方面给予必要的关注,甚至有些学生经过数年的法学高等教育和司法考试,居然没有见过一份法律文书。法学理论是法律文书制作的基础,但是有了这些理论并不意味着就提高了法律文书的制作技能。

二、说理的基本要求

(一) 说理主体的特点

从法律文书制作主体是否具有裁判者的地位,我们可以把其分为裁判者和其他主体。裁判者指法官、仲裁员、负有特定职责的公务员。他们要在法律文书的说理中充分体现出中立和公正的特点,必须要平衡各方的利益,对各方当事人同等尊重,应当平等地听取双方的陈述意见,平等地对待各方当事人,而不能因为其国籍、民族、种族、文化、职业差异出现任何不平等的地方;在对待提交的证据资料、提供的解释意见和权利义务告知上也要平等地对待;坚持以事实为根据,以法律为准绳的基本原则。其他主体是指裁判者以外的人员,包括律师、公证员、警官、检察官、当事人、代理人、利害关系人等。他们制作的法律文书一般不具有终局性,其目的是为了说服裁决者接受本方的主张,作出有利于己的裁判,或者是说服对方接受自己的意见,最大化地实现本方的利益。说理的策略和技巧就要围绕着这个目的来设计、实施、选择,体现出必要的灵活性和随机性。

(二) 对推理的要求

法律推理是对论证说理的专业表述,是指运用科学的方法和规则,将抽象的法律规范适用于为证据所能证明的具体争议事实,从中推导出解决争议的意见或结论,并论证其具有正当性和合理性的逻辑思维过程。[①] 就两大法系而言,英美法系基于遵循先例的判例法特点,多用归纳推理;大陆法系崇尚理性主义,且拥有完备的法律体系和详尽的法律规范,多采用演绎推理。我国在历史上受大陆法系的影响较大,需要更多地借鉴英美法系的长处,结合中国的具体情况,探索适合自己发展的道路。在推理上,应该提倡思路清晰、逻辑合理、推论严密、个性突出。

(三) 对论证方法的要求

论证说理的方法是多种多样的,根据制作者的职业习惯,可以形成许多不同的风格,有人愿意采用比较的方法,也有人习惯采用引证的方法,还有人喜欢比喻的方法,无论采取何种方法都要求有一个清晰的思路,这是要通过长期的职业工作习惯养成的。具体的案件千差万别,但是说理的思路则是有规律可循的,它

---

① 卓朝君、邓晓静编著:《法律文书学》,北京大学出版社2004年版,第91页。

反映了制作者的分析问题和论证说理的思维历程,不能是材料的堆砌,避免杂乱无章。要做到推理严密,无懈可击,无论是逻辑推理还是法律推理,都必须是环环相扣,层层递进,严丝合缝,不能有任何疏漏,归纳要完整,排除的内容也要全面,留下的结论应当是唯一正确的,大前提都应当是适格的,避免小前提与大前提的脱节,导致结论错误。在论证方法上,提倡个性突出,但又不是刻意地别出心裁,要服务于案件本身的特性,避免千篇一律,千案一面。

第三节 法律文书中的说明

法律文书中的说明是指用简明的语言或文字,对事物或事理以及法律规定进行客观介绍和解说的一种表达方式。其目的是为了让人们了解事物的性质、状态、特征等,它广泛地应用于科学报告和说明书中。在法律文书的制作中,对案件事实、侦查及审理过程、国家权力的行使、相关权利和义务的介绍、法律规定的使用等都离不开说明这种表达方式。

一、对事实要素的说明

法律文书对案件事实的说明要做到简明、准确,特别要注意对事实要素中的时间、位置、角度、范围、结果等的介绍,对于人的感觉所进行的说明也要注意其条件的限制,说明中的语言选择就显得尤为重要。简明是为准确服务的,"简"应以"明"为前提,简而不明,就失去了简的意义;虽明不简,文字啰嗦,则有悖于说明要旨。[1] 在对案件事实要素的说明中,顺序也是很关键的,人们的语言认知习惯,对顺序是非常敏感的,如从上到下,从前到后,从简到繁,从重要到次要等。说明时要注意这种习惯,尊重这种习惯,不能标新立异,不顾现实环境,想当然地任意排列,导致理解和认识上的错位,那样就失去了法律文书的意义。对案件事实的说明还要考虑到案件本身的具体情况,对其特殊性要充分把握,作出准确的介绍和说明,个体的差异有时候会引起质的变化,对于法律文书的制作是非常重要的。

二、对法律规定的说明

对法律规定的说明一般是指对法律条款具体规定的理解和认识,并且要把这种正确的理解表达出来,让法律文书的读者接受。有些法律规定本身非常清楚,有些就容易让人产生错误的理解,有些是还存在司法解释或者是立法解释,也有一些是法规、规章对法律作出的补充……这些都可以理解为是一种有效的

---

[1] 周道鸾主编:《法律文书教程》,法律出版社2007年版,第37页。

法律,都属于法律文书中解释说明的对象,其要求是符合立法者的真实意图,不能背离立法本意。当然要采取人们能够接受的语言和方式来作出说明。众所周知的无须作出说明,在理解上容易混淆的概念和规定应当给予必要的说明。法律文书一般不对法律概念作说明,往往在特征区别上进行说明,大多和法律文书的理由论证结合在一起进行。

在法庭演说词中,说明出现的频率可能会更多,经常伴随着说理而展开;在书面文体上,多存在于法律适用的说明中,贯串事实的认定和理由的阐述全过程,在首部也有就身份的合法性及审判程序的合法性进行说明的情况;在尾部的权利义务的告知,法官后语等,也有进行说明的。说明并非局限在法律文书的某一个部分,而是根据需要,在法律文书的任何部分都有可能出现。

三、对关联性的说明

法律文书中的关联性就像是连接法律规定与案件事实的一个纽带,是判定三段论推理中小前提与大前提是否吻合的标志,也是法庭辩论的关键环节,准确、恰当、规范地说明这个关联性体现在法律文书说理和说明中。这就需要法律文书的制作者准确地把法律规定和案件事实的相同点找出来,技巧就是按照法律关系的要素实现案件事实与法律规定要件的一一对应,抓住事物的本质属性进行剖析和说明,让人们认识到案件与法律规定的一致性。这种说明是对案件特征的分析,特别注意对表面现象的剥离,注意对相似现象的区别,揭示本质上的相同点。无论是反驳、论理,还是在激烈的语言交锋中,不能采取任何方式进行人身攻击和嘲弄,而是要通过对特征的甄别,论证说明其关联性,中心观点也就随之而树立起来,不得不让人口服心服,才能达到说服他人的最佳状态。

习 题

一、填空题

1. 法律文书对人的叙述,无论是自然人,还是法人、其他组织,主要集中在_____这一问题上。

2. 法律文书对证据的叙述首先要注意对证据的分类把握,重点在于叙述证据的_____、_____、_____。

3. 就两大法系而言,英美法系基于遵循先例的判例法特点,多用_____推理;大陆法系崇尚理性主义,且拥有完备的法律体系和详尽的法律规范,多采用_____推理。

二、简答题

1. 法律文书制作中关于叙述的规则有哪些?
2. 法律文书制作中需要进行说明的内容主要包括哪些?

三、论述题

试论我国目前法律文书制作中说理不足的现象及其成因。

下 篇

法律文书分论

第八章　人民法院主要法律文书的制作

> **教学目标**

了解人民法院主要判决书、裁定书的概念、功能和写法，培养学生应用法律的能力和制作司法裁判的技巧，用裁判文书的形式展示司法的公平和正义。

人民法院裁判文书是指各级人民法院依据相关法律规定，依照法定程序就案件的实体问题或程序问题，依法作出的书面处理决定。裁判文书是对判决书和裁定书的总称，一般来说，这里的"裁"是指裁定书，"判"是指判决书，合称裁判文书。判决书是对实体问题作出的书面处理决定，裁定书是对程序问题作出的书面处理决定，有时对于简单的程序事项也可以作出口头裁定，但必须记录在案。考虑到司法实践的需要，本章对几种主要的决定书和通知书也作了介绍。裁判文书从不同的角度可以作出多种分类，在审判实践中能够用到的裁判文书也很多，本章选取了一些具有代表性的裁判文书进行分析，省略了相同的内容，结合各种文书格式来介绍其写法。

第一节　人民法院刑事裁判文书的制作要求

一、第一审刑事判决书

第一审刑事判决书是指各级人民法院对于各种刑事案件，根据我国《刑事诉讼法》的规定，按照第一审诉讼程序进行审理后，对被告人的行为是否构成犯罪、构成何种犯罪、是否处以刑罚以及判处何种刑罚而作出处理决定时，所制作的法律文书。可以分为公诉案件刑事判决书和自诉案件刑事判决书、普通程序刑事判决书和简易程序刑事判决书、有罪刑事判决书和无罪刑事判决书等。

这里选择第一审公诉案件有罪刑事判决书的写法予以介绍。

（一）首部

1. 制作机关和文书名称

法院名称一般应与法院印章上的文字一致，但基层人民法院应冠以省、自治区、直辖市名称，如"河北省东光县人民法院"。如果是涉外案件的判决书，在法院名称前还要加上"中华人民共和国",如"中华人民共和国北京市第一中级人民法院"。文书名称则为"刑事判决书",一般与法院名称分两行居中排列。

2. 文书编号

依次由立案年度、制作法院、案件性质、审判程序的代字和案件顺序号组成。如四川省成都市金牛区人民法院1998年立案的第18号刑事案件,表述为"(1998)金刑初字第18号"。文书编号写在文书名称下一行的右端,其最末一字与下面的正文右端各行对齐。文书编号上下各空一行。

3. 起诉方的称谓事项

如果是公诉案件,则写提起公诉的检察机关全称,如公诉机关海南省文昌市人民检察院。如果是自诉案件,则写自诉人的身份事项,包括姓名、性别、出生年月日、民族、出生地、文化程度、职业或工作单位和职务、住址。

4. 被告人身份事项

依次写明被告人姓名、性别、出生年月日、民族、籍贯、文化程度、职业或工作单位和职务、住址和因本案所受强制措施情况、现在何处。在此基础上根据被告人的不同情况予以变动。被告人如有与案情有关的别名、化名或者绰号的,应在其姓名后面用括号加以注明,如系外国人的应注明其国籍、英文译名和护照号码。被告人的出生年月日,一般应按公历书写,如出生年月日确实查不清的,也可写实足年龄,但对于犯罪时不满18周岁的未成年被告人,必须写明出生年月日。被告人的住址,应写住所所在地,住所所在地和经常居住地不一致的,写经常居住地。被告人曾经受过刑事处罚、劳动教养处分或又在限制人身自由期间逃跑而可能构成累犯或者有法定、酌定从重处罚情节的,应在住址后面写明其事由和时间。同案被告人为二人以上的,按判决结果所确定的主、从关系的顺序或判处刑罚的轻重从重到轻列项书写。

5. 辩护人

辩护人系律师的,表述为"辩护人×××,××律师事务所律师";辩护人是人民团体或者被告人所在单位推荐的,也只写姓名、工作单位和职务;辩护人系被告人的监护人、近亲属的,除写清姓名、工作单位和职务之外,还应写明其与被告人的关系;辩护人如系人民法院指定的,则写为"指定辩护人×××",并在叙述"审判经过"和"控辩主张"部分时作相应的表述。同案被告人有二人以上且各有辩护人的,应分别在各被告人项下单独列项写明。

6. 案件的由来和审判经过

这部分是承上启下的过渡,应当写明以下事项:(1)案件的来源,要区分公诉还是自诉,起诉的时间;(2)起诉的案由,罪名要准确,符合相关的立法和司法解释;(3)审判组织的组织形式,是合议庭还是独任制,组成人员的姓名;(4)人民检察院是否派员出庭支持公诉;(5)被害人及其法定代理人、诉讼代理人、被告人及其法定代理人、辩护人、证人、鉴定人、翻译人员等是否到庭参加诉讼。其中,起诉日期是指人民法院签收起诉书等材料的日期;起诉书上署名的检察员与出庭支持公诉的检察员不一致时,应写出庭支持公诉的检察员;对于经过审判委员会讨论决定的案件,应当如实写清依照《刑事诉讼法》的规定,合议庭提请院长决定提交审判委员会讨论的情况。

一般写为:×××人民检察院以×检×诉( )××号起诉书指控被告人×××犯××罪,于××××年××月××日向本院提起公诉。本院依法组成合议庭,公开(或者不公开)开庭审理了本案。×××人民检察院指派检察员×××出庭支持公诉。被害人×××及其法定代理人×××、诉讼代理人×××,被告人×××及其法定代理人×××、辩护人×××,证人×××,鉴定人××× ,翻译人员×××等到庭参加诉讼。现已审理终结。

(二) 正文

正文部分包括事实、理由和判决结果。从法律文书的结构上来说,我们一般都把事实和理由分开,而在实际制作过程中,二者是不可分的,在叙述事实中也要讲清楚认定的理由;在阐述理由中也不可避免地涉及对事实的叙述。在写作手法上,这部分大都采用夹叙夹议方式。

1. 事实

事实部分应当分为两个层次来写。第一个层次是控辩双方的意见,概括公诉人或自诉人对被告人犯罪事实的指控,以及所依据的证据材料及其关联性的分析意见,被害人作为当事人参加诉讼活动,如果有独立的不同意见,也应当将其对指控事实的主张及其理由在这里概括表述出来;与之对应的就是被告人的辩解和辩护人的辩护意见,同样是概括地表述其主张和理由。需要注意的是,辩护人是独立的诉讼参加人,并非被告人的"传声筒",如果被告人的意见和辩护人的意见不一致,或者存在差异,应当分别表述,而不能简单地以"被告人及其辩护人认为"来概括。这部分内容的概括叙述应当忠实于控辩双方的意愿,只能概括表述,不能改变原来的本意,各自的立场也应当鲜明地体现出来。概括的内容应当围绕着双方的争议焦点以及理由,为下一个层次的论述做好铺垫。双方对各自所持有的证据以及对证据材料的论证也可以在这里列出,主要观点及其理由概括表述即可。

第二个层次则是法院经审理查明的事实。一般是用"经审理查明"来引出对法院认定事实的叙述,要写明案件发生的时间、地点、被告人作案的动机、目的、手段,实施行为的过程、危害结果,以及被告人在案发后的态度等,要仅仅围绕着犯罪构成的四个要件叙述,不可遗漏影响定性处理的各种情节。对于事实比较复杂的案情,更要条理清晰、层次分明,可以针对案件的具体情况,采取灵活的叙述方式,按时间顺序、主次顺序或者采取其他的方式。法院认定的事实,不能脱离控辩双方的陈述主张，而是在对控辩双方的意见进行评论的基础上，表明法院认定的观点。用作定案依据的证据，必须是经过庭审举证、质证、认证，查证属实的，证据必须具备真实性、合法性和关联性，证据与被证明的事实之间必须存在内在的联系。证据之间必须是能够相互印证的，孤立的证据是不能用来定性的。总体来说，法院认定事实是先提出结果（结论），然后展开对该结果认定的理由，同时对过程的展示和对双方意见评论剖析理由。应当始终围绕着：被告人被指控的行为是否存在？是否是被告人所为？该行为是否构成犯罪？是否构成控方指控的罪名？应当适用哪个法律和条款？

对于相对复杂的案件，特别是双方所依据的证据材料比较多的案件，这部分内容的写作应当把法官的认定理由展示出来，使读者明白法官的所思所想。对于判决书接受的证据要讲明理由和法律依据，对于驳回的请求和没有采信的证据材料也要说明理由。分析的过程大体是对证据来源的审查以及对证据真实性、合法性、关联性的审查，原则上是对双方提出的证据资料进行逐一审查，也可以通过对相关证据合并审查，作出评论。形式及论证方法可以是多样化的，目标则是同一的。

2. 理由

理由是司法审判公正与否的关键，是判决书的灵魂，它把认定的事实和判决的结果有机地联系在一起。判决书是司法裁判的体现形式，让无罪者不受法律追究，有罪者不受过当处罚，让全社会受到法律的恰当保护，使社会的正常秩序得到法律的维护。第一审刑事判决书的理由主要应当阐明以下内容：

（1）确定罪名。应以我国《刑法》分则规定的罪状和最高人民法院《关于执行〈中华人民共和国刑法〉确定罪名的规定》为依据，首先结合案件具体事实并围绕犯罪构成要件叙述罪状，从而得出其触犯何种罪名的结论。罪名必须准确无误。一人犯数罪的，先定重罪，后定轻罪；共同犯罪案件，应在分清各被告人的地位、作用和刑事责任的前提下，依次确定主犯、从犯或胁从犯、教唆犯的罪名；共同犯罪之外还有其他犯罪的，一般先确定共同犯罪的罪名，再逐一确定其他犯罪的罪名。

（2）明确情节。对被告人是否具有法定或酌定从重、从轻、减轻、免除处罚等情节中的一种或多种，应当予以认定并明确表述。

（3）对公诉机关的指控是否成立予以表态。指控的犯罪成立的，应表示肯定；指控罪名不当的，应当有理有据地作出分析认定，写明指控罪名不当的理由和依据；不构成犯罪的，应当在分析的基础上作出结论；证据不足，不能认定被告人有罪的，应当写明"证据不足，×××人民检察院指控的犯罪不能成立"。

（4）对被告人的辩解及辩护人的辩护意见表态。对于被告人的辩解及辩护人的辩护意见中关于案件的性质、情节、危害后果等方面的意见，也应有理有据地分析论证。辩解和辩护意见成立的,应表示采纳;不成立的,则表示不予采纳。

(5)判决的法律依据。引用的法律依据,应当包括司法解释在内。引用法律依据时,应当准确、完整、具体,并要有一定的条理和先后次序。一份文书需要引用两条以上的法律条文时,先引述有关定性处罚的条文,后引述有关具体处罚情节方面的条文;判决结果既有主刑,又有附加刑内容的,先引用适用主刑的条文,后引用适用附加刑的条文;适用以他罪论处的条文时,先引用本条条文,再按本条的规定,引用相应的他罪条文;一人犯数罪的,应逐罪引用法律条文;共同犯罪案件,既可集中引用有关的法律条文,必要时也可逐人逐罪引用法律条文;既适用法律规定又适用司法解释的,应先引用法律规定,再引用相关的司法解释。

3. 判决主文

判决主文是判决书的结论部分,是人民法院依照法定程序审理案件后,根据查明的事实和法律条文的具体规定,对被告人作出定性处理的结论。制作判决主文,应注意以下问题:

(1)被告人构成犯罪的,应首先明确其犯什么罪。罪名表述应与判决理由中确定的罪名一致,罪名表述后即写明判处的刑罚。如果一人犯数罪的,应在每一罪名后即表述对该罪判处的刑罚,然后按照我国《刑法》总则关于数罪并罚的规定,决定执行的刑罚;共同犯罪的,一般应逐人表述,按先主犯、后从犯,先重罪、后轻罪的顺序叙述。

(2)判处的各种刑罚应按法律规定写明全称。不能随意简化,如不能将"判处死刑、缓期两年执行"简化为"判死缓";也不能随意添加,如宣告缓刑的写为"缓期×年执行"。有期限的刑罚应当写明刑种,刑期和对羁押时间的计算方法及起止日期。根据最高人民法院《关于刑事裁判文书中刑期起止日期如何表述问题的批复》(法释[2000]7号),对判处管制、拘役、有期徒刑的,应这样表述:"刑期从判决执行之日起计算。判决执行以前先行羁押的,羁押一日折抵刑期一日(判处管制刑的,羁押一日折抵刑期二日),即自×××年××月××日(羁押之日)起至×××年××月××日止。羁押期间取保候审的,刑期的终止日顺延。"如系判处死刑缓期两年执行的,应当表述为:"死刑缓期两年执行的期限,从高级人民法院核准之日起计算"。

(3)对于下列三种情形,在判决主文上均应写明:"被告人×××无罪"。一是案件事实清楚,证据确实、充分,依据法律认定被告人无罪的;二是证据不足,不能认定被告人有罪的;三是被告人死亡,根据已查明的案件事实和认定的证据材料,能够确认被告人无罪的。

(4)对于下列两种情形,在判决主文中均应写明"被告人×××不负刑事责任"。即被告人因不满16周岁不予刑事处罚和被告人是精神病人在不能辨认或不能控制自己行为的时候造成危害结果不予刑事处罚的。

（5）追缴、退赔和发还被害人合法财物，一般应在判决结果中写明其名称和数额。财物多、种类杂的，也可以只在判决结果上概括表述种类和总额，对具体名称和数量另列清单写明，作为判决书的附件。

（6）依照《刑法》第53条规定判处罚金的"判决指定的期限"，应当在判决书中写明。按照有关司法解释，"判决指定的期限"应当从判决发生法律效力的第二日起，最长不得超过3个月。

（三）尾部

判决书尾部包括上诉事项、署名和日期。在写明被告人的上诉权和上诉期限外，还应注明书面上诉的应当提交的上诉状副本的份数，一般为上诉状两份，如一案多人，则每增加一名同案人，增加一份副本。如果适用《刑法》第63条第2款的规定在法定刑以下判处刑罚的，应当在交代上诉权之后另起一行写明："本判决依法报请最高人民法院核准后生效"。判决书尾部的署名应由参加审判案件的合议庭组成人员署名。担任审判长的无论是院长、庭长、审判员、还是助理审判员担任合议庭审判长的，均署名为"审判长×××"。合议庭成员中有人民陪审员或助理审判员的，署名为"人民陪审员"或"代理审判员"。判决书尾部时间为当庭宣判日期或签发判决书的日期。

（四）其他相关文书的说明

如果是单位犯罪的案件，在被告人称谓上要作出相应的变化，被告人改为被告单位，写明单位名称和住所地，次行写明诉讼代表人的姓名、工作单位和职务；然后另起一行写单位委托的辩护人情况；接下来是自然人的被告人情况，这里的被告人是指在单位直接负责的主管人员、其他直接责任人员，然后是辩护人情况。在事实和理由部分的论述中，凡是涉及被告人陈述的地方，都是先写被告单位及其辩护人的意见，然后再写自然人被告人及其辩护人的意见。

如果是自诉案件，提起诉讼的就不是公诉机关，而应当改为自诉人。一般来说，自诉人都是刑事案件的被害人本人，只有当被害人因受强制、威吓无法告诉而由其近亲属告诉的，则近亲属为自诉人，并在自诉人的基本情况中写明。诉讼代理人的写法和公诉案件中辩护人的写法相同。可表述为："自诉人×××以被告人×××犯××罪，于×年×月×日向本院提起控诉。本院受理后，依法实行独任审判（或者组成合议庭审判），公开开庭审理了本案。自诉人×××及其诉讼代理人×××、被告人×××及其辩护人×××等到庭参加诉讼。现已审理终结。"

自诉案件如果有反诉的，反诉中的当事人地位要在当事人姓名后边用括号注明，在事实和理由的叙述中，也要注意对其地位给予平等的尊重，体现出将自诉与反诉合并审理的特点，分别表述采信或驳回的情况。

如果是第一审被告人认罪案件的刑事判决书,根据最高人民法院、最高人民检察院、司法部《关于适用普通程序审理"被告人认罪案件"的若干意见》的规定,鉴于相关的审判程序已经作了简化,裁判文书也要作出相应的变化,即:可以不再表述起诉书指控的事实和证据;可以不再表述被告人及其辩护人的辩护意见和证据的具体内容;可以将人民法院审理查明的事实由详述改为概括;在"本院认为"段落中,只需表述被告人的行为已构成何种犯罪,无须再表述构成这种犯罪的具体理由,对于控辩双方有争议的内容,依然应当阐明争议是否成立和法院采纳的意见及理由。

(五)例文评析

安徽省合肥市中级人民法院
刑事判决书

(2012)合刑初字第00082号

公诉机关安徽省合肥市人民检察院。

被告人薄谷开来,曾用名谷开来、开来、开莱,女,1958年11月15日出生,公民身份证号码110102195811153104,汉族,北京市人,研究生文化,注册律师,户籍所在地北京市东城区新开路胡同71号,住重庆市委大院三号楼。因涉嫌犯故意杀人罪于2012年3月15日被北京市公安局监视居住,同年7月6日经安徽省合肥市人民检察院批准逮捕,7月7日由合肥市公安局执行逮捕,当日被合肥市公安局变更为监视居住,7月26日经本院决定继续对其监视居住。

辩护人蒋敏,安徽天禾律师事务所律师。

辩护人周余浩,安徽宇浩律师事务所律师。

被告人张晓军,男,1979年10月22日出生,公民身份证号码142627197910220035,汉族,山西省古县人,初中文化,重庆市委办公厅原工作人员(薄谷开来家中勤务人员),户籍所在地重庆市渝中区上清寺所一段中山四路81号,住重庆市中山四路江都怡园小区A座32-7。因涉嫌犯故意杀人罪于2012年3月15日被北京市公安局监视居住,同年7月6日经安徽省合肥市人民检察院批准被逮捕。现羁押于合肥市第一看守所。

辩护人李仁厅,安徽长城律师事务所律师。

被害人近亲属委托的诉讼代理人贺正生,北京市衡基律师事务所律师。

安徽省合肥市人民检察院以合检刑诉(2012)74号起诉书指控被告人薄谷开来、张晓军犯故意杀人罪,于2012年7月26日向本院提起公诉。本院根据最高人民法院指定管辖决定受理本案,依法组成合议庭,于2012年8月9日公开开庭进行了审理。安徽省合肥市人民检察院指派检察员杜薇、代理检察员王继军、张静出庭支持公诉,被告人薄谷开来及其辩护人蒋敏、周余浩,被告人张晓军及其辩护人李仁厅,被害人近亲属委托的诉讼代理人贺正生,鉴定人公安部物证鉴定中心毒物检验鉴定处研究员于忠山到庭参加诉讼。现已审理终结。

安徽省合肥市人民检察院指控:被告人薄谷开来及其子薄某某与被害人HEYWOODNEILPERCIVALPATEYSTANCOMBE(以下称尼尔·伍德)因经济利益发生矛盾,薄谷开来认为尼尔·伍德威胁到薄某某的人身安全,决意将其杀害。2011年11月13日晚,薄谷开来在尼尔·伍德入住的重庆南山丽景度假酒店(以下简称南山酒店)16栋1605室与其饮酒、喝茶。趁尼尔·伍德醉酒呕吐后要喝水之机,薄谷开来向张晓军要来事先交给张晓军携带的毒药,倒入尼尔·伍德口中。2011年11月15日,尼尔·伍德在房间内被发现死亡。经公安部物证鉴定中心毒化检验,尼尔·伍德的死亡原因符合氰化物中毒所致。

为证明上述指控的事实,公诉机关当庭宣读、出示了被告人薄谷开来、张晓军的供述,证人王立军、魏先曼等人的证言,现场勘验检查工作核查意见、现场方位图、现场核查照片、中华人民共和国公安部物证检验报告、物证检验意见书等鉴定结论,碎药瓶、药丸等相关物证照片,归案经过、情况说明等相关书证,视听资料等证据。公诉机关认为,被告人薄谷开来、张晓军采取投毒手段杀人,其行为触犯了《中华人民共和国刑法》第二百三十二条之规定,提请本院以故意杀人罪追究刑事责任;本案系共同犯罪,薄谷开来是主犯,张晓军是从犯。

被告人薄谷开来当庭对公诉机关指控其实施故意杀人行为不持异议,但辩称:其杀害尼尔·伍德系因其子薄某某卷入尼尔·伍德与他人的经济纠纷,并受到尼尔·伍德威胁,并非其与尼尔·伍德之间的经济纠纷,公诉机关指控的犯罪起因不准确。

被告人薄谷开来的辩护人提出:1.薄谷开来作案使用的毒药来源不明,作为关键物证的被害人心血流转程序不清,公诉机关指控的该部分事实不清、证据不足;2.被害人有过错;3.薄谷开来检举他人犯罪,具有重大立功表现,建议对其从宽处罚;4.薄谷开来控制能力弱于常人,建议对其从宽处罚。

被告人张晓军当庭对公诉机关指控的犯罪事实不持异议。

被告人张晓军的辩护人提出:1.薄谷开来作案使用的毒药来源不明,作为关键物证的被害人心血流转程序不清,认定张晓军明知携带的是毒药证据不足;2.被害人有过错;3.张晓军系胁从犯,且具有立功情节,建议对其减轻处罚。

被害人近亲属委托的诉讼代理人表示尊重法庭审理。

经审理查明:

2011年下半年,被告人薄谷开来及其子薄某某与英国公民尼尔·伍德因经济利益发生矛盾,尼尔·伍德在电子邮件中对薄某某进行言辞威胁,薄谷开来认为尼尔·伍德已威胁到薄某某的人身安全,后决意将其杀害。

应薄谷开来要求,被告人张晓军在北京邀约并陪同尼尔·伍德于同年11月

13 日来到重庆市,将尼尔·伍德安排在南山酒店 16 栋 1605 室入住。当日,薄谷开来在自己住处准备了玻璃瓶盛装的含有氰化物的毒药和药瓶盛装的毒品胶囊、药丸,并将毒药交给张晓军,告知其系毒药。

当日 21 时许,被告人薄谷开来、张晓军携带上述物品以及酒、茶等物来到尼尔·伍德入住的酒店,薄谷开来进入 1605 室与尼尔·伍德饮酒、喝茶,张晓军在外等候。后尼尔·伍德因醉酒倒在卫生间,薄谷开来叫张晓军进入房间并要去其随身携带的毒药,张晓军将尼尔·伍德扶到床上,薄谷开来趁尼尔·伍德呕吐后要喝水之机,将毒药倒入其口中。之后,薄谷开来又将事先准备的毒品胶囊等物倒在房间地面上伪造现场,造成尼尔·伍德吸毒的假象。离开房间时,薄谷开来将"请勿打扰"的提示牌挂到门把手上,并叮嘱酒店服务员不要打扰客人。返回自己住处后,薄谷开来让张晓军将作案时所用盛装毒药的玻璃瓶等物品丢弃。

11 月 15 日上午,尼尔·伍德在南山酒店 1605 室被发现死亡。后经公安部物证鉴定中心毒化检验,尼尔·伍德的死亡原因符合氰化物中毒所致。

上述事实有以下经庭审举证、质证的证据证实:

(一)现场勘验检查工作核查意见

现场勘验检查核查笔录、现场方位图、现场酒店示意图、现场平面示意图、现场核查照片及顾生、代国新、鄢毅等现场勘查工作人员的证言、出具的《情况说明》证实:案发现场位于南山酒店 16 栋,该栋别墅共 3 层,中心现场位于第 2 层的 1605 房间内,外围无明显攀爬痕迹。现场环境相对较为平和自然,未见明显打斗及暴力破坏痕迹。尸体俯卧于床上。靠近床头一侧沙发地面上有两个垫子,下有一个破碎的玻璃药瓶及绿白胶囊和药丸。卫生间门口地面上有大量呕吐物,地面上有卫生纸团,马桶内有 1 个胶囊壳。床头北侧地板上有 43 cm × 18 cm 大小的不规则呕吐物。除上述物证、痕迹外,在现场还提取了酒瓶内液体、烟灰缸内烟头、茶杯、指纹及鞋印等。

现场照片经被告人薄谷开来、张晓军当庭辨认无异议。

(二)相关物证及照片

现场提取的碎玻璃片、瓶盖、绿白色胶囊、蓝色药丸和橘黄色药丸、"皇家礼炮"酒瓶,地面呕吐物及现场勘查人员抽取死者心血的照片经被告人薄谷开来、张晓军当庭辨认无异议。

(三)鉴定结论

1. 关于心血和呕吐物的鉴定结论

(1)中华人民共和国公安部公物证鉴字[2012]989 号物证检验报告载明:所检 3 份塑料试管中血样和 1 份圆口塑料瓶中血样(保存在重庆市公安局物证鉴定中心的心血)的 DNA 分型相同,经与重庆市公安局渝公鉴[2011]直 1 号 DNA 检验报告比对,所检 4 份血样与死者的 DNA 分型相同。

(2) 中华人民共和国公安部公物证鉴字[2012]988号物证检验报告载明:所送检的四管被害人心血中均检出氰离子(CN-),其含量分别为:0.42 μG/mL、0.64 μG/mL、0.53 μG/mL、0.63 μG/mL。

出庭鉴定人于忠山就鉴定结论的方法、程序、结论及四管心血氰化物浓度等作出了解释说明。

(3) 中华人民共和国公安部公物证鉴字[2012"]990号物证检验报告载明:从所送检的1号检材(1605房间床头北侧地面上的呕吐物)中检出氰离子(CN-);从所送2号检材(1605房间进屋门口处呕吐物)、3号检材(23呕吐物擦拭物)、4号检材(2呕吐物)、5号检材(1605房间卫生间地面上的卫生纸一团)中未检出氰离子。

2. 关于被害人死亡原因及死亡时间的鉴定结论

(1) 中华人民共和国公安部公物证鉴字[2012]1800号物证检验意见书载明:尼尔·伍德的死亡原因符合氰化物中毒所致。

(2) 中华人民共和国公安部公物证鉴字[2012]1801号物证检验意见书载明:推断尼尔·伍德死亡时间为首次尸温测量时间(2011年11月15日13时17分)之前24小时以上。

3. 关于瓶盖边缘、平面、碎玻璃片及茶杯盖上DNA的鉴定结论

(1) 中华人民共和国公安部公物证鉴字[2012]1420号物证检验报告载明:经与渝公鉴(DNA)[2012]直3号DNA检验报告比对,从现场沙发旁地面上提取的瓶盖平面上、瓶盖边缘和大玻璃碎片上检出的混合DNA分型包含薄谷开来的DNA分型。

(2) 中华人民共和国公安部公物证鉴字[2012]1419号物证检验报告载明:经与渝公鉴(DNA)[2012]直1、3号DNA检验报告比对,大玻璃碎片上和电视柜上茶杯盖上检出的混合DNA分型包含张晓军的DNA分型。

4. 重庆市公安局渝公禁(毒检)[2011]4559号物证检验报告载明:1号检材(从现场沙发旁地面上提取的绿白色胶囊)检出苯丙胺和＊＊＊＊＊＊＊＊＊＊成分,2号检材(从现场沙发旁地面上提取的蓝色药丸)、3号检材(从现场沙发旁地面上提取的橘黄色药丸)均检出＊＊＊＊＊＊＊＊＊、MDA和MDMA成分,4号检材(从现场沙发旁地面上提取的白色胶囊)未检出常见毒品成分。

5. 中华人民共和国公安部公物证鉴字[2012]1979号物证检验报告载明:经与渝公鉴(DNA)[2011]直1号DNA检验报告比对,死者与王璐的子、女符合亲子遗传关系。经与公物证鉴字[2012]989号物证检验报告比对,3份塑料试管中血样、1份圆口塑料瓶中血样的所属个体与王璐的子、女符合亲子遗传关系。

6. 上海市精神卫生中心司法鉴定所沪精卫中心司鉴所[2012]精鉴字第170号司法鉴定意见书载明:薄谷开来对本次作案行为性质和后果的辨认能力完整,控制能力削弱。鉴定诊断为精神活性物质所致精神障碍;刑事责任能力评定意见为被鉴定人薄谷开来对本案具有完全刑事责任能力。

(四)视听资料及相关鉴定结论

1. 被害人所住南山酒店监控录像光盘及合肥市公安局《视频观看情况说明》证实:2011年11月13日21时许,薄谷开来、张晓军等乘车来到南山酒店16栋别墅,当日23时38分许,薄谷开来一行离开。至11月15日酒店服务员发现尼尔·伍德死亡,除服务人员外,未见其他人员进入该别墅。

2. 王立军录制的谈话录音证实被告人薄谷开来2011年11月14日向王立军复述作案经过。薄谷开来当庭无异议。

公安部公物证鉴字(2012)1968、2035、2036号物证鉴定结论证实:两段谈话录音中未发现剪辑处理现象,录音中说话人A与薄谷开来为同一说话人或倾向是同一说话人,说话人B与王立军为同一说话人。

(五)书证

1. 尼尔·伍德与薄某某往来的电子邮件证实:尼尔·伍德因一起土地工程项目(实际未开发)等向薄某某索要报酬,双方发生矛盾,后尼尔·伍德在电子邮件中对薄某某进行威胁。

2. 薄谷开来书写的求助信证实薄谷开来为保护薄某某的安全而请求公安机关对尼尔·伍德采取措施。

3. 物证移交清单、检材清单等证实本案现场提取的被害人心血、呕吐物、碎药瓶、毒品胶囊、药丸等物证的提取、移交情况。

4. 重庆市石桥铺殡仪馆火化委托书、火化证领取登记本证实被害人尸体于2011年11月18日在重庆市被火化的情况。

(六)证人证言

1. 证人夏泽良(重庆市南岸区原区委书记)的证言证实:2011年8月份左右,薄谷开来让其帮助寻找毒药。同年10月份,其通过汤宏伟找了两支内藏毒药的红色蜡烛交给薄谷开来,并告知薄谷开来毒药内含有氰化物,俗称"三步倒"。11月13日左右,薄谷开来电话询问其毒药中的氰化物能否检出。证人汤宏伟的证言与夏泽良的证言能相互印证。

2. 证人徐明(大连实德集团董事长)的证言证实:尼尔·伍德和薄谷开来因经济纠纷发生矛盾,其听薄谷开来说尼尔·伍德威胁她儿子薄某某,薄谷开来因此非常气愤。2011年11月12日,薄谷开来让其找王立军商量对策,其就与王立军商议以毒品栽赃的方式在重庆控制尼尔·伍德。之后,其让王季偍匿名向重庆警方举报尼尔·伍德贩毒并给王立军手机发短信举报。当其回到重庆市委三号楼时,薄谷开来提出能否在抓捕的过程中开枪打死尼尔·伍德,又给郭维国打电话讲要让尼尔·伍德有来无回,捧着骨灰盒走。11月20日,其到三号楼时,薄谷开来向其讲述了毒杀尼尔·伍德的过程。

3. 证人王季倬(徐明的朋友)的证言证实:2011年11月的一天,根据徐明的要求,其匿名向重庆市公安局及王立军举报一英国人在北京长期吸毒、贩毒且近期到重庆与西南地区的贩毒网络联系。

4. 证人王璐(被害人妻子)的证言证实:薄谷开来之子薄某某在英国期间,尼尔·伍德给予很多帮助,为薄谷开来及其家人做过一些事情。尼尔·伍德曾抱怨付出没有得到薄谷开来家庭的回报。

5. 证人王立军(重庆市公安局原局长)的证言证实:薄谷开来和尼尔·伍德之间可能存在经济纠纷,听说尼尔·伍德威胁薄谷开来之子薄某某。薄谷开来因担心尼尔·伍德会伤害薄某某,多次给重庆警方写材料,要求公安机关对尼尔·伍德采取措施。2011年11月12日,徐明说尼尔·伍德吸毒、贩毒,其让徐明报警。11月13日中午,薄谷开来告诉其尼尔·伍德来到重庆。当晚9时许,其在三号楼送薄谷开来上车去与尼尔·伍德见面,怀疑薄谷开来去报复尼尔·伍德。当晚12时,薄谷开来在电话里向其告知她与尼尔·伍德见面、喝酒的情况。11月14日中午,薄谷开来对其讲述了毒害尼尔·伍德的经过,被其暗中录音。

6. 证人郭维国(重庆市公安局原副局长)的证言证实:2011年11月10日左右,薄谷开来向公安机关写求助信,反映尼尔·伍德威胁薄某某,要求公安机关采取措施。王立军遂让其对尼尔·伍德采取监控措施。11月12日左右,徐明对薄谷开来说尼尔·伍德是毒贩,其当即表态可以在重庆抓捕。后薄谷开来给其打电话说让尼尔·伍德有来无回,捧着骨灰盒回去。11月13日,其得知尼尔·伍德即将来重庆,遂安排人在机场给尼尔·伍德拍照,并安排王鹏飞实施监控。当晚12时许,薄谷开来打电话告知其她和尼尔·伍德见面、喝酒、离开前曾给尼尔·伍德测量脉搏等有关情况。11月15日晚9时许,薄谷开来在三号楼对其说南山的事情是她干的,她是为民除害。

7. 证人王昊(被告人薄谷开来家中原勤务人员)的证言证实:2011年11月13日上午,听薄谷开来对李纯刚说有名外国客人最近在骚扰薄某某。中午,薄谷开来让其找李斌安排客人住处。晚上张晓军让其穿上军装陪薄谷开来去南山酒店。薄谷开来和外国客人进入房间,其和张晓军在外等候。后来,薄谷开来叫张晓军进入房间。一段时间后,一行人离开酒店。

8. 证人李纯刚(重庆市委办公厅后勤服务中心副主任)、郑伟(被告人薄谷开来家中原司机)的证言相互印证证实:2011年11月13日下午,薄谷开来指令张晓军购买红酒,张晓军找到李纯刚,李纯刚遂让郑伟到希尔顿酒店购买了一瓶

"皇家礼炮"酒。郑伟还证实当日其在重庆机场接张晓军和一名外国人并驾车去南山酒店,当天晚上其开车与薄谷开来、张晓军、王昊一起去南山酒店。

9. 证人李斌(重庆警备区教导大队原副政委)、陈文峰(重庆警备区教导大队大队长)的证言相互印证证实:被害人2011年11月13日入住南山酒店系薄谷开来安排。

10. 证人魏先曼、卢茂、刘华云、李科、林伟、王军、陈会芬、孔恩琼(均系南山酒店工作人员)的证言相互印证证实:2011年11月13日,被害人入住南山酒店16栋1605室;22时许,三男一女来到酒店16栋,其中一女子进入1605室,23时30分许离开酒店时该女子交待不要打扰客人休息。11月14日一整天没有看见被害人,11月15日9时许,酒店服务人员发现被害人在房间内死亡。自被害人入住至发现其死亡,除上述三男一女外没有其他访客进入1605室。

11. 证人周林、徐伦山、王旭开、张猛、谢扬惠(均系重庆大坪医院医护人员)的证言相互印证证实:2011年11月15日9时许,他们接指令到南山酒店对一外国人进行抢救,赶到时发现该外国人已无生命迹象。

12. 证人敬静(重庆市公安局工作人员)的证言证实:2012年1月初,王立军让警令部工作人员封存一部黑色手机。1月29日,王立军让工作人员将手机录音资料整理成文字,手机上的文件显示"20111114"数字。1月30日晚上,王立军让工作人员将手机里的录音资料复制出来,存入U盘中。

13. 证人李阳(重庆市公安局刑事警察总队原总队长)、王智(重庆市公安局沙坪坝区分局原常务副局长)、王鹏飞(重庆市公安局渝北区分局原局长)的证言相互印证证实:2011年11月15日现场勘查、提取物证及抽取被害人心血的经过等情况以及2012年1月底按照王立军要求,重新整理尼尔·伍德死亡案证据材料的情况。

14. 证人代国新、喻永敏、薛海斌、任飞、郑经、王绘军、龙黎、杨柳、谢建江、马志国(均系重庆市公安局工作人员)及证人李阳、王智、王鹏飞的证言相互印证证实:2011年11月15日薛海斌从现场死者身上抽取了心血后交给代国新,代国新将心血交理化科民警任飞做常见毒化检验,任飞又将心血交王绘军作氰化物检验,王绘军检验后交还任飞,任飞将心血交龙黎放入市公安局物证鉴定中心。事后王立军要求整理尼尔·伍德死亡案证据材料时,根据李阳、王智的要求,郑经和王绘军从物证鉴定中心取出心血分为四份,其中两份仍存放在物证鉴定中心,另外两份送到谢建江办公室密封后交王智带走由王鹏飞放入冰箱保存。之后,王鹏飞派人将心血送回物证鉴定中心,后又取走,又再次送回物证鉴定中心。2012年3月7日,杨柳及谢建江在物证鉴定中心将四份密封完好的心血交公安部复查人员。此节亦有移交清单印证。证人郑经、王绘军、王智、王鹏飞、杨柳、谢建江等人的证言亦能对心血的密封完好一节予以证实。

15. 证人薛海斌、杨剑林、喻永敏、傅颖、左林、夏鹏、蒋强国、杨柳（均系重庆市公安局工作人员）的证言相互印证证实：2011年11月15日薛海斌在现场提取了呕吐物等物证后回到重庆市公安局交给杨剑林。杨剑林将上述物证交给傅颖做DNA鉴定，次日傅颖做完鉴定后还给杨剑林。杨剑林存放到薛海斌办公室柜子里，之后被喻永敏、夏鹏、蒋强国取出存放于物证鉴定中心。2012年3月7日，杨柳及谢建江在物证鉴定中心将呕吐物等物证交公安部复查人员。此节亦有移交清单印证。

16. 证人薛海斌、顾生、汪昌丽、王凯（均系重庆市公安局工作人员）及证人王智、李阳的证言相互印证证实：薛海斌从现场提取了碎玻璃瓶、胶囊、药丸等物证后交王智保管。2012年1月30日，王智将上述物证交给顾生，顾生交汪昌丽鉴定后由王凯保管。2012年3月20日王凯将物证交公安部复查人员。此节亦有移交清单印证。

（七）被告人供述

1. 被告人薄谷开来供称：其与尼尔·伍德系旧识且以前关系良好。其和薄某某曾介绍尼尔·伍德参与一公司的中介代理以及一起土地项目的前期策划（实际未开发），后尼尔·伍德索要报酬，从而引发其和薄某某与尼尔·伍德的矛盾。当其从电子邮件、有关部门、王立军及薄某某处获悉尼尔·伍德威胁薄某某后，其认为危险已迫在眉睫，但公安机关对外国人无能为力，遂决定用"三步倒"毒药作为武器对付尼尔·伍德。

2011年11月11日，徐明到三号楼说要以吸毒、贩毒为由整治尼尔·伍德。其打电话问郭维国能不能在抓捕时当场击毙尼尔·伍德，并说让尼尔·伍德有来无回，捧着骨灰盒回去。之后，其通知在北京的张晓军以其名义邀请尼尔·伍德到重庆。13日，其让张晓军安排尼尔·伍德入住南山酒店16栋1605房间。张晓军回到三号楼后，其让张晓军去买酒，自己在家里准备了三个玻璃瓶，其中两瓶装上舒缓剂，另外一瓶装上夏泽良给的毒药，交给张晓军带在身上并告知是毒药。另外，其还把毒品胶囊等装到药瓶中，出发前让张晓军把药瓶摔碎。

13日21时许，其和张晓军携带上述物品与王昊、郑伟一起前往南山酒店，其进入尼尔·伍德的房间，张晓军在外等候。其将两瓶舒缓剂混在酒中与尼尔·伍德共同饮用。后来，尼尔·伍德醉酒并呕吐，其让张晓军进入房间，把尼尔·伍德扶到床上躺下。这时，尼尔·伍德要喝水，其向张晓军要毒药，倒入尼尔·伍德口中，然后用小壶给尼尔·伍德喂水。其还把碎药瓶、毒品胶囊等扔在墙角边，并用沙发靠垫盖上。其用随身携带的电子血压计给尼尔·伍德量血压，又测量了脉搏，之后离开房间。离开时，其还挂上了"请勿打扰"的提示牌并叮嘱服务员不要打扰客人。在回家路上，其给郭维国打电话述说了与尼尔·伍德见面、喝酒等情况。回家后，其让张晓军将作案时所用的盛放毒药的玻璃瓶等物品丢弃。次日,其在家里向王立军详细述说了杀害尼尔·伍德的经过。

2. 被告人张晓军供称:2011 年 11 月 13 日,其按薄谷开来指示从北京把尼尔·伍德接到重庆,安排入住南山酒店 16 栋 1605 房间。17 时许,其在三号楼看见薄谷开来向绿白色胶囊里装白色晶体时,向其示意旁边三个玻璃瓶,说:"里面就是氰,也叫'三步倒',一会我装一瓶,你备一瓶,到酒店后我要时再给我。"薄谷开来还说尼尔·伍德是大毒贩,要为民除害。另外,薄谷开来还让其去买酒。出发前,薄谷开来拿出一个装满胶囊的药瓶,让其摔碎后交给她。后薄谷开来交给其一个装有透明液体的玻璃瓶,让其带在身上。21 时 20 分许,薄谷开来让其带上酒和茶,一同前往南山酒店。薄谷开来和尼尔·伍德进入 1605 房间,其在门外等候。

23 时 30 分许,薄谷开来让其进入 1605 房间,其看到尼尔·伍德躺在卫生间地上。尼尔·伍德被其扶起来,在卫生间门口呕吐。此时,薄谷开来向其要去装有"三步倒"的玻璃瓶。其将尼尔·伍德扶上床。薄谷开来把玻璃瓶里的液体倒进小壶,向小壶里加水给尼尔·伍德喂水,又倒水涮玻璃瓶,把水倒进壶里继续给尼尔·伍德喝。之后,薄谷开来从包里拿出碎药瓶和胶囊,倒在墙边并拿沙发靠垫盖在上面。其还看见薄谷开来用随身携带的电子血压计给尼尔·伍德测量血压。离开 1605 房间时,其看见薄谷开来把"请勿打扰"的提示牌挂在门上。

回到三号楼后,薄谷开来叫其把作案时携带的手提包里的物品处理掉,其看到包里有一个小壶、两个玻璃瓶等物品。

此外,公诉机关还向法庭宣读、出示了下列证据,经庭审质证,本院予以确认:

1. 立案决定书、案发经过、指定管辖资料等证实案件的来源及指定管辖情况。

2. 归案经过证实被告人薄谷开来、张晓军系被抓获归案。

3. 户籍资料、履历表证实二被告人的身份情况。

4. 被害人的护照证实被害人的身份情况。

5. 有关部门出具的函证实被告人薄谷开来归案后提供他人违纪、违法线索,经初步查证属实。

6. 北京市公安局出具的《情况说明》证实张晓军到案后如实供述了所犯罪行。

关于被告人薄谷开来所提公诉机关指控的犯罪起因不准确的辩解,经查:薄谷开来供述其和薄某某与尼尔·伍德结识后,曾介绍尼尔·伍德参与一公司的中介代理以及一起土地项目的前期策划(实际未开发),后尼尔·伍德因索要报酬等问题,与薄谷开来及薄某某产生矛盾并对薄某某进行人身威胁;证人徐明的证言证实薄谷开来与尼尔·伍德因经济纠纷发生过矛盾,薄谷开来告诉其尼尔·伍德威胁了薄某某;尼尔·伍德与薄某某往来电子邮件亦证实双方存在经济纠纷,尼尔·伍德因此对薄某某进行威胁。故薄谷开来的此节辩解不能成立,本院不予采纳。

关于被告人薄谷开来的辩护人和被告人张晓军的辩护人所提薄谷开来作案使用的毒药来源不明的辩护意见,经查:证人夏泽良关于其为薄谷开来提供含氰化物毒药的证言与薄谷开来供述相互印证,且有证人汤宏伟等人的证言、薄谷开来与王立军的谈话录音予以证实,薄谷开来当庭亦供认毒药来源于夏泽良。故薄谷开来的辩护人和张晓军的辩护人的此节辩护意见不能成立,本院不予采纳。

关于被告人薄谷开来的辩护人和被告人张晓军的辩护人所提作为关键物证的被害人心血流转程序不清的辩护意见,经查:证人代国新、薛海斌、任飞等人的证言及移交清单等书证证实,公安人员从现场死者身上抽取心血进行常见毒药检验及氰化物毒化检验后,将死者心血存放在重庆市公安局物证鉴定中心。2012年1月,因王立军要求重新整理尼尔·伍德死亡案证据材料,根据李阳、王智等人的要求,郑经和王绘军将死者心血分为四份,其中两份一直存放在物证鉴定中心,另外两份密封后由王智带走交由王鹏飞放入冰箱保存。后王鹏飞派人将该两份心血送回物证鉴定中心时,原密封完好。公安部核查尼尔·伍德死亡案件时从物证鉴定中心调取了上述四份心血。综上,心血提取、流转、保存、移交过程清晰,其中两份心血始终严格按照相关物证保管规定留存于物证鉴定中心,取出流转的另两份心血亦封存完好。故薄谷开来的辩护人和张晓军的辩护人的此节辩护意见不能成立,本院不予采纳。

关于被告人薄谷开来的辩护人和被告人张晓军的辩护人所提被害人有过错的辩护意见,经查:尼尔·伍德确实通过言辞方式威胁过薄某某,使双方矛盾激化,但无证据证实其对薄某某有实际的侵害行为。故薄谷开来的辩护人和张晓军的辩护人的此节辩护意见不能成立,本院不予采纳。

关于被告人薄谷开来的辩护人所提薄谷开来检举他人犯罪,具有重大立功表现,建议对其从宽处罚的辩护意见,经庭审后核实,薄谷开来归案后向有关部门提供了他人违纪、违法线索,尚不构成立功,但为有关案件的查处起到了积极作用,在量刑时可酌情考虑。故对薄谷开来的辩护人的此节辩护意见,本院部分予以采纳。

关于被告人薄谷开来的辩护人所提薄谷开来控制能力弱于常人,建议对其从宽处罚的辩护意见,经查:上海市精神卫生中心司法鉴定所司法鉴定意见书评定,薄谷开来患有精神障碍,对本次作案行为的控制能力削弱。故薄谷开来的辩护人的此节辩护意见成立,本院予以采纳。

关于被告人张晓军的辩护人所提认定张晓军明知携带的是毒药证据不足的

辩护意见,经查:被告人薄谷开来与张晓军在侦查阶段的供述均证实薄谷开来将毒药交给张晓军时已明确告知张晓军是毒药,对此张晓军当庭亦供认不讳。故张晓军的辩护人的此节辩护意见不能成立,本院不予采纳。

关于被告人张晓军的辩护人所提张晓军在共同犯罪中系胁从犯的辩护意见,经查:张晓军虽系薄谷开来家中勤务人员,但其实施犯罪时并未受到薄谷开来的胁迫,其在可完全支配自己行为的情况下参与犯罪,不属胁从犯。故张晓军的辩护人的此节辩护意见不能成立,本院不予采纳。

关于被告人张晓军的辩护人所提张晓军检举、揭发他人犯罪,具有立功表现的辩护意见,经庭审后核实,张晓军检举、揭发他人的犯罪行为业已被办案单位所掌握,不能认定张晓军具有立功表现。故张晓军的辩护人的此节辩护意见不能成立,本院不予采纳。

关于被告人张晓军的辩护人所提张晓军到案后如实供述所犯罪行的辩护意见,经查:北京市公安局出具情况说明证实,张晓军到案后如实供述了其与被告人薄谷开来共同实施杀人犯罪的详细经过,此后供述稳定且当庭亦供认不讳。故张晓军的辩护人的此节辩护意见成立,本院予以采纳。

本院认为,被告人薄谷开来采用投毒手段故意非法剥夺他人生命,其行为构成故意杀人罪。被告人张晓军明知薄谷开来准备毒杀尼尔·伍德而陪同前往,帮助其携带、传递犯罪工具,为薄谷开来实施杀人犯罪提供帮助,其行为亦构成故意杀人罪。公诉机关指控二被告人犯故意杀人罪的事实清楚,证据确实、充分,指控罪名成立,本院予以支持。被告人薄谷开来经事先预谋投毒杀人,犯罪情节恶劣,后果严重,且其在共同犯罪中起主要作用,系主犯,论罪应当判处死刑。鉴于本案被害人尼尔·伍德对薄谷开来之子薄某某使用威胁言辞,使双方矛盾激化;司法鉴定意见表明薄谷开来有完全刑事责任能力,但患有精神障碍,对本次作案行为性质和后果的辨认能力完整,控制能力削弱;薄谷开来在归案后向有关部门提供他人违纪、违法线索,为有关案件的查处起到了积极作用;薄谷开来当庭认罪、悔罪,故对其判处死刑,可不立即执行。被告人张晓军在共同犯罪中受被告人薄谷开来指使,起帮助作用,系从犯,且归案后如实供述了主要犯罪事实,并当庭认罪、悔罪,故对其可减轻处罚。综上,根据被告人薄谷开来、张晓军的犯罪事实、性质、情节及对社会的危害程度,经本院审判委员会讨论决定,依照《中华人民共和国刑法》第二百三十二条、第四十八条第一款、第五十七条第一款、第二十五条第一款、第二十六条第一款、第四款、第二十七条、第六十七条第三款、第六十四条之规定,判决如下:

一、被告人薄谷开来来犯故意杀人罪,判处死刑,缓期二年执行,剥夺政治权利终身;(死刑缓期执行的期间,从判决确定之日起计算。)

二、被告人张晓军犯故意杀人罪,判处有期徒刑九年;(刑期从判决执行之日起计算;判决执行以前先行羁押的,羁押一日折抵刑期一日。即自 2012 年 7 月 6 日起至 2021 年 7 月 5 日止。)

三、公安机关扣押的毒品胶囊、药丸予以没收。

如不服本判决,可在接到判决书的第二日起十日内,通过本院或直接向安徽省高级人民法院提出上诉。书面上诉的,应提交上诉状正本一份,副本二份。

审判长　胡权明
审判员　陈华琳
审判员　张　恒
二零一二年八月十九日
书记员　赵勋凤

点评

该份判决书在形式、结构上符合制作第一审刑事判决书的要求,反映了诉讼文书改革中的新发展,尤其对于证据的逐一分析,紧扣主旨,抓住案件事实的要素,列举证据材料并分析质证的情况,说明采信与否的理由,紧密连接了事实、理由和判决结果,论据充分。在法条的引述上按照定罪量刑的逻辑顺序,一目了然,具有较强的说服力。

(1) 判决书首部和主文的衔接顺畅自然,审判程序的叙述体现出公平公正。

该判决书对于备受社会关注的本案,在判决书一开始就明确交代了案件的管辖受理以及诉讼参加人的出庭情况,特别是鉴定人出庭作证的情况,在审判实践中是不多见的。在案件事实的陈述上,首先把控方指控的罪名、案情概括出来,然后概括描述举证质证的过程,把控辩双方在认定事实的证据上的冲突点展现出来,尤其是对辩护人不同于被告人的意见分别列写,体现出辩护人的独立性。对于被告人认可的控方指控证据用"不持异议"来表述,非常准确,体现出法庭的中立性。

接着判决书用"经审理查明"引出法庭认定事实的过程,先概括叙述案件事实的发生过程,然后列举证据进行说明,从现场勘查的核查开始,出示相关照片,鉴定结论、视听资料、书证、证人证言以及被告人供述,逐项列举,分别说明证据的真实性、合法性和关联性,每项证据的叙述都列举了辩方的意见,使全部证据形成了一个相互印证的封闭链条。在被告人供述之后,判决书还用了一个专门的段落,列举了立案决定书、案发经过、归案经过、户籍资料、被害人护照、有关公函等程序性说明类法律文书,体现出侦查、审判程序的合法性,体现出程序公平,具有重大意义。特别值得一提的是,该判决书在认定事实方面,对辩方的意见也做了较为详细的评论,采纳与否都说明了理由,而非简单的结论,这是值得肯定的。

(2) 对控辩双方主张表述详略得当。

由于被告对本案杀人行为供认不讳,且控方的主张均有充分证据证明,因此该份判决书对辩方主张采取了简明扼要的高度概括方式予以表述,而将重点放在了对控方的主张、理由的表述。对于辩方提出的辩解理由也同样予以回应,并逐一简要说明了不予支持的理由。

(3) 证据列写比较恰当。

该份判决书将案件事实分成三个部分列事实、说理由、举证据,并按照证据形式的分类一一叙述,在案件事实上让人一目了然。每部分都分别叙述了公诉机关指控的犯罪事实及证据,被告辩解及辩护人意见,对比鲜明,体现出公平公正的司法理念。

(4) 在判决书最后的法院认定部分,应尽量围绕犯罪构成的四个要件来分析定罪量刑事项。虽然该案事实清楚、证据充分,涉及的罪名也是普通故意杀人罪,但是出于被告人的社会影响,对于犯罪动机的认定应严谨考虑,用证据来分析说明,尽可能地减少推定结论,这样就会更加让人信服。

二、第二审刑事判决书

第二审刑事判决书是指第二审人民法院在受理当事人不服第一审判决提出上诉或者公诉机关认为第一审判决确有错误而提出抗诉的刑事案件后,经审理查明原判决在适用法律上有错误或者量刑不当;或者原判事实不清、证据不足,经二审查清事实后依法予以改判的法律文书。维持原判或者发回重审的,用裁定书,不用判决书。

(一) 首部

1. 标题及诉辩双方基本情况

标题及案件编号参照第一审刑事判决书作相应修改,诉辩双方的基本情况中,被告人提出上诉的,第一项为"原公诉机关",第二项为"上诉人(原审被告人)",第三项为辩护人;检察机关提出抗诉的,第一项为"抗诉机关",第二项为"原审被告人",第三项为"辩护人"。如果在同一案件中既有被告人上诉,又有检察机关抗诉的,第一项为"抗诉机关",第二、三项与第一种写法相同。其他内容的写作事项同于第一审判决书。

对被害人及其法定代理人请求人民检察院提出抗诉,人民检察院根据我国《刑事诉讼法》第218条规定决定抗诉的,应把审判经过段中"原审被告人×××不服,提出上诉"一句,改写为"被害人(或者其法定代理人)×××不服,请求×××人民检察院提出抗诉。×××人民检察院决定并于××××年××月×日向本院提出抗诉",以体现对被害人合法权利的保护。

对于被告人的辩护人或者近亲属经被告人同意而提出上诉的,上诉人仍为原审被告人,但应将叙述审理经过一段中"原审被告人×××不服,提出上诉"一句,修改为"原审被告人×××的近亲属(或者辩护人)×××经征得原审被告人×××同意,提出上诉",以全面体现对被告人上诉权利的保护。

对于共同犯罪案件的数个被告人中,有的上诉、有的不上诉,先列写"上诉人(原审被告人)"项,后续写未上诉的其他"原审被告人"项。

如果是第二审自诉案件,除首部中当事人的称谓、案件由来和审判经过段的表述应作相应变动外,其余各项也应根据具体情况作相应的增删或者修改。

2. 案件由来和审判经过

"案件由来"和"审判经过"一段可表述为"×××人民法院审理×××人民检察院指控原审被告人×××犯×罪一案,于××××年××月××日作出(××××)×刑初字第×号刑事判决。原审被告人×××不服,提出上诉"。如因检察院提出抗诉而引起二审的,写为:"×××检察院不同意原判向本院提出抗诉。本院依法组成合议庭,公开(或者不公开)开庭审理了本案。×××人民检察院指派检察员×××出庭履行职务。上诉人(原审被告人)×××及其辩护人×××等到庭参加诉讼。现已审理终结"。

首部的原公诉机关和诉讼参与人做了改动之后,"案件由来"和"审判经过"一段以及其他有关各处,应作相应的增删或者修改。

对于第二审人民法院依照我国《刑事诉讼法》的规定未开庭审理的,将"本院依法组成合议庭"与"现已审理终结"之间的内容改写为:"经过阅卷,讯问被告人,听取其他当事人、辩护人、诉讼代理人的意见,认为事实清楚,决定不开庭审理"。

(二) 正文

首先,概述原判决认定的事实、证据、理由和判决结果;其次,概述上诉、辩护的意见;最后,概述人民检察院和原审附带民事诉讼原告人在二审中提出的新意见。然后写经审理查明的事实,对控辩双方有分歧的事实和理由应当详写,没有分歧的事实和理由可以略写。对上诉、抗诉意见无论是否采纳,都应当进行分析论证,并阐明是否予以采纳的理由。二审刑事判决书应当针对一审判决书中的错误以及上诉、抗诉的意见和理由进行叙事,避免只是叙述方式的变化或个别词句的变换,甚至文字上不必要的重复或照抄照搬。二审判决认定的事实和证据与原判没有变动或者无根本性变动的,可采取"彼繁此简"的方法,重点叙述原判认定的事实和证据,而对第二审"审理查明"的事实和证据,则进行概括叙述。二审判决认定的事实和证据对原判有较大改变的,可采取"彼简此繁"的方法,重点叙述二审与原判认定事实和证据的不同之处,并据以证明其事实成立。

对于判决理由,主要应当阐明二审查明事实成立的理由和适用的法律依据。即应根据我国的刑事法律及相关司法解释,从现有证据和犯罪构成上论述二审认定被告人犯罪成立或不成立或部分成立，以及应当如何定性处罚，是否有区别于一审认定的从轻、减轻、免除处罚或者从重处罚的情节和法律依据。总之，判决理由和依据应当详尽准确，具有说服力和针对性。

判决主文要写明第二审人民法院对被告人判处主刑、附加刑以及主刑的起止时间等，对被告人改判无罪的，写明"宣告被告人无罪"。对于原审判决结果未分项表述，而第二审作部分改判的，则应当分三项表述为：

"一、维持×××人民法院（××××）刑初字第××号刑事判决中的……（写明维持部分的内容）；

二、撤销×××人民法院（××××）×刑初字第××号刑事判决中的……（写明撤销部分的内容）；

三、……（写明改判的内容）。"

（三）尾部

（1）如果判决书的制作机关是高级人民法院（包括中国人民解放军军事法院，下同），并且改判的结果中有判处死刑缓期两年执行的，根据我国《刑事诉讼法》和最高人民法院有关司法解释的规定，在判决的尾部仍只写明"本判决为终审判决"即可。

（2）如果判决书的制作机关是高级人民法院，并且改判的结果中有判处死刑的，依照我国《刑事诉讼法》的有关规定，由于判决并未发生法律效力，因此应当在判决书尾部写明："本判决由本院依法报送最高人民法院核准"，不写"本判决为终审判决"。

（3）依照我国《刑事诉讼法》的规定，人民法院审判上诉和抗诉案件，由审判员三至五人组成合议庭进行，合议庭的成员人数应当是单数。最后依次为审判长署名、审判员署名、判决时间、书记员署名等。

三、再审刑事判决书

再审刑事判决书是指人民法院对已经发生法律效力的判决，依照审判监督程序重新审判后作出判决的法律文书。再审刑事判决书包括适用第一审程序的刑事判决书和适用第二审程序的刑事判决书。

针对已生效的第一审判决进行再审后作出的判决，仍为第一审判决，检察机关可以提出抗诉，被告人可以提出上诉。判决书的制作方法可参照第一审刑事判决书。

针对终审判决进行再审或者是上级法院提审的案件仍适用第二审程序，刑事判决书的制作方法可参照第二审刑事判决书。

适用第一审程序的再审刑事判决书的适用范围包括：一是各级人民法院对于本院已经发生法律效力的第一审刑事判决，经提起再审后，按照第一审程序重新进行审理,确认原判在认定事实上或者适用法律上确有错误,依法应予改判的案件;二是最高人民法院对地方各级人民法院已经发生法律效力的第一审刑事判决、上级人民法院对下级人民法院已经发生法律效力的第一审刑事判决发现确有错误,按照审判监督程序指令下级人民法院再审,下级人民法院重新审理后,确认原判在认定事实上或者适用法律上确有错误,依法应予改判的案件。

适用第二审程序的再审刑事判决书的适用范围包括:一是中级以上人民法院对本院已经发生法律效力的第二审刑事判决经提起再审后,按照第二审程序重新进行审理,确认原判决在认定事实上或者适用法律上确有错误,需要改判的案件;二是上级人民法院对下级人民法院已经发生法律效力的第二审刑事判决认为确有错误,按照审判监督程序指令下级人民法院再审,下级人民法院按照第二审程序重新进行审理,确认原判在认定事实或者适用法律上确有错误,依法予以改判的案件;三是上级人民法院认为下级人民法院已经发生法律效力的第一审或者第二审刑事判决确有错误,按照审判监督程序提审,并依照第二审程序进行审理,确认原判决在认定事实或者适用法律确有错误依法予以改判的案件;四是最高人民检察院对各级人民法院、上级人民检察院对下级人民法院已经发生法律效力的刑事判决认为确有错误,向同级人民法院提出抗诉,同级人民法院按照第二审程序进行审理,确认原判决在认定事实或者适用法律上确有错误应予改判的案件。

再审刑事判决书的主要内容和制作方法是:

(一) 首部

与第一、第二审刑事判决书的首部的制作方法基本相同。需要注意的问题主要有:

(1) 案件编号。为了体现在审判监督程序中适用的是第一审程序还是第二审程序,可以在制作第一、二审程序刑事判决书案件编号的"刑初字"和"刑终字"中增加"再"字,如"刑初再字"、"刑终再字"。

(2) 控辩双方。原是公诉案件的,第一项写"原公诉机关",第二项写"原审被告人";如果是人民检察院抗诉而提起再审的,第一项写"抗诉机关",第二项写"原审被告人"。原是自诉案件的,第一项写"原审自诉人",第二项写"原审被告人"。控辩双方基本情况要求写明的事项同于原审级的判决书的写法。

(3) 案件由来和审理经过。包括案由、原判案号、提起再审的根据、审理经过等事项。现以公诉案件为例:

第一审人民法院提起再审的,表述为:"×××人民检察院指控原审被告人×××犯××罪一案,本院于×××年××月××日作出(××××)×刑初字第××号刑事判决。该判决发生效力后,本院于×××年××月××日作出(××××)×刑监字第××号再审决定,对本案提起再审。本院依法另行组成合议庭,公开(或者不公开)开庭审理了本案。×××人民检察院检察员×××出庭履行职务,被害人×××、原审被告人×××及其辩护人×××等到庭参加诉讼。现已审理终结。"

第二审人民法院提起再审或者上级人民检察院依照审判监督程序提起抗诉的,表述为:"……(写明一、二审法院判决作出的时间和案号)本院于××××年××月××日作出××刑监字第××号再审决定,对本案提起再审[或者:×××人民检察院于×××年××月××日以……(字号)向本院提起抗诉]。本院依法组成合议庭,公开(或不公开)开庭审理了本案。×××人民检察院检察员×××出庭履行职务,被害人×××、原审被告人×××及其辩护人×××等到庭参加诉讼。现已审理终结。"

(二) 正文

1. 原判情况

为避免事实和证据的叙述出现不必要的重复,除对原判的判决结果应当"照抄照搬"外,对原判认定的"事实和证据"及"判决理由"则可以参照制作第二审程序刑事判决书所采取的"此繁彼简"或者"此简彼繁"的方法写作。这里所指的是"繁"、"简"标准,主要应根据再审中双方当事人对原发生法律效力的判决不服的具体理由而定:

一是对原生效判决认定的事实和证据有异议的,在概述原判认定的事实和证据时,应当因案而异:对原判认定的全案事实和证据都有异议的,则应对这些事实和证据"全部"予以"照抄照搬";只是对原判认定的部分事实和证据有异议的,则可只对有异议的"部分"事实和证据予以"照抄照搬",对没有异议的事实和证据进行高度概括。

二是对原生效判决认定的事实和证据没有异议,只是对原判处理的理由即适用法律有异议的,则对没有异议的事实和证据进行高度概括,对原判理由及适用的法律进行"照抄照搬"。

2. 再审控辩主张

依照我国《刑事诉讼法》有关审判监督程序的规定,当事人对原判不服而申请再审虽然不能必然引起再审程序的发生,但其申诉毕竟是引起再审程序发生的重要或者主要的材料来源。因此,在再审刑事判决书中概述当事人在再审中的主张是十分必要的,它至少可以为我们制作再审刑事判决书时确定必要的范围和重点。当然,对当事人再审中的控辩主张的概述,也有一个详略得当的问题。这个"详略"的标准也应当根据引起再审程序发生的法定事由(如原判认定事实不清、证据不足或原判适用法律不准、量刑不当等)而定。

3. 再审查明的事实和证据

我国实行的是"两审终审制",一个刑事案件最多经过两次审判后就宣告终结,审判监督程序只是对确有错误的生效裁判的补救措施,也就是说,并不是所有经申诉的刑事案件都会进入再审程序。在叙述经再审查明的事实和证据时,完全没有必要平铺直叙甚至面面俱到,而应当根据当事人提起再审的具体理由及人民法院决定再审的法定事由来决定是详细叙述还是概括叙述。也就是说,对于控辩双方没有异议的内容,就没有必要进行详细叙述和认证,重点应放在控辩双方有异议及原判与再审有重大分歧的部分。

4. 再审改判理由

必须明确,再审后决定"改判的理由"与提起再审程序发生的"法定事由"是两个既有联系又有区别的概念。按照我国《刑事诉讼法》第242条的规定,有新的证据证明原判决、裁定认定的事实确有错误的;据以定罪量刑的证据不确实、不充分或者证明案件事实的主要证据之间存在矛盾的;原判决、裁定适用法律确有错误的;违反法律规定的诉讼程序,可能影响公正审判的人民法院就应当重新审判。而第五种"法定情形"(即审判人员在审理该案件的时候有贪污受贿、徇私舞弊、枉法裁判行为)严格说来只具备了这一情形并不能当然证明原生效判决就一定"确有错误"而应予改判。因此,当我们在制作再审刑事判决书的改判理由时,就只能将改判的理由集中在事实、证据、适用法律、量刑这几个方面,即围绕这几个方面的一个或几个问题阐述再审改判的理由。

(三) 尾部

再审刑事判决书尾部的制作应根据再审是适用一审程序还是二审程序而分别参照第一审刑事判决书或是第二审刑事判决书尾部的内容和写法。

四、刑事裁定书

刑事裁定书是指在刑事诉讼程序中,依照我国《刑事诉讼法》的相关规定,就有关程序问题进行处理时所制作的法律文书。根据不同标准,可以对刑事裁定书作出不同分类。按照诉讼程序,可以将其分成第一审程序、第二审程序、审判监督程序、再审程序以及执行程序的刑事裁定书;按照用途,可以将其分成驳回自诉、驳回上诉(抗诉)、准许撤诉、终(中)止审理、发回重审、补证判决、核准死刑以及变更、发回、维持一审裁定书等。

裁定书因其在刑事诉讼活动中的运用的广泛性和灵活性,也较为独特。首先,不同的裁定书类型,制作和签署的主体也存在差异,有些裁定由合议庭作出,有些独任法官就可以作出,有些裁定则需要院长签发。经审判委员会决定的再审案件,一般需要院长来签发裁定书,而不是通常的合议庭或独任审判员。大部分裁定不能上诉,一经送达即发生法律效力;个别刑事裁定书可以依法提起上诉,如驳回自诉的刑事裁定书。其次,在当事人的基本情况方面,有很多裁定书仅针对辩方而不涉及控方,用于解决当事人的诉权等方面的问题;还有在执行过程中,往往只涉及相对人一方,而没有控方出现。最后,在控辩双方意见上,有些裁定书只针对辩方的意见或请求,控方没有参与其中,也就无须叙述控方的意见。其他的方面与判决书无异,可以参照判决书的写法,这里就不一一列举了。

例文评析:

西藏自治区高级人民法院
刑事裁定书

(2004)藏法刑终字第0003

原公诉机关西藏自治区拉萨市人民检察院。

上诉人(原审被告人)罗××,男,回族,现年31岁,文盲,无业,甘肃省东乡县××村××组人,捕前无固定住址。因涉嫌非法持有毒品一案于2003年12月12日被刑事拘留,2004年1月16日被拉萨市人民检察院以贩卖毒品罪逮捕。现羁押于拉萨市公安局看守所。

拉萨市中级人民法院审理西藏自治区拉萨市人民检察院指控原审被告人罗××犯贩卖毒品一案,于2004年5月11日作出(2004)拉刑初字第08号刑事判决,原审被告人罗××不服提出上诉。本院依法组成合议庭,进行了审理。现已审理终结。

原判认定,2003年12月11日凌晨3时20分,拉萨市公安局禁毒支队根据吸毒人刘×的举报,在西郊工人疗养院一出租房内,将正准备贩卖毒品的被告人罗××当场抓获,并从其身上缴获毒品一包,重量为231.898克。原判认定上述事实的证据有:被告人的供述、辨认笔录、证人证言、公安部物证鉴定书、扣押物品清单和毒品照片。

原判认为,被告人罗××明知是毒品而进行贩卖,其行为已触犯刑律构成贩卖毒品罪。公诉机关指控的犯罪事实清楚,证据充分,予以采纳。被告人罗××及其辩护人提出对其量刑应以毒品含量计算的辩护意见,无法律依据,不予采纳。根据《中华人民共和国刑法》第三百四十七条第二款第一项、第三百五十七条第二款、第五十七条第一款之规定,以贩卖毒品罪,判处罗××无期徒刑,剥夺政治权利终身,并处没收个人全部财产。

宣判后,被告人罗××不服,以原判定性错误,本人的行为应认定非法持有毒品罪;公安部物证鉴定证实231.898克物品中检出仅含吗啡1.25%,且其行为属犯罪未遂,具有法定从轻、减轻处罚等情节为由提出上诉。

经审理查明,2003年12月11日凌晨3时20分许,拉萨市公安局禁毒支队干警根据吸毒者刘×的举报,在西郊工人疗养院一出租房内,将正准备贩卖毒品的上诉人罗××当场抓获,并从其身上缴获231.898克毒品。

证明上述事实的证据有:(1)上诉人罗××的供述证明,他正准备贩卖毒品时被当场抓获的事实;(2)证人刘×证词证明,2003年12月10日、12月11日他到拉萨市公安局禁毒支队举报罗××贩卖毒品的事实;(3)证人李××证词证明,自己充当买主与罗××正准备交易毒品时被当场抓获的事实;(4)辨认笔录证实,证人刘×辨认出贩卖毒品的系上诉人罗××的事实;(5)公安部物证鉴定书证实,从所送检材"编号2"检材中检出吗啡含量为1.25%的事实;(6)拉萨市公安禁毒支队证明证实,当场缴获231.898克毒品的事实。

本院认为,上诉人罗××明知是毒品而非法贩卖的行为已构成贩卖毒品罪。上诉人提出其行为应认定非法持有毒品罪,不应认定贩卖毒品罪、231.898克毒品中只检出吗啡含量1.25%以及其属犯罪未遂,具有法定从轻、减轻处罚情节的上诉理由。本院认为根据其犯罪行为和社会危害性,原审法院对其定性,并无不当。吗啡含量1.25%并不改变毒品的性质及其社会危害性。

因此,不存在法定从轻、减轻处罚的情节。故其上诉理由无事实和法律依据,本院不予采纳。原审法院认定上诉人罗××贩卖毒品罪的事实清楚,证据充分,适用法律准确,量刑适当,根据《中华人民共和国刑事诉讼法》第一百八十九条第(一)项之规定,裁定如下:

驳回上诉,维持原判。

本裁定为终审裁定。

审判长:××××
审判员:马××
代理审判员:李××
二〇〇四年六月四日
书记员:罗××

点评

这是一份二审法院驳回原审被告上诉的终审裁定,该份文书的焦点在于对于上诉人提出的上诉理由予以分析,并结合法律进行驳斥,最终达到维持原裁定,驳回上诉的目的。显然,该份文书的核心也主要集中在这个方面,做到了详略得当。不同的法律文书有着不同的用意和目的,所以,在制作时候,主次分明、详略得当的要求也就显得格外重要。

本刑事裁定书从整体上看,格式规范、用语准确、结构清晰,符合制作此类文书的一般性规范要求。首先,对于案件来源以及合议庭组成作了简单说明,因为案件来源在所有的二审裁定中都是必备的内容之一;紧接着对原判认定的事实以及适用的法律作了说明,并在其后对上诉人的上诉理由进行了叙述;最后,结合相关证据,阐述了法院驳回上诉的正当理由,主要驳斥上诉的理由,有理有据,针对性很强。

总的来说,该文书对原判认定的事实、证据、判决及其法律依据都进行了说明,详简得当,层次分明。对于上诉人提出的两点上诉理由,裁定书中通过法院认定的事实和证据有针对性的进行了反驳,且事实清楚,证据罗列详细充分,使其反驳有理有据。

此裁定书在某些细节上也存在不足:从判决书中可知,上诉人有其辩护人,则应该在上诉人基本情况后面说明辩护人的基本情况。

第二节　人民法院民事、行政裁判文书的制作要求

人民法院民事、行政裁判文书的种类很多,适用范围也非常广泛,在此我们采取"合并同类项"的方法,总结出具有共性的一般规律,再针对各种主要文书的具体特点,加深理解,掌握方法,这对于提高民事、行政裁判文书的制作水平会有很大帮助。

一、第一审民事、行政判决书

第一审民事、行政判决书是指在第一审民事诉讼程序或第一审行政诉讼程序中,受理案件的人民法院依法进行审理活动,作出的处理当事人争议的实体处理决定时,所制作的法律文书。

我国《民事诉讼法》第152条对判决书的主要内容作了明确规定,即"判决书应当写明判决结果和作出该判决的理由。判决书内容包括:(一)案由、诉讼请求、争议的事实和理由;(二)判决认定的事实、理由和适用的法律依据;(三)判决结果和诉讼费用的负担;(四)上诉期间和上诉法院。判决书由审判人员、书记员署名,加盖人民法院印章。"

根据我国《民事诉讼法》和最高人民法院的有关规定,本类判决书由首部、正文(事实、理由、判决结果)和尾部三部分组成。

(一)首部

首部应依次写明标题、案件编号、当事人及诉讼参加人及其基本情况、案件的由来和审理经过。

1. 标题及案件编号

标题、案件编号与公诉案件刑事判决书首部的写法基本相同。

2. 诉讼参加人及诉讼参与人的基本情况

首先应按原告、被告和第三人的顺序分行列写当事人及其基本情况。若原

告、被告、第三人不止一人时，应逐一列写完原告后，再逐一列写被告，最后写第三人。其次，若当事人有诉讼代理人的，应在该当事人之后另行列写诉讼代理人及其基本情况。

当事人为自然人的，写明法律称谓姓名、性别、出生年月日、民族、职业或工作单位和职务、住址。当事人为法人的，住址为其住所所在地，并另行写明法定代表人及其姓名、职务。当事人为非法人组织的，写明其名称或字号和住所地，并另行写明代表人及其姓名、性别和职务。当事人为个体工商户的，写明业主的姓名、性别、出生年月日、民族和住址；起有字号的，在其姓名之后用括号说明"系……（字号）业主"。

在诉讼过程中，被告提起反诉且成立的，还应分别写明各当事人在反诉中的法律称谓以表明各当事人在反诉中的诉讼地位，如"原告（反诉被告）×××"，"被告（反诉原告）×××"。

诉讼代理人应具体写明法律称谓是法定代理人、指定代理人还是委托代理人。有多个代理人的，先写法定或指定代理人，后写委托代理人。法定或指定代理人应写明其姓名、性别、职业或工作单位以及组织，并在姓名后括注其与当事人的关系。委托代理人是律师的，只写明其姓名、工作单位和职业。

写诉讼参加人及基本情况时，遇到特殊情况时可作适当变通。如年龄的写法，个别当事人因下落不明，无户籍登记、身份证证明文件的，只能从实际出发书写。再如，多个原告共同委托一名代理人的，没有必要在每一个原告之后列写该代理人，而可以在所有原告列写完后，再列写该代理人，表述为："以上原告委托代理人×××……"。

3. 案件的由来和审理经过

案件的由来和审理经过一般应表述为："原告×××与被告×××（案由）一案，本院于×××年×月×日受理后，依法组成合议庭，公开（或不公开）开庭进行了审理。本案当事人及其诉讼代理人均到庭参加诉讼。本案现已审理终结。"

如案件的当事人中有的到庭而代理人未到庭，或者有的当事人没有到庭而其诉讼代理人到庭或者当事人及其代理人均未到庭，或者有的未经法庭许可而中途退庭的，应如实地具体写明到庭和未到庭、中途退庭的人的情况。如"×告×××经本院合法传唤无正当理由拒不到庭"；"×告未经法庭许可中途退庭"；"×告×××（姓名）的××代理人×××到庭参加诉讼"。

（二）正文

1. 事实

事实部分首先应写明当事人的诉讼请求和争议的事实与理由，然后另起一行写明法院认定的事实和证据。

当事人的诉讼请求,是指当事人请求法院判决确认与对方当事人之间是否存在一定法律关系,或变更、消灭与对方当事人之间的法律关系,或请求判令对方当事人履行一定民事义务的具体事项。争议的事实和理由,是当事人所陈述的争议情况及其根据。这部分内容的写法是通过原告、被告和第三人的陈述来反映的。事实部分首先写明这些内容是为了体现尊重当事人的诉讼权利,反映当事人真实意思和讼争焦点,以便法院在认定事实、证据和说理时能有的放矢,前后照应。表述这部分诉辩主张时,要站在客观公正的立场上完整、准确、扼要地归纳当事人的意思。对当事人的具体诉讼请求不能遗漏,必要时可以分项写明;对当事人在诉讼过程中增加、变更诉讼请求或提出反诉的,亦应写明。当事人的陈述常常缺乏条理,或言语过激,因此,切忌机械照抄、照摘当事人原话或诉状、答辩状原文、引用当事人不文明的语言或方言土语。

法院认定的事实和证据是这部分的重点。事实是确认当事人之间是否存在民事法律关系的依据,亦是判决立论和法律适用的基础,因此,它是整个判决书中的重点。这部分与下面的理由是判决书制作中的难点,同时在表达上也最具灵活性,最能体现法官的综合素质。它的内容主要包括:当事人之间发生民事关系的时间、地点及法律关系内容;产生纠纷的原因、经过、情节和后果;认定事实的证据。

叙述案件事实证据必须坚持合法性、客观性、关联性的原则。法院认定的事实是法律事实而非绝对的客观事实,因此,表述认定事实和证据必须是经过法院开庭质证,查证属实,具有合法性、客观性、关联性的证据及其所证实的事实。未经开庭质证并查证属实的证据、事实以及与案件无关的事实均不能写入判决书。

叙述案件事实的方法,一般应按"时间顺序"客观、全面、真实地反映案情,同时要抓住关键,详述主要情节和因果关系。具体制作判决书时,应根据案情的具体情况,采用记述、说明和必要的描述等灵活多样的表达方法,做到叙事清楚、重点突出、层次分明、井然有序。比如,婚姻案件一般应分层次写明婚姻基础、结婚时间、婚后生育子女情况,婚后感情变化及主要纠纷情况,夫妻共同财产及债务情况等事实。其中对婚姻基础的叙述应根据不同的情况,采用以下叙述方法:(1)对原、被告婚姻基础好而驳回原告离婚请求的,或对婚姻基础较差而判决离婚的,可以按认识、恋爱至结婚的时间顺序详写婚姻基础,突出婚姻基础或好或差的重点。(2)驳回原告的离婚请求而原告、被告婚姻基础较差的,或判决离婚而原告、被告婚姻基础较好的,则可以采用概括叙述、扼要说明的方法,将叙述的重点转移至感情上。对结婚、婚后生育子女情况、婚后感情及主要纠纷情况的叙述,可按结婚、婚后感情、主要纠纷发生的时间顺序详写,有关生育子女的情况,可穿插其中叙述,双方均无异议的,可采用概括说明的方式写明;对有争议的,尚需说明财产(或债权债务)的来源、时间等。

需要指出的是，无论采用哪一种写法，除写明证据的名称和类别外，还应写明证据的主要内容和对证据的分析，不能笼统地写"上述事实，有书证及证人证言、当事人的陈述在案佐证"。

2. 理由

理由部分包括判决的理由和判决所依据的法律。主要是根据法院认定的事实和有关法律法规和政策、习惯，阐明法院对纠纷的性质、当事人责任和解决纠纷的看法。判决的法律是判决应用的法律、法规和司法解释等。

判决理由是民事判决书的灵魂。判决理由写得如何，通常是衡量审判人员业务素质高低和写作能力强弱的标准之一。理由部分要有针对性，要讲明事实、情理和法理，分清是非责任。对合理、合法的意见、请求要予以采纳支持，对不合理不合法的意见、请求，不予采纳，对违法的行为应严肃指出，必要时给予适当批驳，做到以理服人。援引法律要准确、全面、具体。注意把握以下几点：

（1）针对性。每一件民事案件都有其特点及特有的表现形式，即个案的特殊性。判决理由必须针对个案的特殊性，围绕当事人争执的焦点和诉讼请求具体深入地分析和论证，阐明判决所持的理由。

（2）事理性。法院认定的事实和证据是说理和适用法律的基础，事理性即说理必须从法院认定的事实和证据出发，根据认定的事实和证据来阐明理由。

（3）法理性。判决书理由的重点是要讲清法理，以充分阐述法理为主。民事案件的每一个案件都蕴涵着特有的法律问题，因此，说理必须根据相关的法律理论、法律原则以及具体的法律规范，阐明个案中蕴涵的法律问题，并正确、全面地引用判决依据的法律条文。

第一，引用法律条文首先必须明确可供引用的法律的范围。按照最高人民法院《关于人民法院制作的法律文书应如何引用法律规范性文件的批复》的规定，地方各级人民代表大会及其常委会制定的与宪法、法律和行政法规不相抵触的地方性法规，民族自治地方人民代表大会依照当地政治、经济和文化特点制定的自治条例和单行条例，人民代表大会通过和发布的决定、决议，地方各级人民政府发布的决定、命令和规章，凡与宪法、法律、行政法规不抵触的，在办案时可参照执行，但不要引用。第二，引用法律条款应当按照条、款、目的顺序写明，适用哪一层次的规定，就应具体写到哪一个层次。第三，要处理好特别法与普通法的关系，以及法律基本原则与具体规定的关系。凡是特别法中有明确规定的，就应引用特别法，无需再引用普通法；只有特别法没有规定的才引用普通法。凡法律有具体规定的，应当援引具体规定，无须引用基本原则的规定；如果没有具体规定，才引用基本原则的规定。第四，处理争议适用了多个法律时引用法律条文，应将适用的法律条文全部引用出来，不能遗漏。

（4）逻辑性。说理是一个缜密、严格的推理过程。只有严密的逻辑，才能使推理精确,前后呼应,无懈可击。首先,应该做到说理与法院认定的事实证据,与适用的法律、法规、政策,与判决结果一致、吻合。其次,说理要注意具体案情,把握好说理层次顺序。一般而言,可先针对原告的主张和理由,后针对被告的请求和理由,再针对第三人的请求和理由分层次说理。反诉案件,则应先针对本诉,后针对反诉分层次说理。最后,说理要注意各层之间的自然衔接,避免互相脱节。

3. 判决结果

判决结果是人民法院根据案件事实,依照法律,对案件实体问题作出的处理判决。判决结果应根据确认之诉、变更之诉或给付之诉的不同情况,正确地加以表述。特别是给付之诉,不论是给付物品、货币,还是要求义务人履行一定的民事行为,在表述上更要特别注意,做到明白、具体、完整。

所谓明白,就是语意清楚、明白,只能作出单一解释,使人一看就明白其中的含义,不致产生误解。所谓具体,就是对判决当事人必须履行的义务包括时间、方式、期限等必须具体,能够切实执行。判决不具体往往给执行带来困难,如"被告×××偿还原告×××借款人民币××元,并支付利息"的表述就没有写明被告何时偿还借款、支付利息是多少或怎么计算,使案件难以执行。

所谓完整,即判决事项要完整,不能遗漏。如最常见的判决准予离婚的案件,仅判决准予离婚是不完整的,还必须对子女抚养、抚养费负担和给付办法,以及共同财产的分割作出判决。

判决结果内容较多的,可以分条或分项叙写。给付的财物品种过多的,可以概括写,详情另附清单。对不合法不合理的诉讼请求,应写明"驳回×××的××诉讼请求"。

(三) 尾部

尾部是判决书的结尾部分,它的特点是程式严格,用语固定。民事判决书的尾部应写明诉讼费用的负担,当事人的上诉权利、上诉期限和上诉法院的名称,右下角为合议庭审判员、人民陪审员的签署,写明判决日期,加盖人民法院印章和书记员署名等。

诉讼费的承担不属于判决结果的内容,应在判决结果后另起一行写明。诉讼费包括案件受理费和其他诉讼费用,当事人应负担的具体数额。

向当事人交代上诉事项,应表述为:"如不服本判决,可在判决书送达之日起 15 日内,向本院递交上诉状,并按对方当事人的人数提出副本,上诉于××人民法院"。

判决书尾部与一审公诉案件刑事判决书基本相同。

第一审行政判决书的制作方法,在首部和尾部与第一审民事判决书基本相同,在正文的叙述中存在如下差异:

(1) 具体行政行为。详细叙述被告实施具体行政行为的行政程序和具体行政行为的主要内容,包括认定的事实、适用的法律规范和处理结果。根据《行政诉讼法》及最高人民法院《关于行政诉讼证据若干问题的规定》的规定,被告对作出的具体行政行为负有举证责任。因此,在叙述被告的具体行政行为之后,应当将被告主张被诉具体行政行为合法的证据一一列举。列举证据时应当写明证据的名称及内容、证明目的、提供证据的时间。对于经法院批准延期提供证据的,应予说明。

(2)原告的诉讼请求。概述原告的诉讼请求及理由,写明原告提供的证据。如有第三人参加诉讼,对第三人的意见及提供的证据也应当写明。

(3)被告的答辩。概述被告的答辩理由和要求。

(4)经审理查明的事实和证据。详细叙述经人民法院审理查明的案件事实的全部内容。在制作时应当注意以下几点:

一是客观反映当事人在法庭调查过程中的举证、质证等辩论意见和人民法院认证的动态过程,但对庭审过程的表述应当重点突出,切忌事无巨细平铺直叙,如经审查的结果是拟判决撤销具体行政行为,且主要理由是被告缺乏职权依据,则可重点写明对被告法定职权的审查并适当阐述法理,而对被诉具体行政行为的执法过程、认定事实、适用法律方面的问题就不必做过多的叙述。

二是通过庭审质证或者交换证据,如果一方对对方提出的证据或者诉讼请求予以认可,且与法院审理查明的事实一致,则只需说明事实即可,反之,则应当在质证后再对这一部分事实的合法性进行认证。

三是原告向人民法院提起行政诉讼时,应当提供符合起诉条件的相应的证据材料,对原告是否符合起诉条件进行开庭审理的,应在判决书中写明审理和质证的情况。

四是对被告未提供相应证据的,应表述为"被告×××在法定期间未向本院提交作出具体行政行为时的证据和依据",如果被告是逾期提交的,应说明法院是收受还是不收受证据的依据和理由,如果被告申请延期提供证据并经法院同意的,表述为"被告×××以××为由,向本院提出延期提供证据的书面申请,经本院准许,被告于×年×月×日提供了证据"。

五是如有法院依职权或者根据原告、第三人的申请而调取证据的,应写明被调取证据的名称、证明目的和双方当事人或者第三人的观点,如果法院没有准许调取或者未能调取到相应的证据的,也应予说明。法院根据原告或者第三人的申请而调取证据的,在庭审质证表述中,可分别归于原告或者第三人提供的证据,作为质证的内容。

六是对于当事人的申请,委托鉴定部门进行鉴定的,应当写明鉴定部门、鉴定事项和鉴定结论以及双方当事人的意见。

七是在表述经审理查明的事实和证据时,应当注意保守国家机密和尊重当事人的名誉。

（5）判决理由。针对行政诉讼的特点，行政判决书的理由部分应当根据查明的事实和有关法律、法规和法理，就行政主体所作的具体行政行为是否合法、原告的诉讼请求是否合法进行分析认证，阐明判决的理由。

阐述被诉具体行政行为的合法性包括以下内容：一是被告是否具有法定职权；二是被诉具体行政行为是否符合法定程序；三是被诉的具体行政行为认定事实是否清楚、主要证据是否充分；四是适用法律、法规、司法解释、规章以及其他规范性文件是否正确；五是被告是否超越职权、滥用职权，行政处罚是否显失公平。

阐述判决理由应当围绕法律规范展开法律分析，对法律条文的引用要做到准确。审理行政案件应当以法律、行政法规、地方性法规、自治条例和单行条例为依据，参照国务院各部、委以及省、自治区、直辖市人民政府和较大的市人民政府制定、发布的行政规章。

（6）判决结果。根据我国《行政诉讼法》和最高人民法院的相关司法解释的规定，一审行政判决书一般可对判决结果表述为维持原判、确认判决及驳回诉讼请求判决等情形。此外，对原告一并提出行政赔偿诉讼、经法院审查认为可以合并审理的案件，可以在判决书中将行政赔偿作为原告的一个诉讼请求来处理，在判决结果上分"驳回原告赔偿请求"和"判决被告予以赔偿"两种情况。

（四）例文评析

北京市××中级人民法院行政判决书

（2001）×中行初字第×××号

原告乔××，男，35岁，汉族，河北××律师事务所律师，住河北省石家庄市×××小区×××室。

被告中华人民共和国铁道部，住所地北京市海淀区复兴路10号。

法定代表人傅××，部长。

委托代理人张××，北京市××律师事务所律师。

委托代理人刘×，女，××大学研究生院副教授。

第三人北京铁路局，住所地北京市海淀区复兴路6号。

法定代表人李××，局长。

委托代表人朱×，女，北京铁路局干部。

第三人上海铁路局，住所地上海市天目东路80号。

法定代表人陆东福，局长。

委托代理人沈××，男，上海铁路局干部。

第三人广州铁路(集团)公司，住所地广东省广州市××路××号。

法定代表人张××,董事长。

委托代理人陈××,男,广州铁路(集团)公司干部。

原告乔××不服被告中华人民共和国铁道部(以下简称"铁道部")关于2001年春运期间对部分旅客列车实行票价上浮的行为,于2001年4月9日向本院提起行政诉讼。本院受理后,依法组成合议庭,公开开庭审理了本案。原告乔××,被告铁道部的委托代理人张××、刘×,第三人北京铁路局的委托代理人朱×、上海铁路局的委托代理人沈××、广州铁路(集团)公司的委托代理人陈××到庭参加了诉讼。本案现已审理终结。

2000年12月21日铁道部向有关铁路局发布了《关于2001年春运期间部分旅客列车实行票价上浮的通知》(以下简称《票价上浮通知》)。原告认为该通知侵害其合法权益,向铁道部提起行政复议。2001年3月19日铁道部对原告作出铁复议(2001)1号《行政复议决定书》(以下简称《复议决定》),该《复议决定》维持了《票价上浮通知》。

原告诉称:首先,依据《中华人民共和国铁路法》(以下简称《铁路法》)第二十五条、《中华人民共和国价格法》第二十条规定,制定火车票价应报经国务院批准,而此次涨价只有国家发展计划委员会(以下简称"国家计委")批复,故该《票价上浮通知》的作出缺乏法律依据。其次,依据《价格法》第二十三条的规定,票价上浮应召开有消费者、经营者和有关方面参加的价格听证会,但被告未提供价格听证会的有关文件。故被告作出的票价上浮行为违反了法定程序,属于违法行为。另,在对《票价上浮通知》申请复议时,原告一并提出了对国家计委计价(2000)1960号批复(以下简称《计委批复》)的效力予以审查或转送有关部门审查的请求,但被告未履行转送职责,属于不履责行为。故请求本院判决:(1)撤销《复议决定》,并责令被告履行《中华人民共和国复议法》(以下简称《复议法》)规定的审查或转送审查的法定职责;(2)请求判决撤销《票价上浮通知》。

被告辩称:首先,《票价上浮通知》是针对不特定的对象发布的,且是可以反复适用的行为,故该通知属于抽象行政行为,依法不能提起行政诉讼。其次,《复议决定》是维持《票价上浮通知》的行为,依据《中华人民共和国行政诉讼法》(以下简称《行政诉讼法》)的有关规定,原告不能对维持原行政行为的复议行为提起诉讼。最后,《票价上浮通知》是依法作出的,未侵害原告的合法权益,且与原告也没有法律上的利害关系,故请求法院依法予以支持。

第三人北京铁路局认为:《票价上浮通知》对原告没有行政强制力,不是具体行政行为,应属于抽象行政行为,不可诉,且乔××亦不具有原告主体资格。铁道部所作的《票价上浮通知》是合法的。故请求判决驳回原告诉讼请求。

第三人上海铁路局认为:《票价上浮通知》是合法合理的,请求判决予以维持。第三人实施《票价上浮通知》的行为属于铁路运输企业经营行为,其合法权益应予以法律保护。

第三人广州铁路(集团)公司认为:《票价上浮通知》是合法的,应判决予以维持。第三人的铁路运输经营行为亦是合法的,应予以法律保护。故请求判决驳回原告诉讼请求。

庭审中被告所举证据有:

1. 铁道部铁财函(1999)428号《关于2000年铁路春运票价浮动的函》。

2. 国家计委计价格(2000)8号《关于2000年春运期间对部分铁路旅客列车实行浮动票价问题的批复》。

上述证据1、2用以证明铁路票价上浮的惯例。

3. 客票价格定价权限的函,用以证明铁道部向有关部门建议,随着市场经济的发展,铁路客运价格应当以及如何引入市场调节机制的问题。

4. 国家计委计价格(1999)1862号《关于对部分旅客列车运输实行政府指导价的请示》,用以证明国家计委向国务院请示,拟将原由国务院行使的制定火车票价的审批权部分授予国家计委的意见。

5. 国务院办公厅(1999)办2921号批复。

6. 国务院办公厅国办发(1993)81号《国家行政机关公文处理办法》。

上述证据5、6用以证明国家计委计价格(1999)1862号的请示得到国务院的批准。

7. 铁道部铁财函(2000)253号《关于报批部旅客列车政府指导价实施方案的函》,用以证明铁道部根据国家计委计价格(1999)1862号文的要求,向国家计委上报拟定对部分旅客列车实行政府指导价,其中包括在春运期间票价上浮的有关实施方案。

8. 国家计委计价格(2000)1960号《关于部分旅客列车票价实行政府指导价有关问题的批复》,用以证明国家计委对上述铁道部铁财函(2000)253号方案同意的批复意见。

9. 铁道部《关于2001年春运期间部旅客列车实行票价上浮的通知》,用以证明铁道部根据国家计委计价格(2000)1960号批复,向各有关铁路局发布2001年春运期间部分旅客列车票价实行上浮的通知。

10. 铁复议(2001)1号《复议决定》,用以证明铁道部对乔××所提《票价上浮通知》的复议申请予以维持的结论。

11. 国家计委办公厅计办价格(2000)931号《关于颁布铁路旅客票价有关问题的复函》,用以证明铁路旅客票价颁布的有关程序问题。

12. 铁路旅客运输管理规程之旅客票价表,用以证明铁道部公布票价的职责、程序等。

13. 国务院国办发(1998)85号《关于印发铁道部职能配置内设机构和人员编制规定的通知》,用以证明有关铁道部职责权限及铁路局性质等问题。

14. 国务院《关于重要生产资料和交通运输价格管理暂行规定》。

15. 国家物价局关于颁布《国家物价局及国家有关部门分工管理价格的重要商品和交通运输目录》。

上述证据14、15用以证明铁路客运价格的性质。

16. 国民经济和社会发展第十个五年计划纲要。

17. 国家领导人有关铁路发展,体制改革,经营管理等方面的讲话。

上述证据16、17用以证明铁路价格管理体制的性质以及随着市场经济发展所发生的变化状况等。

18. 历年春节期间铁路运输繁忙紧张的有关新闻报道,用以证明涨价的必要性。

19. 国务院国阅(1996)43号《关于研究铁路协议运输及收费问题的会议纪要》,用以证明国务院及其有关所属部门针对市场经济多元化发展的状况,研究建立铁路运价管理新体制的思路。

20. 铁道部铁财(1996)120号《关于铁路运价管理体制改革建议的报告》。

21. 铁道部铁财(1997)37号《关于铁路运价体制总体改革建议方案的报告》。

上述证据20、21用以证明改革铁路运价体制的必要性及基本思路。

22. 城乡居民家庭人均收入增长与铁路旅客票价上涨对比表,用以证明票价上浮幅度的可行性。

23. 有关2001年春运情况与近年春运情况的对照资料。

24. 有关铁路局春运客流调查报告。

上述证据23、24用以证明春运期间对部分高峰线路采取旅客票价上浮以缓解运营压力的必要性。

25. 乔××在提起行政复议时提供的1月17日石家庄开往磁县、1月22日石家庄开往邯郸火车票各一张。被告认为仅以该火车票不能证明原告乘坐了上述列车,因此不能证明原告与被诉行政行为有法律上的利害关系。

庭审中原告所举证据有:

1. 铁复议(2001)1号《复议决定》,用以证明铁道部对其所提《票价上浮通知》的复议申请予以受理并维持的具体行政行为。

2. 被告出具的收到原告提交的两张火车票的收据,用以证明其乘坐了涨价的火车。

庭审质证时,原告对被告提供的证据1、2、3、16、17、18、19、22提出异议,认为不能证明本案所争议的旅客票价上浮行为经过了国务院的批准,亦不能成为旅客票价上浮的依据;对证据 11 提出异议,认为不属于计委的批复;对证据 13、14、15 提出异议,认为不能证明旅客票价上浮行为合法;对证据 23、24 提出异议,认为数据片面,只有上浮对比,没有下浮对比,缺乏说服力;对证据 25 没有异议,并认为被告的推断没有根据。被告对原告的异议予以辩驳,认为证据 1—16 能够证明其调整客运价格的行为符合有关法律规定及程序规定;证据 17—24 能够证明其调整客运价格的行为具有事实依据,合法适当,不是任意行政行为。被告对原告提供的证据的真实性无异议。

经庭审质证,本院认为被告提供的证据 4、5、6 能够证明国务院根据全国铁路客运业在市场经济发展的影响下所发生的根本变化,为促进铁路客运市场的健康发展与合理竞争,将其依法行使的部分客运价格调整与制定的审批权授予国家计委。被告提供的证据 7、8、9、11、12 能够证明铁道部 2001 年春运期间调整部分旅客列车票价上浮所履行的拟定、申报、审批、公告程序。被告提供的证据 23、24 能够证明历年春运期间均出现客运高峰,对此有针对性地通过部分旅客票价上浮的行政调节措施来缓解旅客流量、流向高度集中与运能有限的矛盾与压力。被告提供的证据 13 能够证明铁道部与铁路局的职责权限以及铁路局的机构性质等。被告提供的证据 25 不能证明原告没有乘坐涨价后的列车。被告提供的证据 10 能够证明被告依法作为复议机关,受理了原告向其提起的复议申请并对该申请作出维持的决定。对上述证据本院依法予以采信。被告提供的证据 14、15、16、17、18、19、20、21、22 能够说明我国铁路客运价格管理体制的性质,以及随着市场经济的发展,铁路客运在运力、服务等多方面出现的不相适应和有关部门为适应市场经济多元化发展,研究改革和建立铁路运价管理新体制的思路等有关情况。虽然对本案定性与裁判无直接关系,但可以作为本案裁判。被告提供的证据 1、2、3 与本案所诉行政行为的合法性审查无查接关系,本院不予评价。

本院根据以上有效证据认定以下事实:1994 年以来,随着市场经济的加速发展,铁路客运市场形势发生了根本性的变化。为适应市场经济的发展,促进铁路客运与公路、民航的合理竞争和全国运输市场的健康发展,国务院及其所属铁路行政主管部门和国务院其他有关所属部门开始逐步改革并试行引进新的客运价格行政管理体制。为此,1999 年 11 月 8 日,国家计委以计价格(1999)1862 号文件向国务院请示关于对部分旅客列车运价实行政府指导价的有关问题。在该请示的第二部分中请示了"允许部分铁路客运票价适当浮动",如"(一)允许客流较大线路、经济发达地区线路和春运、暑运、节假日客运繁忙线路的铁路旅客票价适当上浮"等问题,并请示拟将原由国务院行使的制定和调整铁路客运票价的审批权部分授予国家计委的有关问题。如"(四)跨局行驶的旅客列车,由铁道部负责确定浮动的区域、线路和时间,报国家计委批准后实施"等请求授予权限的问题。同月,国务院以(1999)办2921号批复批准了该请求。2000年7月25日,被告根据国务院批准的计价格(1999)1862号请示的要求,以铁财函(2000)253号《关于报批部分旅客列车政府指导价实施方案的函》向国家计委上报,拟定对部分旅客列车实行政府指导价,其中包括在春运期间实行票价上浮的有关实施方案。同年11月8日,国家计委依据国务院的授权,以计价格(2000)1960号《关于部分旅客列车票价实行政府指导价有关问题的批复》批准了被告的上述实施方案。同年12月21日,被告根据国家计委计价格(2000)1960号批复作出《票价上浮通知》。该通知确定2001年春节前10天(即1月13日—22日)及春节后23天(即1月26日—2月17日)北京、上海铁路局、广州铁路(集团)公司等始发的部分直通列车实行票价上浮20%—30%。为此,原告购买的2001年1月17日2069次列车石家庄到磁县的车票多支付5元,购买的1月22日2069次列车石家庄到邯郸的车票多支付4元。

本院认为,依据《中华人民共和国行政诉讼法》第二条、第十二条第(二)项,最高人民法院《关于执行〈中华人民共和国行政诉讼法〉若干问题的解释》(以下简称《最高法院解释》)第三条的规定,人民法院应当受理对具体行政行为不服而提起的行政诉讼。《票价上浮通知》是针对有关铁路企业作出并设定和影响有关铁路企业经营权利和义务的行为,故该《票价上浮通知》应认定为具体行政行为,对其提起的行政诉讼应当属于人民法院受案范围。原告作为购票乘客,虽不是《票价上浮通知》所直接指向的相对人,但因有关铁路企业为执行《票价上浮通知》而实施的经营行为影响到其经济利益,依据《最高法院解释》第十二条的规定,与《票价上浮通知》有法律上的利害关系,有权就《票价上浮通知》提起行政诉讼。被告和第三人北京铁路局关于《票价上浮通知》不是具体行政行为,不能对此提起行政诉讼及乔××不具备原告主体资格的意见缺乏法律依据,本院不予支持。

被告所作的《复议决定》,因其认定的事实、适应的依据、论述的理由及复议的结论均与原行政行为相一致,没有改变或作出新的行政行为,故应认定该《复议决定》是维持原行政行为的行为。依据《中华人民共和国行政诉讼法》第二十五条第二款、《最高法院解释》第五十三条第一款的规定,原告对维持原行政行为的复议决定不服的,应当以作出原行政行为的行政机关为被告,对原行政行为提起行政诉讼。原告坚持对《票价上浮通知》和《行政复议》同时提起行政诉讼的请求缺乏法律依据,本院不予支持。原告关于确认被告在复议期间未根据其一并提起的审查申请,将《票价上浮通知》所依据的《计委批复》转送有关机关审查属于不履责的请求,因相关复议行为不属于本案审查范围,故该请求本院不予支持。

根据《铁路法》第二十五条"国家铁路的旅客票价率……由国务院铁路主管

部门拟定,报国务院批准",《价格法》第五条"国务院价格主管部门统一负责全国的价格工作。国务院其他有关部门在各自的职责范围内,负责有关的价格工作",第二十条"国务院价格主管部门和其他有关部门,按照中央定价目录规定的定价权限和具体适用范围制定政府指导价、政府定价;其中重要的商量和服务价格的政府指导价、政府定价,应当按照规定经国务院批准"等的规定,被告有对全国铁路客运价格调查拟定和管理实施的法定职责。近年来随着国家经济的全面发展,全国范围内的人口流动数量越来越大,致使历年春节期间铁路旅客运输量骤增、骤减的状况越来越突出,在一些重点城市已经造成一些严重的社会问题。因此,调整和缓解春运期间客运量与铁路运能的突出矛盾,是保证铁路客运正常发展的客观需要。但是,由于铁路客运价格关系广大群众切身利益,属于国家重要的服务性价格,为保证其统一和规范,保证国家和广大群众的利益,客运价格依法纳入了政府定价、政府指导价范畴,其制定和实施均应当经过法定程序申报和批准。被告作出的2001年春运期间部分旅客列车价格上浮的决定,是经过有关程序作出的,即被告经过有关市场调查、方案拟订、报送国家计委审查,国家计委在国务院授其批准的权限范围内予以批准,被告依据国家计委的批准文件作出《票价上浮通知》未经国务院批准,被告未能提供已组织价格听证会的证据,因而应判定被诉行为违反法定程序的诉讼请求缺乏事实依据和法律依据。且依据《价格法》第二十三条的规定,主持价格听证会不属于被告的法定职责,故本诉并不涉及价格听证及其相关问题。原告据此认为被告所作《票价上浮通知》程序违法,要求予以撤销的诉讼请求本院不予支持。

综上所述,依照《中华人民共和国行政诉讼法》第二条、第十二条第(二项)、第二十五条第二款,最高人民法院《关于执行〈中华人民共和国行政诉讼法〉若干问题的解释》第三条、第十二条、第五十六条第(四)项,《中华人民共和国铁路法》第二十五条,《中华人民共和国价格法》第五条、第二十条、第二十一条,判决如下:

驳回原告乔××的诉讼请求。

本案案件受理费80元,由原告乔××负担(已交纳)。

如不服本判决,可在判决书送达之日起十五日内,向本院递交上诉状,并按对方当事人的人数提出副本,上诉于北京市高级人民法院。

审 判 长 林××
代理审判员 强××
代理审判员 何××
二〇〇一年十二月五日
书记员 齐×

点评

  首部、事实、理由、判决结果和尾部,通常是一份完整的判决书必备的五个要素部分。该份判决书除了具备一份判决书完整的要素之外,其结构上最突出的一个特点就是严格地围绕着事实和理由来写作,做到了事实阐述清楚、理由证据充分,足以让原被告方信服。

  从这份行政判决书中,可以看出行政诉讼与民事、刑事诉讼之间的区别,这主要体现在法院审理的重点是放在具体行政行为是否合法的争论点上。法院审查的并不是原始的作出行政决定时的事实,而是在行政机关已形成的结论的基础上去查清该结论内容、作出程序是否有法律依据、是否违法法律、法规规定等。所以,该份判决书在列举了各方主要意见、观点后,从被告所举证据着手,首先列明了被告提供的25份证据材料,这同时也体现了行政诉讼中被告负举证责任的原则。

  该份判决书先写原告、被告、第三人各方的主要观点,其次写各方所提的证据材料,并提出法院对证据材料的采纳情况,复次写法院在质证后所认定的事实及理由,最后作出判决结果,逻辑严谨、层层深入。将合议庭得出最后判决结论的思维过程呈现在各方当事人眼前,一目了然,增加了法院审判的透明度。

  该份判决书另外一个亮点体现在对证据的采纳上。对于被告提出的25份之多的证据,法院并没有简单铺陈,因为那样容易给人以杂乱不清之感,不利于对事实的调查。法院将这些证据按照证明的对象进行分类,如文中所述"上述证据1、2用以证明铁路票价上浮的惯例"、"上述证据5、6用以证明国家计委计价格(1999)1862号的请示得到国务院的批准"、"上述证据14、15用以证明铁路客运价格的性质"等。这样将证据进行分门别类,将证据与所证明事实联系起来,使得理由更加充分、事实更加可信。

  其他值得指出的两点在于:第一,该判决书对于审理依据的引用比较充分、全面。其中援引了《中华人民共和国行政诉讼法》、最高人民法院《关于执行〈中华人民共和国行政诉讼法〉若干问题的解释》《中华人民共和国铁路法》《中华人民共和国价格法》等法律和司法解释,法律依据充足。第二,在法院认定的部分,分了三个主要争议进行说理。如果能把三部分各加上一个小标题,条理会更加分明,案件争议焦点更一目了然。

二、第二审民事、行政判决书

  第二审民事判决书是指中级以上人民法院对当事人不服第一审人民法院民事判决提起上诉的民事案件,依照《民事诉讼法》规定的第二审程序,经审理终结后,依法作出维持或者改变第一审民事判决的书面决定。第二审民事判决书的主要作用在于能及时纠正第一审民事判决中的错误,避免错误判决的生效;或者维持正确的第一审民事判决,从而维护当事人的合法权益,保障法律的正确实施。

第二审民事判决书的制作格式与第一审民事判决书基本相同。

(一) 首部

1. 人民法院名称和文书名称及案号

人民法院名称和文书名称的写法与第一审民事判决书相同,在"民事判决书"之前,不标明审级。案号中反映审级的代字应写为"终"字,表述为(×××)×民终字第××号。

2. 当事人的基本情况

不论是原审原告、原审被告或者是第三人提起上诉,均一律称为"上诉人",对方当事人则称为"被上诉人"。如双方当事人和第三人都提起上诉的,均列为"上诉人"。为了反映第二审当事人在第一审中的诉讼地位,应当在上诉人和被上诉人的称谓后面,括注其在第一审中的地位,即"原审原告""原审被告"或"原审第三人"。必要共同诉讼中的一个或者部分提起上诉的当事人的称谓要根据不同情况列写:

(1) 该上诉如只对对方当事人之间的权利义务分担有意见,不涉及其他共同诉讼人利益的,对方当事人为被上诉人,未上诉的同一方当事人则依原审诉讼地位列写;

(2) 该上诉如仅对共同诉讼人之间的权利义务分担有意见而不涉及对方当事人利益的,未上诉的同一方当事人为被上诉人,对方当事人则依原审诉讼地位列写;

(3) 该上诉如是对双方当事人之间以及共同诉讼人之间权利义务承担均有意见的,则未提出上诉的其他当事人均为被上诉人。

对于无民事行为能力人或限制民事行为能力人的法定代表人或指定代理人代为提起上诉的,仍应将无民事行为能力人或限制民事行为人列为"上诉人"。

3. 诉讼代理人的身份事项

上诉案件当事人有诉讼代理人的,应分别在该当事人项下另行列项书写,诉讼代理人的书写与第一审民事判决书相同。

4. 案由、审判组织和审判方式

首先,写明上诉人为何案件、不服哪一判决而上诉。表述为"上诉人×××因……(案由)一案,不服×××人民法院(××××)×民初字第××号民事判决,向本院提起上诉"。其次,根据我国《民事诉讼法》第169条的规定,将开庭审理的情况写为:"本院于×××年××月××日受理后,依法组成合议庭,公开(或不公开)开庭审理了本案。原审原告×××、原审被告×××、第三人×××及其诉讼代理人×××、证人×××等到庭参加本案诉讼。本案现已审理终结"。对未开庭审理的,写为:"本院依法组成合议庭审理了本案。现已审理终结"。

(二) 正文

第二审民事判决书的正文,由事实、理由和判决结果三部分组成,因为是第二审程序,故其具体内容和制作要求与第一审民事判决书有所不同。

1. 事实和证据

第二审民事判决书是针对第一审民事判决书认定的事实和证据而作出的,因此,应主要写明:原审判决认定当事人之间争议的主要事实、判决理由和判决结果;上诉人提起上诉的请求和主要理由,被上诉人的主要答辩,第三人的陈述;二审认定的事实和证据。

(1) 对原判事实和判决结果的表述。概括写明一审判决书认定的事实和判决结果,这主要是由二审的特殊性决定的,一方面是为了客观反映一审判决的情况,另一方面也是为了使一、二审相互衔接,并为写好第二审判决认定的事实和理由作好铺垫。

(2) 对于上诉人提起上诉的请求和主要理由、被上诉人的主要答辩、第三人的陈述,均应加以概括,反映出当事人不同的主张和理由。并力求能反映当事人的原意。

(3) 对二审认定的事实和证据。第二审是事实和法律的统一,对第一审人民法院认定的事实必须结合上诉请求进行审查,叙述时针对一审认定的事实区别对待:① 原判决认定的事实清楚,上诉人又无异议的,二审可以简述,只需概括地予以确认。② 原判认定的主要事实或者部分事实有错误,二审对于改判认定正确的事实要详细叙述,并运用证据,指出原判认定事实的不当之处;对于原判认定正确的事实部分,可以简写。③ 原判认定的事实有遗漏,二审判决应就此遗漏部分加以补充叙述,以体现认定事实的完整性和全面性。④ 原判决认定的事实没有错误,但上诉人提出异议的,二审判决应把有异议的部分叙述清楚,并有针对性地列举相关的证据进行分析,对原判事实加以确认,论证异议不能成立。在具体表述上,二审认定的事实和证据应当独立成段,这样使之与原审认定的事实及当事人的意见进行比较,可以明确对比出二审认定的事实与一审判决认定的事实有何相同和不同,以及当事人对事实提出的异议是否正确。

2. 理由

第二审民事判决书的理由,应当具有针对性,强调说服力,要求围绕原审判决是否正确、上诉是否有理进行分析评断。

第二审民事判决书理由部分主要应当写明:

(1) 对一审判决是否正确作出结论;

(2) 对上诉人的上诉理由、被上诉人的答辩进行论证;

(3) 阐明维持原判或者改判的理由；
(4) 判决所适用的法律(包括程序法和实体法)。

对于原审判决正确,上诉无理的,要具体阐明原审判决为什么正确,指出上诉理由的不当之处;对于原审判决不当,上诉有理的,要阐明原审判决错在哪里,上诉请求和理由为什么合理、符合哪些法律的规定、改判的法律依据是什么;对于原审判决部分正确、部分错误,上诉请求和理由部分有理的,则要具体阐明原审判决和上诉理由分别对在哪里、错在哪里、应当怎样正确判处。理由部分论述的内容较多的,可以分层次、分内容进行论证。判决理由阐述完后,应根据案件不同的情况,准确地引用所适用的法律条文,作为第二审判决的依据。对驳回上诉,维持原判的,只需引用我国《民事诉讼法》第 170 条第 1 款第 1 项,而不必同时引用实体法的有关条款;对于部分改判、全部改判或者加判新的内容的,除援引《民事诉讼法》的有关条款外,还应同时引用改判或加判所依据的实体法有关条款。在顺序上,应先引用程序法,后引用实体法。因为改判的案件应当首先撤销原判(部分或者全部),然后才能改判(部分或者全部)。

3. 判决主文

第二审民事判决书应对当事人争议的实体问题作出终审结论,要求对原审判决作出明确表示,写明维持原判或者撤销原判,或者维持哪几项、撤销哪几项;对改判或加判的内容,要区别确认之诉、变更之诉、给付之诉等不同的情况,作出明确、具体的处理决定,但不需要使用"改判"、"加判"的字样。如果原判在认定事实和适用法律上均无错误,二审根据案件的具体情况,只对原判其中一项确定的具体数额有所变动的,不应采取先撤销再改判的写法,可以直接写"变更×××人民法院(××××)×民初字第××号民事判决的第×项的……为……"即可。根据我国《民事诉讼法》第 170 条第 1 款的规定,第二审民事判决书的判决结果有四种情况:维持原判;部分改判;全部改判;在维持原判的基础上,增加新的判决内容。具体分为:

(1) 维持原判的,写为:"驳回上诉,维持原判"。
(2) 全部改判的,写为:"一、撤销×××人民法院(××××)×民初字第××号民事判决;二、……(写明全部改判的内容)"。
(3) 部分改判的,写为:"一、维持×××人民法院(××××)×民初字第××号民事判决的第×项;二、撤销×××人民法院(××××)×民初字第×号民事判决的第×项;三、……(写明改判的内容)"。
(4) 维持原判,又有加判内容的,写为:"一、维持×××人民法院(××××)×民初字第××号民事判决;二、……(写明加判的内容)"。

(三) 尾部

(1) 在判决结果之后,另行写明诉讼费用的负担。第二审民事判决书的尾部有关当事人诉讼费用负担的写法,应区分两种情况:一是驳回上诉,维持原判的,只需写明二审受理费用由谁负担即可;二是改判的,应根据《人民法院诉讼收费办法》的有关规定,除应写明当事人对二审诉讼费用的负担外,还应将变更一审诉讼费用负担的决定一并写明。

(2)二审民事判决是终审判决,判决一经作出即发生法律效力。因此,二审民事判决的尾部应写明"本判决为终审判决"。

(3)合议庭组成人员和书记员署名,注明年月日,写法与第一审民事判决书相同。

第二审行政判决书是指中级以上人民法院对当事人不服一审判决提起上诉的行政诉讼案件,按照第二审程序审理终结后,依法作出维持或改变第一审行政判决的书面决定。在制作方法上,可以参照第二审民事判决书的写法。

三、调解书

调解书是指人民法院在审理民事案件过程中,依法进行调解,根据当事人自愿达成的解决纠纷的协议而制作的具有法律效力的司法文书。在民事案件、刑事附带民事案件和行政赔偿案件中都可以通过调解来解决纠纷;在刑事自诉案件中,大都是通过庭外和解、撤诉来终结刑事诉讼的,也可以尝试制作刑事调解书。

调解是人民法院根据当事人自愿原则,在事实清楚的基础上,主持当事人针对争议的民事权益和法律关系,通过平等协商解决争议的活动。调解是人民法院处理各类纠纷的重要方式之一,因此,民事调解书也属于具有法律效力的裁判文书范畴,其法律效力与判决书、裁定书是同等的。当然,也存在着区别。主要有以下方面:

第一,适用的条件不同。调解书是人民法院依法进行调解,促成当事人自愿、合法达成解决纠纷的协议而予以认可时适用的法律文件。判决书则是人民法院对案件经过审理,就案件依法作出判决时适用的法律文件。

第二,体现的意志不同。调解书是人民法院在合法的前提下,对当事人自愿达成的协议的确认,着重体现了双方当事人的意志;判决书主要体现了人民法院依法行使国家审判的权力。

第三,反映的内容及其文书格式不同。调解书的格式较为简单,内容扼要;判决书的格式较为复杂,内容翔实。

第四,发生法律效力的时间不同。调解书经双方当事人签收后,即具有法律效力;一审判决书在送达当事人后并不立即生效,只有超过了法定的上诉期限且当事人不上诉的,才发生法律效力。

调解书的主要内容和制作方法是:

（一）首部

首部内容包括标题、案号、诉讼参加人及其基本情况、案由。标题、案号、诉讼参加人及其基本情况的写法，除文书名称为"调解书"外，其他与判决书相同。案由的写法是在诉讼参加人后面另起一行单独列项写明案由，表述为："案由：……"如"案由：房屋买卖纠纷"。

（二）正文

正文的内容包括当事人的诉讼请求和案件事实、协议内容、诉讼费用的负担、法院对协议的确认。

1. 当事人的诉讼请求和案件事实

这部分一般写成一段。当事人的诉讼请求包括原告、被告及第三人的主要意见。对于案件事实，可简明扼要地将案件事实的各种要素表述清楚，侧重写明民事法律关系的构成。案情复杂的，可以叙写得详细一些，但与一审民事判决书的事实部分相比，仍要简明概括得多。

2. 协议内容

这是调解书的主文。在写作上不仅要规范，还要明确、具体、完整，便于履行。在协议内容之前，一般应写明："本案在审理过程中，经本院主持调解，双方当事人自愿达成如下协议：……"

协议内容可以分项叙述，也可以合并叙述，应注意以下几点：

第一，协议的语意不能含糊笼统，必须明确具体，以便于当事人履行。

第二，协议内容应当完整，不能遗漏。比如协商达成离婚协议的不能遗漏孩子的抚养和财产分割问题。有的问题当事人未考虑到，法官应当在调解时，给予必要的提示，以免当事人重新诉讼，增加讼累。

第三，协议内容应当符合法律规定，对当事人达成的违反法律规定的协议，不能予以确认。

第四，关于诉讼费用的负担问题：若当事人对诉讼费用的负担协商达成一致的，应将诉讼费用的负担作为协议内容的最后一项；若诉讼费用的负担是由人民法院决定的，应在协议内容之后另一行写明。

3. 确认协议

法院对协议的确认应写在当事人达成的协议之后。法院对当事人的协议予以确认的目的是使民事调解书既能体现当事人自愿的原则，又能体现国家干预的原则。具体写法应另起一行，表述为："上述协议，符合法律规定，本院予以确认"。如果对于当事人的协议内容法律没有明文规定，但并不违法的，可表述为："上述协议，不违背法律规定，本院予以确认"。

（三）尾部

调解书的尾部应当写明调解书的生效条件和效力，然后由审判员、人民陪审员署名，写明调解日期并加盖人民法院印章，最后由书记员署名。

调解书的生效条件和效力表述为："本调解书经双方当事人签收后，即具有法律效力。"

尾部其他内容的写法与判决书相同，但调解日期应写法院确认当事人协议的日期。

在第二审程序和再审程序中，人民法院都可以通过制作调解书来终结诉讼程序。调解书一经当事人签收，即发生法律效力，原来的裁判文书就自然失效，无须再作另外的说明。

四、裁定书

人民法院在审判程序中对不予受理、驳回起诉、驳回管辖异议、准予撤诉、准予撤回上（抗）诉、维持原判、核准死刑、发回重审、减刑、假释、撤销缓刑、减免罚金、终（中）止审理、恢复审理、补正裁判文书失误等程序性问题作出处理决定时，所制作的法律文书称为裁定书。在刑事、民事、行政诉讼中，处理程序性问题都用裁定书的形式。写法基本相同，适用于审判类的裁定和适用于申请类事项的裁定在行文上略有差别。现以第一审民事裁定为例介绍其写法。

裁定书由首部、正文和尾部三部分构成。

（一）首部

1. 标题

标题与一审民事判决书、调解书一样，由法院名称和文书名称组成，表述为"×××人民法院民事裁定书"。法院名称和文书名称应分两行居中排列。

2. 案号

除最高人民法院仅对不予受理起诉的民事裁定书和解除财产保全裁定书的案号代字作了统一规定，其他裁定书案号并没统一要求，诉前财产保全民事裁定书案号代字为"民保"字，其余案号与一审民事判决书案号的写法一致。

不予受理起诉的民事裁定书是在起诉人提起诉讼，法院审查是否受理阶段作出的，尚未形成案件，因此对该类裁定书是编案号还是编字号，性质和审判程序的代字用什么，最高人民法院都未明确规定，而是留给了各地法院在审判实践中去解决。实践中，多数法院对其表述为："（×××）×民它初字第××号"，用"民它"作为其性质的代字，用"初"字作为一审程序的代字，没有将其作为案件编案号。

3. 诉讼双方的基本情况

诉讼参加人及其基本情况除不予受理的民事裁定书和诉前财产保全民事裁定书、解除诉前财产保全民事裁定书有其特殊性外，其余与一审民事判决书的写法一致。

不予受理的民事裁定书中的当事人的称谓为"起诉人",并且没有对方当事人的列项。

在诉前财产保全民事裁定书与解除诉前财产保全民事裁定书中,当事人的称谓是"申请人"和"被申请人"。

(二) 正文

正文部分的内容一般包括案由、事由、理由和裁定结果等四项。具体制作方法因裁定的内容不同而有所区别。以下分别说明:

1. 不予受理起诉民事裁定书

正文内容包括起诉时间与事由、裁定理由、法律依据与结果。其行文可表述为:

"××××年××月××日,本院收到×××的起诉状,……(写明起诉的事由)经审查,本院认为,……(写明不符合起诉条件而不予受理的理由)。依照《中华人民共和国民事诉讼法》第一百二十三条的规定,裁定如下:

对×××的起诉,本院不予受理。"

2. 管辖权异议民事裁定书

正文内容包括异议的内容与理由、裁定的理由、法律根据和结果。其行文表述为:

"本院受理……(写明当事人姓名或名称和案由)一案后,被告×××在提交答辩状期间对管辖权提出异议,认为……(写明异议的内容即理由)。

经审查,本院认为,……(写明异议成立或异议不成立的根据和理由)。依照《中华人民共和国民事诉讼法》第一百二十七条的规定,裁定如下:

被告×××对管辖权提出的异议成立(或不成立),本案移送×××人民法院处理(或驳回被告×××对本案管辖权提出的异议)。"

3. 驳回起诉民事裁定书

正文内容包括案由与审理经过、原告的诉讼请求与理由、裁定的理由、法律依据和裁定结果。其行文表述为:

"……(写明当事人姓名或名称和案由)一案,本院依法进行了审理,现已审案终结。

……(简述原告起诉的理由和诉讼请求)。

本院认为,……(写明驳回起诉的理由)。依照……(写明裁定所依据的法律条款项)的规定,裁定如下:

驳回×××的起诉。"

驳回起诉民事裁定书在制作时应注意两点:一是该裁定书只适用于一审人民法院在受理案件后,发现起诉不符合我国《民事诉讼法》第 119 条规定,应予驳回起诉的情形。它只驳回起诉权,而不涉及实体权利。二是驳回起诉的理由,应根据案件的不同情况,分别写明原告的起诉请求不属于人民法院管辖,或者虽属人民法院管辖但依法在一定期限内不得起诉,或者原告的起诉不符合我国《民事诉讼法》第119条规定的起诉条件,或者原告是不符合条件的当事人,或者被告是不符合条件的当事人等。并应注意针对原告的请求,充分说理。

4. 诉前财产保全民事裁定书

正文内容包括申请人提出申请的原因、时间和要求以及申请人的担保情况、裁定理由、法律依据和结果。其行文表述为:

"申请人×××因……(写明申请前保全的原因),于××××年××月××日向本法院提出申请,要求对被申请人……(写明申请采取财产保全措施的具体内容)。申请人已向本院提供……(写明担保的财产名称、数量或数额等)担保。

经审查,本院认为……(写明采取财产保全的理由)。依照……(写明裁定所依据的法律条款项)的规定,裁定如下:

……(写明对被申请人的财产采取查封、扣押、冻结或者法律规定的其他保全措施的内容)。"

5. 诉讼财产保全民事裁定书

正文内容包括案由、申请的时间与要求、申请人是否提供担保、裁定的理由、法律依据和结果。其行文表述为:

"本院在审理……(写明当事人的姓名或名称及案由)一案中,×告×××于××××年××月××日向本院提出财产保全申请,要求……(概括写明申请人的具体请求内容),并已提供担保(未提供担保的不写此句;法院依职权采取财产保全的,把'×告×××……'一段删去,改为写明需要采取财产保全的事实根据)。

本院认为,×告×××的申请符合法律规定【法院依职权采取的,改为:'本院为了……(写明需要采取财产保全的理由)'】。依照……(写明裁定所依据的法律条款项)的规定,裁定如下:

……(写明采取财产保全的具体内容)。"

制作诉讼财产保全民事裁定书时应注意将正文的内容写得明确具体。对于申请人的具体请求内容,应写明对被申请人在何处的何种财产采取何种保全方法。法院依职权采取财产保全的,应写明客观存在的足以影响未来判决不能执行或难以执行的事实根据和必须采取保全措施的理由。裁定结果应具体写明保全标的的财产名称、数量或数额以及保全的方法。

6. 解除财产保全民事裁定书

正文内容包括原财产保全裁定作出的时间和案号、裁定理由、法律依据和结果。其行文表述为:

"本院于××××年××月××日作出(××××)×民×字第××号财产保全的裁定,现因……(写明解除财产保全的理由)。依照……(写明裁定所依据的法律条款项)的规定,裁定如下:

解除对×××……(写明财产的名称、数量或数额等)的查封(或扣押、冻结等)。"

7. 先予执行民事裁定书

正文内容包括案由、当事人的申请时间和要求以及担保情况、裁定的理由、法律依据和结果。其行文表述为:

"本院在审理……(写明当事人的姓名或名称和案由)一案中,×告×××于××××年××月××日向本院提出先予执行的申请,要求……(概括写明请求的具体内容),并已提供担保(未提供担保的不写此句)。

本院认为,……(写明决定先予执行的理由)。依照……(写明裁定所依据的法律条款项)的规定,裁定如下:

……(写明先予执行的内容及其时间和方式)。"

8. 按撤诉处理的民事裁定书

正文的内容包括案由和裁定的理由、法律依据及结果。其行文可表述为:

"本院在审理……(写明当事人的姓名或名称和案由)一案中,因……(写明原告不预交诉讼费;或者经传票传唤、无正当理由拒不到庭;或者到庭后未经法庭许可而中途退庭等按撤诉处理的情况)。依照……(写明裁定所依据的法律条款项)的规定,裁定如下:

本案按撤诉处理。"

9. 准许或不准许撤诉民事裁定书

正文的内容包括案由、原告申请撤诉的要求及其时间、裁定理由、法律依据和结果。其行文表述为:

"本院在审理……(写明当事人姓名或名称和案由)一案中,原告×××于××××年××月××日向本院提出撤诉申请。本院认为,……(写明准许或不准许撤诉的理由)。依照《中华人民共和国民事诉讼法》第一百四十五条第一款的规定,裁定如下:

准许原告×××撤回起诉(或不准许原告×××撤回起诉,本案继续审理)。"

制作准许或不准许撤诉民事裁定书应注意,"不准许撤诉的理由"应当写明撤诉请求为什么不合法,或者会损害国家、集体或他人的权益等;准予撤诉的理由,则可写得概括一些。

10. 中止或终结诉讼民事裁定书

正文的内容包括案由/中止或终结诉讼的事实根据/裁定的法律依据和结

果。其行文表述为：

"本院在审理……（写明当事人姓名或名称和案由）一案中……（写明中止或终结诉讼的事实根据）。依照……（写明裁定所依据的法律条款项）的规定，裁定如下：

本案中止诉讼（或'本案终结诉讼'）。"

制作中止或终结诉讼民事裁定书应注意的是"中止或终结诉讼的事实根据"，是客观存在的或已经发生的致使诉讼中断或者不能继续进行的事实。

（三）尾部

（1）驳回起诉、按撤诉处理、准许撤诉、中止或终结诉讼的民事裁定书尾部应写明诉讼费用的负担。

（2）不予受理/驳回起诉/管辖权异议的民事裁定书是允许上诉的裁定，故应交代上诉权。

（3）诉前财产保权裁定书应写明申请书应当在裁定书送达之日起15日内向本院起诉，逾期不起诉的，本院将解除财产保全。

（4）诉前财产保全、诉讼财产保全和先予执行民事裁定书应写明裁定的执行效力和被申请人享有的复议权利。分别表述为："本裁定送达后立即执行"，"如不服本裁定，可以向本院申请复议一次。复议期间不停止裁定的执行"。

（5）第一审民事裁定书的审判员署名、判决日期、加盖印章和书记员署名与第一审民事判决书相同。

五、民事决定书

各级人民法院就民事诉讼中的特殊事项，依照法律规定作出决定时制作的法律文书，称为民事决定书。所谓"特殊事项"，是指既非实体问题又非纯程序性事项，但又是在诉讼程序中发生且必须立即予以解决的事项，否则以下的审判程序将无法正常进行。

民事决定书不同于民事判决书和民事裁定书，前者是对案件在诉讼程序中或者诉讼结束之后的某种特殊事项进行的处理，后者主要是指解决案件的实体问题和程序性事项；对前者不能提出上诉，对后者依法可以提起上诉（不能上诉的法律另有规定）。

民事决定有口头和书面两种。这里着重介绍书面决定的内容及制作方法。

民事决定书的适用范围主要有：解决回避决定书，适用拘留、罚款等民事强制措施的决定书等。

民事决定书正文一般包括案由、事由、理由和决定结果等四项内容。具体制作方法因决定的内容不同而有所不同。

（一）回避/驳回申请回避决定书

本决定书供各级人民法院决定准许或者驳回回避申请时使用。人民法院对申请回避所作的决定，可以采取口头的或者书面的形式。采取口头形式的，应当记录在卷；采取书面形式的，在写明"申请人"的基本情况之后，表述为：

"本院在审理……（写明当事人姓名或名称和案由）一案中，申请人……（写明申请人要求回避的审判人员或者书记员、翻译人员、鉴定人员姓名，以及要求其回避的理由）。本院院长（或'本案审判长'，或'本院审判委员会讨论'）认为……（写明准许或者驳回回避申请的理由），依照《中华人民共和国民事诉讼法》第×条第×款的规定，决定如下：……（写明决定结果）。"

决定结果中，准许申请的写为"准许×××提出的回避申请"；驳回申请的写为"驳回×××提出的回避申请"。

表述决定结果之后，应当写明"如不服本决定，可以向本院申请复议一次"。

（二）拘留决定书/提前解除拘留决定书

本决定书供各级人民法院依法对妨害民事诉讼或者妨害行政诉讼的行为人采取拘留措施时使用。如对妨害行政诉讼的行为人合并适用拘留、罚款的，可将标题改为"拘留、罚款决定书"。在写明"被拘留人"的基本情况之后，表述为：

"本院在审理（执行）……（写明当事人姓名和案由）一案中，查明……（写明被拘留人妨碍民事诉讼或者妨碍行政诉讼的事实，以及予以拘留的理由）。依照《中华人民共和国民事诉讼法》第×条第×款×项的规定，决定如下：对×××拘留×日。"之后写明："如不服本决定，可以在收到决定书的次日起三日内，口头或者书面向×××人民法院申请复议一次。复议期间，不停止决定的执行。"

人民法院采取拘留措施时须经院长批准后才能作出书面拘留决定。对于因哄闹、冲击法庭，用暴力、威胁等方法抗拒执行公务等紧急情况，必须立即采取拘留措施的，可在拘留后，立即报告院长补办批准手续。

拘留决定书应当写明被拘留人妨害民事诉讼行为或者妨害行政诉讼行为的具体事实，包括行为的时间、地点、情节和后果等，并应阐明必须予以拘留的理由，列举适用的法律条款。

"提前解除拘留决定书"可在"拘留决定书"的基础上作适当调整。一是决定书的内容表述为"查×××因妨害民事（或行政）诉讼，经本院×年×月×日决定拘留×日，已由公安机关执行。在拘留期间，被拘留人……（写明其承认并改正错误的事实）。本院依照《中华人民共和国民事诉讼法》第×条第×款的规定，决定提前解除对×××的拘留"。二是删去有关可以申请复议的内容。

（三）罚款决定书

本决定书供各级人民法院对妨害民事诉讼或者妨害行政诉讼的行为人，依法决定罚款时使用。内容和制作方法与"拘留决定书"基本相同。只是在表述决定结果时,不仅要写明罚款的具体数额,而且还应当写明交纳的期限。

(四)民事制裁决定书

本决定书供各级人民法院在审理民事案件中,发现当事人有与本案有关的违法行为,需要依法予以收缴、罚款、拘留时使用。在写明"被制裁人"的基本情况之后,表述为:

"本院在审理……(写明当事人姓名或名称和案由)一案中,查明……(写明被制裁人违法行为的事实,应当给予民事制裁的理由)。依照……(写明据以作出民事制裁的法律条款项)的规定,决定如下:……(写明决定结果)。"

表述决定结果之后,写明"如不服本决定,可在收到决定书的次日起10日内,向×××人民法院申请复议一次,复议期间,本决定暂不执行"。

本决定书的叙事和理由部分,应当着重写明被制裁人违法行为的事实,包括行为的时间、地点、情节和后果,以及应当给予制裁的理由,并引用相应的法律条款。

(五)复议决定书

本决定书供上级人民法院对当事人不服下级人民法院作出的拘留、罚款、民事制裁等决定所提出的复议申请,进行审查后作出复议决定时使用。在写明"申请复议人"的基本情况后,表述为:

"申请复议人不服×××人民法院×年×月×日××号决定,向本院提出复议申请。申请复议人提出……(简要写明申请的理由和复议请求)。

经审查,本院认为,……(写明作出复议决定的理由),依照……(写明据以作出复议决定的法律条款项)的规定,决定如下:……(写明复议决定内容)。"

复议决定内容包括维持原决定和撤销原决定两种。

本决定书是按照向上一级人民法院申请复议,并由上一级人民法院作出复议决定设计的。如果是向作出决定的原人民法院(如对申请回避的决定)申请复议的,正文开头的用语应改为"申请复议人不服本院",并将"经审查"改为"经复议"。

第三节 人民法院执行法律文书的制作要求

一、执行裁定书

(一)变更或者追加被执行主体的裁定书

变更或者追加被执行主体的裁定书是指人民法院在执行程序中,根据案件的具体情况,依照法律和司法解释的规定,变更或者追加被执行主体时制作的法律文书。

在通常情况下,人民法院在执行程序中,根据发生法律效力的法律文书即执行依据,对被执行人的财产依法予以执行,申请执行人和被执行人都是特定的,即执行依据所指明的当事人。但是,在具有法定事由的情况下,如被执行人没有可供执行的财产,但被执行人在外有到期债权或者被执行人的开办单位有投资不到位或者抽逃资金、被执行人被撤销后有承继其权利义务的主体等情形,此时,依照有关法律和司法解释的规定,就应当变更或者追加被执行人主体。相应的人民法院应当制作有关变更或者追加被执行人主体的法律文书。对此,我国法律和有关司法解释都有明确的规定。

按照有关司法解释的规定,依法变更或者追加被执行主体的,由人民法院的执行机构办理。

变更或者追加被执行主体的裁定书的主要内容和写作方法如下:

1. 首部

(1)法院名称、文书种类、案件编号。其中法院名称和案件编号与人民法院的其他裁判文书基本相同,只是案件编号要体现出执行程序的特点,应当有"执字"的表述。再有文书种类统一表述为"民事裁定书",而不用"执行裁定书"。

(2)执行当事人。通常由三部分组成:一是申请执行人,二是被执行人、三是被变更或者追加的被执行主体。表述这三部分主体时均应写明单位名称、住所地、法定代表人的姓名和职务。

(3)案件由来。写明在执行某一案件的过程中,根据申请执行人的请求或者人民法院依照职权启动了变更或者追加被执行主体的程序。

2. 正文

(1)变更或者追加被执行主体的基本事实和证据。根据以上有关变更或者追加被执行主体的法律和司法解释的规定,在执行程序中凡是涉及变更或者追加被执行主体的,都必须具有法定的事由,因此,在执行裁定书上必须表述经过人民法院查证属实的相关事实和证据。

(2)变更或者追加被执行主体的理由及法律依据。一是变更或者追加被执行主体的理由必须符合现行法律或者司法解释的某一具体规定,不能在裁定书中只是笼统地表述为依照"有关规定"。二是对所适用的法律依据不仅应当明确表述条款项,而且还必须对法律依据的内容予以全文表述,如"依照最高人民法院《关于执行中华人民共和国民事诉讼法若干问题的意见》第271条关于'执行中作为被执行人的法人或者其他组织分立、合并的,其权利义务由变更后的法人或者其他组织承受'之规定,裁定如下"。当然,如果所适用的法律依据条款项较多或者文字较长的,也可在裁定理由中只表述法律依据的条款项,而对法律依据的具体内容在裁定书后以"本法律文书所适用的法律依据"来详细表述。

（3）变更或者追加被执行主体的裁定内容。明确写明"变更本案的被执行主体为××公司"或者"追加××公司为本案的被执行人"。

3. 尾部

（1）裁定的效力。变更或者追加被执行主体的裁定一经送达即发生法律效力。

（2）执行人员、书记员署名、加盖法院印章。由于变更或者追加被执行主体的行为发生在执行程序中，因此，裁定书尾部应由执行人员署名。

（3）加盖"本件与原本核对无异"的印戳。

（二）驳回执行异议民事裁定书

在执行程序中，人民法院在根据申请执行人的申请或者依照职权对被执行人的财产采取强制执行措施时，有可能涉及案外人的利益，或者在变更或者追加被执行主体的过程中被变更或者追加的被执行主体也有可能提出异议，此时，人民法院就应当依法对案外人或者被变更或者追加的被执行主体的异议进行审查，并根据审查情况制作裁定书。

对案外人提出的异议进行审查后作出裁定的法律文书的主要内容和写作方法为：

1. 首部

（1）法院名称、文书种类、案件编号。

（2）执行当事人。通常由三部分组成：一是申请执行人，二是被执行人，三是案外人。表述这三部分主体时均应写明单位名称、住所地、法定代表人的姓名和职务。

（3）案件由来。写明在执行某一具体案件的过程中，案外人对人民法院的查封、扣押等执行措施提出了异议，依照法律规定进行了审查。

2. 正文

（1）案外人提出异议的具体内容和请求。如提出人民法院在执行程序中采取的查封、扣押等执行措施所涉及的财产属于案外人所有的事实根据。

（2）人民法院查证属实的事实。在执行程序中对案外人提出的异议进行认真的审查，不仅是为了依法保护案外人的合法权益的需要，而且也是保障发生法律效力的法律文书依法执行的需要。因此，对案外人异议进行审查的方式，原则上应当公开听证，通过公开、透明的方式以化解矛盾，减少社会的不稳定因素。而这个听证的过程，也应当在执行裁定书上有所反映，避免给当事人、案外人和社会公众形成先入为主的印象。

（3）裁定理由。阐明经过审查认为案外人异议是否成立的理由和法律依据。无论案外人的异议是否成立，裁定书均应当以理服人并阐明具体的法律依据，让当事人和案外人都能够做到心服口服。

(4) 裁定结果。根据案件的具体情况和审查意见,写明驳回异议、异议成立,是否中止执行的结论。

3. 尾部

依次写明裁定的效力、执行人员、书记员,加盖法院印章和"本件与原本核对无异"的印戳。

(三) 不予执行裁定书

不予执行裁定书是指人民法院在执行仲裁裁决或公证机关依法赋予强制执行效力的债权文书等非诉讼法律文书的过程中,根据当事人的申请或者依职权,依法决定不予执行时制作的法律文书。

不予执行裁定书的主要内容和制作方法是:

1. 首部

(1) 标题。法院名称、文书名称、案件编号,与民事裁定书的内容和写法基本相同。

(2) 当事人的基本情况。依次写明申请执行人、被执行人的名称、住地及法定代表人姓名、职务。

(3) 案件由来及审查经过。写明申请执行人与被执行人因为什么案件,根据仲裁机构的裁决或者公证机关赋予强制执行效力的债权文书等执行依据,于何时向人民法院申请执行。法院立案受理后,被执行人对仲裁裁决提出异议,请求不予执行。

2. 正文

(1) 审查情况。写明经审查认为对仲裁裁决应当不予执行的理由及其法律依据。

(2) 裁决内容。写明对申请执行人申请执行的执行依据不予执行,并写明"申请执行费由申请执行人交纳"。

3. 尾部

(1) 裁定书的效力。表述为"本裁定一经送达,即发生法律效力"。

(2) 审判人员署名、加盖法院印章、书记员署名。

二、执行决定书

(一) 对妨害执行行为予以处罚的决定书

对妨害执行行为予以处罚的决定书是指人民法院依法对妨害执行行为的行为人采取拘留等强制措施时使用的法律文书。

在执行程序中处罚决定书主要适用于有下列情形之一的被执行人或者其他人:一是隐藏、转移、变卖、毁损向人民法院提供执行担保的财产的;二是案外人为被执行人恶意串通转移执行财产的;三是故意撕毁人民法院执行公告、封条的;四是伪造、隐藏、毁灭有关被执行人履行能力的重要证据,妨碍人民法院查明被执行人财产状况的;五是指使、贿买、胁迫他人对被执行人的财产状况和履行义务的能力作伪证的;六是妨碍人民法院依法搜查的;七是以暴力、威胁或者其他方法妨碍或者抗拒执行的;八是哄闹、冲击执行现场的;九是对人民法院执行人员或协助执行人员进行侮辱、诽谤、诬陷、围攻、威胁、殴打或者打击报复的;十是毁损、抢夺执行案件材料、执行公务车辆、其他执行器械、执行人员服装和执行公务证件的。

处罚决定书的主要内容及其制作方法:

1. 首部

(1)标题。包括法院名称、文书名称、案件编号,除文书名称根据处罚的种类分别表述为"拘留决定书"、"罚款决定书"等外,其余内容和写法与民事裁定书基本相同。

(2)被处罚人的基本情况。包括被处罚人的姓名、性别、年龄、工作单位、住地等。

(3)案件由来。写明人民法院执行案件的执行依据及执行过程。

2. 正文

(1)被处罚人的违法事实。写明被处罚人妨害执行的事实以及实施处罚的理由。

(2)处罚的法律依据。写明据以对被处罚人实施处罚的法律和司法解释的依据。

(3)处罚的内容。写明处罚的种类、期限、数量、执行方式等。

3. 尾部

(1)交代复议的权利。写明"如不服本决定,可在收到本决定书的次日起三日内,口头或者书面向××人民法院申请复议一次"。

(2)决定的效力。写明"复议期间,不停止决定的执行"。

(3)决定时间和法院印章。

(二)暂缓执行决定书

暂缓执行决定书系人民法院在执行程序中,根据被执行人的申请或者依职权,依照相关法律和司法解释的规定,决定暂缓执行时制作的法律文书。

人民法院在执行程序中决定暂缓执行的法定事由主要有以下几种:

一是当事人或其他利害关系人申请暂缓执行的,表述为:"本院在执行(略)一案中,有当事人或其他利害关系人提出执行异议,依照最高人民法院《关于正确适用暂缓执行措施若干问题的规定》第三条之规定,决定对本案暂缓执行。"

二是执行法院的执行机构依照职权决定暂缓执行的,表述为"本院在执行……(写明执行依据的案号和案由)一案中,执行人员发现据以执行的执行依据确有错误,依照最高人民法院《关于适用〈中华人民共和国民事诉讼法〉若干问题的意见》第258条的规定,报经院长决定对本案暂缓执行。"

三是上级法院执行机构依照职权决定暂缓执行的,表述为"××人民法院关于执行(写明执行依据的案号和案由)一案,因该执行争议已由本院受理并正在处理中……依照最高人民法院《关于正确适用暂缓执行措施若干问题的规定》第七条第一款第(一)项之规定,决定对本案暂缓执行。"

四是执行法院的执行机构根据本院审判机构发出的暂缓执行建议书办理暂缓执行手续的,表述为"本院在执行……(写明执行依据的案号和案由)一案中,审判机构发现据以执行的生效法律文书确有错误,正在按照审判监督程序进行审查,并向执行机构发出《暂缓执行建议书》,依照最高人民法院《关于正确适用暂缓执行措施若干问题的规定》第七条第一款第(二)项之规定,决定对本案暂缓执行。"

五是上级法院的执行机构根据本院审判机构发出的暂缓执行建议书办理暂缓执行手续的,表述为"×××人民法院在执行(写明执行依据的案号和案由)一案中,本院审判机构发现据以执行的生效法律文书确有错误,正在按照审判监督程序进行审查,并向执行机构发出《暂缓执行建议书》,依照最高人民法院《关于正确适用暂缓执行措施若干问题的规定》第七条第一款第(二)项之规定,决定对本案暂缓执行。"

暂缓执行决定书的主要内容和写作方法:

1. 首部

(1)标题。依次写明法院名称、文书名称、案件编号等。其中文书名称为"暂缓执行决定书"。

(2)当事人的基本情况。依次写明申请执行人、被执行人、利害关系人、担保人的名称、住地、法定代表人的姓名、职务等。

(3)案件由来。写明执行法院在执行什么案件的过程中,出现了何种法定的情形。

2. 正文

(1)暂缓执行的理由。写明是当事人申请暂缓执行还是上级法院通知暂缓执行等具体事由和理由。

(2)暂缓执行的法律依据。

(3)决定暂缓执行。表述为"决定本案暂缓执行"。

(4)暂缓执行的期限。表述为"暂缓执行的期限自××××年×月×日起至××××年×月×日止。"

3. 尾部

依次写明执行人员、书记员,加盖法院印章和"本件与原本核对无异"印戳。

暂缓执行决定书为拟制式,打印后应当送达当事人、利害关系人、人民法院的审判、执行机构并存档。

三、执行通知书

(一)协助执行通知书

"协助执行通知书"是一类文书的总称,是指人民法院在执行过程中根据案情的需要,通知有关单位或者公民完成人民法院指定的协助事项的法律文书。

"协助执行通知书"除本身就是一种法律文书外,还可以根据协助执行事项的不同,具体称为"协助查询存款通知书""协助冻结存款通知书""解除冻结存款通知书""指定保管查封财产通知书""责令限期追回款物通知书"等。

协助执行通知书一般为填写式,即按照最高人民法院的规定或者各级法院在执行过程中的需要依法予以填写。

(二)限期申报财产通知书

"限期申报财产通知书"又称为"财产申报通知书",是根据最高人民法院《关于人民法院执行工作若干问题的规定》第28条的规定制定的,供人民法院受理执行案件后责令被执行人向人民法院如实申报财产时用的法律文书。

人民法院在制作本通知书时还应当同时制作《财产申报表》,并同时送达被执行人。

本通知书为填写式,即按照最高人民法院或者各级法院制定的样式根据执行工作的需要填写。

习 题

一、选择题

1. 北京市西城区人民法院2007年第32号第一审刑事判决书的编号应为( )。
   A. 京西刑初字(2007)第32号 B. 西刑初字(2007)第32号
   C. (2007)京西刑初字第32号 D. (2007)西刑初字第32号

2. 第一审刑事判决书的首部除制作机关名称、文书名称以及编号之外,应依次写明的项目是( )。
   A. 公诉机关、被告人、辩护人
   B. 公诉机关、被告人、辩护人、案件审判经过
   C. 公诉机关、被告人、辩护人、案件的由来和审判经过
   D. 被告人、辩护人、案件的由来和审判经过

3. 第一审民事判决书的编号由( )组成。

A. 年度、制作法院、案件性质、审理程序、顺序号
B. 年度、制作法院、审理程序、案件性质、顺序号
C. 制作法院、审理程序、案件性质、年度、顺序号
D. 制作法院、案件性质、审理程序、年度、顺序号

4. "如不服本判决，可在判决书送达之日起 15 日内，向本院递交上诉状，并按对方当事人的人数提出副本，上诉于××人民法院。"这一段交代上诉事项的行文是(　　)中的规范用语。

A. 刑事判决书　　　　　　　　B. 民事判决书
C. 行政判决书　　　　　　　　D. 民事判决书和行政判决书

二、简答题

1. 第一审刑事判决书的首部和正文应当写明的事项主要包括哪些？
2. 民事调解书与民事判决书有何区别？
3. 简述第一审行政判决书中判决理由的写作。
4. 简述刑事裁定书的概念以及分类。

三、文书制作

根据下列材料①制作一份一审民事判决书。

阎××(男，47岁，汉族，××省××县人，××公司职员，住××省××县城关镇××街 18 号)与阎×军(男，32岁，汉族，××省×× 县人，农民，住××省××县城关镇××街 19 号)系邻居，两家因宅基地问题素来不和。××××年×月×日，阎×军动工在其院内建西屋平房三间，在施工过程中，阎××以新建房屋影响其东屋通风采光，房檐滴水危害其东屋后墙为由，阻挠施工，并将建至一半的墙壁强行拆除。

阎×军遂向法院起诉阎××，要求判令停止侵害、恢复原状、赔偿损失。被告不同意原告的请求，也没有提出反诉。

本案事实有××居委会、当事人陈述、××人民法院现场勘验笔录为证。

---

① 材料来源：http://www2.open.ha.cn/MyForum/showpost.aspx? ThreadId = 62be87d5-2a3f-4edc-af85-a7d118744d08。

第九章　人民检察院主要法律文书的制作

> **教学目标**

掌握检察文书的制作方法，了解检察机关的职责和各种文书的用途，熟悉检察法律文书的格式和写作要求。

检察法律文书，是指人民检察院为实现其法律监督职能，依据法律规定所制作的具有法律效力的司法公文。它是国家司法文书的重要组成部分，具有以下主要特征：第一，检察法律文书的制作主体是特定的、唯一的。检察法律文书的制作主体是依法行使法律监督职能的各级人民检察院，其他机关、团体和个人均无权制作检察法律文书。第二，检察法律文书的目的和作用，是保证人民检察院履行和实现其各项法律监督职能。制作检察法律文书，是人民检察院为保证国家法律的正确实施，依法开展法律监督工作的具体体现，而检察法律文书则是人民检察院依法履行各项职能的重要书面凭证，人民检察院及其检察人员进入每一道诉讼程序、依法实施相关的法律行为，均应制作相应的法律文书，以保证其行为的合法、有效。

第一节　起诉书的制作

一、起诉书的概念和作用

起诉书，是指人民检察院对公诉案件经过审查，认为犯罪嫌疑人的犯罪事实已经查清，证据确实、充分，依法应当追究刑事责任，代表国家将犯罪嫌疑人提起公诉，交付人民法院审判时制作的法律文书。起诉书是人民检察院在刑事诉讼中制作和使用的最重要的法律文书之一，集中反映了人民检察院对公诉案件进行审查起诉后的结论性意见，是人民检察院刑事公诉权的重要体现。

起诉书在刑事诉讼中具有十分重要的作用。对侦查机关来讲，起诉书是确认侦查终结的案件犯罪事实、情节清楚，证据确实、充分，侦查活动合法的凭证；对检察机关来讲，起诉书既是代表国家对被告人追究刑事责任交付审判的文书，又是出庭支持公诉、发表公诉意见、参加法庭调查和辩论的基础；对审判机关来讲,起诉书引起第一审程序的刑事审判活动,既是人民法院对公诉案件进行审判的凭据,又是法庭审理的基本范围;对被告人及其辩护人来讲,起诉书既是告知已将被告人交付审判的通知,又是公开指控被告人犯罪行为的法定文书。另外,起诉书还确定了提起公诉的内容:一是明确了提起公诉的对象,即人民检察院要求予以追究刑事责任的被告人的具体身份;二是明确了人民检察院对被告人指控的具体内容,包括被告人涉嫌犯罪的事实和罪名等;三是明确了人民检察院对被告人提起公诉的根据和理由,包括人民检察院据以提起公诉的《刑法》《刑事诉讼法》依据,以及人民检察院认定的犯罪性质和要求追究刑事责任的理由等;四是通过对犯罪性质、犯罪情节、共同犯罪各被告人的地位和作用作出认定以及引用相关刑法条款,明确人民检察院对适用刑罚的概括性意见,行使公诉机关的追诉权。

二、起诉书的结构和制作方法

根据最高人民检察院《人民检察院法律文书格式(样本)》的规定,起诉书的格式分为四种,分别适用于普通程序案件、单位犯罪案件、简易程序案件和刑事附带民事诉讼案件。所选格式各有侧重,主要是针对不同的案件需求来制作起诉书,都是在履行人民检察院的公诉职能。我们以适用普通程序案件的起诉书为主线,结合其他起诉书的不同特点,进行综合介绍。

起诉书均为叙述式文书,由首部、被告人(被告单位)的基本情况、案由和案件的审查过程、案件事实、证据、起诉的要求和根据、尾部等七部分组成。

(一)首部

包括:(1)制作文书的人民检察院名称,应当与院印上的名称一致。除最高人民检察院外,各地方人民检察院的名称前应当冠以所在的省(自治区、直辖市)的名称。对涉外案件提起公诉时,各级人民检察院名称前均应冠以"中华人民共和国"字样。(2)文书名称,即"起诉书"。(3)文号由制作文书的人民检察院的简称、案件性质、起诉年度、案件顺序号组成。其中,年度必须用四位数字表述,文号写在该行的最右端,上下各空一行。

(二)被告人(被告单位)的基本情况

这部分内容与前章中法院判决书的被告人基本情况的写法基本相同,这里就不再重复叙述了。

(三)案由和案件的审查过程

要求写明案件移送审查起诉、退回补充侦查、延长审查起诉期限、改变管辖等诉讼活动的时间、原由,并载明是否已依法告知被告人、被害人诉讼权利及依法讯问被告人、听取被害人及诉讼代理人、辩护人意见的情况。

对于因没有被害人、找不到被害人、被害人不愿陈述或者没有委托诉讼代理人、辩护人等原因而无法告知或者听取其意见的,应当在起诉书中注明。涉及两次退回补充侦查的,两次退回补充侦查的日期应分别表述,否则容易产生歧义。

（四）案件事实

案件事实部分,是起诉书的重点,要求叙述事实必须客观、准确,要素完整,层次分明。

在具体叙写案件事实时,应当围绕犯罪构成,详细写明案件发生的时间、地点、犯罪动机、目的、手段、行为经过、危害后果和被告人的认罪态度以及有关的人和事等与定罪量刑有关的事实要素。指控犯罪事实的必备要素应当明确、完整,既要避免发生遗漏,也要避免将没有证据证明或者证据不足,以及与定罪量刑无关的事项写入起诉书,做到层次清楚、重点突出。

对起诉书指控的所有犯罪事实,无论是一人一罪、多人一罪,还是一人多罪、多人多罪,都必须逐一列举,并按照合理的顺序进行。一般可按照时间先后顺序;一人多罪的,应当按照各种犯罪的轻重顺序叙述,把重罪放在前面,把次罪、轻罪放在后面;多人多罪的,应当按照主犯、从犯或者重罪、轻罪的顺序叙述,突出主犯、重罪。

对于重大案件、具有较大影响的案件以及检察机关直接受理立案侦查的案件,都必须详细写明具体犯罪事实的时间、地点、实施行为的经过、手段、目的、动机、危害后果和被告人案发后的表现及认罪态度等内容,特别要将属于犯罪构成要件或者与定罪量刑有关的事实要素列为重点。对于一般刑事案件,通常也应当详细写明案件事实,但对其中作案多起,犯罪手段、危害后果等方面相同的案件事实,可以先对相同的情节进行概括叙述,然后再逐一列举出每起事实的具体时间、结果等情况,而不必详细叙述每一起犯罪事实的过程。如多次盗窃的,可叙述为:"被告人×××于×年×月至×年×月期间,先后在……等地,采取……等手段作案 ×起,窃得现金×元,物资×,现金及物资折款共计×元。具体犯罪事实如下:……"。

对于共同犯罪案件中有同案犯在逃的,应在其后写明"另案处理"字样,而不应写成"在逃"。

（五）证据

要求在起诉书中写明主要证据(指《人民检察院刑事诉讼规则》第283条所规定的证据)的名称、种类,不必对证据与事实、证据与证据之间的关系进行具体的分析、论证,但不能简单叙述为"有书证、物证、证人证言、被告人供述、鉴定结论、视听资料等证据证实",而应具体化,即什么书证物证、证人××的证言等。对于鉴定结论、勘验检查笔录,物证、书证等类证据的制作、出具的机关名称应点出,如,"×××人民医院对被害人××所作的伤情鉴定","×××公安局刑侦大队制作的现场勘验笔录"等。这样叙写,有利于说明收集证据的主体的合法性。证据种类的叙述顺序可根据具体案情灵活决定。如杀人、伤害案等普通刑事犯罪，可根据发、破案的自然经过，按现场勘察、被害人陈述、证人证言、作案工具等物证、刑事科学技术鉴定、法医鉴定和被告人供述等大致顺序排列；对贪污、受贿等职务犯罪，可根据主客观要件内容，按主体身份证明、行贿人证言、账单等书证、扣押清单和被告人供述等大致顺序排列。

叙写证据时，一般应当采取"一事一证"的方式，即在每一起案件事实后，写明据以认定的主要证据。对于作案多起的一般刑事案件，如果案件事实是概括叙述的，证据的叙写也可以采取"一罪一证"的方式，即在该种犯罪后概括写明主要证据的种类，而不再指出认定每一起案件事实的证据。

（六）起诉的理由和根据

本部分内容，要结合犯罪的各构成要件，对行为性质、危害程度、情节轻重等进行概括性地表述，突出本罪的特征，语言要精练、准确，引用法律条文要准确、完整、具体。所依据的刑法规定应当全部引用，且写明条、款、项。一人犯数罪的应当逐罪引用刑法分则条文。共同犯罪案件多人触犯同一罪名的，可以集中引用法律条文；不同被告人罪名不同的，应当分别引用。

适用简易程序的案件，对于量刑情节的认定，应当遵循如下原则：（1）对于具备轻重不同的法定量刑情节的，应当在起诉书中作出认定；（2）对于酌定量刑情节，可以根据案件的具体情况，从有利于出庭支持公诉的角度出发，决定是否在起诉书中作出认定。适用普通程序的案件，对于涉及量刑情节的事实，可以在案件事实之后作客观表述。如可在案件事实部分叙述为："被告人××于×年×月×日在亲友劝说下到公安机关投案"，不定义成"投案自首"，因为认定自首还必须有被告人如实供述自己罪行这一条件，被告人一旦庭上翻供，即影响自首情节的成立。

（七）尾部

应当在起诉书的尾部写明起诉书主送的人民法院全称，署明具体承办案件的公诉人的法律职务和姓名，制作文书的年月日（为签发起诉书的日期）并加盖人民检察院院印。

三、例文评析

××市××区人民检察院起诉书

××检刑诉[2006]0843号

被告人张××，男，52岁，汉族，河北省隆尧县人，文化程度专科，原河北××股份有限公司董事长、××军神工贸集团、军神实业有限公司、香港××投资有限公司董事长、法定代表人，住××市寺右新马路××号大院××号××房。

2005年7月26日被刑事拘留。2005年8月31日经××市人民检察院批准逮捕,同年9月1日被逮捕。

被告人李×,男,44岁,汉族,山东省费县人,文化程度本科,原河北××股份有限公司董事、军神实业有限公司副总经理,住××市××区裕中东里××号院××楼××号。2005年9月27日被刑事拘留。2005年11月2日经××市人民检察院批准逮捕,同年11月3日被逮捕。

被告人张××、李×诈骗、职务侵占、挪用资金一案,由××市公安局侦查终结,移送××市人民检察院,该院于2006年11月8日交由本院审查起诉。现查明:

一、诈骗罪

被告人张××、李×伙同同案人李××、徐××(均另案处理)于2004年5月至6月间,商议诈骗被害单位××中科信集团有限公司的股权,其后由同案人李××、徐××伪造虚假的《催款函》并骗取山东省××县国资局出具虚假的(2000)20号公文,被告人张××出具虚假的《承诺书》,共同虚构了被告人张××所控制的香港××投资有限公司欠李××所控制的阳谷鲁银实业有限公司人民币6067.6万元的债权债务。2004年8月2日,同案人李××所控制的阳谷鲁银实业有限公司以上述虚构的债权债务及虚假的证据材料,将被告人张××所控制的香港××投资有限公司起诉至安徽省高级人民法院,并以香港××投资有限公司与于2003年3月22日转让南宁×房地产开发实业有限公司股权给××中科信集团有限公司而损害其债权为由,将××中科信集团有限公司列为第三人,诉讼请求法院判决××中科信集团有限公司共同承担香港××投资有限公司偿还阳谷鲁银实业有限公司合计人民币6067.6万元的债务。2004年8月23日,安徽省高级人民法院根据阳谷鲁银实业有限公司的请求,冻结了××中科信集团有限公司持有的钨高新材料股份有限公司定向法人股1316.25万股、发起人国家股1000万股及分红、配股。

二、职务侵占罪

被告人张××、李×利用担任河北××股份有限公司董事的职务便利,于2002年5月31日,将属于河北××股份有限公司所有的一辆宝马530IA型轿车(车牌号:京E*T82××,价值人民币832250元)过户给被告人李×,由被告人李×非法占为己有。2002年5月31日及2003年1月15日,被告人张××又将属于河北××股份有限公司所有的一辆奔驰S500型轿车(车牌号:京E*T82××,价值人民币1785600元)、一辆宝马530IA型轿车(车牌号:京E*T82××,价值人民币734850元)过户给其控制的××军神之光科技发展有限公司,非法占为己有。

三、挪用资金罪

被告人张××利用担任河北××股份有限公司董事长的职务便利,违反公司资金管理制度,未经公司董事会研究决定和股东大会决议,于2001年3月26日,个人擅自决定将该公司2000年度配股募集资金中的人民币5000万元,划到其任法人代表的军神实业公司账户上,由其个人进行经营活动,谋取个人利益。

2001年4月3日,被告人张××以上述同样手法将河北××股份有限公司2000年度配股募集资金中的人民币3586万元,划到其任法人代表的军神实业有限公司账户上,作为军神实业公司向银行贷款的质押物,谋取个人利益。

2005年7月26日,被告人张××被公安机关抓获。2005年9月27日,被告人李×被公安机关抓获。

上述犯罪事实经查证属实,证据确凿、充分,足以认定。

本院认为,被告人张××、李×无视国家法律,诈骗公司财物,数额特别巨大,其行为触犯了《中华人民共和国刑法》第二百六十六条之规定,已构成诈骗罪。被告人张××、李×身为公司工作人员,利用职务上的便利,侵占公司财物,数额巨大,其行为触犯了《中华人民共和国刑法》第二百七十一条之规定,已构成职务侵占罪。被告人张××身为公司工作人员,利用职务上的便利,挪用公司资金,数额巨大,其行为触犯了《中华人民共和国刑法》第二百七十二条之规定,已构成挪用资金罪。根据《中华人民共和国刑法》第六十九条之规定,应对被告人张××、李×数罪并罚。为严肃国家法律,保护公司的合法财产不受侵犯,维护社会治安秩序,保障社会主义建设事业的顺利进行,依照《中华人民共和国刑事诉讼法》第一百四十一条的规定,特提起公诉,请依法判处。

此致

××市××区人民法院

检察员 卢××

二〇〇六年十二月二十日

附项:

1. 被告人张××现押于××市第一看守所,被告人李×现押于××市第三看守所

2. 证据目录和证人名单个一份

3. 主要证据复印件一册

点评

该份起诉书起诉的是一起共同犯罪案件,涉及三个罪名、两名被告。值得指出的是首部对于案件被告的基本情况叙述得比较具体,身份情况的基本要素,如

姓名、性别、年龄、民族、籍贯、住址、采取强制措施情况以及曾经受到的刑事、行政处罚都一一列明，而且两名被告人的顺序也都按照主犯、从犯的顺序排列。但也有不足的地方：首先，如对于年龄的表示方法，应该以具体的公历出生年月日来表述。尤其在刑事案件中，由于被告人是否成年的问题会与判决结果有直接联系，所以对于年龄的表述就更要精确到具体日期。其次，没有写明各个被告人的身份证号，不符合制作刑事起诉书的要求。在刑事诉讼中，对于被告人身份的认定要求十分严格，这就意味着对被告人的身份要作唯一的认定，身份证号就是对其身份的最为有效的证明之一。

在对事实的叙述上，由于涉及三个罪名，制作者分成了三个部分，用了简明扼要的文字对整个案情的发生、发展、结果的过程作出说明，并对被告在犯罪中各自起到的作用做了分析，这对于认定案件性质、分清主从犯以及作出正确判断都起到了积极作用。

此外，该份起诉书还存在一大缺憾，也是该份起诉书的最大"硬伤"，即在叙述事实的时候，没有援引相关证据材料予以证明。对于可以证明案情事实的所有证明材料仅仅用了"上述犯罪事实经查证属实，证据确凿、充分，足以认定"来说明。这不仅没有证明起诉书中所认定事实的真实性，给人感觉其所述之事实全为控方一面之词，难以让人信服，也没有给出如检察机关所说"足以认定"的理由。

总体上，该份刑事起诉书在结构上、形式上基本符合刑事起诉书要求，但是在证据表述上仍需要加以改进。因为事实、证据部分是一份刑事起诉书最为关键的地方，这涉及法院对其中陈述事实的存在与否、真伪与否的辨别，如果没有运用证据材料支撑所述事实，则可能出现法院基于证据、理由不充分，事实不清楚等不予受理的情况。虽然在最后的附件中，检察机关附上了相关的证据材料，但是所附证据材料与事实之间的关联程度没有体现出来，这使得相应证据材料的证明力度大打折扣。

第二节 公诉意见书的制作

一、公诉意见书的概念与作用

公诉意见书，是指受人民检察院指派出席法庭支持公诉的公诉人，在法庭上就案件事实、证据和适用法律等集中发表意见时使用的法律文书，属于法庭演说词的一种。

根据我国《刑事诉讼法》的规定，人民法院审理公诉案件，除适用简易程序的以外，人民检察院应当派员出席法庭支持公诉。在法庭调查结束后，依法应当首先由公诉人发表公诉意见。公诉意见书就是出庭支持公诉的国家公诉人，在第一审程序法庭调查结束后、法庭辩论开始时，在起诉书提出的指控基础上，根据法庭调查情况，对起诉指控的犯罪事实进一步说明论证，对证据、案件情况以及定罪量刑、适用法律等问题发表综合性意见。公诉意见书只适用于第一审程序，检察人员参加上诉案件、抗诉案件法庭发表的意见称为"出庭检察员意见书"。这是因为检察人员出席第一审法庭与出席上诉、抗诉案件法庭的任务有所不同，前者主要是支持公诉，后者主要是对审判活动进行监督。

公诉人发表的公诉意见书，是第一审法庭审理公诉案件的必备内容，是公诉人对起诉书中指控被告人罪行和适用法律等重要问题的进一步阐述和论证，也是法庭听取公诉人对法庭调查的事实及如何定罪量刑等问题的总体性意见的重要形式，同时也成为辩方提出辩护意见的参照物，对于法庭正确审理案件、准确定罪量刑具有重要意义。公诉意见书在刑事诉讼中，占有重要的位置。

一般来说，为了保证出庭支持公诉取得良好效果，公诉人应当在出庭前，根据阅卷及分析研究的案件情况，预先制作公诉意见书稿，庭中再根据法庭调查的情况进行必要的修改、调整或补充。

二、公诉意见书的结构和制作方法

（一）首部
（1）标题，即制作文书的人民检察院的名称、文书名称。
（2）案件有关情况，包括被告人姓名、案由、起诉书文号。
（3）呼告语，即对法庭审判人员的称谓，具体可根据法庭的组成情况写为"审判长、审判员""审判长、审判员、人民陪审员""审判长、人民陪审员"。
（4）检察人员出庭支持公诉的法律根据、出席法庭的身份及职责。

（二）正文
主要内容就是具体支持公诉的意见。这是公诉意见书的核心部分，包括以下内容：

一是根据法庭的调查情况，对法庭的质证情况进行总结和评论，对本案事实、证据情况进行综述，并运用各证据之间的逻辑关系论证被告人的犯罪事实清楚，证据确实、充分。这一部分内容的详略程度，应当根据案件的具体情况来确定。如果在法庭调查时对事实和证据基本上没有分歧，可以作简单概括；如果被告人不供、翻供、避重就轻或者对事实、证据提出了较多异议，就必须进行充分论证。

二是要根据起诉书所指控罪名的犯罪构成要件，结合案件事实、情节，论证被告人的行为已经构成所指控的犯罪，应当负刑事责任，并根据其犯罪情节，提出从重、从轻、减轻处罚的意见。

三是根据庭审情况,可以在分析被告人犯罪行为的社会危害性、犯罪原因的基础上,进行必要的法制宣传和教育工作。

四是总结性意见,即"综上所述,起诉书认定本案被告人×××的犯罪事实清楚、证据确实充分,依法应当认定被告人有罪,并应(从重、从轻、减轻)处罚"。

（三）尾部

写明公诉人姓名、注明当庭发表公诉意见书的时间。

三、制作公诉意见书的注意事项

第一,公诉意见书的任务主要在于有力地证明起诉书的指控成立,因此其内容应当重点围绕本案证据及犯罪的成立进行论证,包括阐述本案的犯罪事实清楚、证据确实充分、犯罪的成立以及法律适用、量刑情节等问题,基本要求是论点鲜明突出,论证有理有据,分析透彻深入,语言准确有力。

公诉意见书是与起诉书相辅相成的。起诉书是将被告人提交法院审判的一种法律凭证,主要定位于定罪的申请书,突出其客观性,将指控的内容说清楚,为庭审的展开提供基础即可,而进一步的分析、论证就主要交由公诉意见书来完成。指控被告人有罪,必须达到一定的证明要求,这就要求公诉机关向法庭出示证据来进行证明。起诉书在综述部分,有一句格式语:"以上犯罪事实清楚,证据确实充分",但起诉书并未对证据如何相互印证作出阐述,这一具体任务是通过庭审活动来完成的。因此严格说来,起诉书并没有提出任何证据证明公诉机关的指控,它只是表述犯罪的实施过程,从逻辑上讲,只是给出了一个推论,而论据和逻辑推理则是通过庭审举证、质证、辩论来完成的。而在法庭调查中,出示的单个证据本身的证明力仅能证明案件的某一事实或事实的某一方面,只有证据的相互组合才能必然推断出犯罪事实。因此,作为在法庭辩论开始时对起诉指控的犯罪事实进一步说明、论证的公诉意见书,最重要的任务就是对证据的相互印证、相互组合必然推断出犯罪事实作出阐述,从而有力地证明起诉书的指控成立。

第二,公诉意见书是要通过论点、论据来推断出必然性结论即现有证据证实被告人犯罪事实成立的,所以它的总体逻辑结构是假言推理,而且一般是必要条件假言推理。对其大前提一般是再分解为四个小前提即犯罪构成四要件来分别阐述、论证。当然,也不必对每个定罪构成要件都详细论述,而是根据案件情况,对存在争议、分歧等的要件进行重点阐述。在论证的深度上,首先,要证明证据的确实、充分,包括某一个或某一组证据证明了什么,证据之间在哪些方面足以印证等。对当事人在举证阶段对证据提出的异议都要予以论证,而不能无视举证阶段被告人、辩护人等对证据的质疑。其次,要证明构成什么犯罪。对此要根据有关的法理及法律依据进行深入的分析论证,必要时区分罪与非罪、此罪与彼罪的界限,反驳被告人、辩护人提出的相异观点,有时对被害人可能提出的相异观点也可简单地论证,使论证更有深度和信服力,更易于为法庭采信。以立论为主,加上适当的驳论,才能使公诉书的论证更有力度。最后,对法律适用及量刑情节进行论证。对量刑档次、从重、从轻情节等,一般在先论证这些情节成立的基础上,明确公诉人的观点是应从重还是从轻或者减轻,以弥补起诉书中对量刑情节的不确定表述。

四、例文评析

××市××区人民检察院公诉意见书

被告人:张××、蔡××、于××
案由:销售伪劣产品罪
起诉书号:××检刑诉(2006)号
审判长、审判员(人民陪审员):

××市××区人民法院刑事审判庭今天在这里开庭,公开审理被告人张××、蔡××、于××销售伪劣产品一案。根据《中华人民共和国刑事诉讼法》第一百五十三条、第一百六十条、第一百六十五条和一百六十九条以及《中华人民共和国检察院组织法》第十五条之规定,我们受××市××区人民检察院的指派,代表本院,以国家公诉人的身份,出席法庭支持公诉,并依法对刑事诉讼实行法律监督。

在刚才的法庭调查阶段,通过被告人的当庭陈述、公诉人的讯问、宣读有关证人证言、鉴定结论、勘验笔录以及出示有关书证等一系列法庭调查活动,充分说明本院指控被告人张××、蔡××、于××犯销售伪劣产品罪定性是准确的、证据也是确实充分的。为了进一步揭露犯罪、弘扬法制,公诉人现就本案发表如下公诉意见,供法庭在对被告人定罪量刑时予以考虑:

(一) 被告人张××、蔡××、于××在明知是销售假冒香烟的情况下,而接受他人指示,积极参与,其行为已构成销售伪劣产品罪(未遂)

根据《中华人民共和国刑法》及相关司法解释的规定,销售伪劣产品罪,是指销售者在产品中掺杂、掺假、以假充真、以次充好或者以不合格产品冒充合格产品,销售金额较大的行为。

1. 本罪的客体是国家对产品质量的管理制度和生产、销售秩序以及消费者的合法权益,本罪侵犯的是双重客体。一方面,犯罪分子实施了生产、销售伪劣产品的行为,扰乱和破坏了正常的商品生产和销售秩序,致使假货、劣货充斥市场,对合格产品造成极大的冲击。另一方面,消费者购买了伪劣产品,或者直接对自身身体构成危害,或者对其财产造成损失,从而使消费者的合法权益受到侵害。本案中被告人张××、蔡××、于××销售假冒香烟的行为,对正常的市场秩序和被其假冒的香烟的销售造成了极大的冲击,违反了国家产品质量的管理制度,破坏了国家烟草专卖管理制度。

本罪的犯罪对象是伪劣产品。伪劣产品是假产品与劣产品的合称,假产品是指种类、名称与内容不相符的产品,产品成分是假的;劣产品是指不符合国家标准、行业标准的产品,就是不合格产品。本案中被告人张××、蔡××、于××销售的香烟经新疆烟草质量监督检验站鉴定均属于假冒产品。

2. 本罪的客观方面表现为犯罪行为人违法国家产品质量管理法规和工商行政管理法规,销售伪劣产品的行为,包括以下四方面的内容:(1)在销售的产品中掺假。具体指在产品中掺入杂质或异物,致使产品质量不符合国家法律、法规或者产品明示质量标准规定的质量要求,降低、失去应有使用性能的行为。(2)在销售过程中,以假充真。以假充真是指以不具有某种使用性能的产品冒充真的产品,两种产品的性质完全不相同。(3)在销售过程中,以次充好。以次充好是指以低等级、低档次产品冒充高等级、高档次的产品,或者以残次、废旧零配件组合、拼装后冒充正品或新产品的行为。(4)在销售过程中,以不合格产品冒充合格产品。这是指不符合《中华人民共和国产品质量法》第二十六条第二款规定的质量要求的产品。被告人张××、蔡××、于××接受他人指示,积极参与假冒香烟的运送、销售活动,符合《中华人民共和国刑法》第一百四十条叙明罪状的要求,且未销售部分案值达69万余元。

3. 本罪的主体是一般主体,自然人和单位均可成为本罪的犯罪行为人,被告人张××、蔡××、于××均已达到刑事责任年龄,且系完全行为能力,符合销售伪劣产品罪的主体要求。

4. 本罪的主观方面表现为故意犯罪,即在产品销售活动中,故意掺杂、掺假,以假充真,以次充好或者以不合格产品冒充合格产品。主观认识因素方面表现为行为人充分认识到自己行为的性质,并且知道自己行为的危害后果甚至危害程度,意志因素表现为行为人对其行为所造成的危害结果持希望态度,即行为人希望销售伪劣产品的行为产生危害产品质量管理制度和生产销售秩序以及消费者的合法权益的结果发生。被告人张××、蔡××在进行假冒香烟销售之初就很明了其销售的物品是假冒香烟,因此,被告人张××、蔡××在主观上已具有销售伪劣产品罪的犯罪故意。被告人于××虽然在初次运送时可能不知道其运送的是假冒香烟,但是在知道是假冒香烟以后,仍然予以运送,主观上亦具有销售伪劣产品罪的犯罪故意。

综上,被告人张××、蔡××、于××在明知是销售假冒香烟的情况下,而接受他人指示,积极参与,且未销售部分货值金额达69万余元,其行为已构成销售伪劣产品罪(未遂)。

(二) 认定被告人张××、蔡××、于××犯罪的证据来源合法、客观、证据之间具有关联性

公诉人在刚才的法庭调查阶段,列举并出示了大量认定被告人犯罪的证据。公诉人下面在这里作一下归纳:(1) 新疆烟草专卖局××分局的报案材料、搜查、扣押笔录及部分假冒香烟的照片证实 2006 年 3 月 17 日在被告人张××、蔡××、于××居所搜查出大量假冒香烟;(2) 三被告人持有、控制这些假冒香烟的目的是为销售、存放,有被告人蔡××、于××的供述佐证;(3) 被告人张××虽否认其参与假冒香烟的销售,但其辩解与同案被告人蔡××、于××的供述、9 位证人证实的事实有矛盾、书证收支一览表及库存清单、笔迹鉴定证实被告人张××曾对假冒香烟的销售及假冒香烟的库存情况进行过登记,对于这些证据所证实的事实,被告人张××亦未提出合理的、有证据支持的解释;(4) 新疆维吾尔自治区烟草质量监督检验站出具的 36 份检验报告证实三被告人尚未来得及销售的、被依法查获的 3610 条假冒香烟均属假冒伪劣卷烟;(5) 三被告人尚未来得及销售的假冒伪劣卷烟经××市价格认证中心物价认字(2006)3329 号涉案物品估价鉴定结论书鉴定,货值金额人民币 691649.90 元,已达到追究刑事责任的程度;(6) 抓获经过、身份证明等证实了三被告人的归案情况及三被告人已达追究刑事责任年龄。

以上证据均由公安机关严格依法,证据来源合法,内容真实可靠,证据间互无矛盾,且已形成完整的证据锁链。通过这些证据只能得出唯一的排他性的结论即:被告人张××、蔡××、于××在明知是销售假冒香烟的情况下,而接受他人指示,积极参与假冒香烟的销售,尚未销售的假冒香烟的货值达 69 万余元的事实。

(三) 关于本案几个问题的说明

1. 法条竞合的问题

通过从公诉人宣读的起诉书、新疆烟草专卖局××分局的报案材料等证据,大家可以发现:在新疆烟草专卖局××分局的调查阶段,三名被告人是因为涉嫌销售假冒注册商标的商品而被调查的;在公安机关立案侦查时,是因为涉嫌非法经营而被刑事拘留的;而公诉机关指控三被告人所犯的罪名又是销售伪劣产品罪。这是什么原因呢? 因此,公诉人有必要对此作一简单的说明。

通过搜查、扣押笔录和新疆维吾尔自治区烟草质量监督检验站出具的 36 份检验报告检验报告,我们可以发现三被告人尚未销售的假冒香烟中,大部分都是假冒的有注册商标,甚至是驰名商标的卷烟,而且三名被告人也知道销售的是假冒卷烟,因此,三名被告人的行为已经触犯了我国《刑法》第 214 条,构成了销售假冒注册商标的商品罪,而三名被告人进行香烟销售并未得到行政主管部门的批准,其行为也触犯了我国《刑法》第 225 条的规定,构成了非法经营罪。同时,

三名被告人所要销售而尚未销售的卷烟又是伪劣商品,其行为也触犯了我国《刑法》第140条的规定,构成了销售伪劣产品罪。这样,三名被告人的一个行为,即销售假冒香烟的行为,同时触犯了我国《刑法》第140条、第214条、第225条的规定,即三被告人的犯罪行为同时构成了销售伪劣产品罪、销售假冒注册商标的商品罪、非法经营罪,这在刑法理论上被称为法条竞合,而法条竞合的处罚原则是从一重罪处罚。根据三被告人的犯罪情节、涉案金额,比较《刑法》关于销售伪劣产品罪、销售假冒注册商标的商品罪、非法经营罪的量刑幅度,可以发现在同种情节、犯罪金额的情况下,销售伪劣产品罪的处罚是最重的,因此,对三被告人销售假冒香烟的行为,应以销售伪劣产品罪定罪处罚。

2. 已销售金额不明确或者无法查实的情况下,如何认定既、未遂的问题

从三名被告人的供述、大量的证人证言中,我们可以知道三名被告人在被抓获以前,已经销售出去了部分假冒香烟,也就是说,三名被告人销售伪劣产品的行为有部分是达到既遂状态的,然而,由于种种原因,该既遂部分的销售单价、数量均已无法查实,也就是说既遂部分的金额无法确定。在这种情况下如何追究犯罪人的刑事责任呢?是以犯罪既遂追究还是以犯罪未遂追究呢?根据有利于被告人的原则和最高人民法院、最高人民检察院、公安部、国家烟草专卖局《关于办理假冒伪劣烟草制品等刑事案件适用法律问题座谈会纪要》的精神,在已销售金额不明确或者无法查实的情况下,应当认定为犯罪未遂。

(四)被告人应负的刑事责任

我国《刑法》第140条规定:生产者、销售者在产品中掺杂、掺假,以假充真,以次充好或者以不合格产品冒充合格产品,销售金额5万元以上不满20万元的,处2年以下有期徒刑或者拘役,并处或者单处销售金额50%以上2倍以下罚金;销售金额20万元以上不满50万元的,处2年以上7年以下有期徒刑,并处销售金额50%以上2倍以下罚金;销售金额50万元以上不满200万元的,处7年以上有期徒刑,并处销售金额50%以上2倍以下罚金;销售金额200万元以上的,处15年有期徒刑或者无期徒刑,并处销售金额50%以上2倍以下罚金或者没收财产。

三被告人的行为依法构成销售伪劣产品罪,尚未销售的货值为691649.9元,数额为50万元以上不满200万元,应处7年以上有期徒刑,并处销售金额50%以上2倍以下罚金。三被告人的犯罪行为因意志以外的原因而未得逞,系犯罪未遂,根据我国《刑法》第23条的规定,可以比照既遂犯罪从轻或者减轻处罚。被告人于××在归案后,能揭发同案被告人张××参与共同犯罪的犯罪事实,协助公安机关侦破案件,根据最高人民法院《关于处理自首和立功具体应用法律若干问题的解释》(法释〔1998〕8号)第6条的规定,可以酌情予以从轻处罚。请合议庭根据被告人张××、蔡××、于××所犯罪行的犯罪性质、情节,并

认真考虑三被告人的认罪态度,依法作出公正的判决。

公诉意见发表完毕。

点评

公诉意见书是在检察院制作的起诉书的基础上对于被告人所犯罪行和有关检控意见的补充和阐述,从而进一步在事实上、证据上、法律上揭露被告人的犯罪行为,所起到的作用主要是对起诉书中已叙内容的补充和强调。

该文书正文部分内容详尽、层次分明,制作者主要分成了四个部分来写作:第一部分是关于案件定性问题,制作者对被告人所犯的罪行从犯罪构成的角度进行了具体阐释,这也是该份文书最值得称道的地方:在判断罪与非罪、此罪与彼罪的界限时,无论是控方、辩方还是中立裁判的一方都是通过犯罪构成的四个要素,即主体、客体、主观方面、客观方面来辨别的,而该份公诉意见书第一个部分就主要围绕着这四个小点,对销售伪劣产品罪进行了全面而透彻的分析,说理性很强。第二部分是对于证据合法性、客观性和关联性的分析,而证据的分析说明往往是文书制作中容易忽略的地方。证据的写作主要有两种方法:一种是证据和案情一起陈述,另一种是案情与证据分开陈述,该份文书制作者采用了后一种写法。第三部分是对于法条竞合的适用以及犯罪状态的说明,这主要解决该案一些比较特殊的地方,制作者将这类问题独立出来专门说明,具有很强的针对性,也有助于理解。第四部分是公诉方关于刑事责任方面的意见,虽然最终的定罪量刑是法院的职能范围,但公诉方仍可以对量刑轻重发表意见。在该份公诉意见书中,公诉方在请求法院追究被告刑事责任的同时,还提醒法院考虑被告的犯罪性质、情节以及认罪态度,依法公正作出判决。

总体来说,该份公诉意见书制作规范,其中最值得借鉴的地方就是在制作的时候,就不同的问题分开来进行阐述,所犯罪行的性质、证据、责任、适用法律等都让人一目了然。

第三节 抗诉书的制作

一、抗诉书的概念和作用

抗诉书根据所适用的诉讼程序不同分为刑事抗诉书和民事、行政抗诉书,刑事抗诉书又可以分为二审抗诉书和审判监督抗诉书,这是由诉讼程序的特点所决定的。

民事、行政抗诉书,是人民检察院对人民法院已经发生法律效力的民事(或行政)判决、裁定,认为符合法律规定的条件,而按照审判监督程序向人民法院提出抗诉时制作的法律文书。

根据我国《民事诉讼法》第 208 条、《行政诉讼法》第 64 条以及《人民检察院民事行政抗诉案件办案规则》的规定,最高人民检察院对各级人民法院已经发生法律效力的判决、裁定,上级人民检察院对下级人民法院已经发生法律效力的判决、裁定,发现有下列情形之一的,应当按照审判监督程序提出抗诉:(1) 原判决、裁定认定事实的主要证据不足的;(2) 原判决、裁定适用法律确有错误的;(3) 人民法院违反法定程序,可能影响案件正确判决、裁定的;(4) 审判人员在审理该案件时有贪污受贿,徇私舞弊,枉法裁判行为的;(5) 人民法院对依法应予受理的行政案件,裁定不予受理或驳回起诉的;(6) 人民法院裁定准许当事人撤诉违反法律规定的;(7) 原判决、裁定违反《立法法》第 78 条至第 86 条的规定适用法律、法规、规章的;(8) 原判决、裁定错误认定具体行政行为的性质、存在或者效力的;(9) 原判决、裁定认定行政事实行为是否存在、合法发生错误的;(10) 原判决、裁定违反《行政诉讼法》第 32 条规定的举证责任规则的;(11) 原判决确定权利归属或责任承担违反法律规定的。人民检察院决定对人民法院的判决、裁定提出抗诉的,应当制作抗诉书。

刑事抗诉书,是指人民检察院对人民法院的刑事判决或者裁定,认为确有错误,依法向人民法院提出抗诉时所使用的法律文书。刑事抗诉书是检察机关行使审判监督职权的重要工具,是引起人民法院第二审程序或再审程序的法定文书之一。刑事抗诉书对于纠正人民法院确有错误的刑事判决和裁定,保证法律的正确实施,起着十分重要的作用。

二、民事、行政抗诉书的结构和制作方法

民事、行政抗诉书为叙述式文书,分为首部、正文和尾部三部分。

(一) 首部

包括制作文书的人民检察院名称;文书名称,即"民事抗诉书"或"行政抗诉书";文书编号,即"　检　民抗[　]　号",除"检"、"民"之间的空白处无需填写内容外,其余空白处依次填写制作文书的人民检察院简称、制作文书的年度和文书序号。行政抗诉书则把"民"改为"行"。

(二) 正文

1. 案件来源及审查经过

此部分因案件来源的不同分别有四种不同的表述方式:如果案件是当事人向检察机关提出申诉的,表述为:"×××(申诉人)因与×××(对方当事人)×××(案由)纠纷一案,不服×××人民法院 ×××(生效判决、裁定文号)民事判决(或裁定),向我院提出申诉。"如果案件是由下级人民检察院提请抗诉的,表述为:"×××(申诉人)因与×××(对方当事人) ×××(案由)纠纷一案,不服×××人民法院 ×××(生效判决、裁定文号)民事判决(或裁定),向

×××人民检察院提出申诉,×××人民检察院提请我院抗诉。"如果案件是检察机关自行发现的,表述为:"我院对×××人民法院对×××(原审原告)与×××(原审被告)×××(案由)纠纷一案的×××(生效判决、裁定文号)民事判决(或裁定)进行了审查。"如果案件是案外人向检察机关提出申诉的,表述为:"我院受理×××(申诉人)的申诉后,对×××人民法院对×××(原审原告)与×××(原审被告)×××(案由)纠纷案的×××(生效判决、裁定文号)民事判决(或裁定)进行了审查。"行政抗诉书则把前述"民事"改为"行政"。

审查经过情况统一表述为:"我院对该案进行了审查……(简述审查过程,如审查了原审卷宗、进行了调查等),现已审查终结。"

2. 审查认定的事实

此部分应写明检察机关审查认定的事实,并写明由谁提起诉讼。对审判人员在审理该案时有贪污受贿、徇私舞弊或者枉法裁判行为以及人民法院违反程序的,也在此一并写明。

3. 诉讼过程

此部分应按时间顺序写明一审法院、二审法院判决、裁定的作出日期、文号、理由、主文及诉讼费负担等情况。如果法院判决、裁定与检察机关认定事实有不同之处,要在此部分简要写明。如果该案件经过了再审,还要将再审情况也写明。对人民法院审理该案中认定的事实,应区别分几种情况处理:对于法院一审、二审及再审判决、裁定与检察机关认定事实相同的,这里就无需单独写明法院认定的事实;对于法院一审、二审及再审判决、裁定与检察机关认定事实不一致的,应重点叙述生效判决裁定认定的事实;对于法院一审、二审判决、裁定与检察机关认定事实一致,再审判决、裁定与检察机关认定事实不一致的,应重点叙述再审判决、裁定认定的事实。

4. 抗诉理由

此部分应结合案件具体情况,分析、论证生效判决、裁定存在的问题及错误。

5. 处理意见

此部分应首先指出生效判决、裁定存在的问题,然后写明经本院检察委员会讨论决定(未经检察委员会讨论的,可不写),依照我国《民事诉讼法》第208条(或《行政诉讼法》第64条)的规定,向你院提出抗诉,请依法再审。在写明检察委员会讨论决定的情况时,应写明具体的届、次;在写明抗诉的法律依据时,应具体写明我国《民事诉讼法》或《行政诉讼法》规定的条、款、项。

(三)尾部

包括文书送达的人民法院名称,决定抗诉的年月日,并加盖院印,并附注写明随案移送的卷宗及有关材料情况。

写作民事、行政抗诉书时,应注意以下事项:

（1）民事、行政抗诉案件的范围必须严格按照我国《民事诉讼法》和《行政诉讼法》的相关规定执行，不得任意扩大。

（2）《民事抗诉书》或者《行政抗诉书》应当由检察长签发，加盖人民检察院印章，文书结尾处的日期应为检察长签发的日期而不是具体制作文书的日期。抗诉书的编号应该按照决定抗诉的时间先后排序。

（3）本文书分正本和副本，正本加盖"正本"印章，副本加盖"副本"印章。其中，正本送同级人民法院，同时按当事人人数送副本，并报送上一级人民检察院备案。根据最高人民检察院关于抗诉案件要向人大报告的规定，抗诉书副本还应报同级人大备案。留下的副本应存检察副卷。抗诉书正本上不写"本件与原本核对无异"，而应将其制成专用印章，加盖在正本末页的年月日的左下方、附项的上方。抗诉书个别涂改之处，应加盖校对章。

三、例文评析

江苏省人民检察院
民事抗诉书

苏检　民抗（2004）101号

山西×××化学工业有限公司因与江苏××农化股份有限公司买卖合同纠纷一案，不服江苏省××市中级人民法院(2003)通中民二终字第122号民事判决，向检察机关申诉。××市人民检察院提请我院抗诉，我院对该案进行了审查。

现查明：2000年1月1日，山西×××化学工业有限公司（下称×××公司）与××农药厂（后更名为江苏省快达农化股份有限公司，下称快达公司）签订了一份"促进剂"购销合同，约定×××公司根据快达公司电话通知发货，结算方式为货到付款。后×××公司按快达公司的要求先后供货35吨，并开出了合计金额为47.98万元的增值税发票，快达公司按约支付了36.5万元，后经供方催要，快达公司在2002年分四次支付了5万元，尚有6.48万元未付。×××公司因索款未果，诉至人民法院。

此外，×××公司与快达公司曾于1999年12月15日签订一份"促进剂"购销合同，该合同的首、尾部供方均为山西×××化学工业有限公司，并填写了该公司电话和传真号码、开户银行账户等，但盖合同章为中日合资山西×××化学滤材有限公司（下称滤材公司），需方有法定代表人签字，但未加盖合同章。

如东县人民法院审理认为，快达公司提供的2000年1月1日双方签订的合同有效。×××公司对快达公司提供的合同中快达公司的合同专用章的真实性有异议，但未提供证据。双方对供货的数量、价格无异议，×××公司诉称向快达公司供货总价值47.9万元，快达公司已付款41.5万元，结欠6.48万元，快达公司在举证期间提供了向×××公司付款49.6万元的证据,×××公司未在举证期提供其他向快达公司供货的证据,故对×××公司的诉讼请求不予支持。判决驳回×××公司的诉讼请求。×××公司不服提出上诉。南通市中级人民法院审理认为,2000年1月1日所签订的合同,系本案双方当事人真实意思表示,应该合法有效。(1)关于快达公司于2000年1月28日付的6万元及2000年2月1日付的2.1万元,×××公司所提供的证据不能证明快达公司是履行的1999年12月15日合同的货款,该合同项下的货款可由滤材公司另行主张。(2)关于×××公司是否履行举证责任的问题。一审法院适用简易程序,庭前未进行证据交换,快达公司针对×××公司的举证,在庭审中反证,使×××公司没有时间针对反证进行举证,×××公司申请延期举证,应予准许。一审法院没有重新给予×××公司合理举证期限的情况下就匆匆下判,实际上剥夺了该公司的举证权利,显属不当。但×××公司在二审期间针对快达公司的反证所提供的证据只能证明1999年12月15日合同签订后的供货情况,并不足以证明快达公司2000年1月28日和2月1日两笔付款系履行1999年12月15日合同下的货款。遂维持原判。

我院审查认为,二审判决认定:"关于快达公司于2000年1月28日付的6万元及2000年2月1日付的2.1万元,×××公司所提供的证据不能证明快达公司是履行的1999年12月15日的合同的货款,该合同项下的货款可由滤材公司另行主张"有误,理由如下:

首先,该合同履行的供方主体系×××公司,非滤材公司。其一,从合同内容看,虽然1999年12月15日购销合同尾部供方一栏盖有名为"中日合资山西×××化学滤材公司"的合同专用章,但该合同首、尾部供方均明确写明为"山西×××化学工业有限公司",合同尾部供方栏注明的电话、传真、开户银行、账号等系×××公司的相关信息,与2000年1月1日购销合同上所记载的供方信息一致。在合同的实际履行过程中,快达公司亦是按上述合同要求将货款汇至×××公司的相关账户。其二,从合同的实际履行情况看,1999年12月15日购销合同签订后,×××公司即于同年12月23日向快达公司发送6吨促进剂,发货凭证用的是"山西×××化学工业有限公司产品发运验收通知单",快达公司于12月26日收货并在该凭证上签字,凭证样式与×××公司以后数次发货所用的"发运验收通知单"样式均一致;2000年1月4日×××公司根据所发货物开出的8.1万元增值税专用发票,其票号、税务登记号、开户银行及账号与×××公司以后数次开出的增值税票系出同一本、同一单位,票面金额及货量则表明该批货物每吨单价为1.35万元,与1999年12月15日购销合同中约定的单价一致。其三,从快达公司的陈述看,一审期间快达公司认可1999年12月15日的购销合同是与×××公司签订的,只是抗辩该合同已终止,双方于2000年

1月1日重新签订了购销合同一份；二审时快达公司又称，与滤材公司从未发生过业务联系。上述情况表明：1999年12月15日购销合同的供方主体实为×××公司，该公司开具增值税票的事实亦排除了其代"滤材公司"履行合同之情形；快达公司对于合同相对方系×××公司自始明知且已在诉讼中自认。因此，二审认定1999年12月15日合同项下的货款可由滤材公司另行主张，显属不当。

其次，根据本案合同主体之间的结算习惯，应当确认快达公司于2000年1月28日、2000年2月1日的两次汇款履行的是1999年12月15日合同下的货款。×××公司与快达公司仅就涉案的1999年12月15日合同及2000年1月1日合同有过业务往来，此前双方并无其他交易。1999年12月15日的购销合同对于付款方式明确约定为"货到付款，铺底资金滚动结算"。合同签订后，×××公司依约供给6吨促进剂。2000年1月1日双方重新签订了一份内容一致，仅单价有所变动的合同。此后×××公司作为供方依约于2000年1—4月间分五次供给促进剂35吨，快达公司于2000年4月17日以后才陆续付款，其付款方式实际亦系以需方给付的资金先行冲抵供方前笔未结货款，以后货款依次冲抵的滚动结算方式。由此，本案所涉及的两次交易因是在两个相同的主体之间进行，双方之间的结算习惯系滚动结算，且1999年12月15日的合同已明确约定铺底资金滚动结算，则快达公司最早于2000年1月28日及2月1日合计8.1万元的汇款应当首先冲抵×××公司1999年12月15日合同项下的货款；余款依次冲抵后，快达公司尚欠×××公司货款6.48万元。

最后，快达公司与×××公司并非长期的业务伙伴，如果认定快达公司2000年1月28日及2月1日的两笔汇款履行的是2000年1月1日合同下货款，则会出现快达公司对2000年1月1日合同下货物多付款1.62万元，而对先前的货款却未能结清之情形，有悖交易习惯和常理。

综上所述，南通市中级人民法院(2003)通中民二终字第122号民事判决认定事实的主要证据不足，判决有误。依照《中华人民共和国民事诉讼法》第一百八十五条第一款第(一)项之规定，向你院提出抗诉，请依法再审。

此致
江苏省高级人民法院

江苏省人民检察院
二〇〇四年十二月九日
（院印）

附：检察院卷宗一册

点评

　　民事抗诉书是指人民检察院对已经发生法律效力的民事判决、裁定，认为符合我国《民事诉讼法》规定的抗诉情形之一的，按照审判监督程序向人民法院提出抗诉时所采用的文书。民事抗诉书的写作重点在于案件来源、审查认定的事实、诉讼过程、抗诉理由和结论等。

　　该份民事抗诉书的裁判部分对一审和二审裁判认定的事实以及裁判的理由都作了表述，其实在抗诉中的裁判部分不需要对于未生效的一审裁判的认定事实和理由情况作详细表述，只需要对生效裁判所依据的事实和法律依据作准确、完整的叙述即可。对于该案的二审，制作者叙述案件清楚、重点突出、详略得当，对与人民法院认定不一致的事实进行了详细叙述，为下文阐述抗诉理由打下了基础。

　　抗诉理由是抗诉书的"灵魂"，一篇抗诉书制作成功与否，关键取决于抗诉理由的论述是否充分透彻，是否具有说服力。该份判决书在指出了二审法院的错误认定后，针对人民法院生效判决存在的错误，切中要害，进行深入剖析，围绕主要争议问题进行针对性、深入性的分析，层次分明，重点突出。

　　该份抗诉书的抗诉理由主要包括了对法院裁判的总体意见、具体评价以及检察机关抗诉所适用的法律依据，遵循了一般抗诉理由的写作规律，符合文书要求。

四、刑事抗诉书的结构和制作方法

　　刑事抗诉书的写法有其独特之处，二审抗诉和再审抗诉在有些地方也存在着明显的差异，但从总体上讲还是有很多共同的规律可以遵循。

　　（一）标题

　　要求写明制作抗诉书的人民检察院名称、文书名称即"刑事抗诉书"，以及文号。文号由制作本文书的人民检察院简称、年度和抗诉书编号构成，如"晋检刑抗〔2003〕6号"。制作单位应当注明所在省（自治区、直辖市）的名称，不能只写地区级市、县、区院名。如果是涉外案件，应当冠以"中华人民共和国"字样。

　　（二）原审判决、裁定情况

　　二审抗诉书不写被告人基本情况，仅简单写明被告人姓名、案由，一、二审法院名称，作出判决或裁定的时间，裁判文书的文号和裁判结果等。对于案由，如果人民检察院与人民法院认定罪名不一致，应当分别表述清楚。如果侦查、起诉、审判阶段没有超办案期限等程序违法现象，不必写明公安机关、人民检察院和人民法院的办案经过，只需简单说明人民法院的判决、裁定情况（结果）即可。审判监督程序抗诉书则要写明原审被告人的基本情况，有数名被告人的，依犯罪事实的情节由重至轻的顺序分别列出。

（三）审查意见

二审抗诉书要求简明扼要地写明人民检察院对原判决、裁定的审查意见，明确指出原判决、裁定的错误所在，向第二审法院明示检察机关抗诉的重点是什么，要做到观点鲜明，语言精练。审判监督抗诉书应当将有关的诉讼经过叙写清楚。如果是一审生效判决或裁定，不仅要写明一审判决或裁定的主要内容，还要写明一审判决或裁定的生效时间。如果是二审终审的判决或裁定，应该分别写明一审和二审判决或裁定的主要内容，此外，还应该写明提起审判监督程序抗诉的原因，如是否是当事人不服判决请求抗诉等。对生效判决或裁定的审查意见（含事实认定）包括两部分：一是事实认定和证据。对此应当叙写抗诉所认定的案件事实，着重写清楚提出抗诉的检察机关对争议的事实如何认定。对于原审判决、裁定中认定的事实或者新发现的事实、证据，应该做比较详细的介绍。证据的情况也可以在此部分概括列举，而在"抗诉理由"部分结合论证具体列举。二是审查意见。这一部分的内容是检察机关对原判决（裁定）的审查意见，目的是明确指出原判决（裁定）的错误所在，告知再审人民法院，人民检察院抗诉的重点是什么。这部分要观点鲜明，简明扼要。

（四）抗诉理由

抗诉理由是抗诉书的核心部分，应当针对原判决、裁定认定事实确有错误、适用法律不当、量刑畸轻畸重或者审判程序严重违法等不同情况来叙写抗诉理由，可以适当地分段、分项叙写。叙写抗诉理由时，应当强调说理性，对判决、裁定存在的错误进行具体、充分的论证，只有这样，才能表明观点、分清是非，促使人民法院采纳人民检察院的主张，纠正确有错误的刑事判决、裁定。对案件事实的分析论证，必须结合证据进行，切忌脱离证据谈事实，使抗诉意见给人以主观色彩浓重的印象。

如果法院认定的事实有误，则要针对原审裁判的错误之处，提出纠正意见，强调抗诉的针对性。对于有多起"犯罪事实"的抗诉案件，只叙述原判决（裁定）认定事实不当的部分，认定没有错误的，可以只肯定一句"对……事实的认定无异议"即可，突出检、法两家的争议重点，体现抗诉的针对性。对于共同犯罪案件，也可以类似地处理，即只对原判决（裁定）漏定或错定的部分被告人犯罪事实作重点叙述，对其他被告人的犯罪事实可简写或者不写。关于"证据部分"，应该在论述事实时有针对性地列举证据，说明证据的内容要点及其与犯罪事实的联系。如有自首、立功等情节，应在抗诉书中予以论述。

如果法院适用法律有误，应当主要针对犯罪行为的本质特征，论述应该如何认定行为性质，从而正确适用法律，并要从引用罪状、量刑情节等方面分别论述。

如果法院审判程序严重违法，抗诉书就应该主要根据我国《刑事诉讼法》及有关司法解释，逐一论述原审法院违反法定诉讼程序的事实情况，再写明影响公正裁判的现实后果或者可能性,最后阐述法律规定的正确诉讼程序。

抗诉理由的论证方法因案而异,关键一点是要把人民检察院认为判决、裁定确有错误的理由说清楚,做到逻辑清晰、观点明确、依据充分、文字简练。

（五）结论性意见、法律根据、决定和要求事项

叙写结论性意见时,应当做到简洁、明确。人民检察院按照第二审程序向人民法院提出抗诉的法律依据是我国《刑事诉讼法》第217条的规定,应当在抗诉书中引用。在要求事项部分,应写明"特提出抗诉,请依法判处"。

（六）尾部

写明文书的送达对象即上一级人民法院名称,制作文书的人民检察院名称,文书的签发时间,并加盖人民检察院院印。审判监督程序的抗诉书的送达对象则是同级人民法院。

（七）附注

包括被告人现羁押或者居住处所、新的证人名单或者证据目录。对于未被羁押的原审被告人,应当将其住所或居所写明确。人民检察院按照第二审程序提出抗诉时,案卷、证据材料已经按照有关规定,在一审开庭后移送给人民法院,因此如果没有新的材料需要移送的,证据目录和证人名单可以不另附。

习 题

一、选择题

1. 人民检察院针对已生效裁判提出的抗诉书应当由（ ）提出。

A. 同级人民检察院

B. 上一级人民检察院

C. 省一级人民检察院

D. 最高人民检察院或上级人民检察院

2. 民事（行政）抗诉书的提出是为了纠正（ ）中的错误。

A. 未生效的民事（行政）判决

B. 未生效的民事（行政）判决、裁定

C. 已生效的民事（行政）判决

D. 已生效的民事（行政）判决、裁定

3. 集中体现检察机关审判监督职能的文书是（ ）

A. 公诉词　　　　　　　　　　B. 抗诉词

C. 抗诉书　　　　　　　　　　D. 提请抗诉报告书

二、简答题

1. 简述起诉书的概念和作用。

2. 制作起诉书叙写案件事实时应当注意哪些问题?
3. 简述公诉意见书的概念和作用。
4. 制作刑事抗诉书时,如何阐述抗诉理由?

三、文书制作①

被告人李××,男,1970年8月2日生,汉族,农民,××市人,住××市××村。2000年9月7日上午,被告人李××路经该市郊区时,见被害人徐××(女,34岁)一人在草滩上牧羊,便上前搭话。交谈中李产生了强奸邪念,便将徐拉入附近沟内按倒在地,强行撕扯徐的裤子欲行强奸。徐极力反抗,大声呼救。李害怕罪行暴露,掏出随身携带的匕首向徐的腹部猛刺一刀。徐继续呼救,李一手卡住徐的脖子,另一手用匕首向徐的腹部猛刺数刀,致徐当场死亡。李取下徐手上戴的手表和身上的80元钱,并将徐的尸体移到附近掩埋。随后,李将被害人放牧的125只绵羊赶到临近的××村,准备销赃时被发现。李畏罪潜逃,后被抓获归案。

现假定你为本案的公诉人,请根据上述案情撰写一份起诉书。题中未涉及的当事人自然情况及司法机关的名称、文号等可自行编撰。

---

① 材料来源:来源:http://learning.sohu.com/11/98/article213539811.shtml。

第十章 公安机关主要法律文书的制作

了解相关国家机关在履行侦查职能时的办案流程和法律文书的分类及作用,熟悉法律文书制作的相关法律知识,掌握主要法律文书的制作方法。

第一节 公安机关法律文书概述

我国的人民公安机关具有特殊的性质,既是各级人民政府的一个独立部门,担负着公安行政的职责,负责户籍、治安、交通管理等事务;同时又是法定的侦查机关,依照《刑事诉讼法》的规定履行侦查职能,负责除法律明确规定由其他机关侦查的案件外的一切刑事案件的侦查工作。因此,公安文书也就分成了侦查文书和行政文书两类。从公安文书的使用角度还可以分为对内的请示报告类文书和对外发布、通知类文书。鉴于很多公安文书具有共性,本章不再一一介绍其写法,重点介绍个性较强的叙述类文书和共性文书的一般特点。

一、万能表的基本格式介绍

在公安实际工作中,有民警总结出了所谓"万能表"的概念及使用方法,简化了对纷繁复杂的公安文书的学习和使用,便于尽快掌握其制作方法。万能表是执法民警根据与查办案件有关工作的具体事项,命名文书名称、注明工作事项的内容,由上级进行审批决定是否进行该项工作的法律文书。[①] 在查处违法犯罪案件的工作中,经常会遇到诸多与案件调查有关的工作事项。这些工作事项临时性强,与案件查处密不可分且极为重要,有些工作在程序法中并无明确规定,是否可以进行这些工作,应以公安法律文书的形式,由上级领导予以批示。

公安法律文书中有关违法犯罪嫌疑人的主体身份,可事先格式化统一印制,

---

① 段钢著:《公安讯问笔录、询问笔录的制作与使用》,中国人民公安大学出版社2005年版,第198页。

而法律文书的名称是制作文书的关键,这一问题是由简要案情所决定的。但是简要案情只是文书的核心组成部分,不宜以简要案情命名其正文核心部分,也不可能将有关的工作事项事先以格式化的形式逐一印制成相应的法律文书。因此,需要有一种相对格式化形式印制的文书范本,基本格式是:

第一,文书名称:呈请××报告书。根据具体工作内容的需要予以命名。

第二,领导批示:本项内容用横线分为两层,首层由分(县)局领导签署意见、姓名、日期;次一层由科所级领导签署意见、姓名、日期。

第三,正文部分:《呈请××报告书》。正文部分只印刷了黑线横格,有关栏目及内容均由制作者根据需要设定、填写。此种万能表正文部分,由以下几方面组成:违法犯罪嫌疑人基本情况、简历、家庭成员(根据实际情况制作本项内容)、处理理由或者理由及依据(文书的核心部分)。

第四,结尾:执法单位名称、承办人姓名、日期。

应注意的是,该类文书在制作时应严格区别一般的公安机关公文写作。制作者应运用法言法语,重点阐明问题的焦点或者是不宜把握事项的具体内容,避免在琐碎问题上过分纠缠。

二、制作一般的公安机关法律文书应注意的问题

(一) 突出"有则繁、无则简"的原则

所谓"有则繁"即对一案件有关的问题应详细记录,这里所说的详细记录并非一字不漏,而是有重点地以书面语言予以记录和体现,特别是在制作《询问》《讯问》笔录时,以及制作《呈请××报告书》和其他请示类的法律文书时,尤应注意。所谓"无则简"即对与案件无关的内容作书面表述时要简单化,或者不予记录。例如,在制作《讯问》笔录时,对于简历部分不必从违法犯罪嫌疑人上小学时起逐一表述,对于历史上从事的职业与违法犯罪无关,或者是本人没有违法犯罪记录的,应以最简单的书面语言予以表述。

(二) 准确体现法定情节和酌定情节

对于法定情节要准确地体现在《呈请××报告书》和其他请示类的法律文书中,例如,抢劫罪适用死刑的具体规定,同时在制作讯问、询问笔录以及相关的取证工作中,要形成严谨的证据体系,作为依法处罚的基础。酌定情节应当是自由裁量权适用的基础和依据,在适用自由裁量权时如何能够做到既不放纵罪犯,充分保护被侵害人的利益,也不使嫌疑人受到冤枉,除了需要执法者有高度的责任心,还要运用相应的证据,以便监督执法者自由裁量权的依法使用。

(三) 笔录是最基本的公安法律文书

笔录是基础性的法律文书,各类公安执法案卷的建立均以笔录为基础。笔录也是其他法律文书的制作依据,也是取证工作的基础环节,所有的证据均

由笔录穿针引线缝合在一起,织成一个严密的证据体系,笔录制作是公安执法工作的基本技能,每一名公安民警均应熟练掌握。

第二节 侦查文书的制作

侦查文书,是公安机关(含国家安全机关,下同)和其他依法具有侦查职能的检察机关、监狱机关在刑事诉讼活动中依法制作或者认可的具有法律效力或法律意义的文书。[①] 侦查文书是法律文书中重要的组成部分。刑事案件往往从侦查工作开始,公安机关从立案到侦查取证,到破案结案,刑事法律文书伴随侦查工作的始终。因此,公安机关的刑事法律文书根据办案的程序,就有立案、侦查、破案、结案等多种文书;在表现形式上,又分为表格式、笔录式、文字叙述式等多种形式。在侦查文书中,虽然表格类文书占有很大的比重,笔录、文字叙述式文书也较检察院、法院的文书简单易写,但法律文书失之毫厘,谬以千里,公安机关刑事法律文书的制作者不但要了解法律法规和办案的程序,还要对各文书的制作方法谙熟于心,认真规范,一丝不苟,才能确保法律的实施和侦查工作的实现。现行侦查文书可分为以下八类:(1)立案、破案文书,包括受理刑事案件登记表、不立案理由说明书、刑事案件破案报告表等共12种;(2)律师介入文书,包括涉密案件聘请律师审批表、准予会见涉密案件在押犯罪嫌疑人决定书等共6种;(3)强制措施文书,包括呈请取保候审报告书、呈请监视居住报告书、拘留证、提请批准逮捕书及逮捕证等共21种;(4)询问犯罪嫌疑人文书,包括讯问笔录共6种;(5)调查取证文书(含搜查、扣押类),包括询问笔录、鉴定结论、呈请搜查报告书、呈请查询犯罪嫌疑人汇款报告书、调取证据清单共36种;(6)延长羁押期限文书,包括呈请延长拘留期限报告书共5种;(7)侦查终结文书,包括侦查终结报告、起诉意见书等共8种;(8)补充侦查、复议复核文书,包括补充侦查报告书等共3种。[②]

本节主要介绍起诉意见书、要求复议意见书和提请复核意见书的写法。

一、起诉意见书

起诉意见书是文字叙述式文书,由首部、正文、尾部组成。

(一)首部

1. 文书名称
2. 文书编号

---

① 周道鸾主编:《法律文书教程》,法律出版社2007年版,第45页。
② 同上书,第45页、第46页。

3. 犯罪嫌疑人的基本情况

包括犯罪嫌疑人的姓名、性别、出生年月日、出生地、身份证件号码、民族、文化程度、职业或工作单位及职务、住址、政治面貌等。

4. 违法犯罪经历及因本案被采取强制措施的情况

犯罪嫌疑人曾经接受刑事处罚、治安处罚或被劳动教养的情况,及因本案采取的强制措施情况。

(二) 正文

1. 案件的办理情况

这部分主要由案由、案件来源、案件侦查过程等内容构成。案由可表述为:"犯罪嫌疑人涉嫌××一案。"案件来源具体指公民举报、控告,或是上级交办,或是有关部门移送及在工作中发现等来源情况。案件侦查过程主要指案件的受案、立案的时间,犯罪嫌疑人的归案时间、情况等。最后以"犯罪嫌疑人×××涉嫌××一案,现已侦查终结"作结。

2. 案件事实

主要应写明经过侦查终结确认的犯罪嫌疑人的犯罪事实,包括犯罪的时间、地点、经过、手段、目的、动机、危害后果等与定罪有关的事实要素。通过事实的叙述,要反映出刑法规定的构成犯罪的四个要件。由于实际办案中案件的情况十分复杂,要根据案情,采取恰当的记叙方法安排结构。如果是一人一次犯罪、多人一次犯罪和一人多次犯涉嫌同一性质罪名的案件,可以按照犯罪嫌疑人作案时间的先后顺序来叙述。如果是一人或者多人多次犯罪,且涉嫌不同罪名的案件,可以按犯罪的性质来叙述,即先叙重罪再叙轻罪。如果两人或多人多次涉嫌同一罪且作案的方式、方法、经过、手段等情节又基本相同的案件,可以采用综合归纳法叙述。如果是共同犯罪和集团犯罪案件,由于犯罪嫌疑人在犯罪过程中所处的地位不同,触犯的法律条款也不尽相同,可先采用综合归纳法,再按主犯、从犯、胁从犯的顺序来分别叙述。

3. 相关证据

另起一段以"认定上述事实的证据如下"引出列举的证据。证据列举完毕,以"上述犯罪事实清楚,证据确实充分,足以认定"作结。

4. 案件有关情节

简要说明犯罪嫌疑人是否有累犯、立功、自首等从重、从轻、减轻等量刑处罚的情节。

5. 犯罪性质的认定及移送审查起诉的依据

简要概括阐明犯罪嫌疑人的犯罪行为的危害程度及行为的性质,触犯刑法的条文和涉嫌的罪名,移送审查起诉的法律依据。如果犯罪嫌疑人的犯罪行为触犯了刑法多条条款,已构成多个罪名,要一一引用。

（三）尾部

包括文书送达的机关、成文日期，并加盖公安局长章和公安局章。附注要写明附送本案卷宗的卷数、册数、犯罪嫌疑人现在的处所、随案移交的物品等。

（四）例文评析

<h3 style="text-align:center">××市公安局起诉意见书</h3>

×公预诉字［2006］516号

犯罪嫌疑人崔××，男，1983年7月15日生，河北省阜平县人，身份证号：××××××××××××××××××，汉族，初中文化程度，河北省保定市阜平县平阳镇××村农民，住该村。因涉嫌故意伤害罪，2006年8月12日被我局刑事拘留；经××市人民检察院第一分院批准，同年9月19日被依法逮捕。

犯罪嫌疑人张××，男，1986年1月6日生，吉林省公主岭市人，身份证号：××××××××××××××××××，汉族，初中文化程度，吉林省公主岭市××村一屯农民，住该村。因涉嫌窝藏罪，2006年8月12日被我局刑事拘留；经××市人民检察院第一分院批准，同年9月19日被依法逮捕。

犯罪嫌疑人牛××，男，1986年12月7日生，河北省定州市人，身份证号：××××××××××××××××××，汉族，初中文化程度，河北省定州市开元镇××村农民，住该村。因涉嫌窝藏罪，2006年8月31日被我局刑事拘留；经××市人民检察院第一分院批准，同年10月1日被依法逮捕。

犯罪嫌疑人张××，男，1986年4月12日生，吉林省公主岭市人，身份证号：××××××××××××××××××，汉族，初中文化程度，吉林省公主岭市××村一队农民，住该村。因涉嫌窝藏罪，2006年8月12日被我局刑事拘留；同年9月19日被取保候审。

犯罪嫌疑人段××，男，1982年4月14日生，河北省阜平县人，身份证号：××××××××××××××××××，汉族，高中文化程度，河北省保定市阜平县平阳镇××村农民，住该村。因涉嫌窝藏罪，2006年9月1日被我局刑事拘留；同年9月30日被取保候审。

犯罪嫌疑人崔××、张××、牛××、张××、段××涉嫌故意伤害、窝藏一案，由崔公×于2006年8月11日17时许报案至我局。我局经审查，于当日立案进行侦查。犯罪嫌疑人崔××、张××、牛××、张××分别于2006年8月12日、8月31日被我局抓获归案；犯罪嫌疑人段××于同年9月1日投案。犯罪嫌疑人崔××、张××、牛××、张××、段××涉嫌故意伤害、窝藏一案，现已侦查终结：

经依法侦查查明：犯罪嫌疑人崔××于2006年8月11日17时许，在本市××区××大厦西北角路边，无照摆摊卖货时，因被本市××区城管大队查处，即怀恨在心,持刀将执法的××城管队副队长李××(男,36岁)颈部扎伤,李右侧头臂静脉及右肺上叶被刺伤,致急性失血性休克死亡。犯罪嫌疑人张××、牛××、张××、段××明知崔××负案仍为其积极提供资金及藏匿地点,帮助犯罪嫌疑人崔××逃匿。

认定上诉犯罪事实的证据如下:报案材料、现场勘察记录、尸检报告、鉴定结论、证人证言。犯罪嫌疑人崔××、张××、牛××、张××、段××对犯罪事实亦供认不讳。

上述犯罪事实清楚,证据确实、充分,足以认定。

犯罪嫌疑人崔××的行为已触犯《中华人民共和国刑法》第二百三十四条之规定,涉嫌故意伤害罪。犯罪嫌疑人张××、牛××、张××、段××的行为均已触犯《中华人民共和国刑法》第三百一十条之规定,涉嫌窝藏罪。依照《中华人民共和国刑事诉讼法》第一百二十九条的规定,现将此案移送审查起诉。

此致
××市人民检察院第一分院

局长马××(印)
××市公安局(公章)
2006年10月23日

附:
1. 犯罪嫌疑人崔××、张××、牛××现羁押在××市看守所。
2. 本案预审卷宗12卷。

点评

起诉意见书是公安机关对案件的全面总结,同时又是向检察机关移送起诉的文书,是公安侦查文书中十分重要的文书之一。

总体上,该份文书形式上符合一般起诉意见书的制作规范,如对于犯罪嫌疑人情况介绍详细,首部、正文和尾部俱全,但是正文内容有待进一步改进。

该文书正文部分主要存在以下两个明显的缺陷:第一,案情叙述不详细。该案涉及的被告人数比较多,且涉及故意伤害和窝藏两个罪名,制作者仅用了一个自然段陈述案情,不够具体,应该采用两个部分分别记叙故意伤害和窝藏行为,这样会使正文内容更加清晰。第二,所述事实缺乏证据的支持。一般在叙述完犯罪事实之后,紧接着应该是对证明犯罪事实的证据的分析,事实与证据的充分结合才能得出最后所述事实"确实充分"的结论。在列举证据进行分析时,要注意分类列举,特别在涉及证据很多的情况下,要尽量做到多而不乱。

二、要求复议意见书

要求复议意见书是公安机关认为同级人民检察院不批准逮捕、不起诉的决定有错误时,依法要求同级人民检察院重新复议时制作的文书。公安机关依法行使复议权,对同级人民检察院办理刑事案件的活动进行制约,可以促使人民检察院正确执法,依法办案,保证办案的质量。要求复议意见书是驳论性文书,说理性较强,制作中应充分阐明道理,用充分的证据去说明案件的事实,同时语言要有分寸,不能言辞过激。

要求复议意见书由首部、正文、尾部组成。

首部包括文书名称、文书编号、文书的受文机关,即要求复议的人民检察院。

正文包括:

(1) 要求复议的事项。以同级人民检察院不批准逮捕或不起诉决定书的来文为由,依次写明检察院来文的时间、文书编号、犯罪嫌疑人的姓名、案由、检察院的决定、公安机关的意见。

(2) 要求复议的理由。要针对检察机关不批准逮捕、不起诉决定的具体事项,结合案件的具体情况,阐明公安机关要求复议的理由。写明该决定存在错误的事实和证据,根据公安机关查证的有关事实和证据进行简要分析。

(3) 要求复议的法律依据和内容。法律依据应根据要求复议的内容来决定。如果是对不批准逮捕的决定要求复议的,应引用《刑事诉讼法》第90条;如果是针对人民检察院不起诉决定提出复议的,应引用同法第175条。在引用法律条款之后,即可提出要求检察院进行复议的意见。

尾部写明致送机关的名称、成文日期并加盖公安机关印章,注明所附案件卷宗的卷数及页数。

三、提请复核意见书

提请复核意见书是公安机关认为人民检察院作出的复议决定书有错误时,提请上一级人民检察院对案件重新审核而制作的法律文书。根据我国《刑事诉讼法》第90条、第175条的规定,公安机关认为人民检察院不批准逮捕、不起诉的决定有误时,可以要求复议,如果不被接受,可以向上一级人民检察院提请复核。上级人民检察院应当立即复核,作出是否变更的决定,通知下级人民检察院和公安机关执行。

公安机关制作提请复核意见书必须是针对经过复议的案件,没有经过复议的案件不得直接向上一级人民检察院提请复核。另外,提请复核必须针对公安机关要求复议的意见未被接受而认为有必要再议的案件。此外,提请复核意见书必须是原制作要求复议意见书的公安机关制作,其他机关没有要求复议的权利。提请复核意见书也是驳论性文书,语言要求与要求复议意见书相同。

提请复核意见书由首部、正文、尾部组成。

首部。包括文书名称、文书编号、文书的受文机关,即同级人民检察院的上一级检察院。

正文包括:

(1) 提请复核的事项。首先,写明公安机关要求同级人民检察院进行复议的简要情况;其次,写明同级人民检察院复议的决定;最后,明确表明公安机关的态度,认为同级人民检察院的复议决定有错误。

(2) 提请复核的理由和意见。应针对检察机关复议决定书的决定事项和理由,用查证的犯罪嫌疑人的犯罪事实及相关的证据逐条予以反驳,指出复议决定的事项不能成立,阐明公安机关提请复核的理由,以提请人民检察院复核并作出正确决定。

(3) 提请复核的法律依据和要求。应根据我国《刑事诉讼法》第 90 条或第 175 条的规定,提出要求复核的意见。

尾部。写明致送机关的名称、成文时间并加盖公安机关印章,注明本案卷宗的卷数册数。

第三节 公安行政文书的制作

一、公安行政文书概述

公安行政法律文书,是指与《公安机关办理行政案件程序规定》相配套的公安行政法律文书,各省级公安机关可以根据当地实际对其进行完善。制作公安行政法律文书应当完整、准确、规范,符合相应的要求。当场处罚决定书采用 130 毫米×160 毫米的版心尺寸制作,其他文书制作时统一使用国际标准 A4 型纸。文书填写应当使用钢笔和能够长期保持字迹的墨水,要做到字迹清楚、文字规范、文面整洁。文书设定的栏目,要逐项填写;不需填写的,要划去;摘要填写的,应当简明、完整、准确。签名和注明日期,必须清楚无误。文书中的记录内容应当具体详细,涉及案件关键事实和重要线索的,应当尽量记录原话。记录中应当避免使用推测性词句,防止发生词句歧义。描述方位、状态的记录,应当依次有序、准确清楚。

鉴于本章对"万能表"作了专门介绍,且很多公安行政法律文书有规律性可循,这里就不一一介绍全部文书的写法,只是选择几种常见的公安行政法律文书的写法作以简要的介绍。

二、行政许可决定书

行政许可决定书,是指行政机关根据公民、法人或者其他组织的申请,经依法审查,准予其从事特定活动时所制作的行政法律文书。公安行政许可文书的制作,是公安机关依法行政活动的基础和重要的组成部分。

行政许可决定书包括准予行政许可决定书、不予行政许可决定书和撤销行政许可决定书。其内容包括:

(1)致送对象,即提出行政许可的公民、法人或其他组织。

(2)决定事项,即是否决定准予行政许可或者决定撤销的行政许可事项以及相关的法律依据。

(3)告知事项,对准予行政许可决定书要在此注明行政许可证件的颁发期限;不予行政许可或撤销行政许可的,要告知不服本决定的法定权利和救济程序。

三、行政处罚决定书

公安行政处罚决定书是公安机关按照行政处罚的一般程序对当事人予以行政处罚时所使用的法律文书。各地公安机关可以根据实际需要选择使用制作式决定书或者填充式决定书。制作式决定书和填充式决定书均可以适用于"一案多人""一人多案"的情况,公安机关可以根据具体情况自行确定是否适用。

使用制作式决定书时,应当按照要求在正文中载明有关内容,其中对涉案财物的处理结果包括没收、收缴、追缴以及相应的发还情况;对被处罚人的其他处理情况包括强制戒毒和收容教育等强制措施。被处罚人同时被决定强制戒毒或者收容教育的,制作式文书中应当写明强制戒毒和收容教育的依据、期限和执行单位的名称和地点,不需再另行制作强制戒毒或者收容教育决定书;被处罚人的救济途径应当写明申请行政复议或者提起行政诉讼的期限以及具体的行政复议机关、人民法院。

使用填充式决定书时,被处罚人是自然人的,"被处罚人"栏应当填写被处罚人的姓名、性别、出生日期、身份证件种类及号码、现住址和工作单位;被处罚人是单位的,应当填写名称、地址和法定代表人。"现查明"后面的横线处填写违法事实部分,填写时应当准确、简明、扼要。"以上事实有"后面的横线处填写证据部分,填写时应当填写证据的具体名称,但是为保护证人的安全,证人证言可以不写证人姓名。"根据"后面的横线处填写法律依据,包括作出的处罚和收缴、追缴等其他行政处理的法律依据。"现决定"后面的横线处填写决定内容,包括处罚的种类和幅度以及收缴、追缴等其他处理内容。对多个违法行为人的处罚不同的,要同时写明每个违法行为人的姓名及处罚种类、幅度,对一人的多个违法行为要分别写明处罚种类、幅度。"履行方式"后面的横线处要注明具体的期限和方式,包括合并执行的情况。一并作出没收、收缴、追缴决定时,应当附有相应的清单,并在决定书中注明清单的名称和数量。

被处罚人或者被处罚单位的法定代表人或者负责人应当在附卷的一份决定书上签名。拒绝签名的,由办案人民警察在上面注明。

其他公安行政法律文书可以参照后边附的格式样本以及"万能表"的制作方法学习。

四、行政复议决定书

依据我国《行政复议法》第31条规定,行政机关作出行政复议决定,应当制作行政复议决定书并加盖印章。行政复议决定书是受理复议申请的部门在全面调查的基础上提出意见,并经复议机关领导审核批准的法律文书。该法律文书应包括以下内容:

首部:公安机关名称、法律文书名称、文书编号,当事人基本情况。

正文部分包括:申请人复议申请所指向的具体行政行为的内容及相关文书编号、提出复议申请的日期、受理复议申请的日期、复议申请内容及请求事项;被申请人答复内容和作出具体行政行为所依据的证据;复议机关经调查认定的事实、法律依据和作出的复议结果;申请人法律救济的途径。

应注意的是,根据法律规定,复议机关的复议决定为最终结果不得申请行政诉讼的,在行政复议决定书中应予注明;明确告知申请人申请法律救济的法定时限以及逾期后应承担的法律责任。

尾部:公安机关印章、日期(作出复议决定的日期)。

五、行政赔偿决定书

行政赔偿决定书是赔偿义务机关在具体行政行为被确认违法并给赔偿申请人造成损失后,应赔偿申请人的申请而依法作出赔偿决定时制作的行政法律文书。包括以下内容:

首部写明制作机关、标题、文号以及申请人的基本情况和案由。

正文包括赔偿机关认定的事实、理由和赔偿方式及计算标准。如果赔偿申请人提出的请求明显不合理,赔偿机关可以否定其不合理的部分并说明理由;赔偿申请人提出的请求合理,赔偿机关应当认定并采纳。赔偿义务机关依据《国家赔偿法》确定的赔偿方式及计算标准应当列明。

尾部写明发文机关名称和时间。

一、名词解释

1. 侦查文书
2. 万能表的基本格式
3. 要求复议意见书
4. 提请复核意见书

二、文书制作

1. 根据下列材料制作一份起诉意见书：

秦××，男，××××年×月×日出生，汉族，××省××县人，初中文化，无业，捕前住××市××街××号。××××年×月×日因抢劫、盗窃罪被××市××区法院判处有期徒刑三年六个月，××××年1月18日释放。××××年×月×日因涉嫌故意伤害被××市公安局刑事拘留，同年×月×日经××市人民检察院批准，以故意伤害罪（致人死亡）被××市公安局逮捕。

犯罪事实：××××年×月×日17时许，秦××和其女友等人酒后准备到田××（另案处理）家玩。行至机械厂家属院194号时，遇到帮助别人料理丧事的黄××（死者）。黄说："……敢从这儿过就弄死你。"秦××将其女友送至21排房后，遂即叫田××等人返回原处，用随身携带的剔骨刀照黄腹部猛刺一刀，尔后逃窜。黄被送至医院抢救无效死亡。经法医鉴定：黄××系被他人用刀刺伤腹部致胰十二指动脉破裂及下腔静脉破裂大出血引起重度失血性休克循环衰竭死亡。

上述犯罪事实有证人王××、李××等证言，刑事技术鉴定，现场勘察笔录及作案凶器剔骨刀一把为证，秦××对所犯罪行亦供认不讳。

第十一章 监狱机关主要法律文书的制作

> **教学目标**

全面了解监狱法律文书的设置内容,理解并掌握常用监狱法律文书的概念、功用和写作方法技巧。通过学习,要求学习者达到能够结合司法实践实际运用本章所介绍的常用文书(各种表格除外)的要求。

监狱机关法律文书,是特指我国各监狱和未成年犯管教所在对判处死刑缓期两年执行、无期徒刑、有期徒刑的罪犯执行刑罚和教育改造的过程中,依照法定程序,根据国家法律和监管规定,制作的具有法律效力或法律意义的文书总称。需要指出的是,监狱法律文书在过去也被称为监狱执法文书或监狱劳改文书。

监狱机关法律文书的制作对罪犯实施劳动改造具有特殊的作用,是我国法律文书的重要组成部分。它客观忠实地记载了我国监狱对罪犯执行刑罚,进行教育改造,使其成为守法公民的全部实际情况。它既是执行刑法、惩罚罪犯、使其认罪伏法的有效手段,又是教育改造罪犯的生动教材。从另一个意义上讲,它还是检查执行情况,总结经验教训,健全和完善监狱法制体系、规章制度的材料依据,具有保存价值。

第一节 提请减刑、假释建议书

提请减刑、假释建议书,是监狱、未成年犯管教所依法在对服刑改造期间确有悔改或立功表现且已执行符合法定要求的刑期的罪犯,提请法院审核裁定减刑或假释时而制作的文书。

提请减刑、假释建议书是两种文书,一是提请减刑建议书,另一种是提请假释建议书,由于文书制作主体相同,内容基本相同,所以合用一种格式。文书分为以下三部分:

(一)首部

包括标题(含制作机关、文种名称)、文号、罪犯基本情况和案由。标题、文号的写法与其他法律文书基本相同,不再讲述。罪犯基本情况,依次写明罪犯的姓名、性别、年龄、民族、籍贯、原判罪名、原判法院名称、判决日期、判决字号、判处刑罚种类、交付执行改造的日期和场所。提请减刑建议书的案由表述是："该犯在服刑改造期间，确有悔改或者立功表现"；提请假释建议书的案由表述是："该犯在服刑改造期间，确有悔改或立功表现，并已服够法定年限，具体事实如下"。但是具体行文时应当注意，因此段文字是印制好的，所以应当明确该罪犯是有"悔改"还是有"立功"的表现，二者居其一的划去其中另一项，如果二者兼而有之，则要把"或者"改为"和"。

（二）正文

应当写明悔改或者立功表现的具体事实，减刑或者假释的理由、法律根据和监狱部门的结论性意见等三方面内容。

1. 悔改或者立功表现的具体事实

这是减刑、假释的必备条件和事实依据，是重点内容，应当具体、详细地叙写清楚。最高人民法院《关于办理减刑、假释案件具体应用法律若干问题的规定》中，对悔改和立功表现作了明确规定："悔改表现主要是指罪犯认罪伏法；一贯遵守罪犯改造成行为规范；积极参加政治、文化、技术学习；积极参加劳动，爱护公物，完成劳动任务。以上四个方面同时具备的，应认为是确有悔改表现"；"确有立功表现，是指揭发检举监内外犯罪分子的犯罪活动，经查证属实；制止他犯逃跑、行凶、破坏等犯罪活动；在生产中有发明创造、重大技术革新；在日常生活中舍己救人；在抢险救灾中有突出贡献；其他有利于国家和人民利益的突出事迹。有上述表现之一的，应认为是确有立功表现。"以上规定，是文中叙述悔改或者立功具体事实的依据和指导思想。

此外，还应当注意所写的事实材料必须经查证属实，准确可靠，没有差错；突出重点，抓住关键，以具体、典型的事例说明罪犯确有悔改或者立功表现，切忌空泛叙说；叙事时注意写明时间、地点、人物、主要情节、经过、原因和结果诸要素。

2. 减刑、假释的理由

要根据所叙的具体事实进行分析评论，说理要实事求是，掌握分寸，与客观事实相一致，概括出结论性的意见，切不可离开事实空泛议论，以免出现结论与事实相脱节、相矛盾的现象。要根据有关法律、法规的规定，进行分析说理，使理由合法，有根有据，令人信服。

3. 法律依据及监狱的意见

这一部分单写一段，具体表述为："为此，根据《中华人民共和国刑事诉讼法》第×条第×款的规定，建议对罪犯×××予以减刑或假释，特提请审核裁定。"如果是填充式，这一部分只需填写罪犯姓名和监狱的意见即"减刑"或者"假释"即可。如果是拟制式，则要先写明法律条款，后写罪犯的姓名和监狱的意见。这一部分内容要求写得准确无误。

（三）尾部

主要内容包括：

（1）写明送达用语和送达的人民法院名称，即"此致""×××人民法院"。

（2）在右下方注明文书制作的年月日，并加盖文书制作机关的公章。

（3）附项中说明附"罪犯×××劳改档案共×卷×页"

（四）例文评析

××省××劳改队
提请假释建议书

（19××）×劳字第×号

  罪犯赵××，男，现年34岁，汉族，××县××乡人，因流氓、诈骗罪经×法刑字第×号刑事判决判处有期徒刑八年。××××年×月××日送××劳改支队执行劳动改造。

  该犯在服刑改造期间，确有悔改和立功表现，具体事实如下：

  该犯入监初期，对罪恶认识不足，认为量刑过重，缺乏改造决心，后经教育改造，使其逐步端正了改造态度。认识到"自己的犯罪危害了人民群众的利益，扰乱了社会治安，人民政府将我判刑改造，完全是我罪有应得，也是对我的及时挽救"。在改造期间，该犯能积极参加政治、文化技术学习。政治学习讨论中，能联系思想实际，积极发言。文化技术学习刻苦认真，按时完成作业，考试成绩均在90分以上，××××年被评为学习积极分子。

  罪犯孙××和罪犯李××有矛盾，一天，孙犯装了一大包铁屑，准备回监室殴打李犯，赵犯发现后及时向值班干警做汇报，值班干警当场从孙犯身上搜出了铁屑，消除了隐患，避免了一次打架斗殴事件。

  在生产劳动中，赵犯能服从分配，积极肯干，虽然腿脚有病，行走不便，仍能坚持参加劳动，较好地完成了生产任务。1987年该犯被调任运输工作，能急生产所急，从未耽误过车间的生产需要；能谨慎驾驶，爱护车辆，注意安全，在开拖拉机期间未出任何事故。××××年×月×日下午一点左右，该犯和犯人姚××开着拖拉机在热处理车间送部件，正办理加工手续时，忽听到有人大喊："失火了！"该犯闻声后，迅速跑到现场，将一床棉毯泡水后盖在油池上。但火势太大，眼看火苗就要窜上机车，该犯急中生智，大声召唤其他犯人关闭电源，又立即驱车去仓库拉来灭火器。这时大火已蔓延到房顶，十分紧急。该犯不顾个人危险，冒着浓烟，冲进厂房，和其他犯人一起将易燃物品抢出厂房外，用灭火器械将大火扑灭。在救火中，该犯表现突出，为此受到本支队的记功奖励。该犯因流氓、诈骗罪被判刑八年，已服刑六年零六个月，所剩残刑一年又六个月。

综上所述，罪犯赵××在服刑改造期间能认罪服法，靠拢政府，积极改造，遵守监规纪律，能完成生产任务，在火灾事故面前，不怕危险，勇于抢救国家财产，确有悔改和立功表现。

为此，根据《中华人民共和国刑事诉讼法》第二百二十一条第二款的规定，建议对罪犯赵××予以假释，特提请审核裁定。

此致
××市中级人民法院

××省××劳改队
××××年×月×日（公章）

附：罪犯赵××劳改档案共一卷三十二页。

点评

提请假释建议书在结构上与提请减刑建议书基本相同，只是引用的法律条款以及理由依据不同。

该份提请假释建议书中对罪犯在服刑改造期间的悔改、立功表现作了详细的叙述，尤其在陈述罪犯狱中表现的同时，还记述了罪犯思想、态度上的转变过程，即从"入监初期，对罪恶认识不足，认为量刑过重，缺乏改造决心"到后来的"经教育改造，使其逐步端正了改造态度"，从罪犯积极的学习态度、生产劳动的表现、思想上的进步几个方面综合概括了罪犯悔改表现。不足之处在于，对于假释的法定条件与罪犯的现实表现阐述得不是十分紧密。假释中对于已经执行的刑期的情况没有重点体现出来，另外对于"假释后不致再危害社会"这一适用假释的实质条件在文书中没有重点强调，只是陈述了罪犯的悔改和立功表现。

提请假释建议书制作的关键在于事实依据的写作，主要分成三个部分：（1）事实结论，如文中所述"该犯在服刑改造期间，确有悔改和立功表现，具体事实如下……"；（2）具体事实，如文中对假释对象在思想、态度各个方面转变的描述；（3）综合论述，也可以视为对前述事实的一个概括性总结，如文中最后"综合论述综上所述，罪犯赵××在服刑改造期间能认罪服法……确有悔改和立功表现。"另外，在制作提请假释建议书时尤其注意将假释后不再危害社会作为理由重点强调。

××省××监狱
提请减刑建议书

（××××）×监减字第××号

罪犯陈×，男，现年26岁，汉族，××省××县人，因奸淫幼女罪、抢劫罪，经

××县人民法院于1992年12月19日以(1992)×法刑字第104号刑事判决判处有期徒刑十五年,剥夺政治权利三年。于1993年1月3日送××省××监狱执行劳动改造。

该犯在服刑改造期间,确有悔改表现,具体事实如下:

该犯自服刑改造以来,经过反复教育,对其所犯罪行的社会危害性有了正确的认识,曾多次表示要痛改前非,重新做人。在平时的改造中,该犯能服从管教,遵守罪犯改造行为规范,积极维护监内秩序,勇于同违反监规的罪犯作斗争。

1993年8月7日午休时,同监犯张×与崔×因赌博发生殴斗,双方动用了木棍、砖头等凶器。该犯见状,立即上前劝阻,最终制止了一场恶性事件的发生。为此,该犯的面部、背部被木棍、砖头打伤多处。

该犯积极参加政治、文化学习,从1993年以来,文科考试成绩均在90分以上,连年被评为监狱的优秀学员。

在生产劳动中,该犯服从分配,努力完成生产任务,同时主动刻苦努力学习技术,现已成为车间M2120线上的操作能手。1994年7月,该犯与另一名犯人一起主动承担了1500只7205外圈的生产任务。为了按时向用户交货,该犯不顾炎热和蚊虫叮咬,每天坚持操作12个小时以上,结果比原计划提前7天完成了生产任务。在1995年的双增双节活动中,该犯不怕麻烦,以旧代新,全年共利用废旧砂轮451块,为车间降低生产成本,提高经济效益作了努力。该犯在1995年和1996年度,两次被监狱评为改造和积极分子。双百分考核名列车间第二。

综上所述,罪犯陈×在服刑改造期间,能认罪服法;一贯遵守罪犯改造行为规范;积极参加政治、文化、技术学习;积极参加劳动,完成劳动任务;自觉维护监规,确有悔改表现。

为此,根据《中华人民共和国刑法》第七十八条和《中华人民共和国刑事诉讼法》第二百二十一条第二款之规定,建议对罪犯陈×予以减刑,特提请审核裁定。

此致
××市中级人民法院

××省××监狱(公章)
××××年××月×日

附:罪犯陈×的改造档案共3卷302页。

点评

提请减刑建议书是监狱依照法定程序,对符合法定减刑条件的罪犯向人民法院提出减刑建议时所制作的文书,减刑建议书必须严格按照法律规定的减刑条件和程序来启动,这也是为经过改造后确有悔改表现的罪犯减刑的第一个步骤,所以,提请减刑建议书的制作质量关系着是否减刑的结果,制作此类文书更应慎重,尽量写得周全,突出罪犯在服刑期间各方面的转变。

提请减刑建议书的首部通常由标题、文书编号、减刑对象的基本情况以及案由四个部分组成。其中关于案由的说明,一般的规范用语为"该犯在服刑改造期间,确有悔改表现,具体事实如下",具有承上启下的作用。

正文应当写明悔改或者立功表现的具体事实、减刑的理由、法律依据和监狱部门的结论性意见等方面内容,这是该文书的核心部分。以该份文书为例,正文中对减刑对象确有悔改表现方面写得比较详细具体,主要从遵守监规、积极参加政治文化学习以及生产劳动中的刻苦努力等方面展现了罪犯各方面的突出表现,说明了罪犯在狱中的悔改、立功表现,为其后提出减刑建议做好了铺垫。既有客观发生的事实要点,又有具体的事例加以佐证,真实具体且详略安排比较恰当。至于减刑的理由方面,制作者通过与事实结合来做说明,做到了紧贴事实、合情合理。该份提请减刑建议书很好地突出了该类文书的写作重点,即对减刑事实和理由的说明,这也是提请减刑建议书写作的难点。

此外,值得指出的一点在于,如果罪犯在服刑期间其刑期出现过变动情况的,则应该在介绍完罪犯的基本情况之后、陈述罪犯狱中表现之前加以说明。

第二节 对罪犯刑事判决提请处理意见书

一、对罪犯刑事判决提请处理意见书的概念

对罪犯刑事判决提请处理意见书,是指监狱在执行刑罚过程中,认为对罪犯的判决有错误,而提请人民检察院或人民法院处理时所制作的意见书。

提请处理意见书的制作依据是我国《刑事诉讼法》和《监狱法》的有关规定。我国《刑事诉讼法》第264条规定:"监狱和其他执行机关在刑罚执行中,如果认为判决有错误或者罪犯提出申诉,应当转请人民检察院或者原判人民法院处理。"我国《监狱法》第24条规定:"监狱在执行刑罚过程中,根据罪犯申诉,认为判决可能有错误的,应当提请人民检察院或者人民法院处理,人民检察院或者人民法院应当自收到监狱提请处理意见书之日起6个月内将处理结果通知监狱。"

监狱依法制作对罪犯刑事判决提请处理意见书,对于及时纠正判决中的错误,维护法律的公正性,保护罪犯的合法权益,具有重要意义。

二、对罪犯刑事判决提请处理意见书的内容与制作方法

对罪犯刑事判决提请处理意见书分正本和存根两部分。正本由首部、正文

和尾部三部分组成。

（1）首部。包括标题、发文字号和送达机关。送达机关为人民检察院或者原判人民法院。

（2）正文。正文的可以表述为：

"罪犯×××经××××人民法院以（　　）×××字第×××号刑事判决书判处×××。在执行刑罚中,我监(所)发现对罪犯×××的判决可能有错误。具体理由是：……。

为此,根据《中华人民共和国监狱法》第24条和《中华人民共和国刑事诉讼法》第264条的规定,提请你院对×××的判决予以处理,并将处理结果函告我监(所)。"

具体理由主要有两个方面：一是指出判决在认定犯罪事实方面的错误,二是指出判决在定罪量刑方面的错误。

（3）尾部。要署上执行机关名称及发文时间并加盖监狱公章。

存根由监狱保存备查,主要项目有：罪犯的姓名、罪名、刑期、提请理由、送达单位、时间、承办人、回复时间和回复结果。

三、例文评析

对罪犯刑事判决提请处理意见书

（1997）×监函字第×号

××市人民检察院

罪犯王××经××市中级人民法院以（1996）×法刑字第×号刑事判决处有期徒刑8年,在刑罚执行中,我们发现对罪犯王××的判决可能与事实有出入。具体理由是：

罪犯王××因强奸罪被××市中级人民法院以（1994）×法刑字第×号刑事判决判处有期徒刑15年,送我监执行刑罚。今年3月,原判法院又以量刑畸重为由,改判为有期徒刑8年。我们认为,该犯强奸妇女3名,犯罪性质严重,依照《中华人民共和国刑法》第×条第×、第×款的规定,判处有期徒刑15年量刑适当,不存在畸重问题。而原判法院又将改判后的判决书送达我监狱,让我监代为宣判。我们对此有不同意见。

为此,根据《中华人民共和国刑事诉讼法》第×条的规定,提请你院对罪犯王××的判决予以复查处理,并请将结果告诉我们。

点评

本意见书的制作比较简洁,格式规范。书写此类函时,需要注意的是,只写明因何原因提出何要求,致送于何机关达到何目的即可。

一、选择题

1. 提请减刑、假释意见书应当送达( )。
   A. 公安机关　　　　　　　　B. 人民检察院
   C. 人民法院　　　　　　　　D. 司法行政机关(劳改机关)

2. 服刑罪犯被假释时,应当制作的鉴定性文书是( )。
   A. 罪犯评审鉴定表　　　　　B. 罪犯奖惩审批表
   C. 罪犯出监鉴定表　　　　　D. 释放证明书

3. 对死刑缓期执行的罪犯提请执行死刑意见书属于( )制作的法律文书。
   A. 公安机关　　　　　　　　B. 人民检察院
   C. 人民法院　　　　　　　　D. 监狱

4. 记载出监罪犯在服刑改造期间的表现和监狱对其表现作出结论的法律文书是( )。
   A. 罪犯评审鉴定表　　　　　B. 罪犯出监鉴定表
   C. 罪犯奖惩审批表　　　　　D. 罪犯入监登记表

5. 监狱机关内部使用的文书是( )
   A. 监狱起诉意见书　　　　　B. 保外就医审批表
   C. 提请减刑意见书　　　　　D. 释放证明书

二、简答题

1. 简述监狱机关法律文书的概念和作用。
2. 提请减刑、假释建议书的正文应包括哪些内容?

第十二章 律师主要法律文书的制作

掌握辩护词、代理词的制作方法和分析论证基本思路,了解律师在履行辩护、代理职能的时候,应该掌握的诉讼技巧,提高思辨能力。掌握诉状类法律文书的基本制作方法,能够独立起草审查合同,撰写法律意见书。

律师法律文书一般分为诉讼类法律文书和非诉讼类法律文书两大类。律师的法庭演说词,从严格意义上说,并非一种文书,而是律师在法庭辩论阶段的一种即席发言,它反映了律师的口头表达能力,与写作能力是并驾齐驱的,都是律师应当具备的基本素质,是建立在律师庭前准备工作的基础上的,大多数律师也都是在庭前实现写好辩护词或代理词,临场再做一些必要的修补,才能在法庭上较好地发挥其演讲水平。在法庭审理结束后,很多情况下律师都把再次修改好的辩护词、代理词正式提交给法庭,以供法庭合议时参考。所以,虽然辩护词、代理词不是严格意义上的法律文书,但是仍然没有脱离开律师书面写作的形式,长期以来,律师们仍然将其作为法律实际应用技能来进行训练。

第一节 起诉状的制作

一、起诉状的概念和种类

起诉状是公民、法人或其他组织直接向人民法院提起民事诉讼、行政诉讼及法律规定的部分刑事案件的诉讼时所使用的法律文书。其功能在于请求人民法院启动一审程序以维护起诉人或原告在民事纠纷、行政争议以及部分刑事案件中的合法权益,追究对方的相关法律责任。

起诉状可以分为刑事自诉状、刑事附带民事起诉状、民事起诉状、行政起诉状等。

刑事自诉状,是自诉案件的自诉人或其法定代表人为追究被告人的刑事责任,向人民法院递交的法律文书。我国《刑事诉讼法》第204条规定,自诉案件包括下列案件:(1)告诉才处理的案件;(2)被害人有证据证明的轻微刑事案件；(3) 被害人有证据证明对被告人侵犯自己人身、财产权利的行为应当依法追究刑事责任，而公安机关或者人民检察院不予追究被告人刑事责任的案件。刑事自诉状是人民法院受理上述案件，追究其被告人刑事责任的主要依据。

律师参与刑事附带民事诉讼活动而制作的刑事附带民事诉状有两种，即刑事自诉案件附带民事诉状和刑事公诉案件附带民事诉状。公诉案件中，可以由人民检察院提起，也可以由因被告人的犯罪行为而遭受财产损失的公民、法人或其他组织提起，已死亡的被害人的近亲属，无行为能力或者限制行为能力的被害人的法定代理人也可以提起。刑事附带民事诉状的制作依据与功能与刑事自诉案件附带民事诉状相同。

民事起诉状，是指公民、法人和其他组织，在认为自己的民事权益受到侵害或者与他人发生争议时，向人民法院提出的要求人民法院依法裁判的法律文书。我国《民事诉讼法》第 119 条规定："起诉必须符合下列条件：(一) 原告是与本案有直接利害关系的公民、法人和其他组织；(二) 有明确的被告；(三) 有具体的诉讼请求和事实、理由；(四) 属于人民法院受理民事诉讼的范围和受诉人民法院管辖。"民事起诉状是人民法院受理民事诉讼案件、启动民事一审程序的依据。人民法院对符合上述规定的起诉，必须受理；否则，将不予受理。

行政起诉状是指公民、法人或者其他组织认为行政机关及其工作人员的具体行政行为侵犯其合法权益，依法向人民法院提起行政诉讼，请求人民法院作出裁判的法律文书。我国《行政诉讼法》第 41 条规定了提起行政诉讼应当具备的条件：(1) 原告是认为具体行政行为侵犯其合法权益的公民、法人或者其他组织；(2) 有明确的被告；(3) 有具体的诉讼请求和事实根据；(4) 属于人民法院受案范围和受诉人民法院管辖。

二、起诉状的结构和制作方法

起诉状由首部、正文、尾部组成。

（一）首部

1. 标题

居中写明："刑事自诉状"、"民事起诉状"、"刑事附带民事起诉状"。

2. 当事人的基本情况

依次写明自诉人及被告人的身份等基本情况。自诉人与被告人为自然人的应写明姓名、性别、出生年月日或年龄、民族、职业、工作单位及职务、住址等。自诉人与被告人为法人的则应写明单位的全称和地址、法定代表人的姓名和职务。自诉人、被告人为两人或两人以上的，应一一写明；被告人按罪行从重到轻排列顺序。如果自诉人委托他人为诉讼代理人，则应在委托人项下写明诉讼代理人的姓名、所在单位或律师事务所名称。

3. 案由和诉讼请求

案由即自诉人认定的被告人所犯的罪行。诉讼请求就是诉讼的目的和要求,刑事自诉状的诉讼请求就是自诉人所要求人民法院追究的被告人的刑事责任。在一个刑事自诉案件中,如果有两个或两个以上案由,诉讼请求可以分别表述、一一列出。

(二) 正文

正文主要写事实和理由。这是刑事自诉状的核心部分。

(1) 事实,就是被告人犯罪的具体事实,即被告人实施犯罪的时间、地点、动机、目的、手段、情节、危害结果和证实其实施犯罪行为的证据。

(2) 理由,就是以本案事实为依据,以有关法条为准绳,分析被告人的犯罪行为给自诉人造成的损失和危害以及被告人的犯罪行为所触及的罪名和追究其刑事责任的法律依据。写作中,一般用一段文字于正文最后总结事实和理由,指明被告人的犯罪行为所触及的罪名,重申诉讼请求。

(3) 刑事自诉状中的证据,就是指自诉人向人民法院提供的证明所指控被告人犯罪事实的具备证据形式的相关材料,要说明证据名称、件数和各个证据的来源、证人的姓名和详细住址。

(三) 尾部

(1) 致送本刑事自诉状的人民法院的名称。

(2) 自诉人签名盖章。如果律师仅代写刑事自诉状,而非本案自诉人的委托代理人则应在诉讼状的最后写上代书律师的姓名及其所在的律师事务所名称。

(3) 起诉时间。

(4) 附项。包括:刑事自诉状副本、证据和其他材料等。

三、起诉状的写作注意事项

(1) 律师在刑事诉讼活动中可以接受自诉案件自诉人委托代写诉状或担任代理人参加诉讼,给委托人提供法律帮助,以维护其合法权益;但律师在为自诉人起草刑事自诉状时,如发现该案件不属于刑事自诉案件的范围、已超过诉讼时效或已由人民检察院提起公诉,不得为之具状提起自诉。

(2) 要严格区分罪与非罪的界限,不应因非罪情节提起自诉,也不应将非罪情节作为重点写入自诉状。

(3) 由于刑事自诉案的自诉人与被告人之间一般都是原先就有着某种关联,所以,刑事自诉状应概述涉讼双方的昔日关系、矛盾的产生与演化过程以及争执中各自的意见和理由。

四、例文评析

刑事自诉状

自诉人:李××,男,1975年11月1日生,××车辆厂工程师,住××路10号2幢2单元103室。

被告:刘××,女,1975年3月26日生,原××市造币厂职工,住址同上。

诉讼请求:判令被告承担重婚罪的刑事责任。

事实与理由:

我于2002年5月在互联网的聊天室与被告相识,被告当时告诉我:未婚,有一套房屋在××区天坛村3幢602室,她拥有居住权,她现在××区××小学任美术教师,月工资1200元,同时在××银城房地产公司兼职多年,月收入2000元,××艺术学院大专毕业等。交往了3个月后,我与被告于2002年8月20日登记结婚。我整天忙于地铁生产设计,早出晚归,一直没有太注意被告的反常行踪。

2002年12月10日,我父母亲从东北来到××市与我和被告同住以照看装修。一天(2003年1月8日)发现被告到12点了还没回家,正焦急时被告哭哭啼啼回来,说是被银城地产公司司机给打了,但她又坚持不报警,说公司领导已答应处分该司机云云。可到了1月24日晚,被告又向我哭诉:1月8日那晚被公司司机打一事是骗你的,事实是被以前男友张××骗去被逼写了一张32万元的借条。问其为何不报案,她说张××威胁她了,故不敢。在我父母一再劝说下,才一起去报案,辖区民警却告知张××已以那张32万元的借条为据先来报过案了,案由是被告以未婚为名诈骗钱财。这事开始引起我父母的警觉。

有一次我和被告一起去看望被告父亲时,一看车老太对我说:"以前田××和她媳妇就住这里,她媳妇长得和刘××(被告)就像亲姐妹一样。"由此我也开始对被告生疑。被告并说有个叫赵某的在银城房地产公司工作时连续5年给她15万元,只要她在公开场合承认是他老婆,并说这赵某有阳痿病等。这些话使我更对她生疑。

今年3月份,我接到一匿名电话,说被告早就结过婚又离了。我向被告质疑时,被告矢口否认,还说可以到××区派出所和××区民政局去查(事实她是在雨×区办的前一个婚姻登记),为此两人大吵一场,被告并提出协议离婚但又不签协议。第二天,张××却以我与被告为共同被告在××区人民法院起诉要求归还欠款32万元。被告并与我商量将婚后二人共同出资购买的房屋过户给张以抵32万元的债务,令我及父母十分气愤,并怀疑他们合谋诈骗,日夜寝食难安,精神压力特别巨大。

我及父母自此开始对被告作调查,发现被告确实已结过婚,丈夫就是那个田某某,并在尚未办离婚手续时又与我办理了结婚登记,已构成重婚;被告与我登记时需要的婚姻状况证明等全是被告通过私刻公章等不法手段伪造的,在其住处搜出私刻的公章五枚;被告已于2002年6月就不再在××小学任教,其档案已因其不到校接受处理而调往区教育局听候处理;银城房地产公司人力资源部也证明"我公司无此人";被告为中专学历而非大专学历。

综上,被告为达个人目的,通过隐瞒真相、编造谎言、私刻公章、伪造行政机关文书等违法犯罪手段,在明知自己已有配偶的情况下又骗取了与我的结婚登记,手段恶劣、情节严重且证据确实充分。其间被告与前夫和原男友仍保持密切联系,使我因此陷入被告复杂、混乱、不健康的生活纠葛中,身心受到巨大损害,故诉来法院,请求判令被告依法承担刑事责任。

此致
××市××区人民法院

具状人:李××
代书人:某律师事务所王律师
2003年6月27日

点评

这份刑事自诉状写得合乎规范。其最大特点是事实部分表述清楚,将被告人犯有重婚罪的始末根由概括又重点突出地写了出来,按照时间顺序将被告人的谎言和各种可疑行径都作了详细的陈述,都颇具说服力。在此基础上,加以归纳,再引用法条,自然就具备很强的控告力。

第二节 上诉状的制作

一、上诉状的概念

上诉状是公民、法人或者其他组织在刑事、民事、行政案件中不服一审判决、裁定提起上诉时使用的法律文书。上诉状包括刑事诉讼、民事诉讼和行政诉讼的上诉状。

二、上诉状的结构

上诉状的格式从形式上看,可以分为三大部分:首部、正文、尾部。

首部,以民事诉讼和行政诉讼上诉状为例,包括文书名称即上诉状、上诉人、被上诉人以及案由。"上诉人"栏,如果是公民提出上诉,应写明姓名、性别、出生年月日、民族、籍贯、职业或工作单位和职务、住址等。如果是法人、其他组织或行政机关提出上诉,要写明上诉人名称,所在地址,法定代表人(或代表人)姓名、职务、电话,企业性质、工商登记核准号,经营范围和方式,开户银行、账号等;"被上诉人"栏,如果是公民,应写明姓名、性别、出生年月日、民族、籍贯、职业或工作单位和职务、住址等。如果是法人、其他组织或行政机关,应写明其名称、地址、法定代表人或代表人的姓名等。案由可以表述为上诉人因×××一案,不服×××人民法院×××年××月××日(××××)字第××号判决(或裁定),现提出上诉。

以刑事诉讼上诉状为例,首部包括文书名称即刑事上诉状、上诉人以及案由。"上诉人"栏,应当写明姓名、性别、出生年月日、民族、出生地、文化程度、职业或者工作单位和职务、住址等。案由可以表述为"上诉人因××××一案,不服×××人民法院(××××)字第××号刑事××,现提出上诉"。

正文部分包括上诉请求和上诉理由。

尾部包括致送人民法院,附项(如上诉状副本若干份等),上诉人署名,上诉的年、月、日等。

如果是法人、其他组织或行政机关提出上诉,"上诉人"署名栏,应写明法人或其他组织全称,加盖单位公章。

上诉状副本份数,应按被上诉人的人数提交。

例文评析

上 诉 状

上诉人:×××,男,19××年×月×日出生,汉族,湖北孝感人,个体,住××县××路××号

委托代理人:××,××律师事务所律师

被上诉人:×××,女,19××年×月×日出生,汉族,湖北宜昌人,个体,住××县××路××号

案由:上诉人因离婚一案,不服××县人民法院(200×)×民初字第×××号的民事判决,提出上诉。

上诉请求:

1. 撤销××县人民法院(200×)临民初字第×××号民事判决;
2. 请求重新审核和判决上诉人家庭的财产及债务的归属;
3. 请求重新分配被上诉人应承担的对子女的教育费和抚养费用。

事实和理由:

被上诉人起诉上诉人离婚一案已经××县人民法院作出一审判决,该判决

认定事实不清,适用法律不当,依法应予撤销,事实及理由如下:

一、原判认定事实不清

1. 根据一审判决,被上诉人只返还上诉人彩礼钱1000元和首饰款6000元。事实上,上诉人在和被上诉人结婚前还给了被上诉人旅游费1000元、照相费1000元、手机费1000元、棉花费200元。其中,上诉人所给被上诉人的旅游费、照相费、手机费,被上诉人并没有实际消费,而是作为她的私人财产保留。按照本地订婚习惯,上诉人还支付给了被上诉人的父母和亲属见大小钱1500元、订婚礼2000多元。按照物归原主的基本原则,也应一并返还给上诉人。

2. 根据一审判决,被上诉人的陪嫁物除现金1万元外,其余物品可与被上诉人应分割的共同财产一并折抵为被上诉人应出的部分子女抚养费。这里所谓的被上诉人的陪嫁物仅有电视柜一个、写字台一个、双人被一块、驼毛被两块;共同财产也仅为29英寸彩色电视机一台。有谁能相信一对在煤矿上班的双职工夫妻,又开药店、又开饭店,在两年多的时间里会没有一点存款或积蓄呢?仅夫妻的工资收入一项完全可以过上比较宽裕的家庭生活。但是,由于被上诉人一直掌管家庭财物,且不到两年时间给上诉人抛下约8万多元的欠账,这可能吗?所以,上诉人认为法院并没有审核清楚上诉人和被上诉人的家庭共同财产,认定事实不清。

3. 值得特别提出的遗漏问题是,一审法院没有审核和过问上诉人和被上诉人共同的债务问题。2004年4月,在上诉人和被上诉人接管上诉人父母的药店时,药店的库存药品总价值约6万元左右,2005年3月,当上诉人父母收回药店时,药店的库存药品总价值仅为6000元左右,不到一年的时间里亏损高达5万多元,钱去了哪里?为开饭店,被上诉人以家庭没有钱为由,迫使上诉人借款投资2万余元,购买饭店食品又外欠1万余元。上诉人认为:药店和饭店的大部分收入由被上诉人独占。根据《中华人民共和国婚姻法》第四十一条规定:"离婚时,原为夫妻共同生活所负的债务,应当共同偿还。共同财产不足清偿的,或财产归各自所有的,由双方协议清偿;协议不成时,由人民法院判决。"根据《中华人民共和国婚姻法》第四十七条规定:"离婚时,一方隐藏、转移、变卖、毁损夫妻共同财产,或伪造债务企图侵占另一方财产的,分割夫妻共同财产时,对隐藏、转移、变卖、毁损夫妻共同财产或伪造债务的一方,可以少分或不分。离婚后,另一方发现有上述行为的,可以向人民法院提起诉讼,请求再次分割夫妻共同财产。人民法院对前款规定的妨害民事诉讼的行为,依照民事诉讼法的规定予以制裁。"上诉人认为:被上诉人在独自管理家庭共同财产时,采取隐藏、转移手段,严重侵占了上诉人的大量合法财产。被上诉人想通过离婚独吞可观的家庭共同财产,这才是她主动提出离婚的实质所在。一审法院对此事实没有认定。

二、原判适用法律不当

1. 根据《中华人民共和国婚姻法》第三十七条规定"离婚后,一方抚养的子女,另一方应负担必要的生活费和教育费的一部或全部,负担费用的多少和期限的长短,由双方协议;协议不成时,由人民法院判决。"由于被上诉人在准备离婚前,曾有虐待子女的行为,因此,上诉人主动要求承担抚养子女的主要责任,但被上诉人也有依法承担抚养子女的义务。根据本地区的消费实际和教育抚养费用不断增长的社会发展趋势,一审法院仅判决被上诉人一次性承担3000元的子女抚养费太少,这不符合抚养的实际和法律精神,上诉人根本不能接受。

2. 根据《中华人民共和国婚姻法》第三十二条第二款、第三款规定:"人民法院审理离婚案件,应当进行调解;如感情确已破裂,调解无效,应准予离婚。有下列情形之一,调解无效的,应准予离婚:(一)重婚或有配偶者与他人同居的;(二)实施家庭暴力或虐待、遗弃家庭成员的;(三)有赌博、吸毒等恶习屡教不改的;(四)因感情不和分居满二年的;(五)其他导致夫妻感情破裂的情形。"

上诉人认为:一审法院根据《婚姻法》第三十二条判决同被上诉人离婚是不符合《婚姻法》精神的。因为上诉人既没有赌博、吸毒、同居和重婚行为,也没有虐待、遗弃家庭成员,夫妻分居也未达二年,根据什么判决离婚呢?相反,上诉人在答辩状上明确表态"不同意和原告离婚",原因是夫妻感情并没有破裂。上诉人在被起诉之初,提出要孩子,不仅怕被上诉人虐待子女,更重要的是想感动被上诉人看在孩子的牵挂上放弃离婚。尽管上诉人为维持婚姻采取了系列让步和牺牲,一审法院却最终判决夫妻离婚。因此,上诉人认为,一审法院的判决存在适用法律不当的过错。

综上所述,原判适用法律不当,认定事实不清,请求二审法院依法撤销一审判决,重新开庭审理。上诉人恳请二审法院,实地调查取证,尊重客观事实,为上诉人申冤解忧,依法惩治被上诉人的不法行为,确保上诉人的合法权益不受非法侵害。

此致

××市中级人民法院

上诉人:×××
代理人:××律师事务所律师
2007年5月1日

点评

这份民事上诉状重点突出,制作者主要分成了两个部分阐述了上诉理由:首先是原判事实认定不清,为支持这一理由,制作者又细分成了三个具体的原因进行陈述;接着说明了原审判决中法律适用存在的两处不当之处。上诉理由充分。

第三节　答辩状的制作

一、答辩状的概念

答辩状是公民、法人或者其他组织在刑事、民事或行政诉讼案件中,针对原告的起诉状或者上诉人的上诉状进行答复和辩驳的诉讼文书。在刑事和民事诉讼中,被告人需要提起反诉的,可以依法制作反诉状,具体写法可以参照起诉状,只是原、被告的诉讼地位要互换,并且要在称谓中标注清楚。

二、答辩状的结构

答辩状的格式从形式上看,可以分为三大部分:首部、正文、尾部。

首部包括文书名称即民事或行政答辩状、答辩人以及案由。"答辩人"栏,应当写明姓名、性别、出生年月日、民族、籍贯、职业或工作单位和职务、住址等。如果是法人或其他组织对民事起诉提出答辩,首部的"答辩人"栏,应当写明答辩人名称,所在地址,法定代表人(或代表人)姓名、职务、电话,企业性质,工商登记核准号,经营范围和方式,开户银行、账号等。如果是被诉行政机关提出行政答辩,首部的"答辩人"栏,应当写明答辩人名称,所在地址,代表人姓名、职务、电话等。案由可以表述为"因×××一案,提出答辩如下"。

正文部分包括答辩请求和答辩理由。

尾部包括致送人民法院,附项(如答辩状副本若干份等),答辩人署名,答辩的年、月、日等。

三、答辩状制作中需要注意的问题

1. 答辩中有关举证事项,应具体写明证据和证据来源、证人姓名及其住址。
2. 如果是法人或其他组织对民事起诉提出答辩,"答辩人"中署名栏应写明法人或其他组织全称,加盖单位公章。如果是被诉行政机关提出行政答辩状,"答辩人"中署名栏应写明行政机关全称,加盖单位公章。
3. 答辩状副本份数,应按原告的人数提交。

四、例文评析

答　辩　状

答辩人:张××,女,48岁,汉族,现住××县城关镇供销社家属院。
委托代理人:李××,××县汉元律师事务所律师。

被答辩人:张××,男,53 岁,汉族,现住××县城关镇民主街。

被答辩人诉答辩人借房纠纷一案的起诉状副本已收到,现答辩人依据实事和法律答辩如下:

被答辩人在诉状中所称借房之诉纯属编造,目的是想恶意霸占答辩人的房产。事实情况是,1995 年在民主街中心市场投资建房,答辩人把 4.45 万元购房款交给被答辩人,确定在中心市场投资购买一套房产,用于做生意之用。因答辩人与被答辩人是表兄妹,答辩人的父母在经济上和生活上经常接济和帮助被答辩人,关系很好,当时被答辩人以自己的名字让民主街村委开具了购房收据,并把收据的原件交给了答辩人,答辩人认为收据写谁的名字无所谓,到了 1996 年民主街把房屋建成之后,按约定把房屋分给了答辩人,后又经被答辩人的协助,答辩人在××县房管所办理了房屋使用权证书(详见牟房权证字第 08642 号),答辩人从民主街村委购得房屋至今一直占有、使用、收益,从未间断过。现由于房价上涨和面临拆迁,被答辩人心生恶意,想以原价要回这套房产,就从民主街村委复印了原购房收据,进行恶意起诉,诉称答辩人是借用了他的房屋。根据以上实事,被答辩人的这种说法严重失真,也无任何的法律依据。依据《中华人民共和国城市房地产管理法》第 59 条规定,国家实行土地使用权和房屋所有权登记发证制度,房屋所有权书具有公示的法律效力,谁拥有房屋的所有权证谁就拥有房屋可使用、可收益、可处分的权利,现在答辩人在 1998 年已依法办理了房屋使用权证书,即答辩人在 1998 年已具有对该房屋的绝对权利,任何人未经答辩人的许可,想对房屋进行处分或是占有,都会构成严重的侵权。被答辩人所谓的借用了他的房屋,纯属子虚乌有,恶意诉讼。

另外,被答辩人在诉讼中所称的被告张淑梅,而答辩人的名字是张××,其诉讼的主体是错误的。

综上所述,答辩人并非借用了被答辩人的房屋,而是在合法使用自己的房屋,被答辩人的诉讼请求无实事根据,也无法律依据。基于以上实事,请求贵院查明事实真相,坚决驳回被答辩人的恶意诉讼请求,还真理以本来面目。

此致

××县人民法院

答辩人:张××

委托代理人:李××

2006 年 12 月 16 号

点评

答辩状篇幅不必长,但必须抓住重点,特别要抓住起诉状中那些与事实不符、证据不足、缺少法律依据的内容,进行系统辩驳,以利于法院在审理时判明原告诉讼请求是否符合事实,是否有法律依据,从而作出正确的裁判。该份答辩状的正文部分针对原告诉讼请求进行答复或反驳,具体陈述了事实依据和相关法律依据,理由充分。

第四节 辩护词的制作

一、辩护词的概念与特征

辩护词是律师接受刑事案件犯罪嫌疑人或被告人及其法定代理人的委托或经人民法院指定,在刑事诉讼活动中,根据事实和法律,提出证明被告人无罪、罪轻或者减轻、免除其刑事责任的意见所制作的文字材料。具有以下特征:第一,制作主体的特定性。辩护词的制作主体是辩护人。第二,辩护词针对性强。可针对公诉方的指控,将其中问题、矛盾充分揭露出来。第三,辩护词的目的在于从有利于被告人的角度出发,维护被告人合法权益。辩护词是法庭演说词,是在激烈的法庭对抗中产生的,演讲的风格和口语化的渲染比较突出,和其他法律文书相比,随意性也比较大。但是,辩护词基于庭前的周密准备和庭上的灵活反应,特别是最终提交给法庭合议时参考的往往都是书面化的法律文件,我们依然把它作为法律文书来对待,同时,其文章结构也和一般法律文书具有共同的特点。

二、辩护词的结构

辩护词的结构可以分为三大部分:首部、正文、尾部。

首部包括文书名称、对审判人员的称呼、辩护人出庭辩护的法律依据、开庭前的准备情况等内容。

正文部分有针对性地提出辩护观点与理由。一般而言,先提出基本观点,然后加以分析论证。最后还可以提出裁判与量刑建议。

尾部就是制作人署名及制作日期。

制作辩护词要选择适当的章法。辩护词的常用章法有:欲进先退,针锋相对,借题发挥,迂回包抄,欲擒故纵,声东击西等。针对不同的案件,可以选择不同的章法,体现出高度的灵活性。律师需要吃透案情,熟悉法律并灵活应用,才能完成法律赋予的辩护职能。制作者不必拘泥于某一种形式,一切从实际出发,紧紧地围绕着犯罪嫌疑人或被告人是否实施了指控的行为,该行为是否构成犯罪,构成什么犯罪,依法应当受到何种处罚等问题展开辩护,辩方不承担举证责任,控方必须要有确实充分的证据来证明犯罪事实的存在,而且必须是和犯罪嫌疑人、被告人的行为存在法律上的因果关系。当然,还要因案而异,选择最佳路径,实现辩护的最终目的,从而维护法律的正确实施,维护当事人的合法权益。

三、辩护词制作的基本思路

(一) 定性辩护

定性辩护就是对被告人是否构成犯罪以及构成何种犯罪问题进行辩护,明确罪与非罪以及构成何种罪行而进行的理由说明。在刑事诉讼中,一般情况下,案件的侦查由公安机关进行,人民检察院负责审查起诉,人民法院进行审判,律师等辩护人进行辩护。诉讼过程中,控方从追究犯罪的角度,辩方律师从为被告人辩护的角度进行诉讼,使人民法院兼听则明,正确裁判。由于控辩双方职责所系,以致定性冲突时有发生。

(二) 事实与情节辩护

事实辩护就是对事实本身的认定、证据的采纳以及对事实分析的辩护。我国《刑事诉讼法》的基本原则之一就是以事实为根据,以法律为准绳,让事实和证据讲话。如果控方证据不足或者证据有疑点,辩方应当据实指出,以使没犯罪的人不受刑事追究,犯罪的人只对查证属实的罪行承担刑事责任。在对事实的分析上,观点、看法正确与否直接关系到刑事责任的配置,有的甚至牵涉到罪与非罪的问题。

情节辩护就是根据法律规定的从轻、减轻情节及酌定情节进行辩护,分为法定情节辩护和酌定情节辩护。法定情节辩护就是根据法律明文规定的从轻、减轻情节进行辩护,如自首、缓刑等。我国《刑法》规定,犯罪以后自动投案,如实供述自己的罪行的,是自首。对于自首的犯罪分子,可以从轻或者减轻处罚。其中,犯罪较轻的,可以免除处罚。被采取强制措施的犯罪嫌疑人、被告人和正在服刑的罪犯,如实供述司法机关还未掌握的本人其他罪行的,以自首论。因此,被告人如有自首情节,即可从这一角度辩护。对缓刑辩护也应重视。我国《刑法》第 72 条规定:对于被判处拘役、3 年以下有期徒刑的犯罪分子,根据犯罪分子的犯罪情节和悔罪表现,适用缓刑确实不致再危害社会的,可以宣告缓刑。酌定情节辩护就是根据那些虽然不是法律明文规定但又确实情有可原的情节进行辩护。我国《刑法》第 61 条规定:对于犯罪分子决定刑罚的时候,应当根据犯罪的事实、犯罪的性质、情节和对于社会的危害程度,依照本法的有关规定判处。犯罪分子虽然不具有本法规定的减轻处罚情节,但是根据案件的特殊情况,经最高人民法院核准,也可以在法定刑以下判处刑罚。可见,酌定情节辩护是有法律依据的。具体而言,酌定情节包括:犯罪动机、犯罪主体的可塑性、犯罪时的环境和条件、嫌疑人的一贯表现以及认罪态度等。

(三) 人情事理辩护

人情事理辩护就是根据公民通常公认的道理来辩护。法律所追求的是普遍的公平与正义,但具体案情总是千差万别的,也有许多道德、人情、事理上的因素。这时就有必要抓住案件的特殊性,通过公认的人情、事理为被告辩护,以求达到轻判的目的。

（四）后果分析辩护

后果分析辩护就是通过分析本案处理的后果及对被告人的影响、对社会的影响来进行辩护。如青少年犯罪、大学生犯罪一般都是初犯、偶犯,世界观、人生观正在形成之中,可塑性很强。刑事诉讼法的一个重要任务就是教育公民自觉遵守法律。因此,对他们应当给出路,从宽处理。如果处理不当,这些青少年破罐子破摔,不仅毁了自己的一生,也给社会增加了不稳定因素。《刑法》第17条第3款规定:"已满14周岁、不满18周岁的人犯罪,应当从轻或减轻处罚。"

（五）适用法律辩护

我国《刑法》第12条第1款规定:中华人民共和国成立以后本法施行以前的行为,如果当时的法律不认为是犯罪的,适用当时的法律;如果当时的法律认为是犯罪的,依照本法总则第四章第八节的规定应当追诉的,按照当时的法律追究刑事责任,但是如果本法不认为是犯罪或者处刑较轻的,适用本法。这就是说,我国《刑法》实行"从旧兼从轻"的原则,一个具体案件应当适用什么时候的法律,结果是有很大区别的。如对长途贩运,旧《刑法》规定为投机倒把罪,而新《刑法》对合法的长途贩运没有规定为犯罪。在市场经济条件下,合法的长途贩运还是融通物资,活跃市场的一种形式,受到鼓励。因此,适用法律不同,结果是天壤之别。

综上所述,辩护词是律师等辩护人进行辩护的书面表现,制作一份高质量的辩护词十分重要,辩护词制作中要做到内容恰当,语言流畅,思路明晰。这样才能切实维护当事人的合法权益,高质量地履行辩护职责。

四、例文评析

尊敬的审判长及合议庭诸位法官:

我们受本案被告人崔×的委托,承担法律援助义务,担任崔×的辩护人。在发表辩词之前,请允许我们对受害人李×的不幸遇难表示哀悼。无论现行的城市管理制度是多么的不近情理,李×都不应该为此付出生命的代价。如果李×的家属今天在场,也请你们能够接受我们作为辩方律师的诚恳致意。

针对起诉书和公诉人方才发表的公诉词,结合今天的法庭调查,我们发表以下意见,为崔×辩护。

一、关于起诉书指控的妨害公务

妨害公务是指以暴力、威胁的方法,阻碍国家机关工作人员依法执行职务或履行职责的行为。行为人必须明知自己阻碍的是国家机关工作人员,必须明知阻碍之人是在依法履行职务或职责;客观上该人员也必须是国家机关工作人员或事业编制人员,该机关必须是依法设立的、拥有合法授权的适格的国家机关。我们认为,本案中崔×实施了妨害的行为,但其妨害的并非公务。理由如下:

(一) 现行国家法律、行政法规没有规定城管类组织具有行政处罚权

崔×经营的烤肠摊违法之处在于无照经营。按《无照经营查处取缔办法》,有权查处之行政机关为工商行政管理部门。行政处罚涉及公民的财产甚至自由,国家对于行政处罚权的授予是相当严格的,具有行政处罚权的机构必须是依法设立的行政机关,机关须具有熟悉有关法律、法规、规章和业务的公务人员。国家之所以把查处无照经营的权力交给工商行政管理部门,还因为其是营业执照的颁发机关,具有营业执照的原始登记凭证,而城市管理综合行政执法局是无从得知经营者是否具有营业执照的。尤其是这种街头巷尾的现场执法,城管如何能当场查证经营者是否具有营业执照而作出行政处罚?

其次,根据《中华人民共和国行政处罚法》第十条之规定,法律对违法行为已经作出行政处罚规定,行政法规需要作出具体规定的,必须在法律规定的给予行政处罚的行为、种类和幅度的范围内规定。根据《中华人民共和国行政处罚法》第八条对行政处罚种类的规定,行政处罚种类只有警告;罚款;没收违法所得、没收非法财物;责令停产停业;暂扣或者吊销许可证、暂扣或者吊销执照;行政拘留。并没有所谓查封、扣押和暂扣工具的行政处罚种类。北京市城市综合行政管理局超越《中华人民共和国行政处罚法》规定的行政处罚的执法种类是违反法律规定的。

(二) 控方未能证明北京市城市管理综合行政执法局是适格的行政机关

根据《中华人民共和国地方各级人民代表大会和地方各级人民政府组织法》第六十四条第三款之规定,省、自治区、直辖市的人民政府的厅、局、委员会等工作部门的设立、增加、减少或者合并,由本级人民政府报请国务院批准,并报本级人民代表大会常务委员会备案。辩护人已经向北京市第一中级人民法院发出两份提请收集、调取证据申请书,申请调取北京市城市管理综合行政执法局是否在北京市人大常委会备案之证据和申请调取北京市城市管理综合行政执法局之设立是否由北京市人民政府报请国务院批准之证据,以确认其是否是合法设立的行政机关。在此之前,经辩护人的调查,并没有证据显示该机关具备法律规定的合法成立所要求的程序性要件。作为控方,要指控被告人崔×妨害公务,必须举证证明北京市城市管理综合行政执法局是合法成立的行政机关。

(三) 控方未能证明参与当天现场执法的人员具有国家机关工作人员或者事业编制人员的身份

妨害公务的构成要件要求行为人明知对方是国家机关工作人员或者事业编制人员身份。执法人员并没有在执法时向被告人崔×出示工作证件,而且执法人员成分复杂,既有城管,又有协管,还有保安;更何况当日出现在执法现场的执

法人员大多数是着便装出现,怎么能要求一个普通的公民具备这种认知能力?辩护人已经向北京市第一中级人民法院发出提请收集、调取证据申请书,申请调取受害人李×及案发现场参与行政执法的崔××、狄××、芦××、吕××、赵××、张××、尼×、何××及卢××是否具有国家机关工作人员或事业编制人员身份。作为控方,要指控被告人崔×妨害公务,必须举证证明参与执法的人员具有国家机关工作人员身份或者事业编制人员身份。

(四)北京市城市管理综合行政执法局执法人员缺乏执法依据并且严重违反执法程序

首先,城管执法于法无据。城管执法人员对被告人进行行政处罚的原因是被告人无照经营,可是城管事先并没有确认被告人的身份,也就无法在行政处罚前得到被告人是否存在工商登记的相关证据。在执法现场,执法人员也并没有询问被告人是否进行过工商登记,是否有营业执照。也就是说,城管并没有对被告人进行行政处罚的依据。

其次,城管执法程序存在严重的瑕疵。根据《中华人民共和国行政处罚法》第三十三条、第三十四条及第四十一条之规定,"违法事实确凿并有法定依据,对公民处以五十元以下、对法人或者其他组织处以一千元以下罚款或者警告的行政处罚的,可以当场作出行政处罚决定。""执法人员当场作出行政处罚决定的,应当向当事人出示执法身份证件,填写预定格式、编有号码的行政处罚决定书。""行政机关及其执法人员在作出行政处罚决定之前,不依照本法第三十一条、第三十二条的规定向当事人告知给予行政处罚的事实、理由和依据,或者拒绝听取当事人的陈述、申辩,行政处罚决定不能成立;当事人放弃陈述或者申辩权利的除外。"也就是说,按照法律规定,执法人员应该首先向被告人出示证件,告知给予行政处罚的事实、理由和依据,听取当事人的陈述、申辩,填写预定格式、编有号码的行政处罚决定书,甚至包括送达所谓的"扣押物品清单"。执法人员没有遵守相关法律程序,当日的行政处罚决定不成立。

故而,起诉书所指控的妨害公务并不成立。

或谓,北京市城市管理综合行政执法局具有相对集中行使行政处罚权的法律依据,即根据《中华人民共和国行政处罚法》第十六条之规定:"国务院或者经国务院授权的省、自治区、直辖市人民政府可以决定一个行政机关行使有关行政机关的行政处罚权"。此规定所称"一个行政机关"显然指的是合法成立的行政机关。辩护人认为,相对集中行政处罚权具有法律根据,但是没有证据证明北京市城市管理综合行政执法局乃依法设立的行政机关,因此其行使的相对集中行政处罚权没有法律依据。

二、关于起诉书指控的故意杀人

刑法学上所说的犯罪故意,就是指行为人实施犯罪行为时,明知其行为会发生危害社会的结果,并且希望或者放任这结果发生的主观心理状态。根据我国《刑法》第十四条的规定,犯罪的故意,有两个特点:其一是,行为人明知自己的行为会发生危害社会的结果;其二是,行为人对危害结果的发生持希望或者放任的态度。这两个特点必须同时具备才能构成故意犯罪。

如何判断行为人故意的内容,是一个复杂的问题。必须坚持主客观相一致的原则,既要考虑行为人的认识水平、行为能力,也要考虑案发时的客观环境、案发的全过程。在本案中,由于案件的突发性、不可重复性,要查清被告人崔×主观故意的具体内容,必须对与案件有关的各种事实与情节进行具体、全面、客观的分析,以对被告人崔×予以正确的定罪量刑。

(一) 事件的起因

从本案来看,被告人崔×与被害人李×素不相识,无冤无仇,只是因为现场混乱,城管在追赶被告人,被告人担心不止是三轮车被没收,自己的人身也可能受到强制,急于脱身的情况下随便挥了一刀。而且从公诉人提供的视听资料来看,被告人第二次进入现场时曾经经过李×的身边,并没有对李×实施任何行为。在这种情况下,指控被告人具有杀害李×的故意,于理不通,于情不合。

(二) 被告人所使用的刀

必须注意到,刺中李×的刀并非管制刀具,是用来切香肠的、一把从××早市上花一元钱买的刀,质量如何可想而知。而且混乱之下、情急之中刺到了什么位置,被告人并不清楚。被告人崔×身高一米七八,被害人李×身高一米七五,以崔李二人的身高、相对位置和被告人的反手握刀姿势分析,由上而下斜划一刀就是当时被告人最顺手的姿势,并非刻意为之。被害人受伤的部位并不是被告人追求的结果。

(三) 被告人崔×对受害人李×死亡结果的态度

当被告人离开案发现场到达天津之后,曾经发短信询问被害人的伤势状况,因此可以证明其确实没有预见到被害人死亡的后果,对被害人的死亡结果无主观上的希望或放任态度。

(四) 典型的激情犯罪

从犯罪心理学来说,本案是典型的激情犯罪。被告人崔×是在混乱之中,情急之下,奔逃途中,顺手一刀。这完全是在一种强烈的感情支配下导致的犯罪。

故而,起诉书指控的故意杀人不能成立。

三、被告人崔×其情可悯

辩方向法院提交以下证据:

(1) 河北省阜平县前进村村民委员会、阜平县平阳镇人民政府及阜平县公安局前进派出所出具的证明,证明内容:崔×是个守法的好公民,没有干过违法乱纪的事情。

（2）崔×曾经就读河北省阜平县中心小学出具的证明,证明内容:崔×是名优秀的学生。

（3）崔×曾经就读河北省阜平县前进中学出具的证明,证明内容:崔×思想品质良好,成绩优良。

（4）崔×曾经服役的部队给崔×家长的来信,证明内容:崔×服役期间表现良好,荣获"优秀士兵"称号;平时训练刻苦,成绩突出,多次在军人大会上作为典型被点名表扬。

（5）崔×所服役部队颁发的优秀士兵证书、中国人民解放军士兵登记表,证明内容:崔×服役期间曾荣获"优秀士兵"称号,获嘉奖一次;其所服役的部队是电子干扰部队,其所受专业训练为报务专业。

（6）崔×在部队的战友给法官的求情信。

（7）阜平县前进村村民委员会和村民出具的求情信。

以上证明证实崔×一贯表现良好,无打架斗殴,也无前科,确系良民,在部队还是优秀士兵。他在城市生活艰辛,为生存而挣扎。另外调查还证明,崔×没有暴力倾向,不是天生犯罪者。

综上所述,起诉书指控的罪名证据不足,指控的犯罪不能成立。

尊敬的法官、尊敬的检察官,贩夫走卒、引车卖浆,是古已有之的正当职业。我的当事人来到城市,被生活所迫,从事这样一份卑微的工作,生活窘困,收入微薄。但他始终善良纯朴,无论这个社会怎样伤害他,他没有偷盗没有抢劫,没有以伤害他人的方式生存。我在法庭上庄严地向各位发问,当一个人赖以谋生的饭碗被打碎,被逼上走投无路的绝境,将心比心,你们会不会比我的当事人更加冷静和忍耐?

我的当事人崔×,一直是孝顺的孩子,守法的良民,在部队是优秀的军人。他和他的战友们一直在为我们的国家默默付出;当他脱下军装走出军营,未被安置工作时,也没有抱怨过这个社会对他的不公。像崔×一样在默默讨生活的复员军人何止千万,他们同样在关注崔×的命运,关注着本案的结果。

法谚有云:立良法于天下者,则天下治。尊敬的法官,尊敬的检察官:我们的法律、我们的城市管理制度究竟是要使我们的公民更幸福还是要使他们更困苦?我们作为法律人的使命是要使这个社会更和谐还是要使它更惨烈?我们已经失去了李×是否还要失去崔×?

辩护人:××律师
北京市××律师事务所
2006年12月12日

点评

　　该份辩护词遵循了辩护词的基本模式,从有利于被告人的角度,提出了证明其无罪、罪轻或者减轻、免除其刑事责任的材料,并针对起诉书中控方所提出的理由、事实,发表了独立的辩护意见。

　　该文在主体部分从三个方面归纳了三个辩护重点,即"关于起诉书指控的妨害公务"、"关于起诉书指控的故意杀人"、"被告人崔×其情可悯",有的放矢:首先,辩护人直指起诉书中的谬误,从法律规定、证据、程序等方面,全方位、多角度地对"妨害公务"的指控予以反驳。其次,在证明被告人没有触犯妨害公务罪之后,集中文字对起诉书中另一指控也是最关键的指控——故意杀人罪进行辩驳:先说事件起因,后说作案工具,再说被告人的主观方面,最后从犯罪心理学的角度将被告人出于激情的伤害行为归为"典型的激情犯罪",四个方面层层递进,条理明晰,在向合议庭展现整个事情经过的同时也分析了被告人行为的性质。再次,从情理的角度,提出了"其情可悯"的相关证据材料。八份之多的关于被告人一贯表现的证明材料,相信合议庭在评议时、量刑时会予以考虑,并于法于情公正判决。

　　该文另一值得一提的地方是最后的"结辩"。在前面三个方面的辩护重点中,辩护人对合议庭成员"晓之以理",而在辩护词的最后部分,辩护人则对其"动之以情",如文中所述"他始终善良纯朴,无论这个社会怎样伤害他,他也没有偷盗没有抢劫,没有以伤害他人的方式生存。我在法庭上庄严地向各位发问,当一个人赖以谋生的饭碗被打碎,被逼上走投无路的绝境,将心比心,你们会不会比我的当事人更加冷静和忍耐?"在结辩部分,辩护人并不是简单地总结前文内容或者重复提出已述观点,而是从情理方面阐明了被告人激情伤人的原因。

　　该辩护词结构上逻辑严谨,所要表达的意见不是杂糅在一起,而是分段、分点论之,并对控方的立论分别辩驳、各个击破,是一篇较为优秀的辩护词,但仍存在一些不足的地方:第一,对于重点内容即故意杀人罪的辩驳着墨不多(800字左右),而对于妨害公务罪却用了大量文字说明(2200字左右);并且将故意杀人罪的辩护意见放在了关于妨害公务罪的辩护意见之后,因而有喧宾夺主之嫌,在行文顺序和着墨分布的安排上还有待完善。第二,辩护人提到了犯罪心理学上的"激情犯罪"的概念,但却没有对这个概念作清楚的说明,且这关乎被告人行为的性质界定,如此重要的辩论点辩护人应该进一步深入阐述。

第五节　代理词的制作

一、代理词的概念

　　代理词是律师等诉讼代理人在法律规定或者当事人授予的权限范围内在法

庭辩论阶段为维护委托人的利益,就案件的事实和法律适用等问题发表意见而制作的诉讼法律文书。

当事人、法定代理人可以委托一至二人作为诉讼代理人。《民事诉讼法》第58条第2款:下列人员可以被委托为诉讼代理人:(1)律师、基层法律服务工作者;(2)当事人的近亲属或者工作人员;(3)当事人所在社区、单位以及有关社会团体推荐的公民。但无民事行为能力人、限制民事行为能力人或者可能损害被代理人利益的人以及人民法院认为不宜作诉讼代理人的人,不能作为诉讼代理人。代理诉讼的律师和其他诉讼代理人有权调查收集证据,可以查阅本案有关材料,为制作代理词做准备。

代理词分为刑事诉讼、民事诉讼和行政诉讼的代理词,刑事公诉案件被害人、自诉案件自诉人委托诉讼代理人发表的代理词,和辩护词是对立的,履行的是控诉职能;刑事附带民事诉讼中的双方当事人都可以委托诉讼代理人发表代理词,维护自身当事人的合法权益。在民事诉讼和行政诉讼中,诉讼代理人可以接受双方当事人任何一方的委托担任代理人,在法庭上发表维护自己委托人合法权益的代理词。

二、代理词的格式

代理词也是一种法庭演说词,没有固定的格式,其结构语和辩护词非常相似;可以分为三大部分:首部、正文、尾部。

首部包括文书名称、对审判人员的称呼、诉讼代理人代理的法律依据及当事人的授权与委托、开庭前的准备情况等。

正文部分有针对性地提出代理观点与理由。一般而言,先提出基本观点,然后加以分析论证,可以从事实和法律适用等角度发表代理意见,事实分析包括分析实体事实和纠纷事实,实体事实就是法律关系产生、发展、变更的事实,纠纷事实就是纠纷的发现、发生、协商等事实。法律适用意见包括实体法和程序法的适用意见。正文最后还可以提出裁判建议。

尾部是制作人的署名及制作日期。

三、代理词制作中注意的问题

制作代理词应当注意以下几个问题。

(1)代理词的制作要以事实为根据,以法律为准绳,尊重事实,忠于法律,不能歪曲事实,曲解法律,强词夺理。代理词要以理服人,晓之以理,动之以情。

(2)代理权限范围。代理人必须在代理权限范围内进行诉讼活动。诉讼代理人必须在代理权限内进行和接受诉讼行为。他必须在当事人授权范围内即代理权限内行使权利。超越代理权限的行为,被代理人不承担后果。

（3）授权委托书。授权委托书必须记明委托事项和权限。诉讼代理人代为承认、放弃、变更诉讼请求，进行和解，提起反诉或者上诉，必须有委托人的特别授权。诉讼代理事项和诉讼代理权限，除法律有特别规定外，一般由委托人自己决定。诉讼代理人只能根据委托人的意志进行诉讼代理活动，而不能自行其是。侨居在国外的中华人民共和国公民从国外寄交或者托交的授权委托书，必须经中华人民共和国驻该国的使领馆证明；没有使领馆的，由与中华人民共和国有外交关系的第三国驻该国的使领馆证明，再转由中华人民共和国驻该第三国使领馆证明，或者由当地的爱国华侨团体证明。诉讼代理人的权限如果变更或者解除，当事人应当书面告知人民法院，并由人民法院通知对方当事人。

四、例文评析

尊敬的法官们：

上一次开庭时，我作为一名旁听者坐在下面；这一次，我坐到这里为原告刘××申辩。之所以走上法庭，除了对刘××在诉讼中孤弱无援的处境的同情外（他因为付不起3万元的律师费，不得不以他那贫乏的法律知识独自与被告对簿公堂），更重要的是，本案涉及的不光是一个刘××、一个××大学，在广泛的意义上，它涉及整个学位评审制度的问题。我希望借助法庭这一特殊的场合，与法官们共同反思和评价我国现行的学位评审制度。我希望，通过本案的审理和判决，不但能够给刘××以他所渴求的正义，也有助于完善我国的学位评审制度，推动行政法律的发展。

综合两个案件，刘××的诉讼请求涉及两个方面：第一是博士毕业证书；第二是博士学位证书。我将分别予以讨论。

第一个问题是，刘××是否可以得到博士毕业证书？

依照××大学的做法，颁发毕业证书是以获得博士学位证书为前提的；刘××没有被授予学位证书，因而不能获得毕业证书。××大学这种做法的依据是它根据国家教委《研究生学籍管理规定》(1995年2月23日教学[1995]4号)制定的《××大学研究生学籍管理实施细则》(1995年5月)。这种细则在行政法上属于规章以下的规范性文件。法院在司法审查中可以参照，但首先必须审查它的合法性。

那么，××大学的规定是否合法呢？我认为，××大学的规定既不符合国家把学历证书和学位证书分开的立法精神，更不符合国家教育行政管理部门规章的具体规定。国家教委《研究生学籍管理规定》第33条规定颁发学历证书的条件是："研究生按培养计划的规定，完成课程学习和必修环节，成绩合格，完成毕业（学位）论文并通过答辩，准予毕业并发给毕业证书。"可见，博士学位论文通过答辩，并符合其他规定条件，就可以取得毕业证书；获得博士学位证书不是颁发毕业证书的必要条件。

诚如校方所言,××大学的做法是考虑到博士研究生期间课程不多,博士生很大的时间和精力应当用于学位论文的写作,对博士生的把关,主要是看他的学位论文;××大学本着对博士生从严要求的原则,规定不能取得学位证书就不能颁发毕业证书。我理解××大学的良苦用心,但我不赞成这种做法。它违背了法律的规定,也混淆了学历证书和学位证书两种不同证书的功能。良好的愿望还应当用合法合理的手段达成;××大学欲从严治学,应当也完全可以探索其他的途径和措施。

综上所述,××大学的做法不符合规章规定,不应予以采纳。根据刘××的实际情况并依据国家教委的规章规定,刘××完全可以获得博士毕业证书。请法庭判决××大学给刘××颁发毕业证书。

第二个问题是:刘××是否可以得到博士学位证书?

……

就本案而言,我想指出学位评定委员会在否决刘××博士论文中的两个不合法之处:一是表决结果问题,二是否决决定的程序问题。

先说表决票数问题。

被告在答辩状中称,不授予刘××博士学位,是因为校学位评定委员会对刘××论文的表决结果是"10票反对6票赞成"。这一说法的事实依据是被告向法庭提交的××大学博士学位审批表。该审批表上记载,对刘××论文的表决结果是"到会16人,10人反对,6人同意"。但是,今天的法庭调查表明,被告的上述记载和说法是不正确的,实际的情况是——7票反对,3票弃权,6票赞成。这是一个令人震惊的事实:有3位委员在决定一个人命运的表决中投了弃权票!这里提出了一个严肃的问题:学位评定委员会委员在表决时"弃权"是否允许?没有相关的条文规定委员可以或者不可以投弃权票。如果泛泛而论,我们可能看到有的事项可以投弃权票,例如,民主选举和议会表决,但在更多的情形中则是不可以的。那么,是否允许弃权根据什么确定呢?是根据法律条文吗?看来不是,至少不完全是。例如,合议庭合议时,尽管诉讼法没有规定法官不可以弃权,但如果法官在合议时弃权,那将会怎样呢?我认为,是否允许弃权是依表决(决定)事项的性质而定的。在民主选举和议会表决中,由于决策的高度政治性和政策性,需要尊重参与者的自由选择,通常情形下法律允许弃权。但在诸如本案的学位评定中,面对的是不可回避的、同时又是普通人所无法解决的高度技术性的问题。校学位评定委员会的委员们就是被遴选出来以解决这一特定问题的。法律赋予他们神圣的权利,同时也意味着加给他们不可转让、不可抛弃的重大职责。委员们投赞成票还是反对票,这是他们基于专业知识作出的自由判断,不应被质问和干预。但是,当他们投下弃权票时,他们不仅仅是放弃了权利,同时也懈怠了职责！我没有太多的指责那 3 位不知名的委员的意思，在一定意义上，这是现行的不合理的评审程序造成的（关于这一点我将在后面再作分析）。在此我要指出的是，如果这三位委员不投弃权票，那么刘××的命运可能就完全不同了！是的，这仅仅是一种可能。但是，就算仅仅是一种可能，也使这一次表决结果失去了正当性、合法性。

退一步说，即使不考虑能不能弃权，我认为表决结果也不足以达到否决一篇博士论文的半数。《中华人民共和国学位条例》第 10 条规定："学位评定委员会……负责对学位论文答辩委员会报请授予硕士学位或博士学位的决议，作出是否批准的决定。决定以不记名投票方式，经全体成员过半数通过。"可见，学位评定委员会的决定有两种：批准的决定和不批准的决定。"决定……经全体成员过半数通过"，应当理解为：批准的决定应当经过半数的赞成票才能通过，同样，不批准的决定应当也过半数的反对票才能通过。校学位评定委员会共有 21 名委员，对刘××论文的反对票只有 7 票，远未达到全体成员（21 位委员）的半数，甚至没有达到出席人员（16 位）的半数，因此不能作出不批准的决定。

下面着重讨论学位评审的程序问题。

依照我国现行的制度，博士学位的授予可以说是采用三级评审制：第一级是答辩委员会，第二级是校学位评定委员会设在各系的分委员会，最后是校学位评定委员会。从三级评审机构委员的人员组成和知识结构来看，答辩委员会的委员来自本校或者外校，都是博士论文相关领域的专家，对该博士学位论文的理论背景和学术价值最了解；分委员会的委员通常由本院系的专家组成，他们在学术专长上可能与博士论文的主题稍有差距，但其知识结构和学术训练使他们基本能够胜任；至于校学位评定委员会的委员，来自全校各院系的专家，在××大学这样的综合性大学里，则是文理科学者兼而有之。那些校学位评定委员会的委员，无疑是本领域内具有很深学术造诣的权威，但是，当他们越出自己的知识领域，来到一个完全陌生的领域时，这些专家实际上成了"门外汉"。试想，对于一位中文系、法律系、经济系的教授而言，一篇非常前沿的电子学论文意味着什么呢？刘××的博士论文——《超短脉冲激光驱动的大电流密度的光电阴极的研究》——光看这题目就让我们不知所云，更不用说评审它在电子学领域有多大的学术创新和实用价值，它的实验数据是如何得出，论证是否可靠等。在大部分评审委员实际上是外行的情况下，校学位评定委员会是如何进行评审的呢？

上次开庭表明，校学位评定委员会在作出是否授予博士学位的决定前，不仅仅进行形式审查，而要进行实质审查。这意味着他们必须就每一篇博士论文是否达到应有水准作出判断。由于时间的限制，学位评定委员会通常要在 1 天时间内评审上百篇博士论文；与刘××同期的博士论文有 29 篇，而评审的时间只有半天。那么短的时间，对那么多的论文进行审查，而且是实质审查，在技术上是有相当大的难度的。委员们既没有精力也没有足够的专业知识，来逐篇阅读和评判来自不同学科的论文。作为一个现实的应对措施，委员们主要是参考论文评阅人的评阅意见、答辩记录和分委员会的讨论和表决情况；其中，最主要的是参考答辩委员会和分委员会的表决情况。也就是说，委员会基本上局限于关注答辩委员会和分委员会表决中有反对票的论文。但即使是出现有反对票的论文，在通常情况下，委员会不会仅仅因为分委员会表决时有一两张反对票就否决一篇论文。与刘××论文同期审议的另一篇相同专业、相同情形的论文有不同的命运，也许可以作为一个佐证。只是由于"隔行如隔山"，大部分委员仍然无法有把握地独立判断论文水准到底怎样，而不得不依赖其中个别的——如果有的话——相关专业背景的委员的意见。在此情况下，一位论文主题所属专业的委员的意见，无疑能够影响甚至左右整个委员会的表决结果。

从被告出示的学位评定委员会讨论记录中，我们读到一位电子学系委员的意见："刘××是水平较低。"这是全部记录中涉及刘××论文的唯一的一句话。由于缺乏更详细的记录，我们无法掌握评审过程的全部细节。

……

在今天的法庭上，我并不想否定学位评定委员会的审查职能及其组成方式。这是一个留待学位条例修改时讨论的问题。在当前学科高度分化的时代，无论怎么细分，还是避免不了专业上的隔膜；相反，学位评定委员会由来自广泛的知识领域的专家组成，也许具有学科综合的优势。关键是，如果把是否授予博士学位的最终"生杀大权"交给这样一个委员会，委员会必须对它自身在知识结构上的欠缺有清醒的意识，在行使职权时应当小心谨慎。如果说，校学位评定委员会对博士学位论文可以进行实质审查，有权否定答辩委员会和分委员会的意见，那么，鉴于自身的局限，校学位评定委员会要尊重答辩委员会和分委员会的决议，在否定答辩委员会和分委员会的决议时更应慎之又慎，因为后者才是本领域真正的专家。

……

我真诚地相信，如果本案判决能够再次运用正当程序原则，那必将有助于推动现行学位评审制度的完善，而中国行政法官的形象也将光辉闪耀。

点评

这是当时引起社会广泛讨论的一起行政诉讼案件，受到社会关注的原因主要在于这起行政诉讼涉及了高校自主权范围与司法审查范围之间的敏感关系，正如原告代理人在代理词中所述"本案涉及的不光是一个刘××、一个××大学，在广泛的意义上，它涉及整个学位评审制度的问题"。

代理人在开篇简要说明了该案判决的重要意义之后，紧接着概括了整份代理词所涉及的两个主要问题，即刘××是否可以得到博士毕业证书以及刘××

是否可以得到博士学位证书。对于第一个问题，代理人首先指出被告作出不予颁发博士毕业证决定的依据，即"根据国家教委《研究生学籍管理规定》(1995年2月23日教学[1995]4号)制定的《××大学研究生学籍管理实施细则》"，然后分析这份文件的性质为"规章以下的规范性文件"，并对该文件的合法性提出质疑，称"××大学的规定既不符合国家把学历证书和学位证书分开的立法精神，更不符合国家教育行政管理部门规章的具体规定"。分析论证的逻辑性很强，且用词严谨，第一个问题至此便迎刃而解。

代理人用了大量文字对第二个问题进行了全面分析，第二个问题也是全案的争议焦点，结构安排上详略得当、重点突出。代理人在具体分析的时候，也紧紧围绕着法院司法审查的范围来说理，即主要从校方作出不予授予博士学位的程序性问题上下工夫。此外，由于行政案件审理依据本身就存在某些方面的缺失，如没有对学位授予行政行为的程序作相关立法，于是代理人紧扣正当程序原则发表代理意见，从法理、法律原则的角度阐述理由，情理交融，说服力很强。

第六节 各类申请书的制作

申请书是当事人就程序或者实体问题向人民法院递交的书面请求[①]，是律师在三大诉讼活动中代理当事人制作的比较多的法律文书。种类之多，堪称律师文书之最，写法和格式也是异彩纷呈。这里不能一一列举，只能是选择一些常用的申请书做个介绍。

一、提请收集、调取证据申请书

证据对于律师来说是非常重要的，它是审查判断案件事实是否存在或者真实与否的关键，人们常说打官司就是在打证据。证据必须经过查证属实，才能作为定案的依据。公安司法人员凭借手中的国家权力，可以相对顺利地完成举证责任，收集到必要的证据，从而完成法律赋予的职责。但律师的取证、调查权没有实际的保障。我国《律师法》实施以后，律师的性质发生了变化，中国的职业律师不再是国家的法律工作者，原有的一些权力也就随之丧失，特别是法律关于律师调查取证权的规定，严重制约了律师职能的发挥，2007年我国《律师法》修订，进一步扩大了律师的一些权利，包括调查取证权障碍的解除，但是由于相关的配套措施没有跟上，司法体制的改革还有一些没有到位的地方，律师的调查取证依然是困难重重，很多必要的证据还不能及时收集到，需要司法的适度干预。我国《刑事诉讼法》第41条第1款规定："辩护律师经证人或者其他有关单位和

---

① 熊先觉著:《中国司法文书学》,中国法制出版社2006年版,第274页。

个人同意,可以向他们收集与本案有关的材料,也可以申请人民检察院、人民法院收集、调取证据,或者申请人民法院通知证人出庭作证。"律师自己对于能够证实犯罪嫌疑人、被告人有罪或无罪、犯罪情节轻重的各种证据难以收集、调取,可以向人民检察院、人民法院提请收集、调取证据,以确保执法的公正及维护当事人的合法权益,所使用的申请文书即为提请收集、调取证据申请书。在三大诉讼活动中,都存在律师需要向司法机关申请收集、调查证据的问题,此时就要制作提请收集、调取证据申请书。

(一)首部

标题。居中写明:"提请收集、调取证据申请书"。主送的人民法院或人民检察院名称。

(二)正文

(1)犯罪嫌疑人及涉嫌案件。

(2)提请收集、调取证据的理由。

(3)提请收集、调取证据的名称。提请收集、调取的证据必须是事实存在的,能够充分证实犯罪嫌疑人、被告人有罪或无罪、犯罪情节轻重的证据,伪造证据的,要受到法律的严惩;因此,提请收集、调取证据申请书的制作必须实事求是、慎而又慎。

(三)尾部

申请人签字,申请日期。

(四)附项

(1)证人的姓名和住址。

(2)收集、调取证据的范围和内容。

二、重新鉴定、勘验申请书

鉴定是为了解决案件中某些专门性问题而指派、聘请有关专门知识的人所作出的书面报告。勘验是侦查人员或指派、聘请具有专门知识的人在侦查人员的主持下对与犯罪有关的场所、物品、人身、尸体进行的验证。两者都是在犯罪侦查阶段进行的,都是侦查的方法。我国《刑事诉讼法》第192条第1款规定:"法庭审理过程中,当事人和辩护人、诉讼代理人有权申请通知新的证人到庭,调取新的物证,申请重新鉴定或者勘验。"重新鉴定、勘验的申请人包括:(1)刑事诉讼当事人,即被害人、自诉人、犯罪嫌疑人、被告人及附带民事诉讼的原告和被告;(2)辩护人,即受犯罪嫌疑人、被告人委托或经人民法院指定参加诉讼为犯罪嫌疑人或被告人进行辩护的代理人以及他们的法定代理人。律师在为犯罪嫌疑人提供法律帮助时,如对人民检察院或公安机关提供的鉴定或勘验持不同意见时,可以申请重新鉴定或勘验,此书面申请即为重新鉴定、勘验申请书。

(一) 首部

(1) 标题:居中写明:"重新鉴定、勘验申请书"。

(2) 申请人:姓名、性别、出生年月日、民族、职业、单位和职务、住址。

(3) 请求事项:请求侦查机关重新鉴定或勘验××一案的证明材料。

(二) 正文

简要叙述案情和鉴定勘验结果,着重说明申请重新勘验、鉴定的理由,强调说明重新勘验、鉴定的必要性。如有附送的证据,应注明证据的名称和件数。有证明人的,则要写明证明人的姓名和住址。

(三) 尾部

(1) 主送机关。致送人民法院的名称。

(2) 申请人×××(签名或盖章)及申请日期。

(四) 附项

书证:×件(名称);物证:×件(名称)。

三、解除强制措施申请书

我国《刑事诉讼法》第64条规定:"人民法院、人民检察院和公安机关根据案件情况,对犯罪嫌疑人、被告人可以拘传、取保候审或者监视居住。"对犯罪嫌疑人、被告人取保候审最长不得超过12个月,监视居住最长不得超过6个月。对有证据证明有犯罪事实,可以判处徒刑以上的刑罚的犯罪嫌疑人、被告人,采取取保候审、监视居住等方法,尚不足以防止发生社会危险性,而有逮捕必要的,应即依法逮捕。公安机关对于现行犯或重大嫌疑分子,可以先行拘留,对于被拘留的人,应当在拘留后的24小时内进行讯问。在发现不应当拘留的时候,必须立即释放,发给释放证明;认为需要逮捕的,应当在拘留后的3日以内,提请人民检察院审查批准。在特殊情况下,提请审查批准的时间可以延长1日至4日。对于流窜作案、多次作案、结伙作案的重大嫌疑分子,提请审查批准的时间可以延长至30日。人民法院、人民检察院对于各自决定或批准逮捕的人,公安机关对于经人民检察院批准逮捕的人,都必须在逮捕后的24小时以内进行讯问。在发现不应当逮捕的时候,必须立即释放,发给释放证明。我国《刑事诉讼法》第97条规定:"人民法院、人民检察院或者公安机关对被采取强制措施法定期限届满的犯罪嫌疑人、被告人,应当予以释放、解除取保候审、监视居住或者依法变更强制措施。犯罪嫌疑人、被告人及其法定代理人、近亲属或者辩护人对于人民法院、人民检察院或者公安机关采取强制措施法定期限届满的,有权要求解除强制措施。"上述人员或律师为其代书向人民法院、人民检察院或者公安机关提请对于被采取强制措施超过法定期限的犯罪嫌疑人、被告人予以释放、解除取保候审、监视居住或依法变更强制措施的书面申请,即为解除强制措施申请书。

（一）首部

（1）标题。居中写明："解除强制措施申请书"。

（2）主送的人民法院、人民检察院或公安机关。

（二）正文

写明申请事项及申请解除强制措施的事实和理由两部分内容。在事实和理由部分讲清申请解除强制措施的事实和法律根据，最后明确提出要求。

（三）尾部

申请人及申请日期。

（四）附项

主要包括拘留证、通知书、逮捕证等证据内容。

四、取保候审申请书

取保候审是人民法院、人民检察院和公安机关根据案件情况，对犯罪嫌疑人、被告人施行的强制措施中的一种。

（一）首部

（1）标题。居中写明："取保候审申请书"。

（2）申请人身份，是律师的写明律师姓名、所在律师事务所以及通讯地址或联系方法。

（二）正文

（1）犯罪嫌疑人姓名及其涉嫌的案件。

（2）取保候审的理由。

（3）有保证人的，写明保证人身份，包括姓名、性别、年龄、民族、籍贯、工作单位及职务、住址等。

（4）保证：① 未经执行机关批准不得离开居住的市、县；② 在传讯的时候及时到案；③ 不得以任何形式干扰证人作证；④ 不得毁灭、伪造证据或者串供。发现被保证人可能发生或者已经发生违反上述四点规定的行为的，及时向执行机关报告。

（三）尾部

（1）致送机关。

（2）申请人、保证人签字。律师代书的，写明律师姓名及所在律师事务所名称。申请人交纳保证金的，则不用写保证人。

需要注意的是，申请对犯罪嫌疑人或被告人作出取保候审决定，致送机关的选择主要看案件正处于哪一个阶段，如果是侦查阶段应当向公安机关或检察机关申请；如果是审查起诉阶段就应当向检察机关申请；如果是审判阶段就应当向人民法院申请。

五、管辖异议申请书

我国《民事诉讼法》第 127 条第 1 款规定："人民法院受理案件后,当事人对管辖权有异议的,应当在提交答辩状期间提出。人民法院对当事人提出的异议,应当审查。异议成立的,裁定将案件移送有管辖权的人民法院；异议不成立的,裁定驳回。"管辖异议申请书是案件当事人认为受诉法院或受诉法院移送的法院对案件无权管辖时,向受诉法院提交的阐述不服管辖的意见或主张的法律文书。

（一）首部

（1）标题。居中写明："管辖异议申请书"。

（2）申请人的基本情况。

（3）请求事项。明确提出申请人的意见和主张,如移送有管辖权的人民法院审理,或驳回对方当事人的诉讼请求。

（二）正文

（1）案由。被告或第三人提出管辖异议时,应写明何时何法院受理了此案,通知异议申请人提出答辩,以此为提出异议的前提。原告起诉后又提出异议的,可不写此内容。

（2）依据有关事实和法律的规定,着重阐述本案不应由受诉法院或受诉法院移送的法院管辖的事实与理由,以求得受诉法院对申请人意见和主张的支持。

（三）尾部

（1）致送人民法院的名称。

（2）申请人签名、盖章及申请日期。

（四）附项

写作管辖异议申请书的注意事项包括：

（1）当事人制作管辖异议申请书,必须依照级别管辖和地域管辖的有关规定。对此我国《民事诉讼法》第二章"管辖"中有详细规定。

（2）管辖权异议依法"应当在提交答辩状期间提出",超过法定期间,人民法院不再受理。在案件审理过程中,出现有独立请求权的第三人或追加的案件当事人,他们的管辖异议权不受"提交答辩状期间"的限制。适用简易程序审理的案件,原告可以口头起诉,被告因未收到起诉状,所以也不能书写答辩状,管辖异议不受答辩期间的限制。无独立请求权的第三人,在人民法院裁定其承担民事责任的情况下,如对一审管辖权有异议,在二审期间可以根据我国《民事诉讼法》第 127 条的规定对管辖权提出异议。这种异议不受"提交答辩状期间"的限制。

（3）管辖权异议书应向受理该案的人民法院提出。受理该案的法院对该案实行实体审理以前,应先审议当事人对管辖权提出的异议,就该案是否有管辖权问题作出书面裁定。裁定书应送达该案当事人。当事人对裁定不服的,有权向上一级人民法院提起上诉。

(4) 法院对案件作出的判决发生法律效力后,如果当事人对驳回管辖权异议的裁定和判决一并申诉或申请再审的,法院经过复查,发现管辖虽有错误,但判决正确的,管辖问题不再变动;如经复查,认为管辖和判决均有错误,应按审判监督程序处理经过再审或者提审,原判决和裁定均被撤销的,应将案件移送有管辖的人民法院审理。如果人民法院未改变案件的管辖问题,当事人则有权对案件的管辖提出异议。

六、回避申请书

我国《民事诉讼法》第44条规定:"审判人员有下列情形之一的,应当自行回避,当事人有权用口头或书面方式申请他们回避;(一) 是本案当事人或者当事人、诉讼代理人近亲属的;(二) 与本案有利害关系的;(三) 与本案当事人、诉讼代理人有其他关系,可能影响对案件公正审理的。审判人员接受当事人、诉讼代理人请客送礼,或者违反规定会见当事人、诉讼代理人的,当事人有权要求他们回避。审判人员有前款规定的行为的,应当依法追究法律责任。前三款规定,适用于书记员、翻译人员、鉴定人、勘验人。"回避申请书是诉讼当事人依法向人民法院申请回避时使用的书面请求。该法第45条还规定:"当事人提出回避申请,应当说明理由,在案件开始审理时提出;回避事由在案件开始审理后知道的,也可以在法庭辩论终结前提出。被申请回避的人员在人民法院作出是否回避的决定前,应当暂停参与本案的工作,但案件需要采取紧急措施的除外。"

(一) 首部

(1) 标题。居中写明:"回避申请书"。

(2) 申请人、被申请人身份的基本情况。申请人如系公民的,应写明姓名、性别、出生年月日、民族、职业或工作单位和职务、住址等;如系法人或其他组织的,应写明名称、所在地址、法定代表人(或主要负责人)的姓名和职务。被申请人身份的基本情况,包括姓名、性别、工作单位及职务,在参与本案工作中的职务。

(二) 正文

写明申请回避理由,即写明属于上述有关法律规定的哪一种情况。

(三) 尾部

(1) 致送人民法院的名称。

(2) 申请人签名(申请人如系法人或其他组织的,应写明全称,并加盖单位公章)。

(3) 申请时间。

（四）例文评析

回避申请书

申请人：××市××××贸易公司　　地址：×××市××区××街××号
法定代表人：武××　　　　　　　　职务：经理
被申请人：陈××，男，×××市××区人民法院民事审判庭助理审判员，在审理申请人诉××市××科技开发公司债务纠纷一案中担任审判员。

请求事项：

请求陈××回避。

事实与理由：

被申请人陈××与本案被告××市××科技开发公司的委托代理人王××是表兄弟关系。为避免本案不公正审理，根据《中华人民共和国民事诉讼法》第四十五条第一款第(一)项规定，审判人员是本案当事人或者当事人、诉讼代理人的近亲属，必须回避，现申请陈××回避。请人民法院审查，更换审判员审理本案。

此致

×××××人民法院

申请人：××市××××贸易公司
法定代表人：武××
2006年×月×日

点评

该份回避申请书在格式上基本符合要求：首先，介绍了申请人、被申请人的基本情况，其中包括了被申请人担任审判员的事实；其次，概括了请求事项，即请求审判员陈××回避；最后，具体陈述了申请回避的事实和理由。在制作回避申请书时尤其要注意，被申请回避人具有的法定应当回避的情形要阐述详细、清楚，以增加申请书的说服力，从而支持申请人的回避申请。

但是该份回避申请书最大的不足之处在于，申请人所陈述的事实与回避理由不相符：被申请人与被告代理人之间的表兄弟关系并不属于法律规定的"近亲属"关系。

另外，如果委托律师作为申请人的委托代理人，应该在首部添加委托代理人的相关信息，如姓名以及所在律师事务所的名称；如果只是律师代写申请文书，则只需要在尾部落款的时候在申请人签章添加律师的姓名即可。

七、证据保全申请书

证据保全是指人民法院受理案件以后在证据可能灭失和以后难以取得的特殊情况下对证据采取固定保护的一种措施。证据保全申请书是当事人为申请保全证据,而向人民法院递交的法律文书。我国《民事诉讼法》第81条第1款规定:"在证据可能灭失或者以后难以取得的情况下,当事人可以向人民法院申请保全证据,人民法院也可以主动采取保全措施。"证据保全以后,是否能够作为认定案件事实的根据,须经人民法院进一步审查核实。证据保全可以因诉讼参加人提出申请,也可以由人民法院根据案件的需要主动决定采取。

(一)首部

(1)标题。居中写明:"证据保全申请书"。

(2)申请人基本情况。应写明申请人的姓名、性别、出生年月日、民族、职业、工作单位和职务、住址等。申请人是法人或其他组织的,应写明名称、所在地址、法定代表人(或主要负责人)的姓名和职务。

(3)申请证据保全的请求。即要求人民法院采取紧急措施加以固定或保全的证据名称。

(二)正文

(1)事实和理由。写明证据可能灭失或者以后难以取得的原因,以及这些证据在本案诉讼中的证明意义。

(2)证据细目。是物证的写明名称、数量、处所;是现场的,写明地址;是人证的,写明证人姓名、住所。

(三)尾部

(1)致送人民法院的名称。

(2)申请人签名或盖章及申请日期。

八、财产保全申请书

财产保全是指人民法院在审理给付之诉的过程中,为了保证将来发生法律效力的判决能够得到全部执行,在作出判决之前,对当事人的财产或争执标的物采取查封、扣押、冻结或者法律规定的其他方法进行保护的措施。财产保全申请书是当事人请求意愿的表示,也是人民法院采取财产保全措施的依据。我国《民事诉讼法》第100条规定:"人民法院对于可能因当事人一方的行为或者其他原因,使判决不能执行或者造成当事人其他损害的案件,根据对方当事人的申请,可以裁定对其财产进行保全、责令其作出一定行为或者禁止其作为一定行为;当事人没有提出申请的,人民法院在必要时也可以裁定采取财产保全措施。人民法院采取财产保全措施,可以责令申请人提供担保;申请人不提供担保的裁定驳回申请。人民法院接受申请后,对情况紧急的,必须在 48 小时内作出裁定;裁定采取财产保全措施的,应当立即开始执行。"采取财产保全的程序有两种:一种是人民法院根据当事人的申请裁定采取的,另一种是人民法院依职权主动采取的。当事人申请财产保全的文书即财产保全申请书。

(一) 首部

(1) 标题。居中写明:"财产保全申请书。"

(2) 申请人、被申请人的基本情况。申请人是指就双方争执的标的物或有关财产正在被对方当事人变卖、隐匿、转移、毁损、挥霍或正在遭受自然力的破坏,有可能使将来的判决不能执行或难以执行,而要求人民法院采取相应保全措施的一方当事人;被申请人即对方当事人。应分别写明申请人、被申请人的姓名、性别、出生年月日、民族、职业、工作单位和职务、住址等;申请人、被申请人是法人或其他组织的,应写明名称、所在地址及其法定代表人(或主要负责人)的姓名、职务。

(3) 请求事项。写明要求保全的财物情况。包括申请人与被申请人的关系,申请人和被申请人与要求被保全财物的关系及财物名称、数量、质量、形状、花色、品种、价格、所在地点及现状等。

(4) 必须写明要求保全财产的总金额,如无法计算精确,也可以写出相应价值的财产,而不得遗漏或空白,这一点尤为重要。

(二) 正文

(1) 申请的事实和理由。主要写明需要保全的财物遭受侵害情况,以及采取保全措施的重要性、紧迫性及在判决执行中的意义。

(2) 证据。写明能够证明申请请求的证据的名称、件数和证据来源。有证人的,应写明证人的姓名和住址。如果证据不在申请人手里,应向人民法院提供证据线索。

(三) 尾部

(1) 致送人民法院的名称。

(2) 申请人签名或盖章。律师代书的,可在申请书的申请人签章后写上代书律师的姓名及代书律师所在的律师事务所名称。

(3) 申请时间。

(4) 附项。除附上有关证据外,还应附上担保材料。

九、强制执行申请书

强制执行申请书,是指享有权利的当事人根据人民法院作出的已经发生法律效力的民事判决、裁定、调解书,或根据仲裁机关已经发生法律效力的裁决书,或根据公证机关依法赋予强制执行效力的债权文书以及行政机关作出的决定书,在对方当事人不履行或拒绝履行义务时,向人民法院提出强制执行的书面请求。我国《民事诉讼法》第236条的规定,发生法律效力的民事判决、裁定,当事人必须履行。一方拒绝履行的,对方当事人可以向人民法院申请执行,也可以由审判员移送执行员执行。调解书和其他应当由人民法院执行的法律文书,当事人必须履行。一方拒绝履行的,对方当事人可以向人民法院申请执行。根据我国《民事诉讼法》第239条的规定,申请执行的期间为两年。申请执行时效……从法律文书生效之日起计算。法律文书规定分期履行的,则从规定的每次履行期限的最后一日起计算。执行申请书是对于发生法律效力的民事判决、裁定、调解书和其他由人民法院制作的法律文书,以及依法设立的仲裁机构的裁决、公证债权文书,当事人一方拒绝履行或不履行的,对方当事人向有管辖权的人民法院提交申请执行的法律文书。

(一) 首部

(1) 标题。居中写明:"强制执行申请书"。

(2) 申请人和被申请人的基本情况。

(3) 申请事项。写明申请执行的生效法律文书的制作单位、文书标题、案件编号、案由执行的具体要求。

(二) 正文

(1) 事实与理由。申请执行的事项,即各种生效法律文书中的主文部分涉及的财产执行内容。被执行人应当给付事项的种类、范围、数量等;被执行人没有履行的情况,写明被执行人逾期拒不履行法律文书中指定义务的情况。

(2) 被申请人可供执行的财产状况,包括被申请人的经济收入,有无履行义务的能力及其财产所在地等。

(三) 尾部

(1) 致送人民法院的名称。

(2) 申请人签名或盖章。律师代书的,在申请人签章后写上律师姓名和律师事务所名称。

(3) 申请时间。

(4) 附项。

第七节　法律意见书

一、法律意见书的概念和作用

法律意见书,是律师或律师事务所接受委托人委托并审查委托人所提供的材料或者进行调查之后,依法独立对委托人所咨询的某一法律问题提出书面意见以作为解答的一种非诉讼律师实务文书。

法律意见书的作用就在于对委托人的某一法律行为、法律事实、诉讼案件或者协议、合同等非规范性文件从法律上进行审查，发表答询意见，为委托人拟将采取的法律行动提供法律依据。

二、法律意见书的特征

法律意见书在我国律师实务中使用时间不长，但其特征已充分显示出来。这主要是：

（一）内容的广泛性

法律意见书涉及的内容十分广泛，既可以是涉讼问题，又可以是非诉讼问题；既可以是法律问题，也可以是兼涉其他领域的问题；既可以是实体问题，又可以是程序问题；既可以是国内法律问题，又可以是涉外法律问题……这是其他律师实务文书所不能相提并论的。

（二）形式的多样性

由于法律意见书内容广泛性所决定，法律意见书的形式也是多种多样的。有以文件审查为主的，有以咨询质疑为主的，有以可行性分析为主的，有以评析法律行为、法律事实为主的，有以预测事态发展为主的，还有关于股票上市、发行和配股的。这样不同内容的法律意见书，在结构上、写作上、形式上自然不同。有的有文件规范，有的没有文件规范；有的格式要件相对较多，有的相对较少；因此有的结构也就相对复杂，有的则相对简单。法律意见书至今并无固定格式，显现出多样性状况。

需要出具法律意见书的问题，大多不是仅仅涉及某个法条或某部法律，而是既涉及多部法律，同时还涉及金融、经济、工交、医药、文教等某一专业领域，所以出具法律意见书，必须要有法律知识，同时还必须具有相关的专业知识。

（三）适用范围的特定性

法律意见书不对外，只是律师或律师事务所制作，委托人或拟委托人阅读，既不致送公检法机关，也不致送法律行为法律事件的对方，所以除关于股票发行、上市和配股的法律意见书之外，一般法律意见书上都要注明"本意见书不供第三人阅读，不能作为证据使用"。由此可见法律意见书具有基础性，一方面它是委托人与律师在代理或辩护事宜上的委托与受托的基础，另一方面它是接受委托后律师办案的基础。

三、法律意见书的分类

前文已述，目前尚无一个规范性文件对全部法律意见书加以规范，所以我们只能对法律意见书大致进行一下分类。

（一）审查性法律意见书

这是律师在审查委托人或拟委托人提供的合同草案、合同或方案草案、方案等从法律角度作出评价，提出可行与否及修改建议的文书。一般来说，多是发现其中有重大问题、重大失误和遗漏，可能引起不良后果，所以以法律意见书的形式及时提醒或发出告诫，指出存在的问题，以进行弥补或引起重视，以防止不良后果产生。

（二）解疑性法律意见书

这是依照法律、法规对委托人提出的有关法律行为、法律事实问题，给予解答释疑的文书。要求律师在审查材料并在必要时进行调查之后，从法律的角度作出解答。要求律师有认真负责的态度，不断地对现行各项法律政策认真学习、研究，而且具备学习、掌握相关专业知识，具有分析解决具体问题的能力。

四、关于股票发行、上市和配股的法律意见书

关于股票发行、上市的法律意见书是指律师接受当事人的委托，对当事人进行的股票发行、上市和配股等金融证券业务和其他相关法律事务的有关法律问题，准确运用法律，进行阐述与分析，作出明确结论，出具给当事人的书面意见。

（一）关于股票发行、上市和配股的法律意见书的组成

1. 首部

（1）标题。写明××律师事务所关于××公司×××年度股票发行、上市和配股的法律意见书。

（2）前言。① 致送单位，即××公司（发行人）。② 出具法律意见书的依据，即说明律师与发行人之间的聘用关系，并具体说明律师参与该项工作具体身份。③ 出具法律意见的范围，即概述已审查过的事项，说明本法律意见书就与本次股票发行、上市和配股有关问题所发表法律意见的范围。④ 其他事项。诸如律师是否同意将本法律意见书作为发行人申请公开发行股票所必备的法定文件上报，并依法对其出具的法律意见负责。

2. 正文

（1）发行人发行股票的主体资格；（2）发行人的章程（或者章程草案）；（3）本次发行、上市的授权和批准；（4）本次发行、上市的实质条件；（5）发行人的招股说明书；（6）发行人所有者授权使用、经营的主要财产；（7）发行人的重大债权债务关系；（8）发行人的环境保护和产品技术标准；（9）发行人涉及的诉公、仲裁或行政处罚；（10）发行人的税务问题；（11）发行人募股资金的运用；（12）本次发行所涉及的其他中介机构；（13）律师认为需要说明的其他问题；（14）结论意见。

中国证监会发布的准则规定，法律意见书，应作出全面说明并表述结论性的

意见,字数一般不超过 3000 字。上述内容与格式中的某些具体要求对发行人确实不适用的,律师可以根据实际情况,作适当修改;也可根据需要,增加其他内容,但是应在律师工作报告中对作出某些修改或者增加内容的原因作出特别说明。

对于不符合条件的事项或者律师已经勤勉尽责仍不能对其法律适用作出确定意见的事项,应当发表保留意见,并且应当指出上述事项对本次发行、上市的影响程度。对于某些可以依法作出假设的事实(如对原件的真实性和对企业重要管理人员的书面陈述的信赖等)可以直接说明没有作进一步的验证。

3. 尾部

写明出具法律意见书的日期并签字盖章。

(二)关于股票发行、上市和配股的法律意见书的注意事项

(1)律师如果对有关法规、政策把握不准,尤其对有关境外发行和上市是否需要履行国内审批手续的问题,应当书面向中国证监会咨询,不得在没有掌握相关法规、政策的情况下出具法律意见书,不得误导客户和境外证券监管机构。

(2)律师出具法律意见书时可以要求发行人就某些事宜作出书面保证;但是无论有无发行人的书面保证,律师均不得出具虚伪、严重误导性内容或者有重大遗漏的法律意见。

(3)发行人取得发行、上市和配股的许可后,律师应当发表补充意见,说明法律意见书出具日至招股说明书公布日期间,法律意见书所涉及的内容及发行人的法律地位没有发生重大变化。如果发生重大变化事项,应当就此发表法律意见,同修改后的招股说明书一起上报证监会。

(4)律师不得利用履行职务所获得的内幕信息从事内幕交易或者泄露当事人的商业秘密。

(三)例文评析

关于宁波××电子股份有限公司
首次公开发行的股票于××证券交易所上市的
法律意见书

致宁波××电子股份有限公司:

根据《中华人民共和国公司法》(以下简称"《公司法》")、《中华人民共和国证券法》(以下简称"《证券法》")等有关法律、法规及中国证券监督管理委员会(以下简称"证监会")《首次公开发行股票并上市管理办法》(以下简称"管理办法")、《××证券交易所股票上市规则》(以下简称"上市规则")等有关规定,北京××律师事务所(以下简称"本所")与宁波××电子股份有限公司(以下简称"公司",)签署了《专项法律顾问聘请协议》,接受公司的委托,指派姜××、薛×

两位律师(以下简称"本所律师"),以公司特聘专项法律顾问的身份,为公司首次公开发行股票(以下简称"本次发行")并于××证券交易所上市(以下简称"本次上市")事宜,出具本《法律意见书》。

为出具本法律意见书,本所根据中国现行的有关法律、法规及证监会的有关规定等,对涉及本次上市的有关事实和法律事项进行了审查,查阅了本所认为必须查阅的文件。本所律师已严格履行法定职责,遵循勤勉尽责和诚实信用原则,对公司的行为以及本次上市的合法、合规、真实、有效性进行了充分的核查验证,保证本法律意见书不存在虚假记载、误导性陈述及重大遗漏。

本法律意见书是依据本法律意见书出具日以前已经发行或存在的事实和我国现行法律、法规和证监会的有关规定发表法律意见。本所律师仅就与本次上市有关的法律问题发表法律意见,并不对有关会计、审计等专业事项发表意见。在本法律意见书中对有关会计报告、审计报告中某些数据和结论的引述,并不意味着本所对这些数据、结论的真实性和准确性作出任何明示或默示保证,本所并不具备核查和评价该等数据的适当资格。本所律师同意将本法律意见书作为公司本次上市所必备的法定文件,随其他材料一起提交××证券交易所审查,并依法对其承担责任。

在本所的核查验证过程中,本所得到公司董事会如下保证,即已经提供了本所认为出具本法律意见书所必需的、真实的原始书面材料、副本材料或口头证言;有关副本材料或者复印件与原件一致。对于本法律意见书至关重要而又无法得到独立的证据支持的事实,本所依赖有关政府部门、公司或者其他有关机构出具的证明文件补充本法律意见书。本法律意见书仅供公司为本次股票上市之目的使用,不得用作任何其他目的。本所律师按照律师行业公认的业务标准、道德规范和勤勉尽责精神,对公司提供的有关文件和事实进行核查和验证,现出具法律意见如下:

一、本次上市的授权和批准

1. 公司于2006年8月12日召开了2006年第二次临时股东大会,表决通过了《关于首次向社会公众公开发行人民币普通股(A股)并上市的议案》的决议。经本所律师审查,该决议的内容、形式和程序均合法、有效。

2. 根据证监会证监发行字[2007]××号文《关于核准宁波××电子股份有限公司首次公开发行股票的通知》,核准公司发行不超过2500万股新股。

3. 本次上市尚需取得××证券交易所的同意。

二、本次上市的主体资格

1. 公司是2002年9月16日经原中华人民共和国对外经济贸易合作部(现为中华人民共和国商务部)以外经贸资二函[2002]××××号《关于同意宁波××电子有限公司转制为宁波××电子股份有限公司的批复》批准,由宁波×

××电子有限公司以整体变更发起设立的股份有限公司。

2. 浙江××会计师事务所有限公司对宁波××电子有限公司整体变更为股份有限公司的实收股本情况进行了审验，并出具浙东会验[2002]第×××号验资报告。根据该验资报告，截至2002年9月16日，宁波××电子股份有限公司(筹)已将原有限公司截至2002年3月31日的净资产7210万元，按1∶1的比例折合股份总额7210万股。

3. 公司于2002年10月28日在宁波市工商行政管理局登记注册，注册号为×××总字第××××号。

本所律师认为，公司依法设立并有效存续，不存在根据法律、法规、规范性文件及公司章程需要终止的情形，具备上市必要的主体资格。

三、本次上市的实质条件

1. 根据证监会证监发行字[2007]××号文《关于核准宁波××电子股份有限公司首次公开发行股票的通知》，本次发行已取得证监会的批准，符合《证券法》第五十条第(一)项的规定。

2. 根据证监会证监发行字[2007]××号文及公司《首次公开发行A股网上定价发行申购情况及中签率公告》，公司的股票已公开发行，符合《上市规则》第5.1.1(一)的规定。

3. 公司本次发行前的总股本为7210万股。根据证监会证监发行字[2007]××号文及招股说明书，公司本次向社会公开发行的股票总数为2500万股。本次发行后的股本总额不少于5000万股，符合《证券法》第五十条第(二)项及《上市规则》第5.1.1(二)的规定。

4. 根据证监会证监发行字[2007]××号文及招股说明书，公司本次向社会公开发行的股票总数为2500万股。本次发行后该部分股份为本次发行后公司股本总额的25.75%，符合《证券法》第五十条第(三)项及《上市规则》第5.1.1(三)的规定。

5. 根据公司出具的说明及浙江××××会计师事务所有限责任公司出具的××××会审[2006]2148号《审计报告》并经本所律师适当核查，公司在最近三年内没有重大违法行为，财务报告无虚假记载，符合《证券法》第五十条第(四)项及《上市规则》第5.1.1(四)的规定。

6. 公司实际控制人郑××、曹××夫妇相对控股的公司股东宁波××××电子有限公司、宁波经济技术开发区××××有限公司已承诺：自公司股票上市之日起三十六个月内，不转让或者委托他人管理其本次发行前持有的公司股份，也不由公司收购该部分股份。

7. 经本所核查，公司在股票首次公开发行前十二个月内，未进行过增资扩股。

8. 公司为本次上市聘请××证券有限责任公司（以下简称"××证券"）作为保荐机构保荐。××证券已经中国证监会注册登记并被列入保荐机构名单，同时具有××证券交易所会员资格，符合《上市规则》第4.1条的规定。

本所律师认为，公司具备了本次上市的实质条件。

四、结论性意见

本所律师认为：公司具备本次上市必要的主体资格，公司本次上市已经过公司股东大会的批准，并符合《证券法》及《上市规则》规定的上市实质条件，且已由具备适当资格的保荐机构进行保荐。但本次上市尚待取得××证券交易所的同意。

本法律意见书于2007年2月26日签署，共有正本两份，副本两份。

北京××律师事务所（盖章）
负 责 人：李××
经办律师：王××

点评

关于公司上市条件而出具的法律意见书，中国证监会规定了统一的格式。此类法律意见书的首部（也称为引言部分）的写作规范如下：首先，交代出具法律意见书的依据，一般包括两个方面，一是我国《证券法》、《公司法》及国务院证券管理部门的有关规定，二是发行人与律师事务所签订的《委托协议》。其次，是律师应当声明的事项，如关于审查材料的说明、关于责任的承担以及该意见书的用途等。最后，在引言的结束段应载入下列文字："本所律师根据《中华人民共和国证券法》第××条的要求，按照律师行业公认的业务标准、道德规范和勤勉尽责精神，对××公司提供的有关文件和事实进行了核查和验证，现出具法律意见如下。"结尾部分要注明法律意见书的日期及签字盖章，法律意见书的正、副本份数，律师事务所名称并加盖公章、经办律师签名等。以上关于首部、尾部的写法是股票发行和公司上市、配股类法律意见书的写法，该范例形式上符合规范。

一般的法律意见书的正文部分主要包括以下五个部分的内容，即本案当事人情况、基本事实、法律分析、解决方案和结论。而上面这份为公司首次发行股票而出具的法律意见书的内容与一般的审查类、建议类、咨询类的法律意见书不同，中国证监会对其正文的内容有固定的要求。该份法律意见书正文中四个方面的内容，即发行人发行股票的主体资格，本次发行、上市的授权和批准，本次发行、上市的实质条件以及最后结论是一份上市法律意见书所必须具备的，其中以是否符合上市的实质条件为写作的重点。这份文书对于上市实质条件的写作上分成了八个方面进行论证，条理清晰、层次分明。

五、出具股票发行、上市法律意见书的工作报告

为了维护法律意见书的严肃性,防止律师出具有虚伪、严重误导性内容或者有重大遗漏的法律意见书,中国证监会规定律师在股票发行、上市筹备过程中,可以选择适当的时机,以工作报告的形式向发行人提供法律意见,并且不断补充、修改工作报告。只有等到全部工作结束后,发行、上市申报材料正式上报时,方可出具法律意见书。

(一) 首部

1. 标题

写明××律师事务所为××公司×××年度股票发行、上市出具法律意见书的工作报告。

2. 前言

(1) 致送单位。即××公司(发行人)。(2) 引言。即"××公司,现将本律师事务所为××公司×××年度股票发行、上市出具法律意见书所做的工作及有关意见报告如下"。(3) 律师参与本次发行、上市工作的身份以及业务范围。(4) 对其出具法律意见书的工作过程做详细说明(包括与发行人的相互沟通、对发行人提供材料的查验、走访、谈话记录、现场勘察记录、查阅文件清单以及工作小时等)。

(二) 正文

1. 发行人简况

包括:(1) 发行人(包括发起人)的历史沿革;(2) 发行人在股份制改造及其运作过程中执行国家有关部门关于股份制改造规定的情况;(3) 发行人在股份制改造前后的组织结构;(4) 发行人的股权结构及其形成过程;(5) 对发行人公司或者章程草案内容的审查情况;(6) 发行人的经营状况;(7) 发行人对其主要财产的所有权或者经营、使用权;(8) 发行人与其关联企业的股权关系及发行人中董事、监事、高级管理人员在关联企业中的兼职情况;(9) 发行人的重要合同及其合同之外的重大债权债务关系;(10) 与发行人有关的诉讼、仲裁、行政处罚等情况;(11) 发行人的税务问题。

2. 本次股票发行、上市情况

包括:(1) 本次发行、上市的授及批准;(2) 本次发行、上市的实质条件;(3) 有关承销协议的内容及承销的其他事宜;(4) 对招股说明书的审查;(5) 募股资金的运用;(6) 专业性机构的证券业务资格,包括:律师事务所、会计师事务所、资产评估机构、证券经营机构、其他有关机构。此外,还要写明有待解决的法律问题及对疑难问题的讨论和说明,以及律师所审查的文件清单:政府批文、公司文件、权益证书、合同文件、有关信函、其他文件。

（三）尾部

1. 律师事务所名称（加盖公章），经办律师（签字）。
2. 出具工作报告的日期。

六、审查类法律意见书

审查类法律意见书是订立合同或设计方案的当事人就合同或方案的形式、内容请求律师进行全面审查、分析、评断，并提出修改意见，律师经审查后，作出准确、肯定的答复和提出修改意见的文书。

（一）首部

（1）标题。居中写明"合同（方案）审查意见书"。

（2）致送单位名称。

（3）审查对象，如当事人请求审查的合同、方案等。

（二）正文

（1）合同（方案）基本内容。应重点摘录合同（方案）拟订的目的、合同中各方当事人的基本情况，以及各方权利义务关系等主要内容。

（2）合同（方案）存在的主要问题部分，应逐条列出合同的不当之处及其可能带来的不良后果或严重后果。

（3）审查修改意见及法律根据，应当针对合同中的主要问题，提出切实、可行的修改意见，同时引用有关法律的规定，以论证其合法性。

（三）尾部

律师及其所在的律师事务所名称，以及审查修改意见出具的时间。

七、解疑类法律意见书

解疑类法律意见书是近几年来随着法律意见书使用范围扩大而出现的一个新文种，除前面已经讲过的法律意见书外，其余法律意见书均可归于此类，特别是涉诉案件更为典型。

（一）首部

（1）标题。标明"法律意见书"字样。

（2）致送单位或人。即委托或拟委托单位或人。

（3）说明制作法律意见书的缘起和依据。用简要的文字概括交代本法律意见书就对方提出的什么问题予以答复。

（二）正文

这部分是法律意见书的主体部分。一般应写明：

1. 说明

对方提供的文件，即本律师审查的文件细目。应注明（1）文件齐备与否，是否尚有应予提供而未予提供的文件;(2)文件的真实性由提供一方负责,但提供一方已就真实性作出说明者除外。

如果需要进行实地调查或到相关机关咨询,应写明调查或咨询经过及其结果。

2. 事实的概述

了解提出的法律事实是作出法律分析的前提。因此,法律意见书在对法律问题作出答复之前,应把通过审查材料或者加上调查咨询而得出的事实梗概列出,诸如:当事人为何人、何单位,法律事实于何时何地如何发生,如何发展,中间一方或双方有何变故,与本案有关的第三方于何时何地如何介入,特别是目前状况如何,一方或双方准备采用何种行为……均应理清来龙去脉,找出因果关系,以便于分析。

3. 法律分析

法律分析部分是法律意见书最重要的部分。如果事实部分比较复杂,既有可能适用此部法律,又有可能适用彼部法律,尤其是涉外案件还可能存在适用哪一国家或地区法律的问题,那么,首先应就法律适用问题进行分析,然后通过所适用的法律、法规来详细解答委托人或拟委托人所提的问题。一般而言,这一部分需要针对当事人所咨询的有关事务进行分析或阐述,并作出肯定或否定的结论。应注意法律意见的建设性、可行性以及预测性,至于具体表述,既可集中论题,统一做答;也可以分为若干个问题,条分缕析,一一作答。

(三) 结尾

(1) 注明"本法律意见书未经本律师同意,不得向第三方出示,不得作为证据使用。"

(2) 律师及其所在律师事务所名称,并注明制作日期。

第八节 合同的制作

一、合同的概念及特点

合同是作为平等主体的自然人、法人和其他经济组织之间为共同达到一定的目的,依照法律规定,确定双方权利与义务关系的协议。理解这一概念,必须明确四个要点:一是平等主体,是指享有民事权利主体资格的公民、法人和其他经济组织。二是"之间"是指合同目的的实现至少有双方当事人参加。三是"权利与义务"是指由民法或经济法调整的法律关系的内容。四是"协议"即当事人在取得意愿一致的基础上所达成合意。

合同的特点是:

（1）合同是一种具有制约力的文书。合同一经依法签订，签约当事人之间就产生了一定的权利义务关系，而这种权利义务关系受法律保护，签约的一方如有违约，不履行合同中规定的义务，就要承担由此而引起的法律责任。

（2）合同是双方或多方当事人意思表示相一致的文书，而不是单方面的法律行为，更不是一方强加于他方的法律行为。

（3）合同是当事人在平等地位上形成的文书。订立合同的双方当事人在合同关系中地位平等，双方都享有各自一定的权利，承担各自一定的义务。

二、合同的订立

（一）合同的订立原则

合同的订立是双方当事人依法就合同的主要条款协商一致，付诸文字并履行签约手续的法律行为。依据《合同法》的规定，当事人在拟订合同的过程中，应始终遵循以下几个原则：

（1）合法原则，是指合同内容必须符合国家的法律和行政法规的规定。

（2）自愿原则，是指合同当事人依法按照自己的意志拟订合同，任何机关、组织和个人不得非法干预。

（3）平等公平原则，是指合同当事人在拟订合同时，具有平等的法律地位，合同交易必须平等互利，一方不得将自己的意志强加给另一方，应当遵循公平原则确定各方的权利和义务。

（4）诚实信用原则，是指合同当事人的意思表示应该真实，不实施欺诈行为，同时要信守诺言，全面履行合同约定的权利义务。

（二）拟订合同的程序

拟订合同的程序是指当事人就合同的内容协商一致的过程和步骤。拟定合同的过程，实际上是双方当事人就某一经济活动中各自权利义务的分配而进行反复协商的过程。这一过程十分复杂，但大体上可以分为一般程序和特殊程序。

1. 一般程序

一般程序包括"要约"和"承诺"两个阶段：

（1）要约。要约是指要约人一方向对方提出的拟订合同的建议和要求。要约的内容应包括：① 希望与对方签约的意思表示；② 明确提出该合同的各项条款，以供对方考虑；③ 规定对方作出答复的期限。要约到达受要约人时生效。

（2）承诺。承诺是指受约人完全接受要约中的全部条款，向要约人作出的按要约签订合同的意思表示。承诺须具备两个条件才能成立：① 必须是不附条件地完全同意要约的各项条款；② 必须是在要约有效期内将承诺的意思表示送达要约人。承诺通知到达要约人时生效，即合同成立。

2. 特殊程序

拟定合同除上述一般程序外,有些合同还要履行特殊程序:① 招标投标,这是以要招标、投标和定标方式拟定合同的一种特殊表现形式。一般来说,利用这种程序签订的合同有工程建设合同,行政许可中一些行政合同也适用这一程序。② 拍卖,这是一种以拍卖、竞买和击锤拍定方式拟订合同的特殊形式,行政许可中一些行政合同也适用这一程序。

(三) 拟定合同的要求

1. 必须依法拟订合同

合同是一种重要的法律文书,拟定合同是一种严肃的法律行为。因此,拟订合同,必须遵守国家法律、法规。依法拟定合同,主要是:(1) 内容要合法。即不得利用合同进行违法活动和不正当竞争,不得侵犯国家、集体和他人的合法权益。(2) 要件要齐全。即要有双方法定代表人或法定代表人授权的经办人的签字和盖章,还要加盖单位公章或合同专用章。(3) 程序要完备。要按照规定的程序办理。政府规定或当事人约定必须鉴证或公证的合同,尤其是适用特殊程序签约的合同,要到工商行政管理部门鉴证或到公证机关公证。规定必须经上级部门审核或批准的合同文本,要报请上级部门审核或批准。

2. 条款要周全、具体

拟定合同,当事人将自己的要求与承诺通过条款表述出来。条款就是日后履行合同的行为规范,因此,除合同法规定必须具备的主要条款外,还应根据合同的性质结合签订合同时的具体情况,列入其他一些必要的条款。条款具体,权利义务明确,能够顺利履行,一旦有纠纷责任也能分辩清楚。

3. 文字要严谨和规范

当事人以书面形式拟订合同,必须注意文字表达严谨,不能与签约本意有出入,也不能有歧义。同时注意遣词造句符合规范,尤其是涉及专业知识的地方,不能使用方言土语,也不能为图省事而流于苟简。

三、合同的结构和内容

无论是格式合同、合同示范文本,还是自拟合同,结构大体上分为首部、正文、尾部三部分。

(一) 首部

(1) 标题。合同的标题,一般只需写明合同的性质。

(2) 引言。一般包括以下内容:第一,合同编号。由当事人根据本单位的管理制度和方法填写。第二,双方当事人及其代理人的名称。写明签订合同双方的单位名称,当事人是企业的,应按照营业执照上标准的企业名称填写。第三,合同签订地点。第四,合同签订时间。

(二) 正文

一般包括五个方面内容：

(1) 双方签订合同的依据或目的。

(2) 双方协商的内容,即双方的权利和义务。这部分是合同的主体内容。

其一,标的。标的是合同中权利和义务所指向的对象。合同是以一定的财产关系,即物质利益关系为其内容的,所以任何合同都必须具备标的。若标的不明确,合同就无法履行。合同的类别不同,标的所体现的形式也就各不相同。

其二,数量。标的数量是确定合同履行的重要条件之一,合同的签订必须明确标的数量。关于标的的计量单位,应使用国家法定计量单位,或选择双方均予认可的计量单位。

其三,质量。标的的质量是合同的重要内容之一,也是履约的重要依据。质量标准规格表述要明确、具体,如写清规格、型号、技术标准等,其中技术标准具体写明何年何月的国家或部颁标准,并在合同中写出标准的编号。如果是协商标准,则必须另附协议书或提交样品。

其四,价款或者报酬。价款或酬金是有偿合同的条款。价款是指取得标的物所应支付的对价;酬金是指获得服务所应支付的对价。价款通常指标的物本身的价款,但因许多交易是在异地进行,会产生运费、装卸费、保险费、保管费、报关费等一系列费用,这些费用由谁支付,都应在条款中写清。凡国家规定有价格的产品(包括国家定价,浮动价),应遵守国家的价格;国家未规定价格的,可由当事人双方自愿协商议定。

其五,履行的期限、地点和方式。履行的期限,是指当事人完成合同规定的义务的时间范围;履行的方式,是指当事人完成合同规定的义务的方法,如货物是自提还是送货上门或是代办托运,付款方式是现金支付还是托收承付或是支票转账。可以规定为即时履行,也可以规定为定时履行,或分期履行,逾期即属违约。履行地点是指当事人完成合同规定的义务的地理位置,是确定诉讼管辖的依据之一,对于涉外合同纠纷而言则可能是确定实体法律适用的依据之一。

其六,违约责任。违约责任是指当事人因过错而不履行或者不完全履行合同时应当承受的法律制裁措施,如支付违约金、支付赔偿金、解除合同等。违约责任对于维护合同的法律严肃性,敦促当事人按合同履约具有重要保证作用。在合同中违约责任有些是法定的,如我国《合同法》第 115 条规定的定金罚则、第 63 条规定的价格制裁等。违约金比例则大都是靠双方自行约定,但不能越过法律规定的标准幅度。

其七,解决争议的方法。根据我国《合同法》第 128 条的规定,当事人解决合同争议的方法主要有和解、调解、仲裁和诉讼。当事人可以约定仲裁条款、选择法院条款等事项。

其八,根据法律规定的或者按照合同的性质必须具备的条款。

其九,一方当事人要求必须规定的条款,另一方当事人认可并同意列入合同的条款。

其十,依据法律规定或合同约定,需要登记、备案、公证或鉴证等,依法办理相关手续。

(3) 补充协议的制定。写明双方未尽事宜可制定补充协议,补充协议与本合同具有同等效力。

(4) 合同的有效期限。

(5) 合同的正、副本份数及保存。

(三) 尾部

(1) 相关要件。包括:双方当事人签名、盖章;单位地址、电话号码、邮政编码;银行开户名称、开户银行、账号;鉴证或公证意见以及公章。

(2) 附件。合同的附件有多种形式,有的是商品明细表格、加工图纸、使用条件等。合同的附件是合同的共同组成部分,不能有所疏漏或发生差错。

四、合同制作中需要注意的问题

(1) 当事人采用合同书形式订立合同的,自双方当事人签字或者盖章时合同成立。

(2) 依法成立的合同,自成立时生效。法律、行政法规规定应当办理批准、登记等手续生效的,依照其规定。

(3) 当事人对合同的效力可以约定附条件。附生效条件的合同,自条件成就时生效。附解除条件的合同,自条件成就时失效。当事人为自己的利益不正当地阻止条件成就的,视为条件已成就;不正当地促成条件成就的,视为条件不成就。

(4) 当事人对合同的效力可以约定附期限。附生效期限的合同,自期限届至时生效。附终止期限的合同,自期限届满时失效。

五、例文评析

买 卖 合 同

卖方:新疆××毛织厂(以下简称甲方)

地址:新疆××××××　　　　电话:×××××××××

买方:上海××公司(以下简称乙方)

地址:上海市××××××　　　　电话:×××××××××

根据《中华人民共和国合同法》及有关政策法规,经甲、乙双方友好协商一致,签订本合同,以资共同信守。

一、甲方必须于2001年12月31日将下列表列货物按双方11月8日口头商定的协议及国家公认的同行业标准质量准时交付乙方使用。

品名	规格型号	单位	数量	单价	金额(元)
"××牌"毛毯	180 cm × 200 cm	条	3000	250	750,000.00
"××牌"毛毯	135 cm × 200 cm	条	2000	180	360,000.00
合计	——	——	5000	——	1,110,000.00
总金额(大写):人民币壹佰壹拾壹万元整					

二、交货地点:乙方公司仓库。

三、交货方式:甲方于合同指定交货日、交货地点一次性全批量交清货物,货物途中运输费、保险费等费用由甲方负担。

四、乙方必须在合同签订之日,按合同拟定价格,预付20%的货款(即人民币贰拾贰万贰仟元整￥222,000.00)给甲方作为定金,余额人民币捌拾捌万捌仟元整(￥888,000.00)于交货日验货后一次性结清。

五、违约责任:甲、乙双方均应守约履行,任何一方违约,都必须承担相应的经济责任。

① 甲方违约时,甲方必须以双倍定金的形式赔偿乙方的经济损失;交货时,货物出现破损等不符合质量要求的,甲方应按要求重新补给,并承担违约责任;拖延交货时间,按每日1110元计违约金,并在货款余额中抵扣。

② 乙方违约,甲方无偿拥有乙方预付的定金,乙方不得追究;乙方延付甲方货款的,按银行同期存款利率并加付日3‰计付违约金。

六、本合同依法签订,经甲、乙双方盖章和代表人签章后,即具法律效力,双方均应严格执行,任何一方不得擅自变更或解除。如因故需要变动,应经双方协商一致。任何一方不按规定履行合同,按《合同法》承担法律责任。

七、本合同一式四份,甲、乙双方各执两份。

    甲方:新疆××毛织厂   乙方:上海××公司
     (印)   (印)
    法定代表人(签章)   法定代表人(签章)
     ×××   ×××
  签约地点:上海市×××××× 签约日期:××××年××月××日

点评

  合同具有预防纠纷、加强交易安全、降低交易成本等众多功能,各种合同类型繁多,新的合同也层出不穷,因此各种合同的形式、结构也不尽相同,但是我国《合同法》对合同的主要条款进行了规定,所以尽管合同类型千差万别,但在制作的时候还是有一定规范可循的。

范例中的合同属于我国《合同法》规定的有名合同中的一种,也是最常见的合同——买卖合同。从这份合同的形式上看,基本上还是按照文书三段式的结构制作的:在合同的开头,列明了合同双方的名称、住址等基本身份情况,接着用"根据《中华人民共和国合同法》及有关政策法规,经甲、乙双方友好协商一致,签订本合同,以资共同信守"来过渡到合同主体部分。主体部分主要阐明合同双方各自的权利义务以及履约的具体情况,是整份合同书的核心。根据我国《合同法》第131条规定,买卖合同的内容主要由当事人约定,除《合同法》第12条规定的标的、数量、质量、价款、履行期限、履行地点、履行方式、违约责任、解决争议的方法等条款外,买卖合同的当事人还可就包装方式、检验标准和方法、结算方式以及合同使用的文字及其效力等内容进行约定。可见,在制作合同的时候,为了避免合同各方产生误解,也为了避免在交易中产生纠纷,可以在必备的一些条款之外,根据交易的需要选择其他有必要约定的条款。

该份买卖合同中的涉及价款的部分,都用了大写的汉字进行表示,这点是制作同类合同时应该引起注意的地方。由于合同关系到交易的安全,特别对于一些交易金额很大的合同来说,将金额用汉字表示可以防止因疏忽大意而错写、漏写。另外,在很多合同中,尤其一些大宗的买卖合同中,对于标的物的质量、数量、型号各方面的标识,是用表格来表示的。该合同中也出现了这样的表格,这样一方面可以给人一种直观的印象,另一方面可以避免文字表述的混乱。

一、选择题

1. 合同审查意见书的制作主体是( )。
  A. 公证机关　　B. 仲裁机构　　C. 人民法院　　D. 律师
2. 委托人委托律师担任刑事辩护人、与律师事务所共同订立的法律文书是( )。
  A. 辩护委托书　　　　　　　　B. 刑事委托代理合同
  C. 刑事答辩状　　　　　　　　D. 刑事申诉状
3. 律师向咨询者提交的对某项法律问题予以答询的法律文书是( )。
  A. 合同审查意见书　　　　　　B. 法律建议书
  C. 法律咨询书　　　　　　　　D. 法律意见书

二、名词解释

1. 起诉状
2. 代理词

三、简答题

1. 辩护词主要应从哪几方面进行辩护？
2. 代理词应围绕哪些问题说理辩驳？
3. 简述法律意见书的概念和作用。

四、改错题

下面是一份待签的《加工承揽合同》：

定作方：××市经济技术开发公司

承揽方：××市××电冰箱厂

签约地点：××市　　　　　　　　签约时间：××××年　月　日

第一条　定购物品及数量：组装有特殊用途的A牌电冰箱两千台。

第二条　组装费：每台组装费150元（壹佰伍拾元整），两千台共计30万元（叁拾万元整）。

第三条　组装材料的提供：定作方应于××××年××月底前，提供全部冰箱散件组装材料。

第四条　质量要求：以封存的样品为准。

第五条　技术图纸、资料的提供：由定作方于××××年××月中旬将有特殊用途的A牌电冰箱有关资料及图纸送到电冰箱厂。

第六条　交货及验收：承揽方于××××年××月、××××年×月分别完成两千台电冰箱的半数，定作方到承揽方提货时验收。

第七条　预付款及结算：签约后定作方应付给承揽方预付款15万元（拾伍万元整），其余组装费于承揽方交付全部电冰箱后结清。所有款项均通过工商银行××办事处办理转账。

第八条　承揽方向定作方交付组装完毕的电冰箱后，对组装质量不再负责。

第九条　违约责任：

1. 承揽方未按时交付电冰箱时，应偿付不能交付部分酬金的20%的违约金。
2. 定作物不符合标准的，定作方有权拒收，并由承揽方负责修整。
3. 定作方如不按期提货时，每逾期一天按酬金总额的千分之一偿付违约金，还应当承担承揽方实际支付的保管、保养费。

第十条　争议解决：如在履行合同中发生争议，由双方协商解决，协商不成，可由人民法院裁决。

定作方	承揽方
单位名称：××市经济技术开发公司	单位名称：××市××电冰箱厂
（公章）	（公章）
单位地址：××市某街××号	单位地址：××市郊区
法定代表人：杨××	法定代表人：李××
开户银行：工商行××办事处	开户银行：工商行××办事处

请指出上列合同中有哪些条款需补充内容或不符法律规定，并加以修改。

五、文书制作①

根据下列材料制作一份辩护词。

基本案情：

周××，男，××××年×月×日出生，汉族，高中文化，××工厂工人，住该厂家属区××号楼××单元××号。周××高中毕业后，于××××年年底参军，×××年度在部队曾被评为一级技术能手，部队曾发给他荣誉证书，给他的评语是："认真学习、钻研军事技术，在战术学习和实弹射击中圆满完成任务，各科成绩均为优秀。"××××年从军队复员后到××工厂工作，××××年3月起到××××年6月，同本厂职工曹××（曾因盗窃被判有期徒刑一年，××××年10月释放）共同盗窃三次，共盗得现金两千元左右（按失主报案统计为2048元，但单位说的是大概数。按周××供认是1879元外加一些零钱，两者相差不远。其中300元为曹××单独从××商店盗窃）；录音机一部，价值二百余元。由于周××单独居住，而曹××与家人同住在一起，赃物放于周××处。周××比曹××多花赃款一百余元。××××年5月28日，曹××因涉嫌盗窃被××派出所拘留，5月30日被取保候审。6月3日，曹××找到周××，二人一道离家出走。6月5日二人被抓获，周××当即交代了全部事实，在公安机关侦查和多次预审中，每次都是毫无保留地作出了交代，认罪态度较好，并退出自己所得全部赃款。周××认识到了盗窃罪的可耻，感到对不起父母，对不起单位组织领导的培养教育，决心痛改前非。但在××人民检察院的起诉中，因为赃物放于周××处，周××比曹××多得赃款一百余元，并且盗窃地点多由周××提出，因此，认定周××在共同犯罪中起主导作用，是主犯。

辩护要点：

根据周××盗窃时间不长，盗窃次数不多，所得赃款不算巨大，具有认罪悔改表现，且认定共同犯罪中是主犯的理由不充分等方面，请求法庭在判决中从宽予以判刑，并予以缓刑。

---

① 材料来源 http://www2.open.ha.cn/MyForum/showpost.aspx? ThreadId = 62be87d5-2a3f-4edc-af85-a7d118744d08。

第十三章　公证法律文书的制作

通过本章的学习,了解公证法律文书的概念、性质和法律效力,掌握常见公证书的制作方法,理解要素式公证书的主要精髓。

第一节　公证法律文书概述

一、公证法律文书的概念和特征

（一）公证及公证法律文书的概念

公证法律文书从广义上讲是指公证机构依法制作的各类法律文书的总称,具体包括公证书、公证复查决定书、公证申请表、公证受理通知书、公证送达回证、公证法律意见书等。从狭义上讲,公证法律文书主要是指各类公证书,即公证处根据当事人的申请,依照事实和法律,按照法定程序制作的法律证明文书。本章所讲的是狭义的公证法律文书。

（二）公证法律文书的性质和法律特征

1. 公证法律文书由法定的证明机构出具

公证是由法定的证明机构和专业的公证人员进行的一种特殊的证明活动。我国《公证法》第6条规定:"公证机构是依法设立,不以营利为目的,依法独立行使公证职能、承担民事责任的证明机构。"说明公证法律制度是国家司法制度的重要组成部分,公证机构是行使法定证明权的机构,享有独立行使其证明权不受非法干涉的权力。公证机构依法出具的公证法律文书具有广泛的社会公信力,受法律的特殊保护,这是公证文书区别于一般的私证文书的重要标志。

2. 公证法律文书严格按照法律程序出具

公证法律文书是公证员职务活动的载体,是公证机构依法行使证明权的结果,必须严格按照法定的程序制作。公证法律文书是经过严格审查的,按照法律程序出具的,具有特殊效力的法律文书。

3. 公证法律文书证明的标准是真实合法

我国《公证法》第2条规定:"公证是公证机构根据自然人、法人或者其他组织的申请,依照法定程序对民事法律行为、有法律意义的事实和文书的真实性、合法性予以证明的活动。"第 3 条规定:"公证机构办理公证,应当遵守法律,坚持客观、公正的原则。"据此可知,公证书的制作标准是真实、合法。公证的真实性是指公证的对象必须是客观存在的,通过直观或者人证、物证能为公证人员感知的,而且事实的内容与公证证明的内容是相符的。公证的合法性是指公证对象的内容、形式和取得方式符合国家法律、法规、规章,不违反有关政策和社会公共利益。合法性包括内容合法与形式合法两个方面。公证的真实、合法是统一的,二者必须同时具备、缺一不可。

二、公证法律文书的效力

公证法律文书的效力,是指公证证明在法律上的效能和约束力。根据我国《公证法》第 36、37、38 条的规定,公证法律文书具有三个基本法律效力,即证据效力、强制执行效力和法律行为成立要件效力。其中证据效力是公证书的最基本的效力,任何公证书都具有证据效力。公证的强制执行效力和法律行为成立要件效力则不是普遍的,只有特定的公证法律文书或在特定的条件下才能产生。

公证书不仅在国内具有法律效力,而且还具有域外法律效力。因为公证书是证明法律行为、有法律意义的事实和文书的真实性、合法性的证明文书,被广泛地运用在国际交往中。因此,在国际上公证书也得到广泛的承认,具有域外法律证明力,是进行国际民事、经济交往不可缺少的法律文书。这也是公证证据效力在空间上的延伸。

(一) 公证书的证据效力

公证书的证据效力是指公证书是一种可靠的证据,具有证明公证对象真实、合法的证明力,可直接作为认定事实的根据。我国《民事诉讼法》第 69 条规定:"经过法定程序公证证明的法律事实和文书,人民法院应当作为认定事实的根据,但有相反证据足以推翻公证证明的除外。"这是因为公证机构是法定的证明机构,在公证过程中,公证机构要对公证对象进行认真全面的调查、核实,只有公证机构确认申请公证的法律行为、有法律意义的事实和文书真实、合法的才依法出具公证书。因此,公证证明是公证机构对证明对象真实性、合法性确认的证明,具有法定证明力,可以直接作为认定事实的根据,供法院、机关、团体、企事业单位和公民直接使用,这是其他书证所不具备的。

(二) 公证书的强制执行效力

公证法律文书的强制执行效力是指债务人不履行或不适当履行债务时,债权人可以根据公证机构依法赋予强制执行效力的债权文书及执行证书,直接向有管辖权的人民法院申请强制执行,而不再经过诉讼程序。我国《公证法》第 37 条规定:"对经公证的以给付为内容并载明债务人愿意接受强制执行承诺的债权文书,债权人不履行或者履行不适当的,债权人可以依法向有管辖权的人民法院申请执行。"我国《民事诉讼法》第238条规定:"对公证机关依法赋予强制执行效力的债权文书,一方当事人不履行的,对方当事人可以向有管辖权的人民法院申请执行,受申请的人民法院应当执行。公证债权文书确有错误的,人民法院裁定不予执行,并将裁定书送达双方当事人和公证机关。"

法律文书的执行效力是当事人权益最终得以实现的保障。具有执行效力的法律文书也是执行程序启动的条件之一。根据民事诉讼法的基本原则和民事执行的特点,民事诉讼中的执行应当遵循的原则之一即执行必须以法定机关制作的发生法律效力、有给付内容的法律文书为根据。由此可见公证法律文书执行效力的重要意义所在。

公证法律文书的强制执行效力是法律赋予公证机关的特殊职能,是国家强制力在公证活动中的体现。它对充分发挥公证职能,规范民事经济活动和及时调整民事经济关系,维护正常的法律秩序和保护当事人的合法权益具有重要的作用,可以避免当事人因提起诉讼或仲裁而带来的人力、物力或时间上的损失。作为公证业的一项传统业务,强制执行公证随着社会认知度的提高,被越来越多的人认可。但目前我国法律对公证机关赋予强制执行效力的公证法律文书的范围、适用条件及相关问题并未作出规定,在理论和实践上还存有探讨余地。

(三) 法律行为成立要件效力

公证书的法律行为成立要件效力,是指依照法律、法规、规章的规定或国际惯例或当事人的约定,特定的法律行为只有经过公证证明才能成立,并产生法律效力;不履行公证程序,则该项法律行为就不能成立,不具有法律效力。具有法律要件效力的公证法律文书主要有三种:

1. 根据我国法律、法规、规章规定应当办理公证的行为和文书

根据法律、法规(包括行政法规和地方性法规)和规章的规定,某些法律行为非经公证不能产生法律效力。在这种情况下,对公证的规定是一种强制性规范,当事人不能改变。我国《民法通则》第56条对此有概括性规定:"民事法律行为可以采取书面形式、口头形式或者其他形式。法律规定用特定形式的,应当依照法律规定。"而公证即是一种特定形式。如我国《民事诉讼法》第264条规定:"在中华人民共和国领域内没有住所的外国人、无国籍人、外国企业和组织委托中华人民共和国律师或者其他人代理诉讼,从中华人民共和国领域外寄交或者托交的授权委托书,应当经所在国公证机关证明,并经中华人民共和国驻该国使领馆认证,或者履行中华人民共和国与该所在国订立的有关条约中规定的证明手续后,才具有效力。"我国《收养法》第21条规定:外国人依照本法可以在中华人民共和国收养子女。……收养关系当事人各方或者一方要求办理收养公证的,应当到国务院司法行政部门认定的具有办理涉外公证资格的公证机构办

理收养公证。

根据我国《公证法》第 11 条规定,有关应当公证的事项主要涉及以下内容:(1) 合同;(2) 继承;(3) 委托、声明、赠与、遗嘱;(4) 财产分割;(5) 招标投标、拍卖;(6) 婚姻状况、亲属关系、收养关系;(7) 出生、生存、死亡、身份、经历、学历、学位、职务、职称、有无违法犯罪记录;(8) 公司章程;(9) 保全证据;(10) 文书上的签名、印鉴、日期,文书的副本、影印本与原本相符;(11) 自然人、法人或者其他组织自愿申请办理的其他公证事项。

此类规定很多,总的来说,法律行为以公证为其成立要件体现了国家对重大法律行为的关注和必要监督,有利于经济秩序的维护。可以预见,随着我国法制建设的日益完善,法律、法规及规章规定必须具备公证形式的法律行为的范围也将会不断扩大。

2. 根据当事人约定需要办理公证的法律行为或者文书

按照当事人的约定,某些法律行为必须办理公证。对大多数法律行为,法律未规定其必须具备公证形式,但如果当事人对其约定必须经公证才能生效的,则公证即成为该项法律行为的要件,如未按双方约定办理公证则不能发生法律效力。如当事人约定合同经公证后生效,则该合同不经公证就不具有法律效力。

约定公证只能发生于双方或多方法律行为的情形,单方法律行为不存在约定公证的问题。实践中最常见的是当事人在合同中约定对合同必须公证,如规定"本合同经公证机关公证后生效的"。对有关法律行为约定公证,便于保证其真实、合法和避免以后发生纠纷。

3. 根据国际惯例、双边协定或者外国法律的规定,涉外法律行为或者文书非经公证不能生效

按照国际惯例、国际条约和双边协定,法律行为非经公证不能产生法律效力,即依有关国际惯例、条约和协定,公民、法人要在域外实施法律行为或要使在国内实施的法律行为在域外得到承认,一般必须提供履行了公证程序的有关证明或法律文书,且该有关证明和法律文书的公证还必须经使用国外事机关的认证方能在使用国产生法律效力。在这种情况下,公证直接关系到有关公民或法人能否在域外实现其权益。如韩国法律规定,韩国公民或法人与中国签订的在中国投资的法律文件,须经中国公证机构公证,该投资协议不经公证就不具有法律效力。当然,如果两国间订有免于公证的协议,在协议范围内的有关证明或法律文书即无需公证,当然也不产生认证的问题。

三、公证法律文书的种类

公证书是国家公证机构根据当事人申请,依照事实和法律,按照法定程序和规定或批准的格式和要求制作的,具有特殊法律效力的司法证明文书,分为实体

审查类公证书和认证类公证书。

公证书根据不同的划分方法，也可作以下分类：

按公证证明对象划分，可分为证明法律行为的公证法律文书、证明有法律意义的公证法律文书、证明有法律意义的事实的公证法律文书三种；按办理方式划分，可分为证明业务公证法律文书与非证明业务公证法律文书；按使用范围和划分，可分为国内经济公证法律文书、国内民事公证法律文书、涉外经济公证法律文书、涉外民事公证法律文书、涉港澳台经济公证法律文书、涉港澳台民事公证法律文书。

（一）实体审查类公证书

1. 定式公证书

即有固定格式的公证书。为规范公证活动，保证公证质量，司法部于2011年颁布了《定式公证书格式》，计有定式公证书35式，是目前生效的指导公证员制作定式公证书的规范性文件，涉及人身状况、婚姻状况、亲属关系、学历、经历、职务（称）、未受刑事处罚等诸多事项。

2. 要素式公证书

要素式公证书是相对定式公证书而言的，证词内容包括必备要素和选择要素两部分。其中"选择要素"为根据公证证明的实际需要或当事人的要求，酌情在公证书证词中写的内容。特点是使公证员能够根据实际情况客观全面地反映所公证的事项，与定式公证书相比更加全面、灵活，符合实际需要。司法部于2001年、2008年分两次颁布了《要素式公证书试行格式》，包含合同协议、证据保全现场监督、继承公证书、法律意见书。成为公证员制作要素式公证书是遵循的规范性文件。

（二）认证类公证书

从理论上讲，在我国，公证与认证有很大区别。公证是公证员运用自己的法律知识，通过调查、了解、分析证明法律行为、有法律意义的文书、法律事件。认证应该是一个国家的有权外事机构对国家之间使用的法律文件给予认证，确保被认证文件的真实性。因此，二者的主体不同，公证的主体是公证机关，认证的主体是有权的外事机构。

然而基于不同的法律传统和经济、社会管理机制，当今世界各国形成的两大公证体制模式，即英美法系模式和大陆法系模式在这一问题上又不尽相同。究其根本，是公证活动中证明方式的不同所造成的。

在英美法系国家，公证制度的功能设置侧重于"形式证明"，即证明当事人在公证人面前签署文件的行为属实，而不对公证事项实体内容的真实性负责，不期望公证制度对经济活动与公民社会生活发挥"适度干预"和预防纠纷的功能，而对实际发生的纠纷寄望于"事后救济"即通过诉讼程序解决。大陆法系国家的公证制度即拉丁公证制度,奉行"实体证明",出具的每一份公证书从程序到实体都遵循"真实、合法"的原则。我国的公证制度脱胎于大陆法系国家,公证活动以"真实合法性"作为首要原则,就是要求对于公证证明对象的形式与内容都要进行审查。所以,实际上在我国目前并没有正式确认公证认证制度。但在实践中,很多时候的公证就是一种类似认证的活动,而且这种认证式公证书大量存在,被普遍使用。具体包括:证明文件上的签名、印鉴属实;证明文件的副本、节本、译本、影印件(简称副本)与原本相符公证;学历、结婚、职称等当事人有原件的公证申请,也可以证明副本与原本相符,原本印鉴属实。

四、公证书的制作

根据有关规定,公证书为 16 开大小,由封面、正文、封底组成。公证书格式由司法部统一规定,这对于保证公证书的质量和法律效力,维护当事人的合法权益具有重要意义。

根据《公证程序规则》第 42 条的规定,公证书包括以下重要内容:(1) 公证书编号。由年度、公证处代码、公证书编码组成。(2) 当事人及其代理人的基本情况。包括姓名、性别、出生日期、住址等;当事人是法人或其他组织的,应写明单位全称、住所地、法定代表人(或负责人)姓名等。(3) 公证证词。这是公证书的核心内容,包括公证证明的对象、公证证明的范围和内容、证明所依据的法律、法规等。这部分内容要简明扼要、文字准确、通俗易懂。(4) 承办公证员的签名(签名章)、公证机构印章。(5) 出证日期。这个日期不是打印或送达的日期,而应是公证处主任、副主任审核批准的日期。

需要注意的是,有强制执行效力的公证书应在公证证词中注明,并注明债务人履行债务的期限以及强制执行标的名称、种类、数量等。公证证词中注明的文件也是公证书的组成部分。公证书不得涂改、挖补,必须修改的应加盖公证处校对章。制作公证书应使用中文,在少数民族聚居或多民族共同居住的地区,除涉外公证事项外,可使用当地通用的文字。根据需要或当事人的要求,公证书可附外文译文。

根据《公证程序规则》第 36 条第 1 款的规定,民事法律行为的公证,应当符合下列条件:(1) 当事人具有从事该行为的资格和相应的民事能力;(2) 当事人的意思表示真实;(3) 该行为的内容和形式合法,不违背社会公德;(4)《公证法》规定的其他条件。也就是说,当事人申请办理法律行为公证,必须具有与其实施的法律行为相适应的民事行为能力,并且是在没有外力强制或诱惑的情况下,根据自己内心判断自主作出的真实意思表示,无论内容还是形式,均不违反法律规定或公共利益,对这样的法律行为,才能出具公证书。

根据《公证程序规则》第 37 条第 1 款的规定,有法律意义的事实或文书的公证,应当符合以下条件:(1)该事实或文书与当事人有利害关系;(2)事实或文书真实无误;(3)事实或文书的内容和形式合法,不违背社会公德;(4)《公证法》规定的其他条件。这里所讲的利害关系是指该事实或文书将对当事人的权利义务或未来的活动产生法律上的影响;真实无误是指事实或文书确实存在,内容与客观实际一致;内容和形式合法则要由公证员依其职权作出评判,而不是当事人对法律和事实的理解认识。

根据《公证程序规则》第39条的规定,具有强制执行效力的债权文书的公证,应当符合以下条件:(1)债权文书以给付一定货币、物品或者有价证券为内容;(2)债权债务关系明确,债权人和债务人对债权文书有关给付内容无疑义;(3)债权文书中载明当债务人不履行或者不适当履行义务时,债务人愿意接受强制执行的承诺;(4)《公证法》规定的其他条件。

第二节 要素式公证书

一、要素式公证书的概念

要素式公证书是相对于定式公证书而言的。随着公证法律服务领域的不断拓展,格式化公证法律文书的公证词相对简单、固定化、模式化,已不能适用社会发展的需要,实施和推广要素式公证书格式是适应社会经济发展的必经之路。

二、制作要素式公证书应当注意的问题

(1)主体情况的描述应准确、全面。

(2)公证事项应归纳准确。

(3)申请理由的描述应简明、扼要。申请理由应当以申请人的口气描述。

(4)对公证程序的描述应力求严密。另外,现场纪录、图像资料以及现场提取的其他证据均可附在公证词后,作为对公证词的补充,并在公证词中对各类附件加以确认。

(5)适用法律应力求准确。

(6)公证词最后的落脚点即证明结果应清楚。应当是肯定和确认,只有这样才能真正体现出公证书的证明力和证据力。

要素式公证书要求公证词规范、严谨、逻辑性强,对公证人员的文字表达能力提出了很高的要求。针对某一项具体业务,公证人员在受理阶段就应对自己所要出具的公证词有一个大概的模式和框架,避免在办证过程中疏漏某些重要环节而影响公证书的整体效力。

三、证据保全类公证书

证据保全类公证书是指公证处根据自然人、法人或者其他组织的申请,依法对与申请人权益有关的,有可能灭失或者以后难以取得的证据或者行为过程加以提取、收存、固定、描述、监督所出具的公证法律文书。

(一) 保全证人证言或当事人陈述公证书

公证书具体内容包括:申请人的基本情况,自然人应写明姓名、性别、出生日期、住址,外国人应写明国籍;法人或非法人组织要写明全称、住所地,法定代表人或代理人的姓名、性别、出生日期。申请人有数人时,应一并列明。有代理人的应当写明代理人的基本情况。身份证号码或护照号码可酌情写。应注明关系人的基本情况,没有关系人的可以不写。公证事项为保全证人证言(当事人陈述)。

公证书证词应该包括必备要素和选择要素。

必备要素包括:(1)申请人姓名或全称,申请日期及申请事项。其中,自然人写姓名,有代理人的还要写代理人姓名;法人或非法人组织写全称,并要写法定代表人或代理人姓名。(2)证人的基本情况及行为能力。证人的基本情况包括:自然人的数量、姓名、性别、出生日期、住址,外国人应写明国籍。行为能力指证人的智力、识别判断能力及精神健康状况。(3)保全证人证言或当事人陈述的时间、地点。(4)保全的方式方法,包括自书、他人代书、公证人员记录、录音、录像等方式,后四种方式的制作人等。(5)保全证据的关键过程:第一,参与保全的人员,包括:承办公证人员及在场的见证人、翻译等的人数、姓名。第二,告知证人(当事人)的权利和义务。第三,公证人员保全过程中所做的主要工作。如就重要问题对何人进行了询问,对取得的证据履行了提示义务等。一般性、事务性工作可记入谈话笔录,但不用写入公证书证词。第四,通过保全活动取得的证据数量、种类、形式。第五,证人(当事人)对取得的证据予以确认的方式和过程。(6)公证员结论,应包括:证人(当事人)的主体资格是否合法,意思表示是否真实,取得证据的数量、种类、日期,是否向证人宣读和经证人阅示,证人(当事人)在证据上的签名(或盖章或按手印)是否属实等。

选择要素包括:(1)申请保全证据的原因、用途;(2)办理该项公证的法律依据(公证法规或有关规章等);(3)对所取得的证据的保全方式及存放地点;(4)公证书的正本和副本;(5)有附件时,附件的名称、顺序号应在公证证词中列明。

(二) 保全物证、书证公证书

公证书具体内容包括:申请人基本情况,自然人应写明姓名、性别、出生日期、住址,外国人应写明国籍;法人或非法人组织要写明全称、住所地,法定代理人或代理人的姓名、性别、出生日期。申请人有数人时,应一并列明。有代理人的应当写明代理人的基本情况。身份证号码或护照号码可酌情写。写明关系人基本情况,没有关系人的可以不写。公证事项为保全物证(书证)。

公证书证词应该包括必备要素和选择要素。

必备要素包括:(1)申请人姓名或全称、申请日期及申请事项。自然人写姓名,有代理人的还要写代理人姓名;法人或非法人组织写全称,并要写法定代理人或代理人姓名。(2)保全标的的基本状况。包括:物证的名称、数量、表状特征等;书证的数量、名称、页数、标题、形成时间等。保全的物证为商品时,要注明商品的品牌、型号、生产厂家名称、售价等。保全的物证为房屋等不动产时,要注明位置、坐落、四至、面积、结构、附属物等。物证不在公证处的,应注明存放地点。(3)保全物证或书证的时间、地点。(4)保全的方式方法。包括:申请人提交、公证人员提取、公证人员记录、现场勘验、照相录像、技术鉴定等。(5)保全证据的关键过程:第一,参与保全的人员。包括:承办公证人员及在场的相关人员的人数、姓名。相关人员包括:申请人、关系人、代理人、见证人、勘验人、鉴定人以及照相、录像、绘图人员等。第二,公证人员保全过程中所做的主要工作。如对重要事实进行了现场勘验、询问,对取得的证据履行了提示义务等。一般性、事务性工作可记入谈话笔录,但不写入公证书证词。第三,物证(书证)取得的时间、方式,或物证的存在方式、地点、现状等。第四,取得的证据数量、种类、形式、存放处所等。当事人对取得的证据予以确认的方式和过程。(6)公证员结论。包括:保全证据的方式、方法、程序是否真实、合法,用于作证的书面文件(如发票、产地证明等)要同时证明这些书证的真实性。取得证据的数量、种类、日期,取得证据的存放方式及存放地点。

选择要素包括:(1)申请保全证据的原因、用途;(2)办理该项公证的法律依据(公证法规或有关规章等);(3)有书证能够证明物的来源或存的,应写明书证的名称;(4)保全拆迁房屋时,要写明与该房屋有关的所有权人或使用权人、代管人等;(5)特品难以长期保存的,在结论中应写明保存期限,已采取变通保存措施的,结论中也应一并写明;(6)公证书的正本和副本;(7)有附件时,附件的名称、顺序号应在公证证词中列明。

(三)保全视听资料、软件公证书

公证书具体内容包括:申请人基本情况,自然人应写明姓名、性别、出生日期、住址,外国人应写明国籍;法人或非法人组织要写明全称、住所地,法定代表人或代理人的姓名、性别、出生日期。申请人有数人时,应一并列明。有代理人的应当写明代理人的基本情况。身份证号码或护照号码可酌情写。关系人基本情况,没有关系人的可以不写。公证事项为保全视听资料(软件)。

公证书证词应该包括必备要素和选择要素。

必备要素包括:(1)申请人姓名或全称,申请日期及申请事项。自然人写姓名,有代理人的还要写代理人姓名;法人或非法人组织写全称,并要写法定代表人或代理人姓名。(2)保全标的的基本情况。包括:保全视听资料、软件的名称、数量、表状特征,所有人或使用人、经营人、传播者、实验者的名称,视听资料或软件的播放、销售、使用、制作、运行的地点等。保全的标的为商品时,要注明商品的品牌、型号、生产厂家名称、售价等。保全的标的不在公证处的,应注明存放地点。运行中的软件要注明运行时间。(3)保全视听资料、软件的时间、地点。(4)保全的方式方法。包括:申请人提交、公证人员提取、现场实验记录、技术鉴定、录音、录像、复制、下载等其他能够固定并再现证据的方式。(5)保全证据的关键过程:第一,参与保全的人员。包括:承办公证人员及在场的相关人员的人数、姓名。相关人员包括:申请人、关系人、代理人、见证人、鉴定人以及照相、录像、复制人员等。第二,公证人员保全过程中所做的主要工作。如购买、拷贝、下载、复制、发送视听资料、软件的过程,对取得的证据履行了提示义务等。一般性、事务性工作可记入谈话笔录,但不用写入公证书证词。第三,视听资料、软件取得的时间、方式、地点等。第四,取得的证据数量、种类、形式、封存方式、存放处所等。当事人对取得的证据予以确认的方式和过程。(6)公证员结论,应包括:保全证据的方式、方法、程序是否真实、合法,用于作证的书面文件(如发票、产地证明等)要同时证明这些书证的真实性。取得证据的数量、种类、日期,取得证据的存放方式及存放地点。

选择要素包括:(1)申请保全证据的原因、用途或目的;(2)办理该项公证的法律依据(公证法规或有关规章等);(3)有书证能够证明视听资料、软件的来源或存在的,应写明书证的名称;(4)重要的保全工作记录文书的名称;(5)公证书的正本和副本;(6)有附件时,附件的名称、顺序号应在公证证词中列明。

(四)保全行为公证书

公证书具体内容包括:申请人基本情况,自然人应写明姓名、性别、出生日期、住址,外国人应写明国籍;法人或非法人组织要写明全称、住所地,法定代表人或代理人的姓名、性别、出生日期。申请人有数人时,应一并列明。有代理人的应当写明代理人的基本情况。关系人基本情况,没有关系人的可以不写。公证事项为保全行为。

公证书证词应该包括必备要素和选择要素。

必备要素包括:(1)申请人姓名或全称,申请日期及申请事项。自然人写姓名,有代理人的还要写代理人姓名;法人或非法人组织写全称,并要写法定代表人或代理人姓名。(2)保全标的的基本状况。包括:活动的名称、参与人的数量、姓名(名称),活动的起止时间、地点及内容等。(3)保全的时间、地点。(4)保全的方式方法。包括:现场记录、照相录像等。(5)保全证据的关键过程:第一,保全时的在场人员。包括:承办公证人员及在场的相关人员的人数、姓名。相关人员包括:申请人、关系人、行为相对人、代理人、见证人以及照相、录像人员等。第二,公证人员对行为时间、地点、方式、关键过程及行为结果客观记述。一般性、事务性工作可记入谈话笔录,但不用写入公证书证词。第三,取得的证据数量、种类、形式、存放处所等。行为当事人对取得的证据予以确认的方式和过程。(6)公证员结论包括:行为人的资格及行为能力,行为的内容和结果是否真实,取得证据的数量、种类、日期,取得证据的存放方式及存放地点,保全证据的方式、方法,程序是否真实、合法。

选择要素应包括:(1)申请保全证据的原因、用途及目的;(2)办理该项公证法律依据(公证法规或有关规章等);(3)行为的性质及法律意义;(4)有书证、物证能够证明行为根据的,应写明书证、物证的名称;(5)公证书的正本和副本;(6)有附件时,附件的名称、顺序号应在公证证词中列明。

四、现场监督类公证书

现场监督类公证书,是公证机构根据当事人的申请,委派两名以上公证人员亲临现场,依照事先确定的章程、规则,依法证明所进行的法律行为或有法律意义的事件是真实、有效的。其范围较为广泛,包括:招标公证书、拍卖公证书、有奖活动公证书、各类抽签(号)活动公证书、公司创立大会公证书等。

(一)招标类公证书的概念及制作方法

招标公证书是公证机构按照法定程序,对招标活动程序和方法,招标参加人在招标、投标、开标、评标、决标过程中的行为进行现场监督和审查,并证明招标活动真实、合法所出具的公证书。招标公证是国家对招标活动实行的法律监督,是确保招标活动依法进行的必要法律管理手段,有利于从法律上完善招标程序,及时制止违反招标程序的行为和其他违法行为的发生,保护招标方和广大投标人的合法权益。

招标公证书的写法适用于公证机构对招标投标活动进行现场监督的公证。招标现场公证词应根据现场情况参考本格式的证词要素撰写,语言要流畅,易于宣读,要与招标现场的气氛相吻合,并要有"对本次招标过程及招标结果的合法有效性,本公证处日后将以书面形式予以确认"的内容。公证书及公证词可根据招标投标活动的实际情况,分阶段予以宣读和证明。

公证书具体内容包括:申请人,通常为招标人或其委托的招标代理机构,基本情况包括:法人或非法人组织的全称、住所地,法定代表人或代理人的姓名、性别、出生日期,外国组织应写明国籍。申请人有数人时,应一并列明。有代理人的应当写明代理人的基本情况。营业执照编号可酌情写。公证事项为××招标,写清招标项目的种类,如建设工程招标、政府采购招标、机电设备招标、世行贷款项目招标等。

公证书证词应该包括必备要素和选择要素。

必备要素包括:(1)申请人全称。法人或非法人组织写明全称,并要写明法定代表人或代理人姓名。申请日期及申请事项。(2)对招标人、招标代理机构及投标人资格的审查情况,招标人、招标机构的资格应符合《中华人民共和国招标投标法》第二章的规定,投标人的资格应符合《中华人民共和国招标投标法》第三章及招标公告的规定。(3)招标项目名称、招标方式(公开或邀请)及是否得到有关部门的批准。不需经批准的招标活动,不写此内容。(4)招标公告或投标邀请书、招标文件的发布及送达情况。(5)对招标文件的审查结果。(6)标箱密封、投标文件封存情况及投标截止时间收到的投标文件情况。根据查验的时间顺序表述。投标文件密封状况如系在开标时查验,可将其并入要素(8)中;(7)承办公证机构名称、承办公证人员姓名及公证的法律依据。法律依据是《中华人民共和国招标投标法》及有关法规、《公证法》《公证程序规则》等。(8)开标的时间、地点及对开标程序的监督结果,对投标文件有效性的审查结果。(9)对评标委员会资格的审查及评标程序的监督结果。未参与评标过程中,不写对评标程序监督的内容。(10)中标结果及公证结论。应包括以下内容:第一,当事人的资格是否合法,意思表示是否真实;第二,招标投标程序是否真实、合法;第三,对中标结果的确认:中标人名称、中标项目、中标价格、中标日期及地点等。

选择要素包括:(1)申请人提供的主要证据材料的真实性、合法性。(2)招标人对招标文件、投标人对投标文件的澄清或说明。(3)对评标原则、标准和方法的审查结果。(4)对招标投标活动中形成的重要工作记录及视听资料真实性及封存情况的证明。(5)有调查取证情节,可依据查证时间对查证认定的事实在公证书中逐项列出。(6)招标活动有见证人的,应将其民事主体资格状况连同"见证人×××、×××在场见证"字样一并在公证书中加以描述。(7)公证员认为需要认定的其他程序事项。一般性、事务性工作可记入谈话笔录,但不用写入公证书证词。(8)公证生效日期。公证生效日期为公证员在招标现场宣读公证词的日期。(9)有附件时,附件的名称、顺序号应在公证证词中列明。附件包括:中标通知书、招标现场获取的重要证据材料等。

(二)拍卖类公证书的概念及制作方法

拍卖公证书是公证机构依法对拍卖活动进行现场法律监督,并证明拍卖活动真实、合法所出具的公证书。拍卖公证有利于维持拍卖人与竞买人之间的利益平衡,明确拍卖各方当事人的责任,预防拍卖纠纷,减少不法行为,对稳定拍卖市场秩序、保护拍卖各方当事人的合法权益大有益处。

拍卖公证书的写法适用于公证机构对拍卖活动进行现场监督的公证。拍卖现场公证词应根据现场情况参考本格式的证词要素撰写,语言要流畅,易于宣读,要与拍卖现场的气氛相吻合,并要有"对本次拍卖过程及拍卖结果的合法有效性,本公证处日后将以书面形式予以确认"的内容。

公证书具体内容包括:申请人,申请人通常为拍卖人或委托人。基本情况包括:法人或非法人组织要写明全称、住所地,法定代表人或代理人的姓名、性别、出生日期;自然人应写明姓名、性别、出生日期、住址,外国人应写明国籍。申请人有数人时,应一并列明。有代理人的应当写明代理人的基本情况。身份证号码或营业执照编号可酌情写。公证事项为××拍卖,写清拍卖活动的名称或类别,如文物拍卖、土地使用权拍卖、小型企业拍卖、罚没物资拍卖等。

公证书证词应该包括必备要素和选择要素。

必备要素包括:(1)申请人全称或姓名,申请日期及申请事项。法人或非法人组织写明全称,并要写明法定代表人或代理人姓名;自然人写姓名,有代理人的还要写代理人姓名。(2)对委托人、拍卖人、拍卖师及竞买人资格的审查情况。委托人、拍卖人、拍卖师的资格应符合《中华人民共和国拍卖法》第三章的规定,竞买人的资格应符合拍卖公告的规定。(3)拍卖标的的基本情况及对其所有权或处分权的审查结果。(4)拍卖公告及拍卖标的的展示情况。(5)对拍卖规则内容的审查结果。(6)拍卖活动是否得到有关部门的批准或许可。不需经批准或许可的拍卖活动,不写此内容。包括:第一,与拍卖标的有关的主管部门(如物品管理机构、国有资产管理机构、房地产管理部门等);第二,拍卖标的的监管机关(如海关、人民法院、破产清算小组等);第三,其他权利人(如抵押权人、拍卖标的的共有人、委托人的股东会、董事会等)。(7)承办公证机构名称、承办公证人员姓名及公证的法律依据。法律依据是《中华人民共和国拍卖法》及有关法规、《公证法》《公证程序规则》等。(8)拍卖的时间、地点及拍卖过程(含拍卖方、竞价形式)是否符合拍卖规则。拍卖方式指拍卖标的有无保留价,是往上拍还是往下拍;竞价形式指采用何种方式报价(如举牌报价、口头报价、电话报价、按键报价等),竞价单位和币种(如最低竞价单位为100元人民币或50美元等)。(9)拍卖结果及公证结论。第一,当事人的资格是否合法,意思表示是否真实;第二,拍卖程序是否真实、合法;第三,对拍卖结果的确认:买受人姓名、拍卖成交价格、成交标的物名称、成交时间等。

选择要素包括:(1)申请人提供的主要证据材料的真实性、合法性;(2)拍卖人对拍卖标的来源、瑕疵及相关责任的说明;(3)有调查取证情节,根据查证时间对查证认定的事实在公证书中逐项列出。(4)拍卖活动有见证人的,应将其民事主体资格状况连同"见证人×××、×××在场见证"字样一并在公证书中加以描述。(5)公证员认为需要认定的其他事实或情节。一般性、事务性工作可记入谈话笔录,但不用写入公证书证词。(6)公证生效日期。公证生效日期为公证员在拍卖现场宣读公证词的日期。(7)有附件时,附件的名称、顺序号应在公证证词中列明。附件包括:成交确认书、中买通知书、拍卖现场获得的重要证据材料等。

(三)有奖活动公证书的概念及制作方法

有奖活动公证书是公证机构依法对有奖活动进行法律监督,并当场证明有奖活动程序和中奖结果真实、合法所出具的公证书。有奖活动公证是国家对有奖活动实行的法律监督,保证有奖活动依法进行的必要法律手段,有利于从法律上完善有奖活动程序,防止徇私舞弊等违法行为的发生。有奖活动种类很多,如有奖储蓄、有奖竞猜、有奖募捐、有奖比赛、有奖问答、有奖销售等。

开奖公证书的写法适用于对各类有奖活动进行现场监督的公证。现场公证词应根据现场情况参考本格式的证词要素撰写,语言要流畅,易于宣读,要与开奖现场的气氛相吻合,并要有"对本次开奖过程及开奖结果的合法有效性,本公证处日后将以书面形式予以确认"的内容。公证书及公证词可根据开奖活动的实际情况,分阶段予以宣读和证明。

公证书具体内容包括:申请人的基本情况,申请人通常为有奖活动的主办单位。基本情况包括:法人或非法人组织的全称、住所地,法定代表人和代理人的姓名、性别、出生日期。申请人有数人时,应一并列明。有代理人的应当写明代理人的基本情况。营业执照编号可酌情写。公证事项为××开奖。写明有奖活动的名称或类别,如体育彩票的开奖、某有奖销售活动等。

公证书证词应该包括必备要素和选择要素。

必备要素包括:(1)申请人全称。法人或非法人组织写全称,并要写法定代表人或代理人姓名。申请日期及申请事项。(2)对有奖活动主办单位资格的审查情况。(3)有奖活动名称、开奖方式及是否得到有关部门的批准。有关部门指对有奖活动有审批权的国家机关。不需经批准的有奖活动,不写此内容。(4)对有奖活动规则(办法)的审查结果。(5)奖券发行总额、回收的有效奖券数额、未发出的奖券封存、销毁等情况。(6)开奖的时间、地点及对开奖器具的查验结果。(7)承办公证机构名称,承办公证人员姓名及公证的法律依据。法律依据是《中华人民共和国民法通则》及与有奖活动有关的法规、《公证法》、《公证程序规则》等。(8)对有奖活动程序及开奖方式的监督结果。(9)开奖结果及公证结论。应包括以下内容:第一,当事人的资格是否合法,意思表示是否真实;第二,有奖程序是否真实、合法;第三,对中奖结果的确认:中奖号码、中奖等级、中奖人姓名、奖品名称等。

选择要素包括:(1)申请人提供的主要证据材料的真实性、合法性。(2)有奖活动通知(公告)的发布情况,主办单位对有奖活动规则的澄清或说明。(3)需要进行评奖的,应写明对评奖人资格、评奖原则、标准、方法的审查结果,及对评奖程序的监督结果。未参与评奖过程的,不写对评奖程序监督的内容。(4)对开奖活动中形成的重要工作记录及视听资料真实性和封存情况的证明。(5)有调查取证情节,可根据查证时间对查证认定的事实在公证书中逐项列出。(6)开奖活动有见证人的,应将其民事主体资格状况连同"见证人×××、×××在场见证"的字样一并在公证书中加以描述。(7)公证员认为需要认定的其他程序事项。(8)公证生效日期。公证生效日期为公证员在开奖现场宣读公证词的日期。(9)有附件时,附件的名称、顺序号应在公证证词中列明。

(四)股份公司创立大会公证书的概念及制作方法

股份公司创立大会公证书是公证机构对股份公司创立大会进行现场监督,以证明其创立大会的真实性、合法性,从而赢得股民信任所出具的公证书,是公司上市的一个必备条件。

股份公司创立大会公证书的写法适用于公证机构对公司创立大会进行现场监督的公证。公司股东年会、临时股东会议的公证可参照此写法。投票活动需要现场宣读公证词的,应根据现场情况参考本格式的证词要素撰写。公证词语言要流畅,易于宣读,要与创立大会现场的气氛相吻合,并要有"对本次公司创立大会过程及公司创立大会结果的合法有效性,本公证处日后将以书面形式予以确认"的内容。公证书及公证词可根据公司创立大会的实际情况,分阶段予以宣读和证明。

公证书具体内容包括,申请人基本情况,申请人通常为公司筹委会或公司发起人。基本情况包括:公司筹备委员会或公司发起人全称、住所地、批准成立文件(营业执照)的编号,筹备委员会负责人(发起人的法定代表人)或代理人的姓名、性别、出生日期。申请人有数人时,应一并列明。有代理人的应当写明代理人的基本情况。公证事项为股份公司创立大会。

公证书证词应该包括必备要素和选择要素。

必备要素包括:(1)申请人全称、申请日期及申请事项。法人或非法人组织写全称,并要写法定代表人或代理人姓名。(2)对申请人及公司创立大会参加人资格的审查情况。依据《中华人民共和国公司法》的规定进行审查。(3)对创立公司有关文件、依据的审查情况。(4)设立公司的有关批准文件及验资情况。(5)公司创立大会会议通知(公告)及有关议案的发布及送达情况。(6)会议及其议程是否符合《中华人民共和国公司法》的要求。包括:股东代表产生办法是否公正、公平,与会股东所代表的股权数是否达到法定数额,议事规则及议案通过程序、表决方式等是否合法等。(7)承办公证机构的名称、承办公证人员姓名及公证的法律依据。法律依据是《中华人民共和国公司法》及有关法规、《公证法》《公证程序规则》等。(8)与会股东及其他理代人的资格情况。(9)监票人、检票人、计票人的资格情况及监票、检票、计票过程的真实性、合法性。

(10)各项议案的表决结果。大会通过的各项决议及表决结果应逐项列明。表决结果中应载明赞成、反对、弃权、无效的票数,及其所代表的股权数。(11)公证结论应包括:第一,当事人的资格是否合法,意思表示是否真实;第二,创立大会程序是否真实、合法;第三,对会议结果的确认;第四,会议记录的真实性。

选择要素包括:(1)申请人提供的主要证据材料的真实性、合法性。(2)筹委会负责人委托他人主持会议的,证词中应写明委托代理的情况。(3)公司创立大会主持人对表决文件的澄清或说明。(4)对票箱或其他投票器具的查验结果。(5)议案涉及董事会、监事会成员的,要说明对其资格的认定情况。(6)对公司创立大会投标活动中形成的重要工作记录及视听资料真实性和封存情况的证明。(7)公司创立大会有见证人的,应将有民事主体资格状况连同"见证人×××、×××在场见证"字样一并在公证书中加以描述。(8)公证员认为需要认定的其他程序事项。一般性、事务性工作可记入谈话笔录,但不用写入公证书证词。(9)公证生效日期。公证生效日期为公证员在公司创立大会现场宣读公证词的日期。(10)会议中形成的文件、材料、记录如需与公证一并使用,可作为公证书附件,但应将附件的名称、顺序号在公证词中列明。

五、合同协议类公证书

合同协议类公证书,是公证机构根据法律的规定和当事人的申请,依法证明当事人之间签订合同的行为真实、合法所出具的公证法律文书。合同协议类公证是公证机构的一项重要业务,是预防经济纠纷,制止经济违法行为,保护合同当事人合法权益的重要法律手段。

合同协议公证书是一项常用的重要公证文书,具体适用于:(1)我国《合同法》规定的15类有名合同和其他法律规定的有名合同、协议;(2)无名合同、协议;(3)混合合同、协议。①

合同(协议)公证书的写法适用于通用的合同或协议公证。

公证书具体内容包括,申请人基本情况,申请人为合同当事人。基本情况为:(1)法人或非法人组织要写明全称、住所地,法定代表人或代理人的姓名、性别、出生日期;(2)自然人应写明姓名、性别、出生日期、住址,外国人应写明国籍。申请人有数人时,应一并列明。有代理人的应当写明代理人的基本情况。身份证号码或营业执照编号可酌情写。公证事项为××合同(协议)。写清合同(协议)的名称或类别,如承包合同、租赁合同、借款合同等。

公证书证词应该包括必备要素和选择要素。

必备要素包括:(1)申请人全称或姓名、申请日期及申请事项。法人或非法

---

① 潘庆云主编:《法律文书学教程》,复旦大学出版社2005年版,第304页。

人组织写全称,并要写法定代表人或代理人姓名;自然人写姓名,有代理人的还要写代理人姓名。如果甲乙双方先后、分别申请公证的,具体的申请日期可以不表述。(2)公证处审查(查明)的事实。包括:第一,当事人的身份、资格及签订合同的民事权利能力和行为能力;第二,代理人的身份及代理权限;第三,担保人的身份、资格及担保能力;第四,当事人签订合同的意思表示是否真实,是否对合同的主要条款取得了一致意见;第五,合同条款是否完备,内容是否明确、具体。可简述合同的关键性内容;第六,是否履行了法律规定的批准或许可手续。不需经批准或许可的,不写此内容。(3)公证结论:第一,当事人签订合同的日期、地点、方式等;第二,当事人签订合同(协议)行为的合法性。引用《中华人民共和国民法通则》第55条的规定;第三,合同(协议)内容的合法性。引用《中华人民共和国合同法》或有关法律、法规的规定;第四,当事人在合同(协议)上的签字、盖章的真实性。

选择要素包括:(1)合同标的物的权属情况及相关权利人的意思表示。权属情况指所有权、使用权、担保物权、专有权、专用权等;相关权利人包括:与合同标的有关的共有权人、所有权人、使用权人、担保权人等。转让、承包或租赁合同标的物时,应按法律规定征得相关权利人的同意或认可。(2)当事人对合同内容的重要解释或说明。(3)当事人是否了解了合同的全部内容。尤其在签订格式合同时,此点特别重要。(4)合同生效日及条件等。如法律规定合同需经登记或批准方能生效的,公证书中应予注明。(5)公证员认为需要说明的其他事实或情节。(6)有附件时,附件有名称、顺序号应在公证证词中列明。

六、继承权公证书

继承权公证,是指公证机构根据当事人的申请,依照法律规定证明哪些人对被继承人的遗产享有继承权并证明其继承活动真实、合法。继承权公证对稳定财产关系和家庭关系,妥善处理遗产继承事宜,保证继承法的贯彻实施,保护公民财产上的合法权益,预防继承纠纷,维护家庭和睦和社会安定团结具有重要意义。

继承权公证书的适用范围:(1)格式适用于在我国境内发生的各种继承行为;(2)继承行为分为遗嘱继承、法定继承。法定继承中含转继承、代位继承。证词内容根据不同的继承行为作调整。

公证书的具体内容由公证书标题、公证书编号、申请人、被继承人、公证事项五项内容构成。申请人,为所有继承人的基本情况。被继承人,为被继承人的基本情况。公证事项,表述为"继承权"。

公证书本证词应该包括必备要素和选择要素。

必备要素包括:(1)继承人姓名、申请日期、申请事项。(2)当事人提供的证明材料。(3)公证机构向当事人告知了继承权公证的法律意义和可能产生的法律后果。(4)公证机构查明(审查核实)的事实,包括:被继承人的死亡时间、地点;继承人申请继承被继承人的遗产的情况;经向所有继承人核实,被继承人生前是否立有遗嘱、遗赠扶养协议;被继承人的全体继承人,有无死亡的继承人;继承人与被继承人的亲属关系;代位继承情况及其他继承人;继承人中有无丧失继承权的情况;有无放弃继承权的情况。(5)公证结论,包括:法律事实与理由;被继承人遗留的个人财产为合法财产;被继承人的合法继承人;被继承人的遗产由何人继承、如何继承。

选择要素包括:(1)被继承人的死亡原因。(2)继承人提供的主要证据材料的真实性、合法性。(3)适用遗嘱继承的,当事人是否了解遗嘱的内容。公证机构经向所有继承人核实,用于遗嘱继承的遗嘱为被继承人所立的最后一份有效遗嘱。(4)对遗嘱见证人、执行人、遗产的使用人、保管人等事项的说明。(5)根据遗嘱信托办理继承权公证的,应当根据遗嘱的内容,列明受托人应当承担的义务。(6)根据《公司法》《保险法》《合伙企业法》《个人独资企业法》等有关继承的特别法的规定办理继承权公证的,写明特别法的具体适用。(7)被继承人生前未缴纳的税款和债务情况,继承人对此所作的意思表示。(8)公证员认为需要告知的有关继承的其他法律规定。(9)公证员认为需要说明的其他事实或情节。

公证书的尾部包括承办公证机构名称、承办公证员的签名或签名章、公证书出具日期和公证处印章等内容。

七、有强制执行效力类公证书

有强制执行效力公证,是指公证机构根据当事人的申请,对于无疑义的追偿债款、物品的文书,赋予强制执行效力的公证。在债务人拒不履行债权文书中指定的义务时,债权人可以不经审判程序,直接向有管辖权的人民法院申请强制执行。证明债权文书并依法赋予强制执行效力是法律赋予公证机关的一项重要职能。有强制执行效力的公证书有利于及时保护债权人的合法权益,可以避免因诉讼、仲裁带来的时间上的浪费,节约诉讼成本。

有强制执行效力类公证书的适用范围:(1)借款合同、借用合同、无财产担保的租赁合同;(2)赊欠货物的债权文书;(3)各种借据、欠条;(4)还款(物)协议;(5)以给付赡养费、抚养费、抚育费、学费、赔(补)偿金为内容的协议;(6)符合赋予强制执行效力条件的其他债权文书。

有强制执行效力的公证书格式与合同协议类公证书格式无异,但公证书标题为具有强制执行效力的债权文书公证书;公证事项为赋予XX合同/协议强制执行效力。

正文中需要增加的必备要素有:(1)向各方当事人告知强制执行效力的法

律意义和法律结果,并将告知情况写入证词。(2)债权文书当事人对强制执行的约定及债务人、担保人自愿直接接受强制执行的意思表示。(3)债权文书当事人就《执行证书》出具前公证机构核查内容、方式达成的在先约定。

八、执行证书

签发执行证书条件如下:当债务人不履行或不完全履行公证机构赋予强制执行效力的债权文书时,债权人可以向原公证机构申请执行证书。

公证机构签发条件为:(1)不履行或不完全履行的事实确实发生;(2)有债权人履行合同义务的事实、证据和债务人依照债权文书已经部分履行的事实;(3)债务人对债权文书规定的履行义务已无疑义。

公证书的具体内容由公证书标题、公证书编号、申请执行人、被申请执行人四项内容构成。公证书标题,为执行证书。申请执行人及被申请执行人的基本情况。

公证书证词内容分为必备要素和选择要素。

必备要素包括:(1)申请执行人和被申请执行人的名称或姓名、申请日期及申请事项;(2)申请执行人申请执行所提交的证据材料;(3)公证机构查明的事实,包括:申请执行人与被申请执行人订立债权文书经公证并赋予强制执行效力的情况;申请执行人履行、被申请执行人不履行或履行不适当的事实;申请执行人与被申请执行人在债权文书中就公证机构核查内容、方式所作的在先约定;公证机构签发本证书前进行核查的过程。(4)公证结论,包括:被执行人;具体执行标的(违约金、利息、滞纳金等可列入执行标的);第三人对申请出具本证书是否提出过异议;申请执行的期限。

选择要素包括:抵押物/质物的登记情况;可供执行标的物;有管辖权的人民法院;公证员认为需要说明的其他情况;附件。

公证书尾部包括承办公证机构名称、承办公证员的签名或签名章、公证书出具日期和公证处印章等内容。

第三节 定式公证书

定式公证书,是指按照固定的格式语言,填充其中的变量撰写的公证书。[①]目前很多的公证书还是采用这种形式,随着人们的法治观念不断增强,特别是公证员责任意识的增强,要素式公证书的种类会不断增多,定式公证书则会相应减少,这是公证业务发展的一个必然趋势。

根据司法部2011年3月下发的《关于推行新的定式公证书格式的通知》,

---

① 周道鸾主编:《法律文书教程》,法律出版社2007年版,第366页。

2011年10月起全国适用新的定式公证书格式。根据格式目录的内容，新的定式公证书共分三大类，共35式。第一类民事法律行为类中共8式，包括委托、声明、赠与、受赠、遗嘱、保证、公司章程、认领亲子。第二类有法律意义的事实类中共24式，包括出生、生存、死亡、身份、曾用名、住所地（居住地）、学历、学位、经历、职务（职称）、资格、无（有）犯罪记录、婚姻状况、亲属关系、收养关系、扶养事实、财产权、收入状况、纳税状况、票据拒绝、选票、指纹、不可抗力（意外事件）、查无档案记载。第三类有法律意义的文书类中共3式，包括证书（执照）、文书上的签名（印鉴）、文本相符。下面列举其中比较重要和常见的几类定式公证书进行讲解。

一、单方法律行为类定式公证书

（一）单方法律行为公证

单方法律行为指基于当事人一方意思表示即可成立的法律行为。公证证明的单方法律行为很多，主要有委托公证、声明公证、赠与公证、受赠公证、遗嘱公证、保证公证。

（二）格式适用

1. 格式适用于证明当事人的单方委托（声明、赠与、受赠、保证）及遗嘱行为。仅仅证明委托人（声明人、赠与人、受赠人、保证人、立遗嘱人）在委托书（声明书、赠与书、受赠书、保证书、遗嘱）上的签名、盖章属实，属于《公证法》第11条第十项规定的业务，不适用本格式，应当适用文书上的签名（印鉴）公证书格式。

2. 本格式中除遗嘱外，公证申请人可以是自然人，也可以是法人或其他组织，并且应具备相应的民事行为能力和民事权利能力。自然人的单方意思表示由其本人做出，法人或其他组织的意思表示由其法定代表人或负责人作出。

（三）结构与写法

1. 首部

由公证书标题、公证书编号、申请人、公证事项四项内容构成。

公证书编号，由出证公证处根据本处编号规则确定，不得有重号。

申请人，鉴于单方法律行为均为亲务行为，因此本项应当为单方法律行为人的基本情况。

公证事项，为"委托""声明""赠与""受赠""保证""遗嘱"。

2. 正文

主要由两部分构成：

一是对委托（声明、赠与、受赠、保证、遗嘱）行为事实过程的表述，即对行为真实性的证明。包含了单方法律行为人的姓名（名称）、行为发生的时间和地点、行为的内容及表现形式（即委托书、声明书、赠与书、受赠书、保证书、遗嘱）、签署形式，以及行为人对行为的法律意义和法律后果的了解程度等内容。

二是对单方法律行为合法性表述，即对行为合法性的证明。普通的单方民事法律行为表述为符合《中华人民共和国民法通则》第 55 条的规定；对专门法律法规有特殊要求的行为，则应当引用专门法的规定。

为了提高公证文书的适用性，便于使用者识别，防止利用公证书进行不当行为，可以根据需要，在上两部分之后，另起一行注明本公证书的用途，如"本公证书用于办理继承×××在台湾遗产手续"。此外，不得随意增加内容，更不得通过加注的方式规避公证机构负有的法定义务。

3．尾部

包括承办公证机构名称、承办公证员的签名或签名章、公证书出具日期和公证处印章等内容。公证书的出具日期以公证书的签发日期为准，与证书正文中表述的日期不同，应当等于或者晚于单方法律行为做出的日期。

二、学历、学位公证书

（一）学历、学位公证

学历、学位公证是公证机构根据当事人的申请，依照法定程序对当事人从入学至毕业（结业或肄业）的学习经历或者所获学位的真实性、合法性予以证明的活动。

（二）结构与写法

1．首部

由公证书标题、公证书编号、申请人、公证事项四项内容构成。

申请人，本公证的申请人只能是自然人，可以是我国公民，也可以是外国人。申请人的基本情况包括姓名、性别、公民身份号码、住址。申请认为外国人的，公民身份号码换为国籍和护照号码。

本公证可以委托他人代办，此时，应当在申请人基本情况之后，另起一行列明代理人的基本情况。

公证事项，为学历或学位。

2．正文

本公证正文（证词）的要素包括：申请人姓名、学校名称、学习起止时间或者获得学位的时间、学习内容和结果或者所获学位的种类。

申请人姓名，应使用申请公证时的姓名。学习时的姓名与现名不一致的，用括号注明学习时的姓名。

学校名称，应当使用全称。此处的"学校"包括培养机构或其他教育机构。

学习起止时间或者获得学位的时间，以公历表示，精确到"月"；一般以毕业证书或者学位证书载明的时间为准。

学习内容和结果或者获得学位的种类,包括:所学专业,如"考古"专业;院系及学制;结业类别,指毕业、结业或肄业;获得的学历,如"高中""职业高中""本科""研究生"等;获得的学位种类依据证书表述为"法学学士""经济学博士"等。

3. 尾部

包括申请人照片、承办公证机构名称、承办公证员的签名或者签名章、公证书出具日期和公证处印章等内容。

学历公证书可以根据需要加贴申请人照片,发往域外使用的,一般应当加贴照片。

三、婚姻状况公证书

婚姻状况公证书根据公证内容不同,又可具体分为未婚公证书、离婚或者丧偶(未再婚)公证书、已婚(初婚)公证书、已婚(再婚)公证书。

未婚公证书

(一)未婚公证

未婚公证是指公证机构根据当事人的申请,按照法定程序对申请人从未结过婚的事实予以证明的活动。

(二)格式适用

本格式适用于申请人从未结过婚的情况。

(三)结构与写法

1. 首部

由公证书标题、公证书编号、申请人、公证事项四项内容构成。

申请人,为要求证明本人未婚事实的自然人,可以是我国公民,也可以是外国人或者台港澳居民。本公证可以委托他人代办。由他人代办的,应当在申请人基本情况之后,另起一行表述代理人的基本情况。

公证事项,为"未婚"。

2. 正文

证词的要素包括:申请人姓名、时间、地域、未婚事实。

时间,指未婚事实的起止日期。一般只表述截止日期,以有关部门证明文件上确定的日期为准;但如果申请人未达到法定结婚年龄,可以直接表述为"至公证书出具之日未达到法定结婚年龄";如果申请人在办理未婚公证时已经离境,则证词中的截止日期应为离境之日。如果申请人不在中国出生又在中国居住过的,应当表述起止日期,为"从××年××月××日至××年××月××日止在中华人民共和国居住期间"。如果申请人在中国出生但有长期出国记录的,其未婚事实的起止日期可以分段表述。

地域,指证明未婚事实的地域范围。一般表述"中华人民共和国"。需要注意两种情况,一种情况是公证书使用地为我国香港、澳门地区的,证词中的地点应当表述为"中国内地";公证书使用地为我国台湾地区的,证词中的地点应当表述为"中国大陆"。另一种情况对2003年10月1日《婚姻登记条例》实施以后的情况,出具证明的婚姻登记机关仅证明申请人在其当地民政部门未登记结婚,可以采用"在中华人民共和国××省××市(县)××民政部门无婚姻登记记录"的表述方式。

未婚事实,即公证证明结论,一般表述为"未曾登记结婚"。申请人未达到法定结婚年龄的,直接表述为"未达到法定结婚年龄"。

3. 尾部

包括承办公证机构名称、承办公证员的签名或者签名章、公证书出具日期和公证处印章等内容。

本公证书可应当事人或公证书使用者的要求加贴申请人的近期照片。照片应当加贴在正文后左下方空白处,并骑缝加盖公证机构钢印。

离婚或者丧偶(未再婚)公证书

(一)离婚或者丧偶(未再婚)公证

离婚或者丧偶(未再婚)公证是指公证机构根据当事人的申请,按照法定程序对申请人曾经结过婚,但因离婚或者丧偶目前处于未婚状态的事实予以证明的活动,属于未婚状况公证的一种。分为因离婚未再婚和因丧偶未再婚两种情况。

(二)结构与写法

1. 首部

由公证书标题、公证书编号、申请人、公证事项四项内容构成。

申请人,为要求证明本人未再婚事实的自然人,可以是我国公民,也可以是外国人或者台港澳居民。本公证可以委托他人代办。由他人代办的,应当在申请人基本情况之后,另起一行表述代理人的基本情况。

公证事项,表述为"未再婚",也可细分为:"离婚(未再婚)"或者"丧偶(未再婚)"。

2. 正文

证词的要素包括:申请人姓名、离婚(丧偶)日期、未再婚时间、地域、事实。

离婚(丧偶)日期,离婚的,以离婚证书或者离婚判决上确定的时间为准;丧偶的,以配偶死亡证明文件确定的时间为准。

未再婚时间,指未再婚状态的起止日期。一般只表述截止日期,以有关部门证明文件上确定的日期为准;如果申请人在办理离婚(未再婚)或者丧偶(未再婚)公证时已经离境,则证词中的截止日期应为离境之日。如果未再婚申请人为曾在中国临时居住者,可以表述为"从××年××月××日至××年××月××日止在中华人民共和国居住期间"。

地域,指证明未再婚事实的地域范围。基本表述同未婚公证书格式。

未再婚事实,即证明结论,一般表述为"未再次登记结婚"。

3. 尾部

包括承办公证机构名称、承办公证员的签名或者签名章、公证书出具日期和公证处印章等内容。

本公证书可应当事人或公证书使用者的要求加贴申请人的近期照片。照片应当加贴在正文后左下方空白处,并骑缝加盖公证机构钢印。

已婚(初婚)、已婚(再婚)公证书

(一) 已婚(初婚)、已婚(再婚)公证

已婚(初婚)、已婚(再婚)公证是指公证机构根据当事人的申请,按照法定程序对申请人已经结婚且为第一次结婚的事实或者因再次结婚而处于已婚状况的事实予以证明的活动。

(二) 结构与写法

1. 首部

由公证书标题、公证书编号、申请人、公证事项四项内容构成。

申请人,为要求证明已婚(初婚)事实的当事人或者要求证明已婚(再婚)事实的当事人,如果是夫妻双方共同申请,则将其二人均列为申请人。如果是夫妻一方作为申请人,则应将另一方列为关系人,分别表述其姓名、性别、出生日期、身份证件号码、住址等。

公证事项,为"已婚(初婚)"或者"已婚(再婚)"。

2. 正文

证词的要素包括:申请人和关系人姓名、结婚或离婚(丧偶)并再婚日期、登记机构、已婚或再婚事实。

结婚(初婚)或再婚的日期,以婚姻登记机关登记的时间为准,即以民政机关颁发的结婚证书上记载的时间为准。离婚(丧偶)日期,离婚的,以离婚证书或者离婚判决上确定的时间为准;丧偶的,以配偶死亡证明文件确定的时间为准。具体日期难以确定的,可以以"年"为表述单位。

登记机构,登记机构的名称以结婚证书(夫妻关系证明书)上的印章为准。

已婚事实,即对婚姻状况的认定,表述为已经"登记结婚"。再婚事实,即原婚姻关系已经终止,建立了新的婚姻关系,表述为再次"登记结婚"。但要注意根据不同的情形作不同的描述,如 1950 年 5 月 1 日《婚姻法》施行前结婚的,证词应表述为"按照中国传统风俗习惯结婚"。

3. 尾部

包括承办公证机构名称、承办公证员的签名或者签名章、公证书出具日期和公证处印章等内容。

本公证书可应当事人或公证书使用者的要求加贴申请人的近期照片,以合影为宜。照片应当加贴在正文后左下方空白处,并骑缝加盖公证机构钢印。

四、亲属关系公证书

亲属关系公证书根据公证内容划分为亲属关系公证和用于继承的亲属关系公证。

亲属关系公证

(一) 亲属关系公证

亲属关系公证是指公证机构根据当事人的申请,依照法定程序证明当事人之间因婚姻、血缘或者收养而产生的亲属关系事实真实、合法的活动。

本格式是办理亲属关系公证的一般格式,适用于公民因出国留学、旅游、探亲、工作、定居等确认亲属关系事实,以及应国内相关机构、部门的要求认定申请人的亲属关系事实。

(二) 格式适用

格式适用证明的当事人之间具有某种亲属关系的事实。但用于办理涉外、涉港澳台继承手续的亲属关系公证,不适用本格式,而应当适用用于继承的亲属关系公证书格式。

(三) 结构与写法

1. 首部

由公证书标题、公证书编号、申请人、公证事项四项内容构成。

申请人,指为自己的利益申请公证的自然人。关系人,指与申请人有亲属关系的自然人。申请人及关系人可以是我国公民,也可以是外国人、无国籍人或者港澳台居民。基本情况包括:姓名、性别、公民身份号码、住址等。申请人要求证明的亲属有两个以上的,应当逐一在关系人中列明。

公证事项,即证明对象,一般表述为"亲属关系"。也可以细分为:直系亲属、旁系亲属、姻亲。

2. 正文

证词要素包括:申请人及关系人姓名,相互间的关系称谓。

亲属关系称谓,应表述清楚申请人与关系人之间的亲属关系,使用我国法律规定的统一称谓,习惯称谓或者方言可用括号注明。

可以根据需要,另起一行注明亲属关系公证书的使用地区和用途。

3. 尾部

包括承办公证机构名称、承办公证员的签名或者签名章、公证书出具日期和公证处印章等内容。

本公证书可应当事人或公证书使用者的要求加贴申请人的近期照片。照片应当加贴在正文后左下方空白处,并骑缝加盖公证机构钢印。

用于继承的亲属关系公证书

(一) 用于继承的亲属关系公证

用于继承的亲属关系公证是指为了办理涉外、涉港澳台继承事务,专为申请人制作的有特殊要求和内容的亲属关系公证。

(二) 格式适用

本格式为办理涉外、涉港澳台继承事务专用的亲属关系公证书。

(三) 结构与写法

1. 首部

由公证书标题、公证书编号、申请人、公证事项四项内容构成。

申请人和关系人,本格式的申请人和关系人都是相对固定的,申请人应当是继承人之一,而关系人必须是被继承人。本格式的关系人应仅列一人,即被继承人,有多名被继承人的(如父母双亡),应分别出具公证书。

公证事项,为"亲属关系",可用括号注明"继承",已与一般的亲属关系公证相区别。

2. 正文

本格式中所列亲属仅限于本继承关系所适用的继承法所规定的继承人的范围,并应将属于此范围的亲属全部列入证词中,排列顺序按继承顺序。涉港、澳、台地区的,可根据其相关继承规定列亲属。如依照台湾地区的有关规定,遗产继承人除配偶外,还有四个顺序的法定继承人,第一顺序为直系血亲卑亲属,第二顺序是父母,第三顺序是兄弟姐妹,第四顺序是祖父母,办理赴台继承的亲属关系公证词应注明配偶及所有顺序的法定继承人。

所列亲属中有死亡的,死亡时间应在其基本情况中注明。

可另起一行注明"本公证书用于在××××(使用地区)办理继承事务"。

3. 尾部

包括承办公证机构名称、承办公证员的签名或者签名章、公证书出具日期和公证处印章等内容。

五、财产权公证书

财产权公证书根据公证内容又可以分为以下具体四类:股权公证书、知识产权公证书、存款公证书、不动产物权公证书。其中常用的是存款公证书和不动产物权公证书两类。

存款公证书

（一）存款公证

存款公证，是指公证机构根据自然人的申请，对申请人名下存款的真实性予以证明的活动。

（二）结构与写法

1. 首部

由公证书标题、公证书编号、申请人、公证事项四项内容构成。

申请人，仅限于自然人，基本情况包括：姓名、性别、出生日期、公民身份号码、住址，外国人应写明国籍、护照号码。

公证事项，为"存款"。

2. 正文

证词要素包括：申请人姓名、开户银行、存款币种、数额、期限、公证书用途等。

银行名称，应表述银行全称，不能简略但也无需表述至具体的经营网点。比如，应表述为中国工商银行股份有限公司，但无需表述至中国工商银行股份有限公司××省分行××支行××分理处。

存款币种，如实表述，如人民币、美元等。

存款期限，表述为"从××年××月××日至××年××月××日"。

在同一银行有多笔存款或者在多家银行均有存款的，可以一并证明，逐一表述，且可以增加存款合计的表述。

公证书用途，在上述内容之后，另起一行表述。在不影响当事人使用的前提下，应尽量注明公证书用途，如"本公证书仅证明申请人资信状况，不能作为存款提取、质押的凭证"。

3. 尾部

包括承办公证机构名称、承办公证员的签名或者签名章、公证书出具日期和公证处印章等内容。

不动产物权公证书

（一）不动产物权公证

不动产物权公证，是指公证机构根据自然人、法人或者其他组织的申请，对其所享有的不动产物权的真实性、合法性予以证明的活动。

（二）格式适用

格式适用于证明自然人、法人或者其他组织享有不动产物权的事实。

（三）结构与写法

1. 首部

由公证书标题、公证书编号、申请人、公证事项四项内容构成。

申请人，申请人为自然人的，基本情况包括：姓名、性别、出生日期、公民身份号码、住址，外国人应写明国籍、护照号码。申请人为法人或其他组织的，基本情况包括：名称、住所地或地址、法定代表人或负责人的姓名、职务。

公证事项，即证明对象，根据不动产物权的不同种类和性质，如实表述。如房屋所有权、国有土地使用权、土地承包经营权、建设用地使用权、宅基地使用权、房地产抵押权等。

2. 正文

证词的要素包括：申请人姓名，不动产物权名称、具体地址、面积、类别，权属证书等。

不动产的具体地址、面积、类别，不动产的具体地址应按照不动产权属证书上的记载进行表述。

共有情况，不动产由两个以上权利人共有时，应对其共有情况进行表述，如为共同共有，可表述为"张××和李××对××房屋共同共有所有权"。如为按份共有，可表述为"张××与李××对××房屋按份共有，其中，张××享有20%的份额，李××享有80%的份额"。

权属证书名称和编号，应根据权属证书的记载完整表述，如"房屋所有权证"，不能简单表述为"房产证"。

同一类型的数份不动产，如有多处房产的，可以一并证明，逐一表述。

（三）尾部

包括承办公证机构名称、承办公证员的签名或者签名章、公证书出具日期和公证处印章等内容。

六、文书上的签名（印鉴）公证书

（一）文书上的签名（印鉴）公证

文书上的签名（印鉴）公证是指公证机构根据当事人的申请，依照法定程序对文书上的签字、印鉴的真实性予以证明的活动。

（二）结构与写法

1. 首部

由公证书标题、公证书编号、申请人、公证事项四项内容构成。

申请人，可以是自然人，也可以是法人或者其他组织。

公证事项，要根据具体签署形式如实表述，只有签名的表述为"签名"，签名印鉴并存的表述为："签名、印鉴"；以按指纹形式签署的，表述为"指印"，以与指纹公证书格式的证明对象相区别。

2. 正文

本公证的实质是对有法律意义的文书的签署形式的证明。证词要素包括：申请人姓名（名称）、文书名称、签署时间、签署地点、签署形式。

申请人，为自然人的，直接写明申请人姓名；为法人或者其他组织的，正文应表述为"××（全称）的法定代表人（或者委托代理人）×××"。

文书名称，应当如实表述，引用全名。如为无名文书，表述为"文书"，即"在前面的文书上……"。

签署的时间和地点，应当如实表述。不在公证员面前签署的，签署时间和地点改为申请人确认签署形式的时间和地点。

签署形式，签署形式应当如实表述，仅有盖章的，表述为"盖章"。既签名又盖章的，表述为"签名、盖章"。申请公证前已经签署好的，表述为"在本公证员面前确认，前面的××（文件名称）上签名（印鉴）是其本人（机构）所为"。

3. 尾部

包括承办公证机构名称、承办公证员的签名或者签名章、公证书出具日期和公证处印章等内容。

一、选择题

1. 公证书自（　　）之日起生效。

　A. 申请　　　　B. 受理　　　　C. 出具　　　　D. 送达

2. 经公证的民事法律行为、有法律意义的事实和文书，（　　）作为认定事实的根据，但有相反证据足以推翻该项公证的除外。

　A. 应当　　　　B. 可以　　　　C. 必须　　　　D. 不能

3. 为证明自己享有合法继承权而请求公证的，属于（　　）。

　A. 遗产分割协议公证　　　　　　B. 遗嘱公证
　C. 遗嘱扶养协议公证　　　　　　D. 继承权公证

二、名词解释

1. 公证法律文书
2. 合同协议类公证书
3. 继承权公证书

三、简答题

简述公证法律文书的效力。

四、文书制作

根据以下材料,制作一份证据保全公证书。

山东省××市××灯饰有限公司发现一公司网站未经其许可,谎称该灯饰公司产品为自己公司生产,并放在公司网页宣传、销售。该公司经理刘××委托律师黄××以及公证员徐××、公证人员李××于×××年1月8日在××公证处进行了现场公证。具体过程如下:由申请人的委托代理人黄××操作计算机,进行了如下保全证据行为:(1)连接"Internet Explorer";(2)在地址栏内输入网址:www.＊＊＊gd.com;(3)在页面一点击"产品库";(4)在页面二点击"家居用品"3;(5)在页面三点击"灯饰"(以此类推)。出证时间为1月10日。

第十四章 仲裁法律文书的制作

了解仲裁的基础知识,熟悉仲裁申请书和答辩状的内容,掌握仲裁协议书的内容和仲裁裁决书的制作方法。

第一节 仲裁法律文书概述

一、仲裁文书的概念和特点

仲裁法律文书,以下简称仲裁文书,是在仲裁过程中产生的法律文书,指仲裁机构和仲裁申请人依据仲裁法和仲裁规则制定的具有法律意义和法律效力的法律文书。这里所讲的仲裁是按照《中华人民共和国仲裁法》规定的仲裁,不包括劳动人事争议仲裁和农村土地承包争议仲裁。仲裁文书包括仲裁申请书、仲裁答辩书、仲裁协议书、仲裁裁决书等,具有以下特点:

(1)仲裁文书的制作主体包括仲裁当事人和仲裁机构。仲裁申请人为参加仲裁活动而制作,仲裁机构为处理争议事实和确定申请人之间的权利义务关系而制作。

(2)仲裁文书的制作必须符合仲裁法和仲裁规则的规定。仲裁机构和仲裁申请人只能依据仲裁法和仲裁规则所赋予的职权或者权利制作和使用仲裁文书。仲裁法或者仲裁规则如果对仲裁文书的格式、内容有明确要求的,应当按照相应的要求制作仲裁文书。

(3)仲裁文书具有法律意义或法律效力。仲裁文书是在仲裁过程中由仲裁机构和仲裁当事人依法制作和使用的法律文书,是具体适用法律、实现权利义务的结果。因此,无论是仲裁机构制作、使用的仲裁文书,还是申请人制作、使用的仲裁文书,都具有一定法律意义或法律效力。尤其是仲裁机构制作的仲裁裁决书、仲裁调解书,具有强制执行的法律效力,并且可以在1958年《关于承认和执行外国仲裁裁决的公约》参加国范围内得到有效的执行。

二、仲裁文书的种类

仲裁文书可以根据不同的标准划分为不同的种类。主要有:

（1）依据制作主体的不同,仲裁文书可分为申请人制作的仲裁文书和仲裁机构制作的仲裁文书。申请人制作的仲裁文书包括仲裁协议书、仲裁申请书、仲裁反请求书、仲裁答辩书、仲裁保全措施申请书等;仲裁机构制作的文书包括仲裁调解书、仲裁裁决书以及受理或不予受理仲裁申请通知书等。

（2）根据案件是否具有涉外因素,可以将仲裁文书分为国内仲裁文书和涉外仲裁文书。国内仲裁文书是仲裁机构和申请人在国内纠纷案件的仲裁过程中,按照国内仲裁程序制作的具有法律效力的文书。涉外仲裁文书是仲裁机构和申请人在涉外经济贸易、运输和海事纠纷案件的仲裁过程中,按照涉外仲裁程序制作的具有法律效力的文书。

（3）根据文书制作时间不同,仲裁文书可分为仲裁程序开始前的文书和仲裁程序开始后的文书。前者包括仲裁协议书和仲裁申请书;后者则包括受理或不受理仲裁申请通知书、仲裁反请求书、仲裁答辩书、仲裁决定书、仲裁调解书及仲裁裁决书等。

第二节 仲裁协议书

一、仲裁协议书的概念和功能

（一）仲裁协议书的概念

仲裁协议书是申请人将已发生或将来可能发生的争议提交仲裁机构予以解决,并服从仲裁机构的裁决,以解决纷争为目的的书面协议。仲裁协议在整个仲裁制度中处于至关重要的位置,是仲裁的前提和依据。无论是国际公法上的仲裁,还是国际商事仲裁、海事仲裁,仲裁协议都是整个仲裁制度的基石。根据我国《仲裁法》第16条规定:"仲裁协议包括合同中订立的仲裁条款和以其他书面方式在纠纷发生前或者纠纷发生后达成的请求仲裁的协议书。"根据该条规定,仲裁协议包括两种形式:合同中订立的仲裁条款和单独的仲裁协议书。仲裁条款是仲裁协议的最常见和最主要的表现形式,是指双方申请人在其签订的合同中约定将来就合同的相关事项发生的争议提交仲裁机构解决的条款,是合同的一项内容。同时根据我国《仲裁法》的规定,仲裁协议独立存在,主合同的变更、解除、终止或者无效,不影响仲裁协议的效力。仲裁条款通常比较简单,只在合同中插入类似"凡因执行本合同而产生的或者与本合同有关的一切争议,双方申请人一致同意提请×××仲裁委员会进行仲裁"的条款。仲裁协议的另一种重要的表现形式是单独订立的仲裁协议书。这是独立于主合同之外专门为解决争议,在主合同没有仲裁条款的情况下而订立的合同。这种形式是本节介绍的内容。

（二）仲裁协议书的功能

1. 促使订立仲裁协议的双方均受该协议的约束

仲裁协议书是申请人选择仲裁方式解决纠纷的依据,如果发生争议,以仲裁方式解决。任何一方提请仲裁的,应向协议中约定的仲裁机构提起申请,不得任意改变仲裁机构或仲裁地点。

2. 赋予仲裁机构或仲裁庭的管辖权

根据我国《仲裁法》第4条规定:"当事人采取仲裁方式解决纠纷,应当双方自愿,达成仲裁协议。没有仲裁协议,一方申请仲裁的,仲裁委员会不予受理。"由此可见,仲裁协议是仲裁机构受理仲裁申请的依据和前提,申请人申请仲裁,应当向仲裁委员会递交仲裁协议,仲裁庭便有权进行审理并裁决,否则不予受理。

3. 排除法院的管辖权

根据我国《仲裁法》第5条规定:"当事人达成仲裁协议,一方向人民法院起诉的,人民法院不予受理,但仲裁协议无效的除外。"所以,仲裁协议书还具有排除人民法院对有关案件的管辖权的功能,只要存在有效的仲裁协议书,申请人就无权向法院起诉,只能向选定的仲裁机构申请仲裁;法院不得强制管辖,即使一方违反仲裁协议向法院提起诉讼,法院亦不得立案受理。如果申请人对仲裁裁决不服,申请人向法院起诉或上诉的,法院也不得立案受理。

二、仲裁协议书的格式与方法

仲裁协议书由首部、正文和尾部三部分组成。

（一）首部

（1）写明文书的名称"仲裁协议书",标题要居中,不能简写成"协议书"。

（2）写明申请人与被申请人的基本情况。具体包括姓名、性别、年龄、职业、通讯方式、工作单位和住所。申请人如果是法人或者其他组织的,写明法人或者其他组织的名称、住所和法定代表人或者主要负责人的姓名、职务。如果申请人委托律师或者其他人员作为代理人进行仲裁活动的,还应写明委托代理人的基本情况。

（二）正文

正文部分应写明仲裁协议的具体内容。仲裁协议书的内容直接关系到仲裁协议的效力,决定争议能否通过仲裁方式予以解决,关系到仲裁机构的管辖权。为了保证仲裁协议有效,仲裁协议书的内容必须全面、完整、清楚地表明申请人的仲裁意愿。根据我国《仲裁法》第16条第2款规定,仲裁协议书应具备以下内容:请求仲裁的意思表示,仲裁事项,选定的仲裁委员会。

（1）请求仲裁的意思表示,即各方申请人在订立合同或者签订其他形式的仲裁协议时,一致同意将他们之间已发生或者将来可能发生的争议,采取仲裁方式解决的共同而明确的意思表示。请求仲裁的意思表示必须明确,也就是说将争议提交仲裁解决的意思必须是肯定的,不允许含糊;同时请求仲裁的意思表示必须单一指向,不能既指向仲裁又指向诉讼。

(2) 仲裁事项,即申请人提请仲裁解决争议的范围。仲裁事项决定申请人提起仲裁的争议以及仲裁委员会受理的争议的范围。要求仲裁协议中约定仲裁事项要广泛、明确。常见的用语有"因本合同引起的争议"、"与本合同有关的争议"、"因本合同引起的及与本合同有关的争议"等。

(3) 选定的仲裁委员会。仲裁协议书中必须写明申请人约定的有权解决争议的仲裁委员会的名称,该名称必须正确。同时选定的仲裁委员会必须确定、唯一。

(三) 尾部

由申请人或者其委托代理人签字、加盖公章,并写明仲裁协议书签订的日期和地点。

三、制作仲裁协议的技巧及应注意的问题

(1) 请求仲裁的意思表示必须明确肯定,不允许含糊;请求仲裁的意思表示必须单一指向,不能既指向仲裁又指向诉讼。

(2) 仲裁事项必须明确。根据我国《仲裁法》的规定,如果仲裁协议对仲裁事项没有约定或者约定不明确的,申请人可以补充约定;达不成补充协议的,则仲裁协议无效。

(3) 注意争议事项的可仲裁性。我国《仲裁法》第2条规定:"平等主体的公民、法人和其他组织之间发生的合同纠纷和其他财产权益纠纷,可以仲裁。"第3条规定:"下列纠纷不能仲裁:(1) 婚姻、收养、监护、抚养、继承纠纷;(2) 依法应当由行政机关处理的行政争议。"所以,申请人约定的仲裁事项必须符合法定的仲裁范围,否则将导致仲裁协议无效。

(4) 选定的仲裁委员会的名称必须正确。最常见的错误是对仲裁委员会的名称表述不正确。例如,"北京仲裁委员会"常常被表述为"北京市仲裁委员会"。选定仲裁委员会要明确、单一。根据《仲裁法》第18条规定,仲裁协议对仲裁委员会没有约定或者约定不明确的,当事人可以补充协议;达不成补充协议的,仲裁协议无效。所以,申请人选定仲裁委员会要明确并且单一,不要重复选定两个以上的仲裁委员会。

四、例文评析

仲裁协议书

甲方:内蒙古××公司。

住所:呼和浩特市×路25号。

法定代表人:王×,男,45岁,系该公司总经理。

乙方:北京长远有限责任公司。

住所:呼和浩特市×路33号。

法定代表人:李×,男,38岁,系该公司经理。

双方于1994年3月1日签订并经呼和浩特市公证处公证了松散型联营汽车运输煤炭业务的《联营协议书》,联营的1年期限已经届满,双方未获得利润;又实际联营半年多,仍未见利润。有鉴于此,双方一致同意选择呼和浩特仲裁委员会确认联营业务终止,解除联营协议,分割联营投资购置的固定资产,分担债务,分享债权,彻底清算双方的联营业务。双方一致接受呼和浩特仲裁委员会依据我国《仲裁法》和国家的示范仲裁规则以及该会自己的仲裁规则,对上述纠纷所作的一次性终局裁决结果。

甲方(盖章):_____　　　　乙方(盖章):_____

法定代表人(签字):_____　　法定代表人(签字):_____

1996年10月28日签订于呼和浩特市

点评

　　仲裁协议书是双方当事人自愿将他们之间已经发生或将来可能发生的争议提交仲裁委员会解决的书面意思表示,也是仲裁机构受理和解决争议问题的依据和前提。仲裁协议的形式多样,一般可以分成三种,即合同中的仲裁条款、仲裁协议书和其他书面往来文件形成的仲裁协议,该份仲裁协议属于第二种形式。无论仲裁协议的形式如何,内容上都必须具有以下几个要素:一是当事人必须有仲裁的意思表示;二是必须有明确的仲裁事项;三是必须提出明确的仲裁机构。这份仲裁协议书包含了仲裁协议的三个基本要素,在结构上和内容上都符合了一份仲裁协议的基本要求。其中对于仲裁事项的介绍比较具体,除了简要介绍仲裁的基本内容之外,还对仲裁事项的由来作了简要概括,语言简明扼要。

　　仲裁协议书的另外一个形式上的特点在于与其他司法文书比起来,篇幅不长,程式化比较突出,语言上简明扼要,这份三百多字的仲裁协议书足以达到文书制作的目的。

第三节 仲裁申请书

一、仲裁申请书的概念和功能

仲裁申请书是指平等主体的公民、法人或者其他组织在发生合同纠纷或者其他财产权益纠纷后,申请人一方或双方根据双方自愿达成的仲裁协议,向其所选定的仲裁委员会提出仲裁申请,要求通过仲裁解决纠纷的书面请求。根据我国《仲裁法》第22条规定,申请人申请仲裁,应当向仲裁委员会提交仲裁申请书。它是仲裁机构受理仲裁案件的前提和基础。申请人达成仲裁协议只是表明申请仲裁的可能,仲裁程序还未启动。只有纠纷发生后,申请人向其选定的仲裁机构提交仲裁申请书时,仲裁程序才被启动。一份质量较高的仲裁申请书,不仅有利于申请人完整准确地陈述自己的意见和主张,也有利于案件的顺利受理。

二、仲裁申请书的格式与方法

仲裁申请书在格式上包括首部、正文、尾部三部分。

(一) 首部

(1) 居中写明文书的名称,即"仲裁申请书",不能简写成"申请书"。

(2) 写明申请人和被申请人的基本情况。具体包括姓名、性别、年龄、职业、通讯方式、工作单位和住所。申请人如果是法人或者其他组织的,写明法人或者其他组织的名称、住所和法定代表人或者主要负责人的姓名、职务。如果申请人委托律师或者其他人员作为代理人进行仲裁活动的,还应写明委托代理人的基本情况。

(二) 正文

1. 申请仲裁的依据

写明申请仲裁所依据的书面的仲裁协议的内容。因为书面仲裁协议是使仲裁机构具有解决纠纷的管辖权的依据,所以,在仲裁申请书中必须写明申请人双方已经自愿达成了仲裁协议。

2. 仲裁请求

仲裁请求即申请人要求仲裁机构予以评断、解决的具体事项,包括要求仲裁机构确认某种法律关系是否存在,裁决被申请人履行给付义务,变更某种法律关系等。仲裁请求要具体、明确。仲裁请求应当合理合法、具体完整,语言表达力求言简意赅。如有多项请求要逐项分行写明。同时注意仲裁请求只能在仲裁协议所约定的范围内,且不能超出仲裁委员会有权裁决的事项范围。

3. 申请仲裁的事实与理由

这是仲裁申请书的核心内容，也是仲裁机构审理的对象和依据。事实与理由主要包括：申请人之间争议事项形成的事实；双方申请人争执的具体内容和焦点，被申请人应承担的责任并说明理由以及所适用的法律等。仲裁申请大多为合同纠纷案，这类案件事实部分写明订立合同的时间、地点和合同的主要内容；被申请人违反合同中的哪些义务，给申请人造成了怎样的经济损失，被申请人以什么理由为借口拒不履行合同等内容。在写作时还要根据具体的案情，侧重点有所不同，如果因合同本身发生争执，要写明订立合同的经过及合同的内容，如果是在履行合同时产生纠纷，着重写明履行合同的情况。

理由部分首先必须判明当事人存在何种法律关系及所存在的法律关系如买卖合同关系是否有效；其次，对违反合同的事实进行概括、归纳，使案情与分析衔接呼应；最后，依据有关实体法、法规、政策等，联系上述事实，指明被申请人行为的违反合同的性质，说明申请人的正当权益应该受到保护。

4. 证据

与民事诉讼一样，如果要裁判机关支持自己的主张，申请人必须提供相应的证据。所以，在仲裁申请书中应写明：(1) 有关证据的名称及所能证明的有关事实；(2) 有关证据的来源及其取得方式；(3) 证人证言的内容及证人的姓名、住所。

(三) 尾部

(1) 写明致送的仲裁委员会的名称，即在仲裁协议中选定的仲裁委员会，分两行写明"此致"，"××仲裁委员会"。

(2) 右下方写明申请人的姓名或者名称，申请人是法人或者其他组织的，要加盖印章，并写明法定代表人的姓名和职务。另起一行写明制作文书的日期。

(3) 附项，注明仲裁申请书副本的份数，提交证据的名称、份数，并按编号顺序附于申请书后。

三、制作仲裁申请书的技巧及应注意的问题

(1) 仲裁请求。把握好仲裁申请就为胜诉打下良好的基础。实践中有的申请人不太注重仲裁申请，但实际上如果申请不正确，或超越了合同的规定，会使本来有理的案件导致败诉的结果，尤其是比较复杂的案件，应当对有关事实、证据、相关的合同规定、法律规定进行全面分析判断，经过慎重的考虑之后再提出仲裁申请。提出仲裁申请应注意以下问题：第一，依据法律及合同规定确定恰当、合理的诉讼请求。提出仲裁请求时一定要紧紧围绕法律及合同进行，所提仲裁请求一定要有相应的法律及合同依据，不能凭主观臆断，更不能感情用事。第二，仲裁请求的内容不能超越特定的合同规定。申请人申请仲裁时，只能对特定

合同中发生的争议事项提请仲裁,超出合同范围的请求,仲裁庭一律不予支持,也无权支持。第三,仲裁请求赔偿的金额要适当。申请人确定赔偿数额时,不要盲目地扩大请求额,因为对申请人而言,即使多主张也不会得到支持,反而需要多交仲裁费,可能进一步扩大损失额。确定赔偿的数额要根据法律的规定、具体的案情,并要举出充足的证据。

(2)书写申请仲裁的事实要注意以下几点:注意人称的一致性,不要第一人称与第三人称混用;写事实时做到叙事清楚,围绕纠纷发生的起因、经过和结果,并突出双方的争执点或主要分歧;注意事实的客观性,运用证据以支持。

(3)理由的论证要充分、严密,并注意以下几点:首先,针对仲裁请求、主张或意见进行分析,有针对性地论证,做到有的放矢;其次,要运用法律论理,不能在无法律依据的情况下,空发议论。

第四节 仲裁答辩书

一、仲裁答辩书的概念和功能

答辩权是被申请人所享有的一项重要权利,被申请人提交仲裁答辩书是其行使答辩权的重要体现。仲裁答辩书是指仲裁案件的被申请人针对申请人在仲裁申请书中提出的仲裁请求以及所依据的事实和理由作出辩解和反驳而制作的法律文书。根据我国《仲裁法》第25条第2款规定,被申请人收到仲裁申请书副本后,应当在仲裁规则规定的期限内向仲裁委员会提交答辩书。仲裁委员会收到答辩书后,应当在仲裁规则规定的期限内将答辩书副本送达申请人。被申请人未提交答辩书的,不影响仲裁程序的进行。

仲裁答辩书的功能包括:(1)维护被申请人的合法权益。被申请人依法提出答辩书,针对申请人的仲裁请求进行答复和反驳,可以表明自己对申请人的仲裁态度,维护自己的合法权益。(2)有利于仲裁机构作出公正的裁决。仲裁机构在全面了解案情,掌握双方申请人争议的焦点,全面查明案件事实之后作出裁决。因此,仲裁答辩书是一种非常重要的仲裁文书,使仲裁机构兼听则明。但是仲裁答辩书在仲裁程序中并非必不可少的,被申请人未提交答辩书的,不影响仲裁程序的进行。

二、仲裁答辩书的格式与方法

仲裁答辩书也包括首部、正文和尾部三个部分。

(一)首部

(1)居中写明文书名称,即"仲裁答辩书"。

(2)写明答辩人(即被申请人)的基本情况。具体包括姓名、性别、年龄、职业、通讯方式、工作单位和住所。申请人如果是法人或者其他组织的,写明法人或者其他组织的名称、住所和法定代表人或者主要负责人的姓名、职务。如果申请人委托律师或者其他人员作为代理人进行仲裁活动的,还应写明委托代理人的基本情况。

(二)正文

(1)案由及案件的来源。写明答辩人进行答辩所针对的具体纠纷。一般表述为:"我方就被答辩人×××因与我方之间发生的×××争议向你方提出的仲裁请求,提出答辩如下……"

(2)答辩理由和答辩意见,这是仲裁答辩书的核心。答辩人既可以从事实和法律方面对申请人的仲裁请求进行答复和反驳,也可以从程序和实体方面的内容进行反驳。答辩人要清楚地表明自己的态度,提出对案件的主张和理由。如果认为申请人提出的事实有误,要澄清事实并提供相应的证据;如果认为申请人适用法律错误的,则援引自己认为正确的法律依据并阐明理由;同样也可以从仲裁程序方面进行反驳,如指出仲裁协议无效或者仲裁委员会对该争议无权管辖等等。无论从哪个方面进行答辩,都要注意有理有据、合理、合法。最后要在充分反驳仲裁申请书的内容之后,提出自己的主张及要求。

(三)尾部

(1)写明致送的仲裁委员会的名称。

(2)右下方写明答辩人的姓名或者名称,答辩人是法人或者其他组织的,要加盖印章。另起一行写明制作文书的日期。

(3)附项,注明仲裁答辩书副本的份数,提交证据的名称、份数,并按编号顺序附于答辩书后。

三、制作仲裁答辩书的技巧及应注意的问题

答辩书要紧紧围绕申请人的仲裁请求及双方签订的合同进行答辩。一方面答辩书的事实及理由应当围绕申请人的仲裁请求进行,证明申请人的仲裁请求哪些是不成立的,哪些是没有事实依据的,哪些是缺乏法律依据的。答辩书切忌漫无目的,而应当有针对性,通过事实及法律依据,反驳对方观点并提出自己的主张。另一方面还要针对合同进行答辩。仲裁是对具体合同项下双方当事人争议的审理。因此,合同中有明确规定的,当事人才能享受相应的权利;同样,也只有合同中有明确规定,当事人才应当承担相应的义务。被申请人对照合同,看对方指责己方如何违反合同,违反的是什么条款,再结合实际作出答辩。

答辩书中的事实和理由要有针对性地展开。答辩人要根据申请人在仲裁申请书中所叙述的事实和理由进行回答和反驳。要紧紧围绕争议的事实是否存在,谁有过错,谁承担责任等问题,结合法律进行反驳,不要脱离仲裁申请书所阐述的内容。同时,对于申请人所述属实的内容也应予以承认。反驳要有理有据,不能强词夺理。

答辩书应当尽量全面完整。不能对仲裁申请做简单地反驳,这样会不利于被申请人;反驳对方的事实时都要举出过硬的证据。

四、例文评析

仲裁答辩书

答辩人:××达利贸易公司。地址:长沙市××路××号。

法定代表人:潘×,总经理。

委托代理人:安××,本公司机电商场经理。

委托代理人:刘××,湖南省第×律师事务所律师。

案由:因申诉人浙江省×县石油设备厂(以下简称设备厂)诉我公司拒付加油机货款一案,提出答辩如下:

意见:合同未成立,拒付货款有理;仓储费只能由设备厂承担。

理由如下:

申诉方认为该厂向社会发出的加油机广告是一种要约,而我公司的要货电报是一种承诺,至此双方合同即已成立。这种说法不能成立。

首先,看本案的主要事实。××××年10月10日,我公司从×月×日××报上的广告得知申诉人×县石油设备厂有防爆BG-1型自动控制计量加油机现货供应,并代办运输。我公司于当月15日发电报给该厂,同意报上登载的条件,要求接电后即以快件发运3台加油机到长沙北站。10月18日,设备厂回电:"加油机有现货,快件不能发,只能发慢件,请回电。"在我公司未回电情况下,设备厂以慢件向我公司发来加油机3台,随即办理托收。12月20日货才到长沙北站,我公司拒收货物,也拒付货款。

其次,看合同成立的程序。《中华人民共和国合同法》第二章专章规定了合同订立的程序,其中第13条规定:"当事人订立合同,采取要约、承诺方式。"签订合同必须经过要约和承诺两个阶段。要约是当事人一方以缔结合同为目的而向对方提出的意思表示,提出要约的一方称为要约人。要约必须包括合同成立所具备的主要条款,一般向特定的对方提出。承诺,是指接受要约的一方对要约人提出的签订经济合同的内容表示完全同意的一种表示。接受要约的一方叫做承诺人。所谓完全同意,是指承诺人对要约人提出的各项条款不附带任何条件表示赞同。

再次,从本案的事实和合同成立程序结合看。本案涉及的设备厂向社会发出的有加油机供应的广告它没有特定的对象,因此只能视为要约人的一种引诱,其本身不具备要约的条件。我公司见广告后,向设备厂发出要货电报,这是我公司的要约行为。退一步说,假定该厂发出的广告为要约,而我公司复电提出附加"必须发快件",这也只能是新要约。所以说我公司要货的电报属承诺是没有根据的。没有承诺,当然合同也就不成立了。如前所述,我公司向该厂发出要货电报是要约行为,而该厂及时回电,提出"快件不能发,只能发慢件",显而易见,这不是表示完全同意的意思表示,而是设备厂新的要约。我公司对10月28日设备厂回电不作答复,正说明了我公司对其新的要约没有作出承诺,而决非我公司默认设备厂的要求,因为默认必须符合法律规定的要约。由于这宗买卖合同未能依法成立,当然我公司就没有权利收货,也没有义务付款。另外,由于合同并未成立,申诉人要求我公司承担加油机在车站的仓储费,也理所当然是无理要求。

最后,还要说明一点,我公司之所以要求该厂用快件发货,是因为我公司与某单位口头约定供应加油机,时间为20天内交货。设备厂如用慢件发货,势必影响我公司的利益,这就是我公司对设备厂新要约不作承诺的主因。

此致

长沙市××区经济合同仲裁委员会

答辩人:××达利贸易公司(公章)

法定代表人:潘××(签字)

××××年××月××日

附:

1. 本答辩书副本1份。
2. 书证3件。

点评

仲裁答辩书是仲裁案件的被申请人针对申请人在仲裁申请书中所提出的要求和理由所作的书面答复和辩驳。被申请人通过仲裁答辩书可以表明自己对相关仲裁事项所持的态度,有利于仲裁庭在仲裁申请书和仲裁协议的基础上,更进一步地了解争议的具体情况,掌握双方争执的焦点,有利于纠纷的解决。

这份仲裁答辩书由首部、正文、尾部组成,结构上符合仲裁答辩书的基本要求,写法和其他种类的答辩类司法文书相似。答辩书最重要的一个特点在于辩驳性很强,即要针对对方当事人提出的主张和理由作针对性地辩驳,指出其中的谬误之处。对于申请人主张的反驳主要集中在正文的答辩理由部分,制作者应该在充分阅读和分析对方仲裁申请书的基础上总结答辩的要点,这样才能有的放矢,找准对方申请理由的弱点,集中笔墨进行攻击。该份答辩书的答辩理由部分条理清晰、逻辑结构严谨,主要从三个角度进行了分析说理:先写本案的主要事实,次写合同成立的程序,最后将本案的事实和合同成立程序结合起来,指出了对方的漏洞和己方行为的合理合法性。答辩书的证据一般可以附在答辩意见之后,总结起来论证前述事实理由的合法、合理性,也可以在陈述事实和理由的同时,引用具有关联性的证据加强说理。

另外,在制作仲裁答辩书时应该注意,如果申请人的理由合情合法且有相应证据证明,在答辩书中可以适当承认或者设法回避,如果答辩人在没有证据、法律支持的情况下,仍然固执己见,会显得整个答辩理由没有说服力,这时答辩者尤其要注意扣住对方的无理或违法之处,透彻地说理论证。

第五节 仲裁裁决书

一、仲裁裁决书的概念和作用

仲裁裁决书是指仲裁庭根据申请人的申请,依照法定的程序,对申请人与被申请人之间的纠纷进行审理后,根据查明的事实和认定的证据,适用相关的法律,最终在实体上对双方的权利义务争议所作出的具有法律效力的文书。仲裁裁决分为中间裁决、部分裁决和最终裁决。这里主要是指最终裁决。在案件审理结束时所作的裁决是终局的,仲裁裁决书的作出标志着仲裁程序的终结,裁决对争议双方具有约束力和强制执行力。

仲裁裁决书的作用体现在以下几个方面:(1)有助于解决纠纷,维护当事人的合法权益。仲裁委员会在查明事实的基础上,确定当事人的责任,从而解决纠纷,确认他们之间的权利、义务关系,维护当事人的合法权益。(2)有效地约束双方当事人。仲裁裁决书一经作出即发生法律效力。仲裁裁决的效力与生效的民事判决书相同,非经法定程序,任何人不得随意变更。如果一方不执行仲裁裁决的内容,另一方有权向人民法院申请强制执行。

二、仲裁裁决书的格式与方法

我国《仲裁法》第54条规定:"裁决书应当写明仲裁请求、争议事实、裁决理由、裁决结果、仲裁费用的负担和裁决日期。当事人协议不愿写明争议事实和裁决理由的,可以不写。裁决书由仲裁员签名,加盖仲裁委员会印章。对裁决持不同意见的仲裁员,可以签名,也可以不签名。"这是制作仲裁裁决书的法律依据。仲裁裁决书与民事判决书相似,尤其是正文部分。但是相比之下仲裁裁决书的制作灵活性较大,申请人协议不愿写明争议事实和裁决理由的,可以不写。仲裁裁决书也分为首部、正文、尾部三部分。

(一) 首部

(1) 写明文书制作机关、文书名称和文书编号。制作机关和文书名称应居中分两行写,如"中国国际经济贸易仲裁委员会裁决书"。文书编号包括制作年度、仲裁机构简称、仲裁案件顺序号,在文书的右下方注明,如(2005)中国贸仲沪裁字第 0167 号。

(2) 申请人与被申请人的基本情况,包括申请人与被申请人的名称、地址、法定代表人的姓名。

(3) 引言。包括如下内容:

第一,受理案件的依据和适用的仲裁规制,如:"中国国际经济贸易仲裁委员会(以下简称仲裁委员会)北京分会根据申请人××计算机有限公司(以下简称申请人)与被申请人××电子工业股份有限公司(以下简称被申请人)于 2004 年 4 月 13 日签订的 ADSL 用户终端设备合同中的仲裁条款的约定,以及申请人于 2005 年 9 月 10 日提交仲裁委员会上海分会的仲裁申请书,受理了上述 ADSL 用户终端设备合同项下争议仲裁案,案件编号为×××××。本案适用仲裁委员会自 2000 年 10 月 1 日起施行的《中国国际经济贸易仲裁委员会仲裁规则》(以下简称仲裁规则)"。

第二,仲裁庭的产生和组成情况以及仲裁庭对案件的审理情况等程序性事项。主要是为了表明仲裁程序的合法性。如:"申请人选定了乔××为仲裁员,被申请人选定了杨××为仲裁员。由于申请人与被申请人未能共同选定或共同委托仲裁委员会主任指定首席仲裁员,仲裁委员会主任根据仲裁规则的规定指定何××为本案首席仲裁员。上述三位仲裁员于 2005 年 11 月 4 日组成仲裁庭审理本案。"

第三,仲裁庭开庭审理的情况,以及当事人到庭的情况等。如"仲裁庭审阅了申请人和被申请人分别提出的书面申诉和书面答辩以及有关的证明材料;并于 2001 年 9 月 9 日在北京开庭审理。申请人和被申请人双方均到庭作了口头陈述,并回答了仲裁庭的询问,而且进行了辩论。开庭后,又提交了补充材料和证据,但被申请人没有提交。仲裁庭根据上述申请人和被申请人的书面及口头申诉和答辩,以及有关的证据材料,现对本案作出裁决。"

(二) 正文

这部分是仲裁裁决书的主体,包括案情、仲裁庭的意见和裁决结果三个部分。

1. 案情

首先,基本的案情介绍,如合同订立的经过。其次,申请人陈述的事实、提出的请求事项以及证据。申请人在仲裁中还可增加新的请求,裁决书也要写明。再次,被申请人的答辩、提出的要求以及提交的证据。最后,申请人对被申请人的答辩做的反驳和被申请人作的陈述等。这一部分不同于法院的判决书,法院的判决书对于诉辩双方的意见写得较为简单,概述出主要观点即可,而仲裁裁决书写得较为详细。不仅写明双方的主张,还要阐述双方陈述的理由,及其提供的证据。

2. 仲裁庭的意见

先提出双方争议的焦点,对争议进行分析和判断,根据仲裁庭查明的事实和证据,依据有关的法律、法规,说明双方的哪些主张和请求是合法的应予支持,哪些主张和请求是不合法的,不予支持或驳回。该部分要说理充分、有针对性,针对双方的争议焦点和仲裁请求,摆事实、讲道理,对申请人的每个仲裁请求都要明确表明态度。仲裁裁决书这部分的写法与民事判决书也有不同,仲裁裁决书通常列标题,对双方的争执焦点逐一进行分析论述。比如对合同的效力问题、双方的责任问题、适用法律问题,包括货物的质量问题、延期交付的问题等进行细致的阐述。制作仲裁庭的意见要注意以下几点:

第一,论证清楚申请人与被申请人之间的法律关系或双方行为的效力。有时案件很复杂,申请人与被申请人之间存在多重的关系,因此,首先说明他们之间存在何种法律关系,其次说明这些法律关系是否有效,这是解决纷争的前提。论述时不能含混不清,似是而非,或不论述有效、无效及合法、违法的原因与理由。

第二,进行法律论理。对适用法律有争议时,为什么要适用此种法律规定而不适用彼种法律规定要加以解释。至于具体的违约事实有哪些,当事人为什么要承担违约责任的具体理由,都要详细论证。如果判决的结论是一果多因,就要论证充分,从多个角度进行分析,不能只选择其中一二项加以说明。如果裁决书漏掉了许多重要的事项或理由,会使裁决书的理由显得不够充分。

第三,针对申请人的诉讼请求、主张或意见进行分析。仲裁裁决书应当认真地分析当事人的请求、主张或意见是否合理和合法,有针对性地发表支持或否认的评论和理由。不能不针对当事人的诉讼请求、主张或意见说理,泛发议论,一定要做到有的放矢,使论述的理由准确,说服力强。

3. 裁决结果

裁决结果是对案件实体问题所作的处理决定,是根据仲裁庭查明的事实、证据和法律依据等,针对申请人的仲裁请求作出的仲裁裁决,明确双方的法律关系以及责任的承担,确定双方的权利义务以及履行责任的期限和方式等等。这部分的表述要清楚,对仲裁请求都要作出决定。同时,还应写明仲裁费用的数额及分担,确定是一方负担还是双方分担以及分担的理由。

(三) 尾部

(1) 写明仲裁裁决书的生效时间,即写为"本裁决为终局裁决,自作出之日起发生法律效力"。

(2)仲裁庭成员的署名并加盖仲裁委员会印章,注明制作裁决书的日期。由三名仲裁员组成仲裁庭的,依序写明首席仲裁员及其他两名仲裁员的姓名。由一名仲裁员组成仲裁庭的,只写其姓名即可。对仲裁裁决持有不同意见的仲裁员,在仲裁书上可以签名,也可以不签名。

(3)仲裁秘书署名。

三、制作仲裁裁决书的技巧及应注意的问题

(1)一般情况下应写明争议事实和仲裁理由,但如果申请人不愿写明争议事实和理由的,可以不写。这是仲裁裁决书与民事判决书的不同之处。

(2)仲裁裁决书的引言部分一定要写明受理案件的依据,即申请人之间的仲裁协议和申请人的仲裁申请。因为根据法律规定,如果没有仲裁协议作出的仲裁裁决可能会因申请人的申请,由人民法院予以撤销。

(3)仲裁裁决书的案情部分,要概括双方申请人在仲裁申请书和仲裁答辩书中,以及仲裁过程中提出的事实理由和仲裁请求。排列顺序是先写申请人的主张和请求,再写被申请人的答辩理由和要求。要注意全面、客观,表达清楚,抓住争执的焦点。

(4)对于仲裁结果,既要对双方的请求予以答复,或支持或驳回,分项表述;同时又不能超出仲裁请求,必须针对双方的请求事项作出。裁决结果必须明确、具体,便于申请人与被申请人执行。

四、例文评析

绍兴仲裁委员会
裁 决 书

(2004)绍裁字第××号

申请人×××,男,××××年×月×日生,汉族,住绍兴市区。

委托代理人×××,浙江××律师事务所律师。

被申请人绍兴市××房地产开发有限公司,住所地绍兴市区。

法定代表人××,董事长。

委托代理人×××,浙江××律师事务所律师。

申请人××(以下简称申请人)为与被申请人绍兴市××房地产开发有限公司(以下简称被申请人)商品房买卖合同纠纷一案,于2004年11月18日向本会申请仲裁,本会根据双方商品房购销合同中的仲裁条款受理本案,并依照本会仲裁规则组成仲裁庭开庭审理了本案,鉴于本案与(2004)绍裁字第×号至第×号、第×号至第×号案件属同一类型,同一被申请人,经双方当事人同意,本案采

用一并审理、分案裁决的方式。申请人的委托代理人×××,被申请人的委托代理人×××到庭参加仲裁活动,现本案已审理终结。

申请人申请称:申请人与被申请人在2001年11月2日签订《商品房购销合同》约定:申请人向被申请人购买×区×幢×室面积为161.28平方米的商品房,计房价289 004元。签约后,申请人根据合同约定,向被申请人及时支付了房价,被申请人亦交付了商品房。但被申请人直到2003年8月7日才办理了房屋权属的大证。故要求被申请人承担延期办证258天的违约金15 658元。

被申请人辩称:延期办证是由于施工单位场外工程未及时竣工造成的。申请人的仲裁请求已经超过仲裁时效,故要求驳回其仲裁请求。即使仲裁庭认为没有超过仲裁时效,其违约金亦过高,请求予以降低。尤其是违约金的计算时间应当计算到申报时为止。

经庭审质证,双方对以下事实无异议:2001年11月2日,申请人与被申请人签订商品房买卖合同,该商品房买卖合同系双方真实意思表示,合法有效。合同约定申请人向被申请人购买×区×幢×室面积为161.28平方米的商品房,并约定交付房屋的时间为2001年12月31日,但双方没有约定产权登记的时间。合同签订后,申请人向被申请人付清了房款289 004元,2002年3月1日被申请人将房屋交付申请人。2002年12月20日,被申请人向管理部门提供了办理土地使用权证的手续,2003年1月17日,被申请人向房地产管理部门申报办理房产证,但直到2003年6月25日提供的资料才齐全。2003年8月7日被申请人取得了大证。故双方认可,被申请人有迟延办证的违约事实。

证实以上事实的证据有:(1)2001年11月2日申请人与被申请人签订的商品房购销合同一份;(2)购房发票;(3)商品房受理登记联系单;(4)房地产登记发证档案;(5)钥匙发放登记表。

根据庭审调查及辩论,本庭归纳争议焦点及认定意见如下:

一、关于仲裁时效

申请人认为本案没有超过仲裁时效,理由是:(1)根据《中华人民共和国民法通则》第一百三十七条规定,诉讼时效从"知道或者应当知道权利被侵害之时起计算",本案当事人知道或者应当知道权利受侵害的时间应当为最高人民法院颁布《关于审理商品房买卖合同纠纷案件适用法律若干问题的解释》的时间,即2003年6月1日。在此之前,由于双方没有约定违约金,申请人主张权利没有依据,故仲裁时效应从那时候开始计算。(2)即使仲裁时效从交房后90天开始计算,由于违约金责任是每天产生,因此对于从申请日起不超过2年部分的权利是可以得到保护的。被申请人认为申请人追究逾期办证的违约责任已经超过仲裁时效。因为在买卖合同中已经明确,在房地产产权登记机关规定的期限内办理权属登记手续,因此应当从被申请人违约之日,即期房为房屋交付使用之日起90日、现房自合同签订之日起90天起算诉讼时效。同时本案中的违约行为是一个单一的违约行为,不是多个持续的违约行为,因此只能追究一次违约责任,故不同于持续性侵权。

本庭认为,根据1998年出台的《城市房地产开发经营管理条例》第三十三条的规定,法律已经规定了被申请人协助办理产权登记手续的义务,并且也规定了90天的期限。而最高人民法院的司法解释是对相关法律适用的具体化,因此申请人以"司法解释出台之日"作为"知道或者应当知道"的时间标准,不能成立,仲裁时效应当从被申请人违约之日起算。双方在商品房买卖合同中并没有约定办证义务的具体履行时间,根据最高人民法院《关于审理商品房买卖合同纠纷案件适用法律若干问题的解释》第十八条规定,在被申请人的房屋交付之日或者合同订立之日起90日后,被申请人如果尚未履行协助办证义务的,应当承担违约责任,此时仲裁时效起算。同时需要明确的是,被申请人协助办证是被申请人的主义务之一。根据《中华人民共和国合同法》第一百三十五条规定,出卖人应当履行向买受人交付标的物或者交付提取标的物的单证,并转移标的物所有权的义务。根据此条规定,出卖人的义务有二:交付标的物;转移标的物的所有权。对于动产而言,所有权转移多与交付联系在一起,因此当出卖人履行交付义务时,实际上两个义务均已履行。而对于不动产来说,转移所有权的标志并非具体标的物的交付,而是办理产权过户手续,即办证。因此作为商品房买卖合同的出卖人,除交付标的物外,还需要履行转移标的物所有权的义务,即协助买受人办证是出卖人的主要合同义务。同时,根据《城市房地产开发经营管理条例》第三十三条的规定,办理产权过户手续是出卖人的法定义务,因此买受人要求出卖人办理产权过户手续不应受仲裁时效的限制。

具体到本案,鉴于双方没有约定违约责任的承担方式,因此应当根据最高人民法院《关于审理商品房买卖合同纠纷案件适用法律若干问题的解释》第十八条第二款规定计算违约责任,即在合同没有约定违约金或者损失数额难以确定的,可以按照已付购房款总额,参照中国人民银行规定的金融机构计收逾期贷款利息的标准计算违约责任。同时中国人民银行规定的贷款利息的计算标准是以日为计算单位。该司法解释中的违约责任的计算实际上是一种法定的损害赔偿标准,因此在性质上仍属于赔偿损失,故被申请人认为违约金责任并不是赔偿损失的理由不能成立。鉴于本案中的违约责任在性质上属于赔偿损失的计算,因此对于申请人来说,要求被申请人承担违约责任并非一种从权利,而应当是原权利(要求被申请人协助办证的权利)的救济权。

既然违约责任以日计算,故对于申请人而言,违约赔偿的性质属于继续性债权,此继续性债权随着时间的延长而增加。因此每日增加的损害赔偿债权的债务一方面是一个继续性债权的组成部分,另一方面也成立一个独立的债权,其仲裁时效的计算亦应当逐日产生,并非从违约之时统一计算仲裁时效。具体到本案,从申请人申请仲裁之日起已经超过两年的违约金请求权当不应支持,尚未超过两年的部分应当予以支持。

二、违约责任的具体计算

关于违约责任的具体计算,申请人要求按照中国人民银行规定的金融机构计收逾期贷款利息标准乘以具体违约时间计算。而被申请人认为,即使仲裁时效未过,违约责任的计算上应当考虑两个因素:(1)两个证件延期办理的时间并不一样,因此违约责任不应一律按照逾期贷款利息计算。(2)违约责任的截止日应当是完整材料的提交之日,而非登记发证之日。

本庭认为,"因出卖人原因"导致逾期办证是出卖人承担违约责任的前提条件,因此如果被申请人已经向有关行政机关提交了相关办证的证明文件,就已经履行了初始登记办证的协助义务。因此在本案中,申请人要求被申请人承担违约责任的截止日应当是完整材料的提交之日。另外由于被申请人需要履行协助义务的证件涉及两个:土地使用权证和房屋所有权证。在申请人不能就自己的损失举证的情况下,申请人要求被申请人依据相关的法律规定承担违约责任,而最高人民法院《关于审理商品房买卖合同纠纷案件适用法律若干问题的解释》第十八条确定的损害赔偿数额是一种法定赔偿额,因此仲裁庭应当根据具体的违约情节确定违约责任——应当按照两个证件不同的违约情形计算违约责任,即从申请人申请仲裁之日起前两年至 2002 年 12 月 20 日止的违约责任按照总房价的每日 2.1‰ 计算,从 2002 年 12 月 21 日起至 2003 年 6 月 25 日止的违约责任按照总房价的每日 2.1‰ 的一半计算。

综上,本庭认为:申请人与被申请人签订的商品房买卖合同,符合我国法律规定,应属有效。申请人办理土地房屋权属登记手续,须以被申请人向权属登记部门提交必要的证明文件并履行协助义务为前提,而被申请人没有在法律规定的时间提交必要的证明文件,导致申请人无法在合同约定的时间内取得权属证书,构成违约,应承担违约责任。由于双方在商品房买卖合同中未约定具体的违约责任,应依照最高人民法院《关于审理商品房买卖合同纠纷案件适用法律若干问题的解释》中的相关规定处理。对于具体违约责任的计算,需要考虑被申请人的违约情形及仲裁时效经过的情形。鉴于违约责任采按日计付标准,即违约责任逐日产生,因此在申请人申请仲裁之日起前两年内的违约责任没有超过仲裁时效,应当予以支持。同时被申请人协助履行两个证件的办证义务的违反情形并不一样,故应当分别计算其违约责任。依照《中华人民共和国仲裁法》第七十四条、《中华人民共和国民法通则》第一百三十五条、《中华人民共和国合同法》第一百零七条、最高人民法院《关于审理商品房买卖合同纠纷案件适用法律若干问题的解释》第十八条的规定,裁决如下:

一、被申请人绍兴市××房地产开发有限公司应支付申请人××延迟办证的违约金7617元,上述款项于本裁决作出之日起15日内付清;

二、驳回申请人×××的其他仲裁请求。

仲裁费1000元,由申请人×××负担514元,由被申请人绍兴市××房地产开发有限公司负担486元。被申请人应承担的部分,已由申请人预交,由被申请人在履行本裁决书同时支付申请人。

本裁决自作出之日起即发生法律效力。

首席仲裁员:姚××

仲裁员:楼××

仲裁员:朱××

二〇〇五年×月××日

记录员:李××

点评

由于仲裁裁决作出的决定是终局的,送达各方当事人后随即发生法律效力,因此制作仲裁裁决书要求比较严格,以此体现裁决的权威性。而这份裁决书结构上的一个特点在于将具体案情、仲裁庭意见放在一块来陈述:先写明仲裁裁决申请人的仲裁请求、理由和相关证据,次写仲裁答辩人的答辩意见以及其理由、证据,然后由仲裁庭对双方没有异议的事实部分予以确认,接着逐一归纳当事人双方争议焦点,并对双方的主张、证据、理由,最后阐明了仲裁庭所认定的事实和主张的观点。支持谁、否定谁、原因何在,让人一目了然。

此外,该份裁决书从结构上看,前后连贯,结构完整;从内容上看,语言得体,层次清楚,说理充分,总体上达到了一份仲裁裁决书应有的制作水准。

但是内容上也存在一些缺失,比较明显的是其没有写明仲裁庭的组成人员以及组成的方法,即应该写明当事人约定由三名仲裁员组成仲裁庭还是由一名仲裁员组成仲裁庭;是当事人各自选定一名仲裁员还是各自委托仲裁委员会主任指定一名仲裁员;独任仲裁员是当事人共同指定的还是共同委托仲裁委员会主任指定的,除此之外,还应写明谁是首席仲裁员。

一、选择题

1. 仲裁活动当事人实施授权行为的依据是(　　　)。

A. 仲裁委托代理协议　　　　　B. 仲裁协议书

C. 仲裁授权委托书　　　　　　　D. 仲裁担保书

2. 双方当事人之间订立的、表示愿意将争议的问题提交仲裁机构评判和裁决的法律文书是（　　）。

A. 仲裁协议书　　　　　　　　　B. 仲裁委托代理协议
C. 仲裁担保书　　　　　　　　　D. 仲裁申请书

3. 仲裁委员会通过调解的方式，解决仲裁纠纷的文书是（　　）。

A. 仲裁调解书　　　　　　　　　B. 仲裁裁定书
C. 仲裁协议书　　　　　　　　　D. 仲裁裁决书

4. 提出仲裁反申请书的应当是（　　）。

A. 仲裁申请方　　　　　　　　　B. 仲裁被申请方
C. 律师事务所　　　　　　　　　D. 仲裁机构

5. 仲裁申请书当事人的称谓写作（　　）。

A. 申请人与被申请人　　　　　　B. 申诉人与被申诉人
C. 原告人与被告人　　　　　　　D. 上诉人与被上诉人

6. 仲裁调解书的效力相同于（　　）。

A. 仲裁协议书　　　　　　　　　B. 仲裁申请书
C. 仲裁裁决书　　　　　　　　　D. 仲裁答辩书

二、填空题

1. 仲裁文书的制作主体是_____和_____。
2. 仲裁文书的制作必须符合_____和_____的规定。
3. 据我国《仲裁法》第16条的规定，仲裁协议包括_____中订立的仲裁条款和以其他书面方式在_____或者_____达成的仲裁协议书两种形式。
4. 仲裁裁决书的尾部应当写明：本裁决为_____裁决，自_____起生效。

三、简答题

1. 简述仲裁法律文书的概念及特点。
2. 简述仲裁协议书的概念与格式。
3. 仲裁申请书的正文部分包括哪些内容？
4. 简述仲裁裁决书的概念和作用。

四、文书制作

根据下列材料制作一份仲裁协议书：A、B两公司想就大麦购销合同制作一份仲裁协议，约定在双方交易出现争议时，提交×××仲裁委员会仲裁，并承认仲裁裁决对自身的约束力。甲方：A公司，地址：××××，法定代表人：李×，职务：经理；乙方：B公司，地址：××××，法定代表人：刘×，职务：经理。签约时间：×××＊年×月×日；签约地点：××市。

附　　录

附录一　常用法律文书样式

一、常用法院法律文书样式

1. 第一审刑事判决书：一审普通案件适用普通程序用

×××人民法院
刑事判决书

（××××）×刑初字第××号

公诉机关×××人民检察院。

被告人……（写明姓名、性别、出生年月日、民族、出生地、文化程度、职业或者工作单位和职务、住址和因本案所受强制措施情况等，现羁押处所）。

辩护人……（写明姓名、工作单位和职务）。

×××人民检察院以×检×诉〔　　〕××号起诉书指控被告人×××犯××罪，于××××年××月××日向本院提起公诉。本院依法组成合议庭，公开（或者不公开）开庭审理了本案。×××人民检察院指派检察员×××出庭支持公诉，被害人×××及其法定代理人×××、诉讼代理人×××，被告人×××及其法定代理人×××、辩护人×××，证人×××，鉴定人×××，翻译人员×××等到庭参加诉讼。现已审理终结。

×××人民检察院指控……（概述人民检察院指控被告人犯罪的事实、证据和适用法律的意见）。

被告人×××辩称……（概述被告人对指控的犯罪事实予以供述、辩解、自行辩护的意见和有关证据）。辩护人×××提出的辩护意见是……（概述辩护人的辩护意见和有关证据）。

经审理查明……（首先，写明经庭审查明的事实；其次，写明经举证、质证定案的证据及其来源；最后，对控辩双方有异议的事实、证据进行分析、认证）。

本院认为……（根据查证属实的事实、证据和有关法律规定，论证公诉机关指控的犯罪是否成立，被告人的行为是否构成犯罪，犯的什么罪，应否从轻、减轻、免除处罚或者从重处罚。对于控辩双方关于适用法律方面的意见，应当有分析地表示是否予以采纳，并阐明理由）。依照……（写明判决的法律依据）的规定，判决如下：

……〔写明判决结果。分三种情况:

第一,定罪判刑的,表述为:

"一、被告人×××犯××罪,判处……(写明主刑、附加刑)。(刑期从判决执行之日起计算。判决执行以前先行羁押的,羁押一日折抵刑期一日,即自×××年××月××日起至××××年××月××日止)。

二、被告人×××……(写明决定追缴、退赔或者发还被害人、没收财物的名称、种类和数额)。"

第二,定罪免刑的,表述为:

"被告人×××犯××罪,免予刑事处罚(如有追缴、退赔或者没收财物的,续写第二项)。"

第三,宣告无罪的,无论是适用《中华人民共和国刑事诉讼法》第一百六十二条第(二)项还是第(三)项,均应表述为:

"被告人×××无罪"。〕

如不服本判决,可在接到判决书的第二日起十日内,通过本院或者直接向××人民法院提出上诉。书面上诉的,应当提交上诉状正本一份,副本×份。

审判长　×××
审判员　×××
审判员　×××
（院印）
××××年××月××日

本件与原本核对无异

书记员　×××

2. 第二审刑事判决书:二审改判用

×××人民法院
刑事判决书

(××××)×刑终字第××号

原公诉机关×××人民检察院。

上诉人(原审被告人)……(写明姓名、性别、出生年月日、民族、出生地、文化程度、职业或工作单位和职务、住址和因本案所受强制措施情况等,现羁押处所)。

辩护人……(写明姓名、工作单位和职务)。

×××人民法院审理×××人民检察院指控原审被告人×××犯××罪一案,于××××年××月××日作出(××××)×刑初字第××号刑事判决。原审被告人×××不服,提出上诉。本院依法组成合议庭,公开(或者不公开)开庭审理了本案。×××人民检察院指派检察员×××出庭履行职务。上诉人(原审被告人)×××及其辩护人×××等到庭参加诉讼。现已审理终结。

……(首先,概述原判决认定的事实、证据、理由和判处结果;其次,概述上诉、辩护的意见;最后,概述人民检察院在二审中提出的新意见)。

经审理查明……(首先,写明经二审审理查明的事实;其次,写明二审据以定案的证据;最后,针对上诉理由中与原判认定的事实、证据有异议的问题进行分析、认证)。

本院认为……(根据二审查明的事实、证据和有关法律规定,论证原审法院判决认定的事实、证据和适用法律是否正确。对于上诉人、辩护人或者出庭履行职务的检察人员等在适用法律、定性处理方面的意见,应当有分析地表示是否予以采纳,并阐明理由)。依照……(写明判决的法律依据)的规定,判决如下:

……[写明判决结果。分两种情况:

第一,全部改判的,表述为:

"一、撤销×××人民法院(××××)×刑初字第××号刑事判决;

二、上诉人(原审被告人)×××……(写明改判的具体内容)。(刑期从……)"

第二,部分改判的,表述为:

"一、维持×××人民法院(××××)×刑初字第××号刑事判决的第×项,即……(写明维持的具体内容);

二、撤销×××人民法院(××××)×刑初字第××号刑事判决的第×项,即……(写明撤销的具体内容);

三、上诉人(原审被告人)×××……(写明部分改判的具体内容)。(刑期从……)"。]

本判决为终审判决。

             审判长　×××
             审判员　×××
             审判员　×××
              （院印）
           ××××年××月××日

本件与原本核对无异

              书记员　××

3. 再审刑事判决书:按一审程序再审改判用

×××人民法院
刑事判决书

(××××)×刑再初字第××号

原公诉机关×××人民检察院。

原审被告人……(写明姓名、性别、出生年月日、民族、出生地、文化程度、职业或者工作单位和职务、住址等,现羁押处所)。

辩护人……(写明姓名、工作单位和职务)。

×××人民检察院指控原审被告人×××犯××罪一案,本院于××××年××月××日作出(××××)×刑初字第××号刑事判决。该判决发生法律效力后,……(写明提起再审的根据)。本院依法另行组成合议庭,公开(或者不公开)开庭审理了本案。×××人民检察院检察员×××出庭履行职务。被害人×××、原审被告人×××及其辩护人×××等到庭参加诉讼。现已审理终结。

……(概述原审判决认定的事实、证据、判决的理由和判决结果)。

……(概述再审中原审被告人的辩解和辩护人的辩护意见。对人民检察院在再审中提出的意见,应当一并写明)。

经再审查明……(写明再审认定的事实和证据,并就诉讼双方对原判有异议的事实、证据作出分析、认证)。

本院认为……(根据再审查明的事实、证据和有关法律规定,对原判和诉讼各方的主要意见作出分析,阐明改判的理由)。依照……(写明判决的法律依据)的规定,判决如下:

……[写明判决结果。分两种情况:

第一,全部改判的,表述为:

"一、撤销本院(××××)×刑×字第××号刑事判决;

二、原审被告人×××……(写明改判的内容)。"

第二,部分改判的,表述为:

"一、维持本院(××××)×刑×字第××号刑事判决的第×项,即……(写明维持的具体内容);

二、撤销本院(××××)×刑×字第××号刑事判决的第×项,即……(写明撤销的具体内容);

三、原审被告人×××……(写明部分改判的内容)。"]

如不服本判决,可在接到判决书的第二日起十日内,通过本院或者直接向×××人民法院提出上诉。书面上诉的,应当提交上诉状正本一份,副本×份。

审判长　×××

审判员　×××

审判员　×××

(院印)

××××年××月××日

本件与原本核对无异

书记员　×××

4. 刑事裁定书:二审维持原判用

×××人民法院
刑事裁定书

(××××)×刑终字第××号

原公诉机关×××人民检察院。

上诉人(原审被告人)……(写明姓名、性别、出生年月日、民族、出生地、文化程度、职业或者工作单位和职务、住址和因本案所受强制措施情况等,现羁押处所)。

辩护人……(写明姓名、工作单位和职务)。

×××人民法院审理×××人民检察院指控原审被告人×××犯××罪一案,于××××年××月××日作出(××××)×刑初字第××号刑事判决。原审被告人×××不服,提出上诉。本院依法组成合议庭,公开(或者不公开)开庭审理了本案。×××人民检察院指派检察员×××出庭履行职务。上诉人(原审被告人)×××及其辩护人×××等到庭参加诉讼。现已审理终结。

……(首先,概述原判决认定的事实、证据、理由和判决结果;其次,概述上诉、辩护的意见;最后,概述人民检察院在二审中提出的新意见)。

经审理查明……(首先,写明经二审审理查明的事实;其次,写明二审据以定案的证据;最后,针对上诉理由中与原判认定的事实、证据有异议的问题进行分析、认证)。

本院认为……(根据二审查明的事实、证据和有关法律规定,论证原审法院判决认定事实、证据和适用法律是正确的。对于上诉人、辩护人或者出庭履行职务的检察人员等在适用法律、定性处理方面的意见,应当逐一作出回答,阐明不予采纳的理由)。依照……(写明裁定的法律依据)的规定,裁定如下:

驳回上诉,维持原判。

本裁定为终审裁定。

审判长　×××
审判员　×××
审判员　×××
(院印)
××××年××月××日

本件与原本核对无异

书记员　×××

5. 行政判决书:一审作为类行政案件用

_____人民法院
行政判决书

(____)____行初字第____号

原告……(写明姓名或名称等基本情况)。
法定代表人……(写明姓名、性别和职务)。
委托代理人(或指定代理人、法定代理人)……(写明姓名等基本情况)。
被告……(写明行政主体名称和所在地址)。
法定代表人……(写明姓名、性别和职务)。
委托代理人……(写明姓名等基本情况)。
第三人……(写明姓名或名称等基本情况)。
法定代表人……(写明姓名、性别和职务)。
委托代理人(或指定代理人、法定代理人)……(写明姓名等基本情况)。

原告_____不服(行政主体名称)(具体行政行为),于____年____月____日向本院提起行政诉讼。本院于____年____月____日受理后,于____年____月____日向被告送达了起诉状副本及应诉通知书。本院依法组成合议庭,于____年____月____日公开(或不公开)开庭审理了本案。……(写明到庭参加庭审活动的当事人、诉讼代理人、证人、鉴定人、勘验人和翻译人员等)到庭参加诉讼。……(写明发生的其他重要程序活动,如:被批准延长本案审理期限等情况)。本案现已审理终结。

被告(行政主体名称)(写明作出具体行政行为的行政程序)于____年____月____日对原告作出____号_____决定(或其他名称),……(详细写明被诉具体行政行为认定的事实、适用的法律规范和处理的内容)。被告于____年____月____日向本院提供了作出被诉具体行政行为的证据、依据(若有经法院批准延期提供证据的情况,应当予以说明):1.……(证据的名称及内容等),证明……(写明证据的证明目的。可以按被告举证顺序,归类概括证明目的);2.……(可以根据案情,从法定职权、执法程序、认定事实、适用法律等方面,分类列举有关证据和依据;或者综合列举证据,略写无争议部分)。

原告_____诉称……(概括写明原告的诉讼请求及理由,原告提供的证据)。

被告_____辩称……(概括写明被告答辩的主要理由和要求)。

第三人_____述称……(概括写明第三人的主要意见,第三人提供的证据)。

本院依法(或依原告、第三人的申请)调取了以下证据……。

经庭审质证(或交换证据)，本院对以下证据作如下确认……。

经审理查明……(经审理查明的案件事实内容)。

本院认为……(运用行政实体及程序法律规范,对具体行政行为合法性进行分析论证,对各方当事人的诉讼理由逐一分析,论证是否成立,表明是否予以支持或采纳,并说明理由)。依照……(写明判决依据的行政诉讼法以及相关司法解释的条、款、项、目)之规定,判决如下:

……(写明判决结果),分以下九种情况:

第一,维持被诉具体行政行为的,写:

维持(行政主体名称)____年____月____日作出的(____)____字第____号……(具体行政行为名称)。

第二,撤销被诉具体行政行为的,写:

一、撤销(行政主体名称)____年____月____日作出的(_____)____字第_____号……(具体行政行为名称);

二、责令(行政主体名称)在____日内重新作出具体行政行为(不需要重作的,此项不写;不宜限定期限的,期限不写)。

第三,部分撤销被诉具体行政行为的,写:

一、维持(行政主体名称)____年____月____日作出的(_____)____字第_____号……(具体行政行为名称)的第_____项,即……(写明维持的具体内容);

二、撤销(行政主体名称)____年____月____日(____)字第_____号……(具体行政行为名称)的第____项,即……(写明撤销的具体内容);

三、责令(行政主体名称)在____日内重新作出具体行政行为(不需要重作的,此项不写;不宜限定期限的,期限不写)。

第四,判决变更行政处罚的,写:

变更(行政主体名称)____年____月____日作出的(_____)_____字第_____号行政处罚决定(或行政复议决定、或属行政处罚等性质的其他具体行政行为),改为……(写明变更内容)。

第五,驳回原告诉讼请求的,写:

驳回原告要求撤销(或变更、确认违法等)(行政主体名称)____年____月____日作出的(_____)____字第_____号……(具体行政行为名称)的诉讼请求。

第六,确认被诉具体行政行为合法或有效的,写:

确认(行政主体名称)____年____月____日作出的(_____)_____字第_____号……(具体行政行为名称)合法(或有效)。

第七,确认被诉具体行政行为违法(或无效)的,写:

一、确认(行政主体名称)＿＿＿年＿＿＿月＿＿＿日作出的(＿＿＿＿)＿＿＿＿字第＿＿＿＿号……(具体行政行为名称)违法(或无效)。

二、责令＿＿＿＿在……(限定的期限)内……(写明采取的补救措施。不需要采取补救措施的,此项不写)。

第八,驳回原告赔偿请求的,写:

驳回原告＿＿＿＿关于……(赔偿请求事项)的赔偿请求。

第九,判决被告予以赔偿的,写:

(行政主体名称)于本判决生效之日起＿＿＿日内赔偿原告＿＿＿＿……(写明赔偿的金额)。

……(写明诉讼费用的负担)。

如不服本判决,可在判决书送达之日起十五日内提起上诉,向本院递交上诉状,并按对方当事人的人数递交上诉状副本,上诉于＿＿＿＿人民法院。

审判长　×××
审判员　×××
审判员　×××
××××年××月××日
(院印)
书记员　×××

本件与原本核对无异

注:根据案件需要,可以通过附录形式载明判决书中的有关内容

6. 民事判决书

××××人民法院
民事判决书

(××××)×民初字第××号

原告
法定代表人(或代表人)
委托代理人
被告
法定代表人(或代表人)
法定代理人
委托代理人
第三人
法定代理人
委托代理人

　　……(写明当事人的姓名或名称和案由)一案,本院受理后,依法组成合议庭(或依法由审判员×××独任审判),公开(或不公开)开庭进行了审理。……(写明本案当事人及其诉讼代理人等)到庭参加诉讼。本案现已审理终结。

　　原告×××诉称……(概述原告提出的具体诉讼请求和所根据的事实与理由)。

　　被告×××辩称……(概述被告答辩的主要内容)

　　第三人×××述称……(概述第三人的主要意见)

　　经审理查明……(写明法院认定的事实和证据)。

　　本院认为……(写明判决理由)。依照……(写明判决所依据的法律条款项)的规定,判决如下:

　　……(写明判决结果)。

　　……(写明诉讼费用的负担)。

　　如不服本判决,可在判决书送达之日起十五日内,向本院递交上诉状,并按对方当事人的人数提出副本,上诉于××××人民法院。

审判长　×××
审判员　×××
审判员　×××
××××年××月××日
(院印)

本件与原本核对无异

书记员　×××

7. 民事调解书:人民法院在审理过程中主持调解的(民事简易程序用)

_____人民法院
民事调解书

（　）民　字第　号

原告……(写明姓名或名称等基本情况)

被告……(写明姓名或名称等基本情况)

(当事人和其他诉讼参加人的列项和基本情况的写法,与一审民事判决书相同。)

本院于____年____月____日立案受理了原告诉被告_____(写明案由)一案。依法由审判员_____适用简易程序公开(或不公开)进行了审理。(写明当事人的诉讼请求和简要事实)

本案在审理过程中,经人民法院主持调解,双方当事人自愿达成如下协议:

……(写明协议的内容)。

……(写明诉讼费用的负担)。

双方当事人一致同意本调解协议自双方在调解协议上签名或捺印后即具有法律效力。

上述协议,不违反法律规定,本院予以确认。

审判员×××

××××年××月××日

(院印)

书记员×××

8. 民事裁定书

××××人民法院
民事裁定书

（××××）×民初裁字第××号

起诉人×××（写明基本情况）

××××年××月××日，本院收到×××的起诉状……（写明起诉的事由）。经审查，本院认为……（写明不符合起诉条件，不予受理的理由）。依照……（写明使用的法律条文）的规定，裁定如下：对×××的起诉，本院不予受理。

如不服本裁定，可在裁定书送达之日起十日内，向本院递交上诉状，上诉于××××人民法院。

如不服本判决，可在判决书送达之日起十五日内，向本院递交上诉状，并按对方当事人的人数提出副本，上诉于××××人民法院。

审判员　×××

××××年××月××日

书记员　×××

二、常用检察院法律文书样式

1. 起诉书：普通程序案件起诉书

人民检察院
起　诉　书

检　刑诉〔　　〕　　号

被告人……（写明姓名、性别、出生年月日、身份证号码、民族、文化程度、职业或者工作单位及职务、住址、曾受到行政处罚、刑事处罚的情况和因本案采取强制措施的情况等）

本案由×××（侦查机关）侦查终结，以被告人×××涉嫌×××罪，于×××年×月×日向本院移送审查起诉。本院受理后，于×××年×月×日已告知被告人有权委托辩护人，×××年×月×日已告知被害人及其法定代理人（或者近亲属）、附带民事诉讼的当事人及其法定代理人有权委托诉讼代理人，依法讯问了被告人，听取了被害人的诉讼代理人×××和被告人的辩护人×××的意见，审查了全部案件材料……（写明退回补充侦查、延长审查起诉期限等情况）

〔对于侦查机关移送审查起诉的需变更管辖权的案件，表述为："本案由××（侦查机关）侦查终结，以被告人×××涉嫌×××罪，于×××年×月×日向×××人民检察院移送审查起诉。×××人民检察院于×××年×月×日转至本院审查起诉。本院受理后，于×××年×月×日已告知被告人有权……。"

对于本院侦查终结并审查起诉的案件，表述为："被告人×××涉嫌×××罪一案，由本院侦查终结。本院于×××年×月×日已告知被告人有权……。"

对于其他人民检察院侦查终结的需变更管辖权的案件，表述为"本案由××人民检察院侦查终结，以被告人×××涉嫌×××罪，于×××年×月×日向本院移送审查起诉。本院受理后，于×××年×月×日已告知被告人有权……。"〕

经依法审查查明……（写明经检察机关审查认定的犯罪事实包括犯罪时间、地点、经过、手段、目的、动机、危害后果等与定罪有关的事实要素。应当根据具体案件情况，围绕刑法规定的该罪构成要件叙写）

（对于只有一个犯罪嫌疑人的案件，犯罪嫌疑人实施多次犯罪的犯罪事实应逐一列举；同时触犯数个罪名的犯罪嫌疑人的犯罪事实应该按照主次顺序分类列举。对于共同犯罪的案件,写明犯罪嫌疑人的共同犯罪事实及各自在共同犯罪中的地位和作用后,按照犯罪嫌疑人的主次顺序,分别叙明各个犯罪嫌疑人的单独犯罪事实。)

认定上述事实的证据如下:

……(针对上述犯罪事实,分别相关证据)

本院认为……(概括论述被告人行为的性质、危害程度、情节轻重),其行为触犯了《中华人民共和国刑法》第×条(引用罪状、法定刑条款),犯罪事实清楚,证据确实充分,应当以×××罪追究其刑事责任。根据《中华人民共和国刑事诉讼法》第一百四十一条的规定,提起公诉,请依法判处。

此致
×××人民法院

检察员:_____
____年____月____日
(院印)

附:

  1. 被告人现在处所。具体包括在押被告人的羁押场所和监视居住、取保候审的处所。

  2. 证据目录、证人名单和主要证据复印件,并注明数量。

  3. 有关涉案款物情况。

  4. 被害人(单位)附带民事诉讼的情况。

  5. 其他需要附注的事项。

2. 公诉意见书

人民检察院
公诉意见书

被告人：×××

案由：×××

起诉书号：×××

审判长、审判员(人民陪审员)：

根据《中华人民共和国刑事诉讼法》第一百八十四条、第一百八十六条、第一百九十条和第一百九十二条的规定,我(们)受×××人民检察院的指派,代表本院,以国家公诉人的身份,出席法庭支持公诉,并依法对刑事诉讼实行法律监督。现对本案证据和案件情况发表如下意见,请法庭注意。

……(结合案情重点阐述以下问题

一、根据法庭调查的情况,概述法庭质证的情况、各证据的证明作用,并运用各证据之间的逻辑关系证明被告人的犯罪事实清楚,证据确实充分。

二、根据被告人的犯罪事实,论证应适用的法律条款并提出定罪及从重、从轻、减轻处罚等意见。

三、根据庭审情况,在揭露被告人犯罪行为的社会危害性的基础上,作必要的法制宣传和教育工作。)

综上所述,起诉书认定本案被告人×××的犯罪事实清楚,证据确实充分,依法应当认定被告人有罪,并应(从重,从轻,减轻)处罚。

公诉人：_____

____年____月____日当庭发表

3. 刑事抗诉书：审判监督程序用

人民检察院
刑事抗诉书

检 刑抗〔 〕 号

原审被告人……（依次写明姓名、性别、出生年月日、民族、出生地、职业、单位及职务、住址、服刑情况。有数名被告人的，依犯罪事实情节由重至轻的顺序分别列出）。

×××人民法院以×××号刑事判决书（裁定书）对被告人×××（姓名）×××（案由）一案判决（裁定）……（写明生效的一审判决、裁定或者一审及二审判决、裁定情况）。经依法审查（如果是被告人及其法定代理人不服地方各级人民法院的生效判决、裁定而请求人民检察院提出抗诉的，或者有关人民检察院提请抗诉的，应当写明这一程序，然后再写"经依法审查"），本案的事实如下：

……（根据叙述检察院机关认定的事实，情节。应当根据具体案件事实、证据情况，围绕刑法规定该罪构成要件特别是争议问题，简明扼要地叙述案件事实、情节。一般应当具备时间、地点、动机、目的、关键行为情节、数额、危害结果、作案后表现等有关定罪量刑的事实、情节要素。一案有数罪、各罪有数次作案的，应当依由重至轻或者时间顺序叙述。）

本院认为，该判决（裁定）确有错误（包括认定事实有误、适用法律不当、审判程序严重违法），理由如下：

……（根据情况，理由可以从认定事实错误、适用法律不当和审判程序严重违法等几方面分别论述。）

综上所述……（概括上述理由），为维护司法公正、准确惩治犯罪，依照《中华人民共和国刑事诉讼法》第二百四十三条第三款的规定，对×××法院×××号刑事判决（裁定）书，提出抗诉，请依法判处。

此致

×××人民法院

×××人民检察院（院印）

____年____月____日

附：

1. 被告人×××现服刑于×××（或者现住×××）。
2. 新的证人名单或者证据目录。

4. 民事抗诉书

人民检察院

民事抗诉书

检 民 抗〔　　〕　号

　　×××（申诉人）因与×××（对方当事人）×××（案由）纠纷一案，不服×××人民法院×××（生效判决、裁定文号）民事判决（或裁定），向我院提出申诉。（由下级人民检察院提请抗诉的案件写为：由×××人民检察院提出申诉，×××人民检察院提请我院抗诉。）〔由检察机关自行发现的案件写为：我院对×××人民法院对×××（原审原告）与×××（原审被告）×××（案由）纠纷案的×××（生效判决、裁定文号）民事判决（或裁定）进行了审查。〕〔由案外人申诉的案件写为：我院受理×××（申诉人）的申诉后，对×××人民法院对×××（原审原告）与×××（原审被告）×××（案由）纠纷案的×××（生效判决、裁定文号）民事判决（或裁定）进行了审查。〕我院对该案进行了审查……（简述审查过程，如审查了原审卷宗、进行了调查等），现已审查终结。

　　……（该部分写检察机关审查认定的事实，最后写明由谁提起诉讼）。

　　……（该部分写诉讼过程，写明一审法院、二审法院判决、裁定的作出日期、文号、理由、主文及诉讼费负担，如果法院判决、裁定与检察机关认定事实有不同之处，要在该部分简要写明。）（如经过了再审，还要将再审情况写明。）

　　本院认为……（结合案件具体情况，分析、论证生效判决、裁定存在的问题及错误）。

　　综上所述，×××人民法院（作出生效判决、裁定的法院）对本案的判决（或裁定）……（指出生效判决、裁定存在哪几个方面的问题）。经本院第×届检察委员会第×次会议讨论决定（未经检察委员会讨论的，可不写），依照《中华人民共和国民事诉讼法》第二百零八条第一款第×项的规定（如包括多项的，均列出），向你院提出抗诉，请依法再审。

　　此致

×××人民法院

＿＿＿年＿＿＿月＿＿＿日

（院印）

本件与原本核对无误

　　附：……（写明随案移送的卷宗及有关材料情况）

5. 行政抗诉书

人民检察院
行政抗诉书

检　行抗〔　　〕　号

　　×××（申诉人）因与×××（对方当事人）×××（案由）纠纷一案，不服×××人民法院×××（生效判决、裁定文号）民事判决（或裁定），向我院提出申诉。[由下级人民检察院提请抗诉的案件写为：向×××人民检察院提出申诉，×××人民检察院提请我院抗诉。][由检察机关自行发现的案件写为：我院对×××人民法院对×××（原审原告）与×××（原审被告）×××（案由）纠纷案的×××（生效判决、裁定文号）行政判决（或裁定）进行了审查。][由案外人申诉的案件写为：我院受理×××（申诉人）的申诉后，对×××人民法院对×××（原审原告）与×××（原审被告）×××（案由）纠纷案的×××（生效判决、裁定文号）行政判决（或裁定）进行了审查。]我院对该案进行了审查……（简述审查过程，如审查了原审卷宗、进行了调查等），现已审查终结。

　　……（该部分写检察机关审查认定的事实，最后写明由谁提起诉讼）。

　　……（该部分写诉讼过程，写明一审法院、二审法院判决、裁定的作出日期、文号、理由、主文及诉讼费负担，如果法院判决、裁定与检察机关认定事实有不同之处，要在该部分简要写明。）[如经过了再审，还要将再审情况写明。]

　　本院认为……（结合案件具体情况，分析、论证生效判决、裁定存在的问题及错误）。

　　综上所述，×××人民法院（作出生效判决、裁定的法院）对本案的判决（或裁定）……（指出生效判决、裁定存在哪几个方面的问题）。经本院第×届检察委员会第×次会议讨论决定（未经检察委员会讨论的，可不写），依照《中华人民共和国行政诉讼法》第六十四条的规定，向你院提出抗诉，请依法再审。

　　此致
×××人民法院

　　　　　　　　　　　　　　　　　　　　　　____年____月____日
　　　　　　　　　　　　　　　　　　　　　　　　　（院印）

　　本件与原本核对无误
　　　附：……（写明随案移送的卷宗及有关材料情况）

三、常用公安法律文书样式

1. 公安行政处罚决定书

（此处印制公安机关名称）
公安行政处罚决定书

×公（　）决字〔　〕第　号

被处罚人_____
_____
_____

现查明_____
_____
_____
_____
_____
_____。

以上事实有_____
_____等证据证实。

根据_____
_____，

现决定_____
_____
_____
_____。

履行方式：_____
_____。

被处罚人如不服本决定,可以在收到本决定书之日起六十日内向_____申请行政复议或者在三个月内依法向_____人民法院提起行政诉讼。

附：_____清单共_____份

（公安机关印章）
年　月　日

被处罚人（签名）：

年　月　日

一式三份,被处罚人和执行单位各一份,一份附卷。治安案件有被侵害人,复印送被侵害人一份。

2. 行政复议决定书

××××行政执法局
行政复议决定书

×复字[200×]×号

申请人:_____ 地址:_____

法定代表人:_____

代理人:_____ 地址:_____

被申请人:××(下级)行政执法局 地址:_____

法定代表人:_____ 局长

申请人不服被申请人××行政执法局《关于对×××(申请人)×××(违法行为)的处罚决定》(×处字[200×]×号),向我局申请复议,我局依法受理了该申请。

申请人认为,_____
_____
_____

经核查,_____
_____
_____

我局认为,_____
_____
_____

复议决定:_____
_____

如对本复议决定不服,可在接到本行政复议决定书之日起15日内,向人民法院起诉。

××××行政执法局(印)
××××年×月×日

送:_____(申请人)
抄:_____(被申请人)

四、常用监狱机关法律文书样式

1. 提请减刑(假释)建议书

提请减刑(假释)建议书

(＿＿)字第＿＿号

罪犯＿＿＿＿,男(女),＿＿年＿＿月＿＿日生,＿＿族,原户籍所在地＿＿＿＿,因＿＿＿＿罪经＿＿＿＿人民法院于＿＿年＿＿月＿＿日以(＿＿)・字第＿＿号刑事判决书判处＿＿＿＿,附加＿＿＿＿,刑期自＿＿年＿＿月＿＿日至＿＿年＿＿月＿＿日止,于＿＿年＿＿月＿＿日送我狱服刑改造。

服刑期间执行刑期变动情况:＿＿＿＿＿＿＿＿

该犯在近期确有＿＿＿＿＿＿表现,具体事实如下:＿＿＿＿＿＿

为此,根据《中华人民共和国监狱法》第＿＿＿条、《中华人民共和国刑法》第＿＿条＿＿款的规定,建议对罪犯＿＿＿予以减刑(假释)。特提请裁定。

此致

＿＿＿＿＿＿人民法院

(公章)

＿＿＿年＿＿＿月＿＿＿日

附:罪犯＿＿＿卷宗材料共＿＿＿卷＿＿＿册＿＿＿页。

2. 对罪犯刑事判决提请处理意见书

对罪犯刑事判决提请处理意见书

（　　）字第　　号

_____：

　　罪犯____经____人民法院以（　　）____字第____号刑事判决书判处_____。在刑罚执行中,我狱发现对罪犯_____的判决可能有错误,具体理由是：
_____
_____
　　为此,根据《中华人民共和国监狱法》第××条和《中华人民共和国刑事诉讼法》第××条的规定,提请你院对_____的判决予以处理,并将处理结果函告我监。

（公章）
××××年×月×日

五、常用律师法律文书样式

1. 民事起诉状

民事起诉状

原告：_____ 地址：_____ 电话：_____

法定代表人：姓名：_____ 职务：_____

委托代理人：姓名：_____ 性别：_____ 年龄：_____

民族：_____ 职务：_____ 工作单位：_____

住址：_____ 电话：_____

被告：_____ 地址：_____ 电话：_____

法定代表人：姓名：_____ 职务：_____

诉讼请求：_____

事实和理由：_____

_____

_____

此致
_____人民法院

原 告 人：_____（盖章）
法定代表人：_____（签章）
_____年___月___日

附：1. 本诉状副本____份。
  2. 其他证明文件____份。

（注：民事、行政、刑事自诉各类案件起诉书的格式基本相同）

2. 民事上诉状:法人或其他组织提起上诉用

民事上诉状(法人或其他组织提起上诉用)

上诉人:＿＿＿＿＿＿

所在地址:＿＿＿＿＿＿

法定代表人(或主要负责人)姓名:＿＿＿＿ 职务:＿＿＿＿

电话:＿＿＿＿＿＿

企业性质:＿＿＿＿ 工商登记核准号:＿＿＿＿＿

经营范围和方式:＿＿＿＿＿＿＿＿＿＿

开户银行:＿＿＿＿ 账号:＿＿＿＿＿＿

被上诉人:＿＿＿＿＿＿＿＿

所在地址:＿＿＿＿＿＿＿＿＿

法定代表人(或代表人)姓名:＿＿＿＿ 职务:＿＿＿＿

电话:＿＿＿＿＿＿

  上诉人因＿＿＿＿一案,不服＿＿＿＿人民法院＿＿年＿＿月＿＿日( )字第＿＿号,现提出上诉。

上诉请求:＿＿＿＿＿＿＿＿＿＿＿＿＿＿＿＿＿＿＿＿＿＿＿

上诉理由:＿＿＿＿＿＿＿＿＿＿＿＿＿＿＿＿＿＿＿＿＿＿＿

＿＿＿＿＿＿＿＿＿＿＿＿＿＿＿＿＿＿＿＿＿＿＿＿＿＿＿＿＿＿＿

＿＿＿＿＿＿＿＿＿＿＿＿＿＿＿＿＿＿＿＿＿＿＿＿＿＿＿＿＿＿＿

此致

＿＿＿＿＿人民法院

上诉人:＿＿＿＿

＿＿＿＿年＿＿月＿＿日

附:本上诉状副本＿＿份。

(注:民事、行政、刑事自诉各类案件上诉书的格式基本相同)

3. 民事答辩状

民事答辩状

答辩人：_____ 地址：_____ 电话：_____

法定代表人：_____ 职务：_____

委托代理人：_____ 性别：_____ 年龄：_____ 民族：_____

职务：_____ 工作单位：_____ 住所：_____ 电话：_____

因_____诉我单位_____一案,答辩如下：

_____

_____

此致

_____人民法院

答辩人：_____（盖章）

法定代表人：_____（签章）

____年____月____日

附：答辩状副本____份。

其他证明文件____份。

（注：民事、行政、刑事自诉各类案件答辩书的格式基本相同）

4. 辩护词

辩 护 词

审判长、审判员：

依照法律规定，受被告人××的委托和××律师事务所的指派（或经×××人民法院指定并取得被告人××同意），我担任被告人××的辩护人，参与本案的诉讼活动。

开庭前，我查阅了本案案卷材料，进行了必要的调查，会见了被告人××。刚才又参加了法庭调查。我认为……（说明辩护的基本观点）。理由如下：

……（运用事实和法律，论证辩护的基本观点的正确性）。

……（提出建议）。

××律师事务所律师××

××××年×月×日

（注：民事、行政、刑事自诉各类案件辩护词的格式基本相同）

5. 代理词

代 理 词

审判长、审判员:

依照法律规定,受原告(或被告)的委托和××律师事务所的指派,我担任原告(或被告)××的诉讼代理人,参与本案诉讼活动。

开庭前,我听取了被代理人的陈述,查阅了本案案卷材料,进行了必要的调查。现发表如下代理意见:

……(阐明案件事实、诉讼请求的依据和理由,或阐明反驳原告起诉的事实、诉讼请求的依据和理由)。

……(提出建议)。

××律师事务所律师××
××××年×月×日

(注:民事、行政、刑事自诉各类案件代理词的格式基本相同)

6. 提请收集、调查证据申请书:辩护律师用

提请收集、调取证据申请书

申请人:＿＿＿＿律师事务所＿＿＿＿律师。

通讯地址或联系方法:＿＿＿＿＿＿＿＿

申请事项:请求＿＿＿＿人民检察院向＿＿＿＿收集调取证据。

申请理由:作为犯罪嫌疑人(被告人)＿＿＿涉嫌＿＿＿一案的辩护人,本人认为需要向证人(有关单位、公民个人)＿＿＿＿＿＿＿＿收集、调取证据。因情况特殊,根据《中华人民共和国刑事诉讼法》第××条第一款的规定,特请贵院予以收集、调取。

此致

＿＿＿＿＿＿人民检察院(或人民法院)

申请人:＿＿＿＿＿＿(签名)
律师事务所＿＿＿＿(盖章)
＿＿＿＿年＿＿＿月＿＿＿日

附:

1. 证人姓名＿＿＿＿＿＿,有关单位名称＿＿＿＿＿＿,住址或通讯方法＿＿＿＿＿＿＿＿＿＿;
2. 收集、调取证据的范围和内容:＿＿＿＿＿＿＿＿＿＿＿＿。

7. 取保候审申请书

取保候审申请书

申请人：_____律师事务所_____律师。

通讯地址或联系方法：_____

申请事项：对犯罪嫌疑人_____申请取保候审。

申请理由：犯罪嫌疑人_____因涉嫌_____一案,于____年____月____日经_____人民检察院批准(或决定)逮捕羁押。根据_____案的犯罪嫌疑人_____(或其法定代理人、或其亲属_____)的要求,本人为犯罪嫌疑人提出申请取保候审。其保证人是_____(或保证金为_____)。根据《中华人民共和国刑事诉讼法》第××条、第××条的规定,特为其提出申请,请予批准。

此致
_____公安局(人民检察院)

申请人：_____(签名)
律师事务所：____(盖章)
____年____月____日

8. 回避申请书

回避申请书

申请人：_____

被申请人：_____

据了解,被申请人_____与本案_____是_____,联系密切。为避免本案的不公正处理,现根据《中华人民共和国刑事诉讼法》第××条的规定,要求_____回避。

此致

_____人民法院

申请人：_____
____年____月____日

9. 证据保全申请书

证据保全申请书

申请人：_____

案由：_____

请求事项：_____
_____

事实与理由：_____
_____

此致
_____人民法院

申请人：_____（签名或盖章）

____年____月____日

附：有关资料。

10. 法律意见书:合同审查意见书

法律意见书

主送单位名称:＿＿＿＿＿＿＿＿＿＿＿＿＿＿＿＿＿＿＿＿＿＿＿＿＿

该单位咨询事项:＿＿＿＿＿＿＿＿＿＿＿＿＿＿＿＿＿＿＿＿＿＿＿

律师阅读研究的相关文件:＿＿＿＿＿＿＿＿＿＿＿＿＿＿＿＿＿＿＿

律师对该事项的情况分析:＿＿＿＿＿＿＿＿＿＿＿＿＿＿＿＿＿＿＿

律师对该事项的处理意见:＿＿＿＿＿＿＿＿＿＿＿＿＿＿＿＿＿＿＿

律师对相关事项的附带意见:＿＿＿＿＿＿＿＿＿＿＿＿＿＿＿＿＿＿

××律师事务所

律师:××

＿＿＿年＿＿＿月＿＿＿日

六、常用公证法律文书样式

1. 委托公证书格式[注1]

公 证 书

（　）××字第××号

申请人：×××（基本情况[注2]）

公证事项：委托

兹证明×××（申请人）于××××年×月×日来到我处[注3]，在本公证员的面前，在前面的委托书[注4]上签名[注5]，并表示知悉委托的法律意义和法律后果。

×××（申请人）的委托行为符合《中华人民共和国民法通则》第五十五条[注6]的规定。[注7]

中华人民共和国××省××市（县）××公证处
公证员（签名或签名章）
××××年×月×日

注：

1. 本格式适用于证明单方委托行为。证明委托合同适用合同类要素式公证书格式。证明委托书上的签名（印鉴）属实适用证明文书上的签名（印鉴）公证书格式。

2. 自然人的基本情况包括：姓名、性别、公民身份号码，可以根据公证的内容增加出生日期、住址、联系方式等情况，发往域外使用的公证书应当注明出生日期；申请人为外国人的，还应当写明国籍和护照号码。法人或者非法人组织的基本情况包括：组织名称、登记注册地址，另起一行注明法定代表人或者负责人的姓名、性别、公民身份号码。由代理人代办的公证事项，应当在申请人基本情况后另起一行注明代理人的姓名、性别、公民身份号码。以下各格式相同，不再另行加注。

3. 在本公证机构以外的地点办证的，办证地点据实表述。以下各格式相同，不再另行加注。

4. 引用文书的全名。

5. 签署的形式应当据实表述：仅有签名的，表述为"签名"；签名、印鉴、指纹等几种形式同时存在的，一并予以表述；申办公证时提交了已签署的委托书，且未作修改,表述为"×××(申请人)在本公证员的面前确认,前面的委托书是其真实的意思表示,委托书上的签名(印鉴)是×××(申请人)本人所为"。

6. 有新法或者专门规定的,表述作相应调整。

7. 根据需要,可以另起一行注明公证书用途,如"本公证书用于办理继承×××在台湾的遗产手续"。以下各格式相同,不再另行加注。

2. 声明公证书格式［注1］

公　证　书

（　　）××字第××号

申请人：×××（基本情况）

公证事项：声明

兹证明×××（申请人）于××××年×月×日来到我处,在本公证员的面前,在前面的声明书［注2］上签名［注3］,并表示知悉声明的法律意义和法律后果。

×××（申请人）的声明行为符合《中华人民共和国民法通则》第五十五条［注4］的规定。

中华人民共和国××省××市（县）××公证处
公证员（签名或签名章）
××××年×月×日

注：

1. 本格式适用于证明单方声明行为。证明单方放弃权利、承担义务的意思表示可以参照适用本格式,但表述要作相应调整。证明声明书上的签名（印鉴）属实适用证明文书上的签名（印鉴）公证书格式。

2. 引用文书的全名。声明书中应当包含声明人对所声明的内容的真实性负责并愿意承担相应法律责任的意思表示。

3. 签署的形式应当据实表述：仅有签名的,表述为"签名"；签名、印鉴、指纹等几种形式同时存在的,一并予以表述；申办公证时提交了已签署的声明书,且未作修改,表述为"×××（申请人）在本公证员的面前确认,前面的声明书是其真实的意思表示,声明书上的签名（印鉴）是×××（申请人）本人所为"。

4. 有新法或者专门规定的,表述作相应调整。

3. 赠与公证书格式[注1]

公 证 书

（　）××字第××号

申请人：×××（基本情况）

公证事项：赠与

兹证明×××（申请人）于×××年×月×日来到我处，在本公证员的面前，在前面的赠与书[注2]上签名[注3]，并表示知悉赠与的法律意义和法律后果，愿意将本人所有的××××（财产或者权利名称）[注4]赠与×××（受赠人）。

×××（申请人）的赠与行为符合《中华人民共和国民法通则》第五十五条[注5]的规定。

中华人民共和国××省××市（县）××公证处
公证员（签名或签名章）
××××年×月×日

注：

1. 本格式适用于证明单方赠与行为。证明赠与合同适用合同类要素式公证书格式。证明赠与书上的签名（印鉴）属实适用证明文书上的签名（印鉴）公证书格式。

2. 引用文书的全名。

3. 签署的形式应当据实表述：仅有签名的，表述为"签名"；签名、印鉴、指纹等几种形式同时存在的，一并予以表述；申办公证时提交了已签署的赠与书，且未作修改，表述为"×××（申请人）在本公证员的面前确认，前面的赠与书是其真实的意思表示，赠与书上的签名（印鉴）是×××（申请人）本人所为"。

4. 赠与的财产为共有的，应当据实表述。

5. 有新法或者专门规定的，表述作相应调整。

4. 受赠公证书格式［注1］

公 证 书

（ ）××字第××号

申请人：×××（基本情况）

公证事项：受赠

兹证明×××（申请人）于××××年×月×日来到我处，在本公证员的面前，在前面的受赠书［注2］上签名［注3］，并表示知悉受赠的法律意义和法律后果，愿意接受×××（赠与人）赠与的××××（财产或者权利名称）［注4］。

×××（申请人）的受赠行为符合《中华人民共和国民法通则》第五十五条［注5］的规定。

中华人民共和国××省××市（县）××公证处
公证员（签名或签名章）
××××年×月×日

注：

1. 本格式适用于证明单方接受赠与行为。证明接受遗赠适用继承类要素式公证书格式。证明受赠书上的签名（印鉴）属实适用证明文书上的签名（印鉴）公证书格式。

2. 引用文书的全名。

3. 签署的形式应当据实表述：仅有签名的，表述为"签名"；签名、印鉴、指纹等几种形式同时存在的，一并予以表述；申办公证时提交了已签署的受赠书，且未作修改，表述为"×××（申请人）在本公证员的面前确认，前面的受赠书是其真实的意思表示，受赠书上的签名（印鉴）是×××（申请人）本人所为"。

4. 赠与的财产为共有或者赠与附义务的，应当据实表述。

5. 有新法或者专门规定的，表述作相应调整。

5. 遗嘱公证书格式

公 证 书

（　）××字第××号

申请人：×××（基本情况）[注1]

公证事项：遗嘱

兹证明×××（申请人）于××××年×月×日来到我处,在本公证员和本处公证员[注2]×××的面前,在前面的遗嘱[注3]上签名[注4],并表示知悉遗嘱的法律意义和法律后果。

×××（申请人）的遗嘱行为符合《中华人民共和国民法通则》第五十五条和《中华人民共和国继承法》第十七条第一款[注5]的规定。

中华人民共和国××省××市（县）××公证处
公证员（签名或签名章）
××××年×月×日

注：

1. 设立共同遗嘱的,立遗嘱人均应当列为申请人。
2. 如果是公证机构的其他工作人员或者见证人,应当据实表述。
3. 引用文书的全名。
4. 签署的形式应当据实表述：仅有签名的,表述为"签名"；签名、印鉴、指纹等几种形式同时存在的,一并予以表述；申办公证时提交了已签署的遗嘱书,且未作修改,表述为"×××（申请人）在本公证员的面前确认,前面的遗嘱是其真实的意思表示,遗嘱上的签名（印鉴）是×××（申请人）本人所为"。
5. 有新法或者专门规定的,表述作相应调整。

6. 保证公证书格式［注1］

公　证　书

（　）××字第××号

申请人：×××（基本情况）

公证事项：保证

兹证明×××（申请人）于××××年×月×日来到我处，在本公证员的面前，在前面的保证书［注2］上签名［注3］，并表示知悉保证的法律意义和法律后果，自愿为×××（被保证人）提供保证担保［注4］，承担连带保证（或者一般保证）责任［注5］。

×××（申请人）的保证行为符合《中华人民共和国民法通则》第五十五条和《中华人民共和国担保法》第××条［注6］的规定。

中华人民共和国××省××市（县）××公证处
公证员（签名或签名章）
××××年×月×日

注：

1. 本格式适用于证明保证人单方作出的符合《担保法》规定的保证行为。证明其他保证可以参照适用本格式，但表述要作相应调整。证明保证书上的签名（印鉴）属实适用证明文书上的签名（印鉴）公证书格式。

2. 引用文书的全名。

3. 签署的形式应当据实表述：仅有签名的，表述为"签名"；签名、印鉴、指纹等几种形式同时存在的，一并予以表述；申办公证时提交了已签署的保证书，且未作修改，表述为"×××（申请人）在本公证员的面前确认，前面的保证书是其真实的意思表示，保证书上的签名（印鉴）是×××（申请人）本人所为"。

4. 可以对保证所担保的项目、条件、范围等作详细表述。

5. 发往域外使用的保证书、担保书、保函通常遵照国际法或者国际惯例，具体的保证责任可以不写，保证的依据也可以不引用《中华人民共和国担保法》。

6. 有新法或者专门规定的，表述作相应调整。

7. 学历公证书格式［注1］

公 证 书

（　）××字第××号

申请人：×××（基本情况）

公证事项：学历［注2］

兹证明×××（申请人）于××××年×月至××××年×月在××××××××［注3］，于××××年×月毕业（结业、肄业）。［注4］

中华人民共和国××省××市（县）××公证处
公证员（签名或签名章）
××××年×月×日

注：

1. 本格式适用于对学历进行实体证明。对学历证书进行形式证明，适用证明证书公证书格式。

2. 可以注明何种学历。学历公证通常是证明申请人的最高学历，也可以根据申请人的要求证明其具有的特定学历。

3. 此处注明学校全称、学历类别、所学专业、学制等，如大学本科学历可以表述为："××大学（或学院）××系本科××专业学习，学制××年"。

4. 学历证书注明授予学位的，可以一并证明。

8. 学位公证书格式［注1］

公 证 书

( ) ××字第××号

申请人:×××(基本情况)

公证事项:学位

兹证明×××(申请人)于××××年×月×日被××大学(或××科研机构)授予×学××学位［注2］。

中华人民共和国××省××市(县)××公证处
公证员(签名或签名章)
××××年×月×日

注:

1. 本格式适用于对学位进行实体证明。对学位证书进行形式证明,适用证明证书公证书格式。

2. 此处注明学位的具体种类,如法学学士,经济学博士等。

9. 未婚公证书格式［注1］

公　证　书

（　）××字第××号

申请人：×××（基本情况）

公证事项：未婚

兹证明×××（申请人）至×××年×月×日［注2］未曾在中华人民共和国［注3］民政部门登记结婚。［注4］［注5］

中华人民共和国××省××市（县）××公证处
公证员（签名或签名章）
××××年×月×日

注：

1. 本格式适用于申请人从未结过婚的情况。

2. 此日期一般为相关证明文件或者公证书出具之日；申请人在公证时已经离境，此日期为离境之日；申请人为曾在中国临时居住者，此处可以表述为"从××××年×月×日至××××年×月×日止在中华人民共和国居住期间"；申请人未达到法定结婚年龄者，此处可以表述为"至公证书出具之日"。

3. 公证书使用地为我国香港、澳门、台湾地区的，此处应当表述为中国大陆（内地）。

4. 对2003年10月1日《婚姻登记条例》实施后的情况，可以采用"在中华人民共和国××省××市（县）××民政部门无婚姻登记记录"的表述方式。

5. 发往泰国使用的，应当注明申请人父母，证词表述为"×××的父亲是×××，×××的母亲是×××"。

10. 离婚或者丧偶（未再婚）公证书格式［注1］

公　证　书

（　）××字第××号

申请人：×××（基本情况）

公证事项：离婚或者丧偶（未再婚）

兹证明×××（申请人）于××××年×月×日离婚（或者丧偶）［注2］，至××××年×月×日［注3］未再次在中华人民共和国［注4］民政部门登记结婚［注5］。［注6］

中华人民共和国××省××市（县）××公证处
公证员（签名或签名章）
××××年×月×日

注：

1. 本格式适用于申请人曾经结过婚但因离婚或者丧偶而处于未再婚状况的情况。

2. 申请人在此前有数次婚姻关系，可以连续一并予以表述；离婚方式也可以注明。

3. 此日期一般为相关证明文件或者公证书出具之日；申请人在公证时已经离境，此日期为离境之日；申请人为曾在中国临时居住者，此处可以表述为"从××××年×月×日至××××年×月×日在中华人民共和国居住期间"。

4. 公证书使用地为我国香港、澳门、台湾地区的，此处应当表述为中国大陆（内地）。

5. 对2003年10月1日《婚姻登记条例》实施后的情况，可以采用"在中华人民共和国××省××市（县）××民政部门无再次结婚登记的记录"的表述方式。

6. 发往泰国使用的，应当注明申请人父母，证词表述为"×××的父亲是××，×××的母亲是×××"。

11. 已婚(初婚)公证书格式[注1]

公　证　书

(　)××字第××号

申请人:×××(基本情况)

关系人:×××(基本情况)[注2]

公证事项:已婚(初婚)

兹证明×××(申请人)与×××(关系人)于××××年×月×日[注3]在中华人民共和国××省××市(县)××部门[注4]登记结婚[注5]。[注6]

中华人民共和国××省××市(县)××公证处
公证员(签名或签名章)
××××年×月×日

注:

1. 已婚分为初婚和再婚两种情况,本格式适用于申请人为初婚的情况。

2. 夫妻双方共同申请的,均应列为申请人。

3. 具体日期难以确定的,可以表述到年。

4. 部门名称以结婚证书(夫妻关系证明书)上的印章为准。

5. 1950年5月1日《婚姻法》施行前结婚的,表述为"按照中国传统风俗习惯结婚"。

6. 子女要求办理已死亡的父母的婚姻状况公证,申请人为其本人,关系人为其已死亡的父母,基本情况中表述已故事实;证词表述为:"兹证明×××(申请人)的父亲×××与母亲×××于××××年在中华人民共和国××省××市(县)××部门登记结婚(或者按照中国传统风俗习惯结婚),夫妻关系因×××死亡而终止"。

12. 已婚(再婚)公证书格式[注1]

公 证 书

（ ）××字第××号

申请人：×××（基本情况）

关系人：×××（基本情况）[注2]

公证事项：已婚（再婚）

兹证明×××（申请人）于××××年离婚（丧偶）[注3]，于××××年×月×日[注4]与×××（关系人）在中华人民共和国××省××市（县）××部门[注5]登记结婚[注6]。[注7]

中华人民共和国××省××市（县）××公证

公证员（签名或签名章）

××××年×月×日

注：

1. 已婚分为初婚和再婚两种情况，本格式适用于申请人为再婚的情况。

2. 夫妻双方共同申请的，均列为申请人；夫妻双方均系再婚的，可以分别表述原离婚方式。

3. 申请人在此前有数次婚姻关系，可以连续一并表述；离婚方式也可以注明。

4. 具体日期难以确定的，可以表述到年。

5. 部门名称以结婚证书（夫妻关系证明书）上的印章为准。

6. 1950年5月1日《婚姻法》施行前结婚的，表述为"按照中国传统风俗习惯结婚"。

7. 当事人要求办理已死亡的父母的结婚公证，申请人为其本人，关系人为其已死亡的父母，基本情况中表述已故的事实；证词表述为："兹证明×××（申请人）的父亲×××与母亲×××于××××年在中华人民共和国××省××市（县）民政部门登记结婚（或者按照中国传统风俗习惯结婚），夫妻关系因×××死亡而终止"。

13. 亲属关系公证书格式[注1]

公　证　书

（　）××字第××号

申请人：×××（基本情况）
关系人：×××（基本情况）[注2]
公证事项：亲属关系

兹证明×××（申请人）是×××（关系人）的××（关系称谓）[注3]；×××（关系人）是×××（申请人）的××（关系称谓）[注4]。[注5]

中华人民共和国××省××市（县）××公证处
公证员（签名或签名章）
××××年×月×日

注：

1. 本格式适用于除用于办理涉外、涉港澳台继承的亲属关系以外的亲属关系的公证。

2. 申请人要求证明的亲属有两个以上的，应当逐一在关系人中列明，并在证词中表述清楚与申请人的关系。

3. 亲属关系称谓应按我国法律规定统一称谓，习惯称谓可以用括号注明。

4. 此处表述由公证员根据具体情况确定，如果关系人系申请人父母双方的，此处一般应表述为："×××（关系人）是×××（申请人）的父亲，×××（关系人）是×××（申请人）的母亲。"如非上述情况，此处可不再重复表述。

5. 考虑使用国、地区（单位）的特殊规定和要求，可以根据需要增加适当的限定词，如：用于旅居加拿大华侨唯一留在国内的超过21周岁的未婚子女赴加拿大定居的亲属关系公证书，证词可以表述为："兹证明×××（申请人）是×××、×××（关系人）夫妇尚在中华人民共和国国内的唯一超过二十一周岁的未婚儿子（女儿），×××（关系人）是×××（申请人）的父亲，×××（关系人）是×××（申请人）的母亲"；又如：用于向荷兰申领子女助学金，可以表述为："兹证明×××（申请人）在中华人民共和国×省×县××中学（或小学）×年级学习，是居住在荷兰的×××（关系人）的儿子（女儿），×××（关系人）是×××（申请人）的父亲（母亲）"。

14. 用于继承的亲属关系公证书格式［注1］

公　证　书

（　）××字第××号

申请人［注2］：×××（基本情况）
关系人［注3］：×××（基本情况）
公证事项：亲属关系
兹证明×××（关系人）的××亲属［注4］共有以下×人：
配偶×××，（基本情况［注5］）；
父亲：×××，（基本情况）；
母亲：×××，（基本情况）；
儿子：×××，（基本情况）；
女儿：×××，（基本情况）。

中华人民共和国××省××市(县)××公证处
公证员（签名或签名章）
××××年×月×日

注：

1. 本格式适用于办理涉外、涉港澳台继承事务所需的亲属关系公证。

2. 申请人应为证词所列的关系人的亲属之一。

3. 关系人应为被继承人，其基本情况应有死亡的时间、地点等。关系人应仅列一人，有多名被继承人的（如父母双亡），应分别出具公证书。

4. 此亲属仅限于本继承关系所适用的继承法所规定的继承人的范围，并应将属于此范围的亲属全部列入证词中书；排列顺序按继承顺序。涉港澳台地区的，可以根据其相关继承规定列亲属。

5. 所列亲属中有死亡的，死亡时间应在其基本情况中注明。

15. 存款公证书格式

公 证 书

（ ）××字第×××号

申请人：×××（基本情况）

公证事项：存款

兹证明×××（申请人）在××银行存有×××（货币名称）×××元，存款期限从××××年×月×日至××××年×月×日［注1］。［注2］［注3］［注4］

中华人民共和国××省××市（县）××公证处
公证员（签名或签名章）
××××年×月×日

注：

1. 活期存款一般不予证明。如果使用单位要求的，应当加括号注明存期为活期。

2. 在同一银行有多笔存款或者在多家银行均有存款的，可以一并证明，但应逐一列明，可以增加存款合计的表述。

3. 为了保护个人隐私，证词中不宜表述存款账号，但申请人有明确要求的除外。

4. 公证员可以酌情在证词正文中另起一行，注明公证书用途，如"本公证书仅证明申请人资信状况，不能作为存款提取、质押的凭证"。

16. 不动产物权公证书格式

公　证　书

（　）××字第×××号

申请人：×××（基本情况）

公证事项：房屋产权［注1］

兹证明×××（申请人）对位于××省××市（县）××××［注2］的房屋享有所有权［注3］，房屋的××面积为×××平方米［注4］，房屋权属证书编号为：××××××［注5］。［注6］［注7］

中华人民共和国××省××市（县）××公证处
公证员（签名或签名章）
××××年×月×日

注：

1. 证明承包土地、宅基地、鱼塘、林地（木）等不动产物权，可以参照适用本格式。

2. 房屋的具体地点。

3. 房屋为共有或者仅有使用权的，应当表述清楚。

4. 何种面积要表述清楚，如建筑面积、使用面积；可对房屋的类别、四至等具体情况进行表述。

5. 没有权属证书的可以不表述。

6. 有多处房产的，可以同时证明，但应当逐一表述清楚。

7. 公证员可以酌情在证词正文中另起一行，注明公证书用途，如"本公证书仅证明申请人资信状况，不能作为房屋（或土地使用权等）转让、设定担保的凭证"。

17. 文书上的签名(印鉴)公证书格式[注1]

公 证 书

( )××字第××号

申请人:×××(基本情况)

公证事项:签名(印鉴)

兹证明×××(申请人)[注2]于××××年×月×日来到我处,在本公证员的面前,在前面的××××(文件名称)上签名[注3]。

中华人民共和国××省××市(县)××公证处
公证员(签名或签名章)
××××年×月×日

注:

1. 本格式的出证条件适用《公证程序规则》第三十八条的规定。

2. 申请人为法人的,表述为"×××(申请人)的法定代表人或者委托代理人"。

3. 签署形式应当如实表述:仅有盖章的,表述为"盖章";既签名又盖章的,表述为"签名、盖章";已经签署好的,表述为"在本公证员面前确认,前面的××××(文件名称)上签名(印鉴)是其本人所为"。

七、常用仲裁法律文书样式

1. 仲裁协议书

仲裁协议书

甲方:_____ 地址:_____

法定代表人:姓名:_____ 职务:_____

　　　　　　住址:_____ 电话:_____

委托代理人:姓名:_____ 性别:_____ 年龄:_____

　　　　　　工作单位:_____ 职务:_____

　　　　　　住址:_____ 电话:_____

乙方:_____ 地址:_____

法定代表人:姓名:_____ 职务:_____

　　当事人双方愿意提请____仲裁委员会按照《中华人民共和国仲裁法》的规定,仲裁如下争议:_____
_____。

甲方(盖章):_____　　　乙方(盖章):_____

法定代表人(签字):_____　　法定代表人(签字):_____

日期:_____　　　　　　日期:_____

2. 仲裁申请书

仲裁申请书

申请人：
申请人名称：_____ 地址：_____
法定代表人：姓名：_____ 职务：_____
　　　　　　住址：_____ 电话：_____
委托代理人：姓名：_____ 性别：_____ 年龄：_____
　　　　　　工作单位：_____ 职务：_____
　　　　　　住址：_____ 电话：_____

被申请人：
被申请人名称：_____ 地址：_____
法定代表人：姓名：_____ 职务：_____
案由：_____
申请理由和要求：_____
_____
_____

　　为此，特向你会申请仲裁。
　　此致
_____仲裁委员会

　　　　　　　　　　　　　　　　申请人：_____（盖章）
　　　　　　　　　　　　　　　　法定代表人：_____（签章）
　　　　　　　　　　　　　　　　____年____月____日

附：本申请书副本____份。
　　合同副本____份。
　　仲裁协议书____份。
　　其他有关文件____份。

3. 仲裁答辩书

仲裁答辩书

答辩人：
答辩人名称：_____ 地址：_____
法定代表人：姓名：_____ 职务：_____
　　　　　　住址：_____ 电话：_____
委托代理人：姓名：_____ 性别：_____ 年龄：_____
　　　　　　工作单位：_____ 职务：_____
　　　　　　住址：_____ 电话：_____
申请人因_____诉我_____一案，现提出答辩意见如下：
_____
_____
_____

此致
_____仲裁委员会

答辩人：_____（盖章）

法定代表人：_____（签章）

____年____月____日

附：
   1. 答辩书副本____份。
   2. 其他证明材料____件。

4. 仲裁裁决书

××××仲裁委员会裁决书

××××裁字第××号申请人：
申请人名称：_____ 地址：_____
法定代表人：姓名：_____ 职务：_____
　　　　　　住址：_____ 电话：_____
委托代理人：姓名：_____ 性别：_____ 年龄：_____
　　　　　　工作单位：_____ 职务：_____
　　　　　　住址：_____ 电话：_____

被申请人：
被申请人名称：_____ 地址：_____
法定代表人：姓名：_____ 职务：_____
案由：_____
经查明：_____
_____。
本会认为：_____。依照_____之规定，裁决如下：_____
_____
_____。

本裁决为终局裁决。

首席仲裁员：_____

仲裁员：_____

仲裁员：_____

××××年××月××日(印章)

书记员：_____

附录二　各章习题参考答案

第一章

一、简答题

1. 答：法律文书是法律确定的主体机构或人员依法在办理相关法律事务时所发布或出具的具有法律效力或法律意义的各种文书的总称。法律文书包括诉讼文书和非诉讼文书两种。诉讼文书的主要内容是司法文书,司法文书是指司法机关包括公安机关、国家安全机关依法履行法定职务时制作的文书,是国家司法权的体现,以国家的司法强制力保障其执行。诉讼文书还包括诉讼法律关系主体为了参加诉讼活动而制作的文书,如当事人制作的起诉状、律师制作的代理词、辩护词等。非诉讼法律文书是指诉讼法律文书以外的所有法律文书,包括当事人之间签订的合同、公司章程、提单、保险单、公证文书、仲裁文书等。

2. 答：法律文书的特点主要包括：第一,合法性。制作主体必须符合法律的规定,法律文书的制作还必须于法有据。第二,程式性。法律文书的制作程序和格式必须符合特定的要求,其制作语言和结构有固定的模式,格式一般都由主管部门统一制定。第三,时效性。诉讼的时效性决定了法律文书的时效性,迟来的正义对当事人来说没有实际意义,使当事人的合法权益受到损害。第四,约束性。法律文书是由司法机关或者是特定的机关、人员制作的,对相关的人员具有约束性,国家以司法强制力保障其得到有效的执行,任何单位和个人都不得抗拒。

3. 答：法律文书对于维护社会秩序和市场经济秩序,维护国家法律的正确实施,保护公民、法人和其他组织的合法权益,构建和谐社会起着十分重要的作用。主要体现在以下方面:第一,法律文书是国家司法权的重要体现形式。法律文书是国家司法权实施的外在形式,司法的公平、公正都要通过法律文书来体现。第二,法律文书是规范职责和权利、义务的重要标准。立法对社会行为的规范,司法对各种行为的确认和干预,都是通过法律文书来表现的,法律文书因而成为规范社会行为的标准。第三,法律文书是法律活动的有效记录。法律文书伴随着整个法律活动的进程,并把它用文字形式固定下来,成为实施司法行为的依据。第四,法律文书是检验制作者法律水平的重要尺度。优秀的法律文书是制作者法律知识、社会经验、工作能力等各种素质综合运用的结果,法律文书质量的高低,一定程度上是司法人员政治业务能力、法律修养和文化水准的体现。

二、论述题

答:影响法律文书制作的主要因素包括:第一,语言知识。法律文书的制作是对案件事实和法律适用的书面语言表达,要求制作者具有丰富的语言学知识。第二,法律知识。需要制作者全面系统地掌握法学知识,并且融会贯通地加以使用,任何法律知识的缺失都可能产生极其严重的后果。第三,心理学知识。没有足够的心理学知识就很难做到使法律文书具有必要的说服力,会影响法律文书的效果。第四,社会学知识。法律文书的制作需要得到社会的认同,社会的热点、是非观念、社会组织对于法律文书认定行为的性质和解决问题的方法具有积极的意义。第五,写作能力。法律文书的制作是通过制作者写作能力的发挥来完成的,高超的写作能力和写作技巧是法律文书得以顺利制作的基本前提。第六,法律应用能力。法官要通过制作裁判文书让人们认同其判决的结论,这本身就是一个适用法律的过程。其他人员制作相关的法律文书也是要试图说服别人接受其主张,不理解法律和不善于应用法律都不可能制作出合格的法律文书。第七,逻辑思维能力。只有思路清晰,推理严谨,才能让人心悦诚服,自觉地接受法律文书,发挥法律文书的社会功能。第八,沟通交流能力。不同的法律关系、社会关系主体之间的沟通交流对法律文书的制作也是非常重要的,如律师与委托人之间,检察官和当事人、律师、法官、警务人员以及其他证人之间的沟通交流。

第二章

一、填空题

1. 实判　拟判
2. 诉状
3. 简当为贵

二、简答题

1. 答:我国古代司法文书的特点主要有:(1)请示报告文书很多;(2)重视诉状和供词,罪从供定;(3)重视勘验文书;(4)判决依据法律和社会道德,法律与道德不分;(5)判决主要用批示,一般批在案件报告上或诉状上,很少专门制作判词。口头宣判,文书也不发给当事人。法律文书的特点形成和演变过程受当时经济、政治、文化、科技条件的制约。法律文书的产生,一般要具备两个条件,即比较完整的文字体系和较为成型、完善的司法体系。这两个条件缺一不可,我国古代早已具备了这两个条件。法律文书在中国可以追溯到远古时期,它是和中国悠久的历史和灿烂的文化相互依存和发展的。

2. 答:由于在法律人才培养方式上的差异,两大法系中法律文书教学有很大不同:普通法系国家的法学教育属于大学后教育,法律写作是法学院里一门非常重要的课程,注重法律思维的训练,在写作手法上更加强调文章的结构问题,注意区别法律文书与其他文章写作的差异,通过大量的练习和分析讨论以及对判例的研习,总结概括出法律文书制作的语言特点和章法结构,不断提高学生的实际应用能力。在大陆法系国家的法学院教育中,法律文书的教学在法学院里似乎没有普通法系法学院那样得到足够的重视,通常在职前培训或在实践中进一步强化法律文书写作技能。两大法系的法律文书教学和技能训练是殊途同归,均为法学教育的重要组成部分,是培养职业法律人的重要步骤。

第三章

一、填空题

1. 准确认定事实　正确适用法律
2. 繁简分流

二、简答题

1. 答:法律文书的价值是指人们关于法律文书的现实目标和理想追求。其基本内容是指法律文书的制作者,通过制定法律文书,来实现人们的某种需要。法律文书价值的内容十分丰富,可以包括自由、秩序、人权、效率、正义等诸多方面,从不同的角度可以对法律文书价值进行不同的分类。

2. 答:司法讲究效率,同样要求法律文书在满足公平正义的前提之下能够提高文书制作效率。在制作法律文书时要避免两种极端的倾向,即一味地强调制作效率,仅从简洁方面去要求文书制作,以及过分强调公平,使得法律文书一味冗长。考虑司法效率与司法公正的兼顾,我国相关的中央司法机关或行政机关都制定颁布了一些法律文书的格式样本,提高了法律文书的制作效率。但是在具体的案件中,还必须要发挥制作者的主观能动性,根据具体的案件和司法程序,制作不同的法律文书,不能僵化地不加区分地完全按照统一的模式制作法律文书,要通过个性化的法律文书提高司法效率,实现司法的公平和正义,体现出公正和效率的统一。

三、论述题

答:第一,实体公正的标准表现在法律文书中为能够准确地认定事实和正确地适用法律两个方面:事实是判断案件性质和论罪科刑的根据,法律文书中的案件事实是"法律真实",即指司法工作人员运用证据认定的案件事实达到了法律所规定的视为真实的标准;法律适用正确也是实体公正体现在法律文书制作中的一个重要价值目标,它要求将抽象、普遍的法律规范运用到具体、特殊的案件中,实现个别案件的公正处理,体现出法律文书的实体正义价值。第二,程序公正在法律文书中体现为程序要合法并在法律文书中交代清楚,有些裁判文书制作只注重结论的合法性,忽略了司法程序的说明,尽管程序合法,但让人无从感知,也影响了裁判文书的公正性。法律文书是否达到程序正义的要求,关键要看它是否使那些受到法律文书结论直接影响的人受到了应有的对待,所涉及的程序过程以及事项是否清楚、完整地达到了法律规定的要求。

第四章

一、填空题

1. 书面　口头
2. 案件事实　法律适用

二、简答题

1. 答:第一,准确。法律文书语言必须明确清晰、准确明白,不能模棱两可,不能含混不清。第二,庄重。法律文书制作要体现出法律的威严和公正,语言的选择一般是比较严肃的中性词。第三,简洁。法律文书使用语言应言简意赅,不能累赘烦琐、不知所云。第四,严谨。指文书的论证过程应做到逻辑严密、无懈可击。第五,有说服力。主要指法律文书理由充分,易被读者接受,这取决于制作者高超的制作技能和娴熟适用法律的能力。

2. 答:法律文书的选材是非常重要的一个步骤,直接影响到法律文书的制作质量,主要包括:首先,围绕主旨进行选材,包括案件事实和适用法律两个方面的选择,都要紧紧地围绕着法律文书的制作目的和中心思想选择材料。其次,要围绕证据选材。在选择案件事实的材料时,一定要注重对证据资料的分析和叙述,确保证据的真实性、合法性和关联性。最后,选材的要素齐全规范,也就是说法律文书的选材使用应当是要素齐全规范的。齐全是指法律文书的事实要素和法律要素必须完整、齐备,构成案件事实的时间、地点、人物、原因、结果、过程、因果联系等要素都要齐全;必要的选择性要素也要齐全,如情节、主观心理状态、意外事件的影响、行为实施的阶段等。

3. 答:法律文书的制作要求写实,不能夸张和渲染,一般不用比喻等修辞手法,无论在案件事实的陈述还是在具体法律的使用上,都要体现出写实的风格特点。追求精确恰当是法律文书制作者的目标,但是在纷繁复杂的社会现实中,用证据非常准确地证明到精确的程度非常困难。在这种情况下,选择相对准确的模糊概念来表达法律文书需要反映的内容,从而完成法律所赋予的使命。在公正与效率并重的理念下,选择模糊修辞来制作法律文书是必要的。但也要注意对模糊的限制和规范。

第五章

一、填空题

1. 首部　正文　尾部
2. 事实陈述　法律适用

二、简答题

1. 答：首先，法律文书结构模式的形成受到现行立法及法制思想的规制。法律文书结构模式的创造和形成皆以法律的具体规定为基础。各种法律文书的组成部分，诸如事实、理由、结论或意见等均以法律的规定为前提。与此同时，社会政治制度、法律制度的变化和调整，法律思想的更新也会引发法律文书结构的变动。其次，各种法律文化之间的碰撞融合也会对法律文书结构产生影响。

2. 答：法律文书的首部虽然表面上看起来很简单，但是它包含了丰富的内容和法律职能特点，是非常重要的部分，也影响着整篇法律文书的制作质量。首部是所有法律文书的开篇部分，一般包括：文书标题，文书编号，当事人或利害关系人的基本情况，案由或事由，案件来源和处理过程等内容。对于有些填充类、表格类的法律文书或者是法庭演说词，虽然格式各不相同，但是首部既要反映法律文书的基本轮廓，也要包含致送单位名称，案件的性质概况，制作文书的合法性说明，中心观点等。

3. 答：具体说来，法律文书的尾部主要包括以下内容：(1) 交代有关事项。这些事项会因文种不同而不同，有的写明上诉权利及行使的时间和方式，有的需要写明致送的单位或者是希望作出的结果，有的则是一句必要的说明等。(2) 法律文书的签署。即制作该法律文书的机关或者负责人、承办人员署名，以此来表明法律文书的合法性、公开性。(3) 日期。一般要明确依次写明具体的年月日，对于有些文书要区别确定日期和签发日期，这是需要特别注意的。(4) 用印。法律文书往往是由掌握特定权力的国家机关或特定部门及人员来行使，有时还要加盖机关负责人的印章，印章是权力的象征，用印必须规范。(5) 附项。指需要随法律文书移送的有关卷宗、材料，或者需要注明的有关事项，这是绝大多数法律文书不可缺少的部分。

第六章

一、名词解释

1. 法律文书制作中的法律适用,是指国家司法机关依据职权和法定程序具体应用法律处理案件的专门活动。

2. 法律文书制作的思维模式就是要解决以下六个问题,分别是:谁、什么、什么时候、什么地方、为什么、怎样做。

二、简答题

1. 答:法律文书制作目的的特点包括:第一,合法性。对于法律文书目的的任何表述都要符合法律的规定,包括诉讼请求、对被告人的求刑要求、法律意见等,都要做到合法、恰当,所涉及的司法程序也必须符合法律的规定和精神。第二,实效性。法律文书在制作时就一定要考虑到它的实际效用,只有把法律文书的制作目的建立在解决具体案件的有效性上,才能充分发挥其作用。第三,鲜明性。法律文书的制作必须明确地指出其制作目的,让承受法律文书的机构或者人员清楚其制作目的。

2. 答:法律适用对于制作法律文书具有重要的意义。首先,法律适用涉及国家的主权问题,在涉外案件中,应该适用本国法而选择了外国法,则使本国的主权受到损害;如果应该适用外国法却使用了内国法,也会构成对别国主权的侵犯。其次,法律适用直接影响到对具体行为的评判,不同的法律规定可能对法律后果产生截然不同的结论,有罪的可能变为无罪,合法的可能变为违法。法律适用还可能影响到国家法治的完善和社会秩序的稳定,不同的执法者基于对法律的理解和认识,可能会对同样的问题,依据同样的法律得出不同的结论,会使人们对法律的公平正义产生动摇。由此可见,正确的法律适用是非常重要的,在法律文书制作过程中,不仅要正确地引用法律规定的条款,而且还要把该条款的立法本意和与该案的关联性讲清楚。

3. 答:第一,平等原则。法律面前人人平等的原则已经明确写进我国《宪法》,成为一项宪法原则,任何单位和个人都不得超越它。第二,特别法优于普通法原则。第三,具体规定优于抽象规定原则。在援引和适用时就要优先考虑具体的规定,在没有具体规定的情况下,才适用原则性条款。第四,旧法与新法的适用原则。一般来说,法律在颁布的时候都对其效力作出明确的规定,采取的大都是从旧兼从轻原则。第五,高位法优于低位法原则,即指位阶高的法律效力优于位阶低的法律。第六,法律适用的书写顺序,一般都是按法律文书所叙述内容的顺序来排列所适用的法律及其相关的条款,而不是按照法律的位阶或指定时间,也不是按照法律的类别来进行选择。

第七章

一、填空题

1. 主体资格是否适格
2. 真实性　客观性　关联性
3. 归纳　演绎

二、简答题

1. 答：第一，法律文书对事的叙述可以分为顺叙、倒叙、插叙、分叙、补叙等。第二，法律文书对人的叙述，主要集中在他们的主体身份资格在法律上是否适格这个问题上。第三，法律文书对证据的叙述要注意对证据的分类把握，重点在于叙述证据的来源和真实性、合法性的审查判断，注意分析证据与待证事实的关系。第四，法律文书对法律的叙述是法律文书的重要内容。首先，要反映出法律文书制作者对相关法律的正确理解和认识；其次，是对法律条文和案件事实关联性的分析，按照形式逻辑三段论的要求，推导出结论。引用法典和法条的顺序和法律文书对案件事实的叙述顺序应当是一致的。

2. 答：首先，对事实要素的说明。法律文书对案件事实的说明要做到简明、准确，特别要注意对事实要素中的时间、位置、角度、范围、结果等的介绍，对于人的感觉所进行的说明也要注意其条件的限制，说明中的语言选择就显得尤为重要。此外，在对案件事实要素的说明中，顺序也是很关键的。其次，对法律规定的说明。对法律规定的说明一般是指对法律条款具体规定的理解和认识，并且要把这种正确的理解表达出来，让法律文书的读者接受。再次，对于关联性的说明。法律文书中的关联性就像是连接法律规定与案件事实的一个纽带，是判定三段论推理中小前提与大前提是否吻合的标志，也是法庭辩论的关键环节，准确、恰当、规范地说明这个关联性体现在法律文书说理和说明中。

三、论述题

答：法律文书制作中的说理不足概括起来说大致有以下几个方面：第一，认定事实的武断性。如裁判类文书，在论证案件事实的时候，不对证据的来源和取得程序作出介绍和说明。在裁判文书中，认定事实不顾当事人的陈述和主张，无视诉讼法的规定，只讲结论，不谈过程。第二，法律解释的贫乏性。很多法律文书只注重对法条的引用，不注重对法律条款的理解说明和与案件事实关联性的论证，有些甚至还出现了对法律条文的认识偏差，导致双方都在适用同一个法条，结论却是截然相反。第三，逻辑推理的滥用。就法律文书的制作而言，法律规定是大前提，案件事实是小前提，这就需要保障案件事实与法律规定的事实是同一的。然而，很多案件忽略了对这种统一性的认定说明，也就是缺失关联性，从而导致了结论的错误。第四,前后论证的矛盾性。前后论证的矛盾表现在人称的矛盾、事由的矛盾、因果关系的矛盾、对象的矛盾等,说理也就很难透彻到位,影响了法律文书功能的发挥。

说理不足在我国目前绝大多数法律文书中已经是一个非常突出的问题了,究其原因有很多方面。概括说来,首先是人们的观念影响,重实体、轻程序、更轻法律文书制作的思想意识长期以来存在于法律职业人员的头脑中,认为只要实体公正了,其他一切都无所谓;其次是诉讼模式的原因,职权主义的诉讼结构把法官推向了纠纷的中心,往往造成先入为主,忽略了说理在法律文书中的作用;最后,法学教育中法律文书技能训练和培养的缺位是法律文书制作说理不足的另一重要因素,我们的法学教育,特别是改革开放以来的法学教育,过度强化了法学理论的灌输,削弱了法律应用技能的训练。

第八章

一、选择题

1. C 2. A 3. A 4. D

二、简答题

1. 答:第一审刑事判决书的首部应当写明的事项主要包括:(1)制作机关和文书名称,应分行居中书写。(2)文书编号。依次由立案年度、制作法院、案件性质、审判程序代字、顺序号组成。(3)起诉方的称谓事项。(4)被告人的身份事项。(5)辩护人的姓名、工作单位和职务。(6)案件的由来和审判经过。

一审刑事判决书正文包括事实、理由和判决结果三部分内容:1.事实,包括(1)控辩双方的意见;(2)法院确认的犯罪事实。2.理由,包括(1)确定罪名。(2)确认量刑情节。(3)对公诉机关的指控是否成立予以表态:对公诉机关指控的罪名成立的应当表示肯定;不构成犯罪或者指控的罪名不当的,应当有理有据地作出分析认定;对于辩解、辩护的主要理由,应当据理表明是否予以采纳。(4)对被告人辩解及辩护人的辩护意见表态。(5)写明判决的法律依据。3.判决主文。

2. 答:民事调解书与民事判决书的区别主要在于:(1)适用的条件不同。民事调解书是人民法院依法进行调解,促成当事人自愿、合法达成解决纠纷的协议而予以认可时适用的法律文书。民事判决书则是人民法院对案件经过审理,就案件依法作出判决时适用的法律文书。(2)体现的意志不同。民事调解书是人民法院在合法的前提下,对当事人自愿达成的协议的确认,着重体现了双方当事人的意志;民事判决书主要体现了人民法院依法行使审判的权力。(3)反映的内容及其文书格式不同。民事调解书的格式较为简单,内容扼要;民事判决书的格式较为复杂,内容翔实。(4)发生法律效力的时间不同。民事调解书经双方当事人签收后,即具有法律效力;一审民事判决书在送达当事人后并不立即生效,只有超过了法定的上诉期限,当事人不上诉的,才发生法律效力。

3. 答:针对行政诉讼的特点,行政判决书的理由部分应当根据查明的事实和有关法律、法规和法学理论,就行政主体所作的具体行政行为是否合法、原告的诉讼请求是否合理进行分析认证,阐明判决的理由。阐述被诉具体行政行为的合法性包括以下内容:一是被告是否具有法定职权;二是被诉具体行政行为是否符合法定程序;三是被诉的具体行政行为认定事实是否清楚、主要证据是否充分;四是适用法律、法规、司法解释、规章以及其他规范性文件是否正确;五是被告是否超越职权、滥用职权,行政处罚是否显失公平。

阐述判决理由应当围绕法律规范展开法律分析,对法律条文的引用要做到准确。审理行政案件应当以法律、行政法规、地方性法规、自治条例和单行条例为依据,参照国务院各部、委以及省、自治区、直辖市人民政府和较大的市人民政府制定、发布的行政规章。

4. 答:刑事裁定书是指在刑事诉讼程序中,依照《刑事诉讼法》的相关规定,就有关程序问题进行处理时所制作的法律文书。根据不同标准,可以对刑事裁定书作出不同分类。按照诉讼程序为标准,可以将其分成第一审程序、第二审程序、审判监督程序、再审程序以及执行程序的刑事裁定书;按照刑事裁定书的不同用途,可以将其分成驳回自诉、驳回上诉(抗诉)、准许撤诉、终(中)止审理、发回重审、补证判决、核准死刑以及变更、发回、维持一审裁定书等。

三、文书制作

××县人民法院
民事判决书

(××××)×民初字第××号

原告:阎×军,男,32岁,汉族,××省××县人,农民,住××省××县城关镇××街19号。

被告:阎××,男,47岁,汉族,××省××县人,××公司职员,住××省××县城关镇××街18号。

原告阎×军与被告阎××相邻纠纷一案,本院受理后,由审判长××、审判员××、审判员××依法组成合议庭,公开开庭进行了审理。双方当事人到庭参加诉讼。本案现已审理终结。

原告诉称,××××年×月×日,动工在其院内建新平房三间,但被告无视我的合法权益,强行将墙壁推倒,请求法院判令被告停止侵害,恢复原状,赔偿损失。

被告阎××辩称,原告建房虽经批准,但事先未与我协商,因其新房影响我家生活,我才将墙壁推倒,不同意恢复原状及赔偿。

经审理查明:原、被告系邻居关系,原告经有关部门批准,在自己院内建新房三间。被告以新房影响其通风、采光为由,将墙壁拆毁,原告于××××年××月××日诉至本院,请求解决。

上述事实有××居委会、当事人陈述、本院现场勘验笔录为证。事实清楚,证据确实充分。

本院认为:不动产的相邻各方,应当按照有利生产、方便生活、团结互助、公平合理的精神,妥善处理相邻关系,原告所盖房屋经有关部门批准,对被告东屋也无不良影响。原告请求法院判令被告停止侵害,恢复原状,理由正当,应予支持。被告所提要求,因无法律和事实依据,不予采纳;其强行推倒原告墙壁的行为属违法行为,应承担相应的责任。据此。依照《中华人民共和国民法通则》第××条规定,判决如下:

一、被告应在本判决生效之日起三日内,赔偿原告因墙壁被推翻导致经济损失 2300 元。

二、案件受理费人民币 50 元,由被告负担。

如不服本判决,可在判决书送达之日起 15 日内,向本院递交上诉状,并按对方当事人的人数提出副本,上诉于××中级人民法院。

审判长　×××

审判员　×××

审判员　×××

××××年×月×日

(院印)

本件与原本核对无异

书记员　×××

第九章

一、选择题

1. D　2. D　3. C

二、简答题

1. 答:起诉书是指人民检察院对公诉案件经过审查,认为犯罪嫌疑人的犯罪事实已经查清,证据确定充分,依法应追究刑事责任,代表国家将犯罪嫌疑人提起公诉,交付人民法院审判时制作的法律文书。

起诉书的作用主要有：(1) 对侦查机关来讲，起诉书是确认侦查终结的案件犯罪事实、情节清楚，证据确实、充分，侦查活动合法的凭证；(2) 对检察机关来讲，起诉书既是代表国家对被告人追究刑事责任交付审判的文书，又是出庭支持公诉、发表公诉意见、参加法庭调查和辩论的基础；(3) 对审判机关来讲，起诉书引起第一审程序的刑事审判活动，既是人民法院对公诉案件进行审判的凭据，又是法庭审理的基本范围；(4) 对被告人及其辩护人来讲，起诉书既是告知已将被告人交付审判的通知，又是公开指控被告人犯罪行为的法定文书。

2. 答：案件事实部分是起诉书的重点，要求叙述事实必须客观、准确，要素完整，层次分明。在具体叙写案件事实时，应当围绕犯罪构成，详细写明案件发生的时间、地点、犯罪动机、目的、手段、行为经过、危害后果和被告人的认罪态度以及有关的人和事等与定罪量刑有关的事实要素。指控犯罪事实的必备要素应当明确、完整，既要避免发生遗漏，也要避免将没有证据证明或者证据不足，以及与定罪量刑无关的事项写入起诉书，做到层次清楚、重点突出。对起诉书指控的所有犯罪事实，无论是一人一罪、多人一罪、还是一人多罪，多人多罪，都必须逐一列举，并按照合理的顺序进行。一般可按照时间先后顺序；一人多罪的，应当按照各种犯罪的轻重顺序叙述，把重罪放在前面，把次罪、轻罪放在后面；多人多罪的，应当按照主犯、从犯或者重罪、轻罪的顺序叙述，突出主犯、重罪。

3. 答：公诉意见书，是指受人民检察院指派出席法庭支持公诉的公诉人，在法庭上就案件事实、证据和适用法律等集中发表意见时使用的法律文书，属于法庭演说词中的一种。公诉意见书只适用于第一审程序，检察人员参加上诉案件、抗诉案件法庭发表的意见称为"出庭检察员意见书"。这是因为检察人员出席第一审法庭与出席上诉、抗诉案件法庭的任务有所不同，前者主要是支持公诉，后者主要是对审判活动进行监督。

公诉人发表的公诉意见书，是第一审法庭审理公诉案件的必备内容，是公诉人对起诉书指控被告人罪行和适用法律等重要问题的进一步阐述和论证，也是法庭听取国家公诉人对法庭调查的事实及如何定罪量刑等问题的总体性意见的重要形式，同时也成为辩方提出辩护意见的参照物，对于法庭正确审理案件，准确定罪量刑具有重要意义。公诉意见书在刑事诉讼中，占有重要的位置。

4. 答：抗诉理由是抗诉书的核心部分，应当针对原判决、裁定认定事实确有错误、适用法律不当、量刑畸轻畸重或者审判程序严重违法等不同情况来叙写抗诉理由，可以适当地分段、分项叙写：如果法院认定的事实有误，则要针对原审裁判的错误之处，提出纠正意见，强调抗诉的针对性；如果法院适用法律有误，应当主要针对犯罪行为的本质特征，论述应该如何认定行为性质，从而正确适用法律，并要从引用罪状、量刑情节等方面分别论述；如果法院审判程序严重违法，抗诉书就应该主要根据《刑事诉讼法》及有关司法解释，逐一论述原审法院违反法定诉讼程序的事实情况,再写明影响公正裁判的现实后果或者可能性,最后阐述法律规定的正确诉讼程序。抗诉理由的论证方法因案而异,关键是要把人民检察院认为判决、裁定确有错误的理由说清楚,做到逻辑清晰、观点明确、依据充分、文字简练。

三、文书制作

××市人民检察院
起 诉 书

×检刑诉字(××××)第××号

被告人李××,男,1970年8月2日生,汉族,农民,××市人,住××市××村,××××年×月×日因强奸(未遂)、故意杀人、盗窃罪被××市公安局刑事拘留,××××年×月×日被××市人民检察院批准逮捕,××××年×月×日被××市公安局执行逮捕。

被告人李××强奸(未遂)、故意杀人、盗窃一案经××市公安局侦查终结,移送本院审查起诉,本院于××××年×月×日收到。经本院审查查明,被告人的犯罪事实如下:

××××年×月×日上午,被告人李××路经××市郊区时,见被害人徐××(女,34岁)一人在草滩上牧羊,便上前搭话。交谈中被告人李××产生了强奸邪念,便将徐××拉入附近沟内按倒在地,强行撕扯徐××的裤子欲行强奸。徐××极力反抗,大声呼救。李××怕罪行暴露,掏出随身携带的匕首向徐的腹部猛刺一刀。徐××继续呼救,李××一手卡住徐××的脖子,另一只手向徐××的腹部猛刺数刀,致徐××当场死亡。李××随后取下徐××身上带的手表和身上的80元钱,并将徐××的尸体移到附近掩埋。随后,李××将被害人放牧的125只绵羊赶到临近的××村进行销赃。

上述犯罪事实,有被告人供述、物证、勘验检查笔录等证据。事实清楚,证据确实充分。

综上所述,第一,被告人李××,违背妇女意志,使用暴力手段欲与被害人徐××发生性关系,但因被害人的极力反抗并未得逞。其行为已经触犯了《中华人民共和国刑法》第236条和第23条的规定,构成强奸罪(未遂)。第二,被告人李××,在强奸未遂后怕自己罪行暴露,用匕首将被害人徐××杀害。其行为已经触犯了《中华人民共和国刑法》第232条的规定,构成了故意杀人罪。第三,被告人李××,以非法占有为目的,将被害人放牧的125只绵羊以及被害人的手表、80元钱窃为己有。其行为已经触犯了《中华人民共和国刑法》第264条的规定构成盗窃罪。被告人李××的犯罪情节极其严重、社会影响极其恶劣、造成的危害极其严重。本院为维护法律的尊严、维护社会秩序、保护广大人民群众的利益,根据《中华人民共和国刑事诉讼法》第172条规定,提起公诉,请依法严惩。

此致
××市中级人民法院

检察员:×××
××年×月×日
(院印)

附:
1. 证据目录
2. 主要证据复印件

第十章

一、名词解释

1. 所谓侦查文书,是指公安机关(含国家安全机关)和其他依法具有侦查职能的检察机关、监狱机关在刑事诉讼活动中,依法制作或者认可的具有法律效力或法律意义的文书。

2. 万能表的基本格式是:第一,文书名称:呈请××报告书。根据具体工作内容的需要予以命名。第二,领导批示:本项内容用横线分为两层,首层由分(县)局领导签署意见、姓名、日期;次一层由科所级领导签署意见、姓名、日期。第三,正文部分:《呈请××报告书》。正文部分只印刷了黑线横格,有关栏目及内容,均由制作者根据需要设定、填写。此种万能表正文部分,由以下几方面组成:违法犯罪嫌疑人基本情况、简历、家庭成员(根据实际情况使用制作本项内容)、处理理由或者理由及依据(文书的核心部分)。第四,结尾:执法单位名称、承办人姓名、日期。

3. 要求复议意见书是公安机关认为同级人民检察院不批准逮捕、不起诉的决定有错误时,依法要求同级人民检察院重新复议时制作的文书。公安机关依法行使复议权,对同级人民检察院办理刑事案件的活动进行制约,可以促使人民检察院正确执法,依法办案,保证办案的质量。要求复议意见书是驳论性文书,说理性较强,制作中应充分阐明道理,用充分的证据去说明案件的事实,同时语言要有分寸,不能言辞过激。

4. 提请复核意见书是公安机关认为人民检察院作出的复议决定书有错误时,提请上一级人民检察院对案件重新审核而制作的法律文书。根据《刑事诉讼法》第90条、第175条的规定,公安机关认为人民检察院不批准逮捕、不起诉的决定有误时,可以要求复议,如果不被接受,可以向上一级人民检察院提请复核。上级人民检察院应当立即复核,作出是否变更的决定,通知下级人民检察院和公安机关执行。

二、文书制作

××市公安局
起诉意见书

×公预诉字(××××)第××号

犯罪嫌疑人秦××,男,××××年×月×日出生,汉族,××省××县人,初中文化,无业,被捕前住××市××街××号。××××年×月××日因抢劫、盗窃罪被××市××区法院判处有期徒刑三年六个月,××××年×月×日释放。××××年×月×日因涉嫌故意伤害被××市公安局刑事拘留,同年×月×日经××市人民检察院批准,以涉嫌故意伤害罪(致人死亡)被××市公安局逮捕。

犯罪嫌疑人秦××伤害致人死亡一案,经本局侦查终结,证实犯罪嫌疑人秦××有下列犯罪事实:

××××年×月×日17时许,犯罪嫌疑人秦××和其女友等人酒后准备到田××(另案处理)家玩。行至机械厂家属院194号时,遇到帮助别人料理丧事的黄××(死者),黄说:"……敢从这儿过就弄死你。"犯罪嫌疑人秦××将其女友送至21排房后,随即叫田××等人返回原处,用随身携带的剔骨刀照黄腹部猛刺一刀,而后逃窜。黄被送至医院抢救无效死亡。经法医鉴定:黄××系被他人用刀刺伤腹部致胰十二指动脉破裂及下腔静脉破裂大出血引起重度失血性休克循环衰竭死亡。

上述犯罪事实有证人王××、李××等证言,刑事技术鉴定,现场勘察笔录及作案凶器剔骨刀一把为证,犯罪嫌疑人秦××对所犯罪行亦供认不讳。

综上所述,犯罪嫌疑人秦××目无国法,基于挽回面子的动机,肆意持刀行凶,放任加害行为,造成他人死亡,情节恶劣,后果严重。其行为触犯了《中华人民共和国刑法》第××条之规定,涉嫌故意伤害罪(致人死亡)。为了保护公民的人身权利不受侵犯,严厉打击严重刑事犯罪活动,维护社会治安秩序,根据《中华人民共和国刑事诉讼法》第××条之规定,特将本案移送审查,依法起诉。

此致

×××人民检察院

局长×××
××××年××月××日
(局印)

附:
1. 犯罪嫌疑人秦××现押××市看守所;
2. 犯罪嫌疑人秦××案卷×册×卷。

第十一章

一、选择题
1. C 2. C 3. D 4. B 5. B

二、简答题

1. 答:监狱法律文书,是特指我国各监狱和未成年犯管教所在对判处死刑缓期两年执行、无期徒刑、有期徒刑的罪犯执行刑罚和教育改造的过程中,依照法定程序,根据国家法律和监管规定,制作的具有法律效力或法律意义的文书总称。需要指出的是,监狱法律文书在过去也被称为监狱执法文书或监狱劳改文书。

监狱法律文书的制作对罪犯实施劳动改造产生了特殊的功能,是我国法律文书的重要组成部分。它客观忠实地记载了我国监狱对罪犯执行刑罚,进行教育改造,使其成为守法公民的全部实际情况。它既是执行刑法、惩罚罪犯、使其认罪伏法的有效手段,又是教育改造罪犯的生动教材。从另一个意义上讲,它还是检查执行情况,总结经验教训,健全和完善监狱法制体系、规章制度的材料依据,具有保存价值。

2. 答:提请减刑、假释建议书的正文应当写明悔改或者立功表现的具体事实,减刑或者假释的理由、法律根据和监狱部门的结论性意见等三方面内容。(1)悔改或者立功表现的具体事实。这是减刑、假释的必备条件和事实依据,是重点内容,应当具体地、详细地叙写清楚。最高人民法院《关于办理减刑、假释案件具体应用法律若干问题的规定》中,对悔改和立功表现作了明确而又具体的规定。(2)减刑、假释的理由。要根据所叙的具体事实进行分析评论,说理要实事求是,概括出结论性的意见,要根据有关法律、法规的规定,进行分析说理,使理由合法,有根有据,令人信服。(3)法律依据及监狱的意见。这一部分单写一段,具体表述为:"为此,根据《中华人民共和国刑事诉讼法》第×条第×款的规定,建议对罪犯×××予以减刑或假释,特提请审核裁定。"如果是填充式,这一部分只需填写罪犯姓名和监狱的意见即"减刑"或者"假释"即可。如果是拟制式,则要先写明法律条款,后写罪犯的姓名和监狱的意见。

第十二章

一、选择题

1. D 2. A 3. D

二、名词解释

1. 起诉状是公民、法人或其他组织直接向法院提起民事诉讼、行政诉讼及法律规定的部分刑事案件的诉讼时所使用的法律文书。

2. 代理词是律师等诉讼代理人在法律规定或当事人授权范围内,在法庭辩论阶段为维护委托人的利益,就案件的事实和法律适用等问题发表意见而制作的诉讼法律文书。

三、简答题

1. 答:辩护人发表辩护词既有助于维护被告人的合法权益,也有助于法庭公正合理地处理案件。辩护词通常由前言、辩护意见、结束语三部分组成。前言简要申明辩护人的合法地位,概括说明出庭前进行的工作及对本案的基本看法。辩护意见作为辩护词的核心,主要应针对控方指控的犯罪事实、证据、构成的罪名、提出的处理意见等,从事实认定是否正确、定罪是否准确、应否从轻减轻量刑或者免除刑事处罚等几方面进行说理驳辩。结束语应总结归纳全篇辩护词,强调其中心论点。

2. 答:(1)确认法律事实或法律行为的是否存在及其有无法律效力的问题。代理人论证某一法律事实或法律行为是否存在,是论证事实或行为的真实性问题;论证某一事实或行为是否具有法律效力是论证其合法性问题。(2)确认有无法律关系及其相互间是否享有权利和承担义务的问题。当事人彼此间常常存在一定的法律关系,就应相互享有一定的权利和承担一定的义务。(3)确认案件性质和原被告方有无法律责任的问题。民事、行政案件间常常涉及是否侵权的问题。总之,民事、行政案件的核心问题是要分清是非正误的问题,是非正误一旦判明,则当事人各方的责任自然也就能判断清楚。

3. 答:法律意见书,是律师或律师事务所接受委托人委托并审查委托人所提供的材料或者进行调查之后,依法独立对委托人所咨询的某一法律问题提出书面意见以作为解答的一种非诉讼律师实务文书。法律意见书的作用就在于对委托人的某一法律行为、法律事实、诉讼案件或者协议、合同等非规范性文件从法律上进行审查,发表答询意见,为委托人拟将采取的法律行动提供法律依据。

四、改错题

第三条应增加组装材料的验收方法,如承揽方按定作方提供的散件质量保证书进行验收,检验合格方可组装。若不合格,定作方应及时调换或补齐。应增加对材料消耗定额的约定。第四条应明确质量标准,如质量应达到经双方共同封存的样品各项指标,该指标应符合部颁标准。

第六条应确定交、提货的具体数量期限,如:承揽方于××××年××月、××××年××月分别完成一千台电冰箱的组装,并通知定作方于接到通知次日起七日内来提货。应增加提货时按约定标准验收(逐台或抽样),验收中若有争议由法定质量监督检验机构提供检验证明,费用由责任方承担。

第七条应明确预付款和结算的期限,如:签约后七日内支付预付款15万元。其余待全部交货后十日内结清。

第八条电冰箱系短期难以发现质量缺陷的产品,应约定保证质量期限。

第九条应规定:定作方提供的原材料不合格时承担的责任,定作方逾期提取定作物承担的责任。定作方逾期支付预付款、组装费应承担的违约责任。应约定包装物的种类及费用承担。

五、文书制作

周××盗窃一案辩护词

审判长、审判员:

我受本案被告人周××的委托,担任他的辩护人,出庭为他辩护。在开庭前,我会见了被告人周××,查阅了本案公安机关的侦查预审卷宗材料,和周××的父母进行了接触,并且到周××的原工作单位做了调查访问,比较清楚地掌握了本案的事实材料。

根据公诉人的起诉和法庭调查,总的来说,我认为本案事实清楚,无可置疑。但是,对被告人周××的几个方面的问题和情节,值得提出,以供法庭考虑。

第一,××××年3月起至××××年6月,周××同本厂职工曹××共同盗窃三次,共盗得现金两千元左右(按失主报案统计为2048元,但单位说的是大概数。按周××供认是1879元外加一些零钱,两者相差不远)。录音机一部,价值二百余元。盗窃时间不长,盗窃次数不多,所得赃款不算巨大。

第二,周××具有认罪悔改表现。被拘留后,周××当即交代了全部盗窃事实,在公安机关侦查和多次预审中,每次都毫无保留地作出了交代,认罪态度较好,并退出自己所得全部赃款;周××认识到犯了盗窃罪的可耻,感到对不起父母,对不起单位组织领导的培养教育,决心痛改前非。

第三,从周××的平时表现看,周××还应算是一个有上进心的有为青年。周××高中毕业后,于××××年底参军,××××年度在部队曾被评为一级技术能手,部队曾发给他荣誉证书,给他的评语是:"认真学习、钻研军事技术,在战术演习和实弹射击中圆满完成任务,各科成绩均为优秀。"说明周××的表现是好的,对他有必要立足于教育、帮助和挽救。

第四,从两被告人的表现和作案情况来看,把周××列为第一被告人是不合适的。其一,共同盗窃中,不能认定以周××为主,虽然赃物放于周××处,但那是由于周××单独居住,而曹××与家人同住在一起,前者有便于隐藏赃物的便利。周××比曹××多花赃款一百余元,但周××已经退出所有赃款,并且所盗赃款中有300元为曹××单独从××商店盗窃。其二,从犯罪行为过程来说,盗窃某处虽然有些是周××提出的,但盗窃却是曹××先动手的,难以区分主次。其三,从作案次数看,周××和曹××共同盗窃三次,但曹××还单独盗窃过××商店,并且曹××在共同盗窃之前曾因盗窃被判有期徒刑一年,其罪行较周××为重。其四,从情节看,×××年5月28日,曹××因涉嫌盗窃被××派出所拘留时,周××就知道了这一情况,但周××没有出走,直到5月30日曹××被取保候审,6月3日,曹××找到周××时,二人才一道离家出走。从以上几点来看,周××在本案中所处的地位、所起的作用及其情节都次于曹××。

综上所述,被告人在盗窃的犯罪道路上走得还不远。盗窃次数不多,所得赃款数额不算巨大,具有认罪悔改表现。根据《中华人民共和国刑法》第××条之规定,请求法庭在判决中从宽予以判刑,并予以宣告缓刑。

辩护人:××
××事务所律师
××××年××月××日

第十三章

一、选择题

1. C 2. A 3. D

二、名词解释

1. 公证法律文书从广义上讲是指公证机构依法制作的各类法律文书的总称,具体包括公证书、公证复查决定书、公证申请表、公证受理通知书、公证送达回证、公证法律意见书等。从狭义上讲,公证法律文书主要是指各类公证书,即公证处根据当事人的申请,依照事实和法律,按照法定程序制作的法律证明文书。

2. 合同协议类公证书是公证机构根据法律的规定和当事人的申请,依法证明当事人之间签订合同的行为真实、合法所出具的公证法律文书。

3. 继承权公证书是指公证机关依法证明继承人的继承行为真实、合法所出具的公证法律文书。

三、简答题

答:公证法律文书的效力是指公证证明在法律上的效能和约束力。根据我国法律的规定,公证文书具有三个基本法律效力,即证据效力、强制执行效力和法律行为成立要件效力。其中(1)证据效力是指公证书是一种可靠的证据,具有证明公证对象真实、合法的证明力,可直接作为认定事实的根据。(2)强制执行效力是指债务人不履行或不适当履行债务时,债权人可以根据公证机关依法赋予强制执行效力的债权文书及执行证书,直接向有管辖权的人民法院申请强制执行。(3)法律行为成立要件效力是指依照法律、法规、规章的规定或国际惯例或当事人的约定,特定的法律行为只有经过公证证明才能成立,并产生法律效力。

四、文书制作

证据保全公证书

(××××)××字第××号

申请人:山东省××市××灯饰有限公司
住所地:山东省××市××公证处
法定代表人:刘×× 　　职务:经理
委托代理人:黄××,××律师事务所律师
公证事项:保全证据

申请人为保存证据及诉讼之需要,于××××年1月1日向我处申请保全证据公证。

根据《中华人民共和国公证法》的规定,本公证员与公证人员李××,申请人的委托代理人黄××,于××××年1月8日上午在本处,由申请人的委托代理人黄××操作计算机,进行了如下保全证据行为:

1. 连接"Internet Explorer";
2. 在地址栏内输入网址:www.＊＊＊gd.com,显示页面一,见打印页1;
3. 在页面一点击"产品库",显示页面二,见打印页2;
4. 在页面二点击"家居用品",显示页面三,见打印页3;
5. 在页面三点击"灯饰",显示页面四,见打印页4;
(以此类推)
6. 关闭电脑。

兹证明与本公证书相粘连的附件(共15页)均为申请人的委托代理人在现场操作过程中实时打印所得,与实际情况相符,上述操作过程由公证员徐××、公证人员李××现场监督。

中华人民共和国山东省××公证处
公证员：徐××
××××年×月×日

附：打印页 15 页。

第十四章

一、选择题

1. C 2. A 3. A 4. B 5. A 6. C

二、填空题

1. 仲裁机构　仲裁当事人
2. 法律　仲裁规则
3. 合同　纠纷发生前　纠纷发生后
4. 终局　作出之日

三、简答题

1. 答：仲裁法律文书，是在仲裁活动过程中产生的法律文书，指仲裁机构和仲裁申请人依据仲裁法和仲裁规则制作的具有法律意义和法律效力的法律文书。仲裁文书作为一种法律文书，具有以下特点：(1) 仲裁文书的制作主体是仲裁当事人和仲裁机构；(2) 仲裁文书的制作必须符合法律和仲裁规则的规定；(3) 仲裁文书具有法律意义和法律效力。

2. 答：仲裁协议书，是申请人将已发生或将来可能发生的争议提交仲裁机构予以解决，并服从仲裁裁决，以解决纠纷为目的的书面协议。仲裁协议书由首部、正文和尾部三部分组成：(1) 首部。写明文书名称、当事人的基本情况。(2) 正文。写明仲裁协议的内容：请求仲裁的意思表示、仲裁事项、选定的仲裁委员会。(3) 尾部。由当事人或者委托代理人签字并加盖公章，写明签订的日期和地点。

3. 答：(1) 申请仲裁的依据，写明申请仲裁所依据的书面的仲裁协议的内容。(2) 仲裁请求，即申请人要求仲裁机构予以评断、解决的具体事项，包括要求仲裁机构确认某种法律关系是否存在，裁决被申请人履行给付义务，变更某种法律关系等。(3) 申请仲裁的事实与理由，这是仲裁申请书的核心内容，也是仲裁机构审理的对象和依据。事实与理由主要包括：申请人之间争议事项形成的事实；双方申请人争执的具体内容和焦点，被申请人应承担的责任并说明理由以及所适用的法律等。(4) 证据。与民事诉讼一样，如果要裁判机关支持自己的主张,申请人必须提供相应的证据。

4. 答:仲裁裁决书是指仲裁庭根据申请人的申请,依照法定的程序,对申请人与被申请人之间的纠纷进行审理后,根据查明的事实和认定的证据,适用相关的法律,最终在实体上对双方的权利义务争议所作出的具有法律效力的文书。仲裁裁决书的作用体现在以下几个方面:(1)有助于解决纠纷,维护当事人的合法权益。仲裁委员会在查明事实的基础上,确定当事人的责任,从而解决纠纷,确认他们之间的权利、义务关系,维护当事人的合法权益。(2)有效地约束双方当事人。仲裁裁决书一经作出即发生法律效力。仲裁裁决的效力与生效的民事判决书相同,非经法定程序,任何人不得随意变更。如果一方不执行仲裁裁决的内容,另一方有权向人民法院申请强制执行。

四、文书制作

仲裁协议书

甲方:A 公司

地址:××××

法定代表人:李×　　职务:经理

乙方:B 公司

地址:××××

法定代表人:刘×　　职务:经理

甲乙双方就两公司签订的大麦购销合同(合同编号为××)达成仲裁协议如下:

如果双方在履行该合同过程中发生纠纷,双方自愿将此纠纷提交×××仲裁委员会仲裁,其仲裁裁决对双方均有约束力。

本协议一式三份,甲乙双方各执一份,×××仲裁委员会一份。

本协议自双方签字之日起生效。

甲方:×××(签字、盖章)

乙方:×××(签字、盖章)

××××年×月×日签订于××市